파이썬 라이브러리로 배우는
딥러닝 입문과 응용

Python Deep Learning

Python Deep Learning

by Valentino Zocca, Gianmario Spacagna, Daniel Slater, Peter Roelants

파이썬 라이브러리로 배우는
딥러닝 입문과 응용
Python Deep Learning

1쇄 발행 2018년 12월 18일

지은이 발렌티노 조카, 지안마리오 스파카냐, 다니엘 슬레이터, 피터 로런츠
옮긴이 이동근
펴낸이 장성두
펴낸곳 주식회사 제이펍

출판신고 2009년 11월 10일 제406-2009-000087호
주소 경기도 파주시 회동길 159 3층 3-B호
전화 070-8201-9010 / **팩스** 02-6280-0405
홈페이지 www.jpub.kr / **원고투고** jeipub@gmail.com
독자문의 readers.jpub@gmail.com / **교재문의** jeipubmarketer@gmail.com

편집부 이종무, 황혜나, 최병찬, 이 슬, 이주원 / **소통·기획팀** 민지환 / **회계팀** 김유미
교정·교열 안종군 / **본문디자인** 성은경 / **표지디자인** 미디어픽스
용지 신승지류유통 / **인쇄** 해외정판사 / **제본** 광우제책사

ISBN 979-11-88621-35-4 (93000)
값 28,000원

제이펍은 독자 여러분의 아이디어와 원고 투고를 기다리고 있습니다. 책으로 펴내고자 하는 아이디어나 원고가 있으신 분께서는
책의 간단한 개요와 차례, 구성과 저(역)자 약력 등을 메일로 보내주세요. jeipub@gmail.com

파이썬 라이브러리로 배우는
딥러닝 입문과 응용

Python Deep Learning

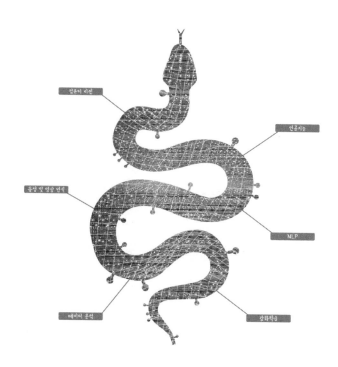

발렌티노 조카, 지안마리오 스파카냐,
다니엘 슬레이터, 피터 로런츠 지음 / 이동근 옮김

차 례

옮긴이 머리말

어릴 적의 저는 과학책을 많이 읽던 아이였습니다. 과학잡지를 주로 읽었고, SF소설과 SF영화도 좋아했습니다. 〈바이센테니얼 맨〉부터 〈A.I.〉, 〈스타트랙〉, 〈스타워즈〉... 제가 자라는 동안 많은 이야기를 보았고 마음껏 상상했습니다. 이 상상의 영역 대부분에는 인공지능이 있었던 것 같습니다. 그리고 언젠가 이런 상상이 현실이 될 때 조금이나마 기여할 수 있는 사람이 되면 좋겠다고 생각했습니다. 시간이 지나고 성장하면서 컴퓨터 프로그래밍을 익히고 컴퓨터과학에 대해서도 더 깊이 배울 기회가 생겼습니다. 상상했던 인공지능과 학문으로서의 인공지능이 다르다는 것을 알았고, 끊임없이 발전하고 있음도 알게 되었습니다. 그러면서 더욱 더 공부해 보고 싶다는 열망이 싹텄습니다. 프로그래밍을 시작할 때부터 관심을 가지면서 몇 개의 인공지능 수업도 들었고, 기회가 되어 오픈소스 코드도 뜯어보고 기여할 기회가 생겼습니다.

그러다 번역자로서의 기회가 주어져서 처음으로 출판할 기회를 얻었지만, 쉽지 않았습니다. 이미 오픈소스 책과 딥러닝 공부를 하며 몇 개의 글을 번역해 본 경험이 있었기 때문에 자신 있게 시작했지만, 책은 완전히 달랐습니다. 단어 선택부터 고민해야 했고, 그리고 한 단어를 바꿀 때도 책 전체의 모든 단어를 바꿔야 했습니다. 제가 번역한 문장도 마음에 들지 않은 구석이 있었을 뿐 아니라 유럽인 개발자들이 쓴 책이어서 그런지 원문에서도 어법이 틀린 문장이 많이 보였고, 잘 쓰이지 않는 단어들도 있어 많은 어려움을 겪었습니다.

더군다나 딥러닝 열풍이 불며 엄청난 양의 연구가 쏟아지는 만큼 새로운 용어와 흔치 않은 단어들도 많았습니다. 게다가 컴퓨터과학 분야가 아닌 신경과학, 물리학 등에서도 차용한 단어나 문장들이 많아서 어려움을 겪었습니다. 용어 선택 시에는 관련 분야의 저명한 글과 학회(한국정보통신기술협회, 한국통계학회) 등의 표준 관례를 따르려고 했습니다. 출판사와 에디터도 많은 고민을 함께 해 주셨습니다. 논의 끝에 적절치 않다면 책의 독자층(프로그래밍 언어를 사용하여 개발 경험이 있으신 분)을 생각하여 각 논문과 학술지에서 많이 보이는 가장 익숙한 용어들을 사용하였습니다. 그리고 영어권의 포스트들을 보고 공부하는 분들이 많아 가장 익숙한 단어는 영문이라고 생각하여 영문을 그대로 차용하기도 했습니다. 아무튼 우여곡절 끝에 베타리더들과 출판사 관계자, 그리고 그 외 여러 사람의 직접적인 피드백과 도움을 통해 이 책이 드디어 국내 독자들에게 선보이는 시점이 되었네요. 감개가 무량합니다!

'인공지능'이라는 학문은 새로운 학문은 아닙니다. 역사를 톺아보면 컴퓨터의 역사만큼이나 인공지능의 역사가 깊을 겁니다. 현대 컴퓨터과학의 아버지인 앨런 튜링도 인공지능을 다루었으니 꽤 오랜 시간 동안 연구의 맥이 이어져 왔습니다. 하지만 이 학문만큼 성장의 시기를 많이 지나간 분야도 없었던 듯싶습니다. 제가 어릴 적에도 인공지능에 투자가 많이 된다며 언론에서 요란스럽게 다루더니, 어느 날 갑자기 세간의 주목도 받지 못하고 조용히 사라졌던 기억도 나네요. 투자가 완전히 줄어들었고, 연구 실적이나 연구의 진전이 거의 없었던 칼바람이 불던 시기도 있었습니다. 인공지능에 대한 연구와 막연한 두려움이 쏟아져 나왔습니다. 하지만 가장 혹독한 겨울이라 불리는 1990년대~2000년대 말까지의 긴 겨울을 거치고 맞이한 지금이 인공지능 연구가 가장 빛나는 시기가 아닐까 합니다.

책의 제목에서도 알 수 있듯이 이 책에서는 인공지능보다는 딥러닝에 대해 집중합니다. 인공지능 역사상 가장 큰 성장가도를 달릴 수 있도록 크게 일조한 분야입니다. 딥러닝도 이제는 연구 분야가 정말 많아졌습니다. 이 책은 딥러닝의 기초부터 다양한 응용 분야까지 다룹니다. 그리고 마지막에 프로덕트까지 적용하여 배포하는 것까지 다룹니다. 저도 그랬었지만, 딥러닝을 공부하겠다고 마음을 먹고 나면 보통은 뉴럴 네트워크와 히든 레이어를 여러 겹 쌓는 곳까지는 쉽게 학습하지만, 그 이후에는 막막함이 찾아오는 것 같습니다. 이 책은 그런 분들에게 적절한 방향을 알려줍니다. 영상 인식과 음성 생성 및 단어 생성 등에 딥러닝을 적용해 보기도 하고, 어릴 적 즐겼던 아케이드 게임에 적용해 보기도 합니다.

충분하지는 않지만 더 깊게 어떤 공부를 해야 할지를 알려주기에는 충분한 책입니다. 각각의 전문 분야에 맞추어 더 많은 학습에 대한 발화점이 생겨났으면 좋겠습니다. 이 책을 읽음으로써 또 한 번의 성장을 거치게 될 거라 생각합니다. 기존의 책들에 비해 수식도 많고 익숙하지 않아서 어려운 부분도 있을 겁니다. 그렇지만 책을 읽으며 딥러닝에 대해 조금 더 이해할 수 있으리라 생각합니다. 부디 이 책을 통해 어린 시절에 꿈꾸었던 세계를 직접 만들어 볼 수 있기를 바랍니다.

마지막으로, 끝나지 않을 것 같은 번역 기간을 함께 해 주었던 분들에게 감사의 인사를 전하고 싶습니다. 그들이 없었다면 아직 저는 인고의 기간을 지나고 있을지 모릅니다. 먼저, 제게 번역의 기회를 제안해 주신 누구보다 감사한 제이펍의 장성두 대표님, 한 글자 한 글자 읽어 보시며 문장을 몇 번이고 다듬어 주셨던 안종군 실장님과 손을 보태어 빠르고 훌륭하게 책을 만드는 데 도움을 주신 출판사 분들께 무한한 감사함을 전합니다. 그리고 회사를 창업했음에도 불구하고 이 책을 번역하느라 챙기지 못했던 최고의 동료인 회사의 팀원들과 박병규 님께 죄송함과 감사함을 드립니다. 긴 겨울밤을 같이 지새워 준 사랑하는 사람과 친구들, 몇 번의 겨울을 응원하며 기다려 주신 부모님과 누나에게도 고마움과 사랑을 전합니다.

이동근

이 책에 대하여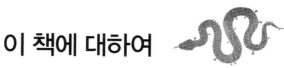

전 세계적으로 인공지능에 대한 관심이 증가하면서 일반인들까지도 딥러닝에 흥미를 느끼고 있다. 관심을 넘어 실제로도 다양한 산업 분야에 걸쳐 매일 딥러닝 알고리즘이 사용되고 있다. 이 책은 많은 예제와 실제 사용 사례를 활용하여 딥러닝이라는 주제로 가능한 한 많은 정보를 전달하고자 한다. 여러분은 정확도를 높이는 예측과 최적화된 결과를 도출하기 위한 정리된 정보를 배우게 될 것이다.

중요한 머신러닝 개념을 간단하게 훑어보는 것부터 시작해서 scikit-learn을 활용해 바로 딥러닝 개념으로 바로 들어간다. 이 책을 읽는 동안 테아노(Theano), 케라스(Keras), 구글의 텐서플로(TensorFlow), H2O와 같은 최신 라이브러리도 함께 배울 것이다. 패턴 인식의 문제들을 해결해 볼 것이고, 더 나은 정확도를 위해 데이터의 양을 키워도 볼 것이며, 다양한 딥러닝 알고리즘과 기술에 관해서도 이야기해 볼 것이다. 딥러닝에 대해서 좀 더 깊게 배우고 싶거나 딥러닝이라는 엄청난 기술을 어떻게 사용할지를 보고 싶은 분이라면, 원하는 모든 것을 이 책에서 얻을 수 있을 것이다.

이 책의 주요 내용

1장, 머신러닝 – 소개: 기존의 여러 머신러닝 접근법과 방법을 소개하고, 실생활에서 어떻게 응용하는지를 살펴볼 것이다. 파이썬으로 만든 유명한 머신러닝 오픈소스 패키지인 scikit-learn을 소개한다.

2장, 뉴럴 네트워크: 정식으로 뉴럴 네트워크가 무엇인지 소개할 것이다. 뉴럴 네트워크가 어떻게 동작하는지 깊게 살펴볼 것이다. 또, 어떻게 많은 레이어를 쌓아서 피드 포워드 네트워크(feed-forward neural networks)를 만드는지 알아볼 것이다.

3장, 딥러닝 기초: 딥러닝을 이해하고 딥러닝이 딥 뉴럴 네트워크와 어떤 관계가 있는지를 살펴본다.

4장, 비지도 특징 학습: 가장 유명하고 널리 사용하는 비지도 학습법인 오토인코더(Auto-encoders)와 제한적 볼츠만 머신(Restricted Boltzmann Machines, RBM)을 소개한다.

5장, 이미지 인식: 시각을 인식하는 세포가 동작하는 방법을 설명하고, 컨볼루션 레이어를 소개하고 작동 방법을 직관적으로 설명할 것이다.

6장, 순환 뉴럴 네트워크와 언어 모델: 언어 모델링이나 음성 인식 등 많은 부분에서 기대할 만한 매우 효과적인 방법들에 대해서 설명한다.

7장, 보드 게임에서의 딥러닝: 체커나 체스와 같은 보드 게임을 하는 데 사용하는 다양한 종류의 도구를 다룬다.

8장, 컴퓨터 게임에 딥러닝 적용하기: 컴퓨터 게임을 하도록 인공지능에게 복잡한 문제들을 훈련시키는 것을 살펴볼 것이다.

9장, 변칙 탐지: 아웃라이어 탐지와 변칙 탐지의 다른 점과 비슷한 점들을 설명하는 것부터 시작해서 가상의 사기꾼 케이스 스터디를 통해 실생활 애플리케이션 규칙에서 벗어났을 때의 위험성을 살펴볼 것이다. 또한, 빠르고 자동화된 탐지 시스템의 중요성을 설명한다.

10장, 모든 게 준비된 침입 탐지 시스템 만들기: 스케일링 가능한 분산 시스템을 만든다. 또한, 제품 배포를 위해 징검다리로 사용하는 H2O 라이브러리를 소개한다. 스파크와 맵리듀스를 이용하여 딥러닝 네트워크 훈련 방법을 배운다. 또한, 훈련이 잘 되기 위해 수렴을 더 빠르게 하기 위해서 조정 학습 기법들의 사용법을 살펴보고, 매우 중요한 모델을 검증하는 방법과 앤드 투 앤드 파이프라인을 어떻게 사용하는지 알아본다.

📝 이 책을 읽기 위한 준비물

윈도우, 리눅스, 매킨토시와 같은 OS가 설치되어 있어야 한다. 그리고 이후의 내용을 잘 따라 하기 위해서는 다음과 같은 라이브러리가 필요하다.

- Tensorflow

- Theano

- Keras

- Matplotlib

- H2O

- scikit-learn

📗 이 책의 대상 독자

이 책은 기본적인 머신러닝 개념을 이해하고 있고, 파이썬 프로그래밍 경험이 있는 데이터 과학에 종사하는 사람들을 위한 책이다. 또한, 미분과 통계에 대한 개념을 이해하고 있는 수학적 배경을 가지고 사람이라면 더 좋다.

📗 표기 규칙

이 책에서는 제공하고자 하는 정보에 따라 몇 가지 텍스트 스타일을 볼 수 있을 것이다. 몇 가지 예시들과 함께 이 예시들의 스타일을 살펴보고 의미를 설명하고자 한다.

코드 블록은 다음과 같이 구성되어 있다.

```
(X_train, Y_train), (X_test, Y_test) = cifar10.load_data()
X_train = X_train.reshape(50000, 3072)
X_test = X_test.reshape(10000, 3072)
input_size = 3072
```

코드 블록에서 일부분을 강조하고 싶다면 관련된 줄이나 아이템에 진하게 표시를 할 것이다.

```
def monte_carlo_tree_search_uct(board_state, side, number_of_rollouts):
    state_results = collections.defaultdict(float)
    state_samples = collections.defaultdict(float)
```

커맨드-라인에서 입력할 때와 결과로 나오는 값은 다음과 같이 표현한다.

```
git clone https://github.com/fchollet/keras.git
cd keras
python setup.py install
```

새로운 관점을 의미하는 것이나 중요한 단어는 이 문장처럼 고딕체로 표현할 것이다.

 경고 내용이나 중요한 노트는 박스 표시를 해서 다음과 같이 사용한다.

 팁이나 요령들은 이렇게 표시한다.

독자 피드백

독자들의 피드백은 언제나 환영한다. 이 책에 대해서 좋은 것이든 나쁜 것이든 여러분의 생각을 알려주면 좋겠다. 독자들의 피드백은 우리에게 정말 중요하고 대부분의 피드백은 다음 책을 더 잘 만들게 도와준다.

우리에게 일반적인 피드백을 주고 싶다면 간단히 feedback@packtpub.com(출판사주_한국어판 독자들은 ddanggle.y@gmail.com이나 readers.jpub@gmail.com)으로 메시지 안에 책 제목을 넣어서 보내주면 된다.

예제 코드 다운로드

이 책의 예제 코드는 http://www.packtpub.com에 가입한 계정에서 다운로드받을 수 있다(출판사주_한국어판 독자들은 https://github.com/Jpub/Valentino_Zocca에서 바로 받을 수 있다). 이 책을 어디에서 구매했든 http://www.packtpub.com/support에 방문해서 신청하면 이메일로 바로 전송될 것이다.

다음과 같은 단계를 거쳐서 코드를 다운로드받을 수 있다.

- 웹사이트에 이메일과 비밀번호로 회원가입하고 로그인한다.

- 상단에 있는 'SUPPORT' 탭에 마우스를 갖다 댄다.

- 'Code Downloads & Errata'를 클릭한다.

- 검색창에 책 이름을 검색한다.

- 코드 파일을 다운로드받고자 하는 책을 선택한다.

- 드롭다운 메뉴에서 책을 어디에서 구매했는지 선택한다.

- 'Code Downloads'를 클릭한다.

Packt 출판사의 책 소개 페이지에서 'Code Files' 버튼을 클릭해서 코드 파일들을 다운로드받을 수도 있다. 검색창에 책을 검색해서 이 상세 페이지에 들어올 수도 있다. 그렇지만 Packt 계정에 로그인되어 있어야 한다.

다운로드를 하고 나면 아래의 압축 파일을 풀어야 한다.

- WinRAR / 7-Zip for Windows

- ZIpeg / iZip / UnRarX for Mac

- 7-zip / PeaZip for linux

이 코드 묶음들은 또 깃헙에도 올라가 있다. https://github.com/PacktPublishing/Python-Deep-Learning 그리고 다른 책들과 비디오 등 풍부한 카탈로그 등 코드 묶음들도 https://github.com/PacktPublishing/에 있으니 확인해 보기를 바란다.

이 책의 이미지 다운로드하기

스크린샷이나 도표들의 칼라 이미지들이 있는 PDF 파일 또한 제공하고 있다. 칼라 이미지들은 결과값에 대한 변화를 이해하는 데 더 많은 도움을 줄 것이다. 여기서 다운로드받을 수 있다. https://www.packtpub.com/sites/default/files/downloads/PythonDeepLearning_ColorImages.pdf(출판사주_한국어판 독자들은 책의 모든 그림과 표를 https://github.com/Jpub/Valentino_Zocca에서 받을 수 있다).

정오표

이 콘텐츠의 정확도에 많은 관심을 기울이고 있지만, 실수는 일어나기 마련이다. 이 책의 오탈자나 코드 등에서의 실수를 찾는다면 알려주면 고맙겠다. 알려준다면 다른 독자들이 당혹해하지 않을 것이고, 이 책의 다음 버전에서는 수정될 것이다. 만약 수정하고 싶은 부분이 있다면 http://www.packtpub.com/submit-errata(출판사주_한국어판 독자들은 http://www.jpub.kr의 이 책 소개 페이지에 있는 '정오표 페이지')에 방문해서 책을 선택하고 오탈자 신청 폼 링크를 클릭한 후, 수정할 부분에 대해서 자세히 적어 보내주기 바란다. 만약 오탈자 등이 확인되면 알려주신 부분이 승인될 것이고, 정오표가 반영되어 웹사이트에 새로 등록되거나 이미 있는 같은 섹션의 정오표 부분에 추가될 것이다.

이전의 정오표들을 확인하고 싶다면 https://www.packtpub.com/books/content/support에 와서 검색창에 책 이름을 검색하기 바란다. 정오표 하단에서 해당하는 정보들을 확인할 수 있을 것이다.

저자에 대하여

발렌티노 조카(Valentino Zocca)

로마 대학교에서 수학을 전공하였고, 미국의 메릴랜드 대학교에서 심플렉틱 기하학으로 수학 박사 학위를 받았다. 박사 후 연수 과정은 파리에서 보냈고, 이후 워싱턴에서 첨단 기술 프로젝트에 참여했다. 그리고 보잉에 인수된 오토메트릭(Autometric)에서 3D 시각화 소프트웨어를 만들며 디자인과 개발에 관련된 주요 역할을 담당했다. 보잉에서는 하둡을 사용해서 다양한 수학 알고리즘과 예측 모델을 만들고, 인공위성의 영상 자동 시각화 프로그램을 제작했다. 이후 독립 컨설턴트 자격으로 미국 인구조사국에서 딥러닝과 머신러닝을 사용한 연구를 진행했으며, 밀라노와 뉴욕에서 머신러닝과 딥러닝에 관한 세미나를 자주 열었다. 지금은 프리랜서 컨설턴트로서 뉴욕의 큰 금융회사에서 경제 모델을 보완하고 딥러닝과 머신러닝을 사용하여 예측 모델을 만드는 일을 하고 있으며, 틈틈이 가족과 친구를 만나러 로마와 밀라노로 여행을 자주 떠난다.

지안마리오 스파카냐(Gianmario Spacagna)

IoT 센서와 원격 데이터 처리와 관련된 업무와 무선 접속 자동차의 애플리케이션을 만드는 시니어 데이터 과학자다. 주로 타이어 엔지니어, 경영자들과 같이 일하면서 하이브리드 운전과 빅데이터 기반의 무인자동차에 관한 데이터를 분석하고 모델을 만들고, 머신러닝 시스템과 데이터 제품에 적용할 엔드-투-엔드 솔루션도 만든다. datasciencemanifesto.org를 함께 작성했고, 밀라노의 데이터 사이언스 밋업 커뮤니티(datasciencemilan.org)도 만들었다. 지속 가능한 커뮤니티를 위한 규칙을 만들고 즐겁게 실행할 수 있는 일에 열정을 쏟아붓고 있다. 터린의 폴리테그닉에서 무선통신으로 석사 학위를 받았고, 스톡홀름의 왕립공과대학교에서 분산 시스템을 활용한 소프트웨어 엔지니어링을 전공했다. 피렐리사에 오기 전에 바클레이스 (Barclays) 은행에서 소매업 및 비즈니스 뱅킹 업무, 시스코에서 사이버 보안, 아질온(AgilOne)에서 예측 마케팅 관련 업무를 수행했다.

다니엘 슬레이터(Daniel Slater)

11살 때부터 1인칭 게임인 Quake의 개발 모드에서 프로그래밍을 시작했다. 게임을 무척 좋아해서 게임 개발자가 되었고, '챔피언십 매니저(Championship Manager)'를 만들어서 히트시켰다. 그리고 금융업계로 이직하여 리스크 관리 업무와 고성능 메시지 시스템을 개발했다. 지금은 스킴링크(Skimlinks)에서 빅데이터를 다루며 온라인에서의 사용자 행동을 분석하는 시니어 엔지니어로 일하고 있다. 취미로, 인공지능을 훈련시켜 게임하는 일을 즐긴다. 기술 콘퍼런스에 딥러닝과 강화학습에 관하여 여러 번 발표한 적이 있다. 블로그는 www.danielslater. net이고, 수행한 일과 연구 활동은 구글에서 찾을 수 있다.

> 사랑과 믿음을 보여주고 다이어그램까지 제공해 준 나의 아내 주디 콜로(Judio Kollo)에게 감사드린다. 아울러, 아들 데이비드(David)와 어머니 캐서린(Catherine), 아버지 돈(Don)에게도 감사드린다.

피터 로런츠(Peter Roelants)

KU루벤에서 인공지능으로 컴퓨터과학 석사 학위를 받았다. 이미지 분석, 음성 인식, 자연어 처리, 정보 추출 등의 여러 문제에 딥러닝을 적용하는 일을 했으며, 지금은 온피도(Onfido)에서 '공문서로부터 데이터 추출'을 연구하는 팀을 이끌고 있다.

📝 리뷰어에 대하여

막스 품플라(Max Pumperla)

딥러닝과 딥러닝 응용 분야를 연구하는 데이터 과학자이자 엔지니어다. 금융, 온라인 마케팅 업계와 스타트업을 거쳐 Artificial Intelligence GmbH에서 데이터 사이언스를 총괄하고 있다. 다양한 파이썬 라이브러리를 만들고 메인테이너로 활동했으며, 특히 케라스(Keras)나 하이퍼옵트(Hyperopt)와 같은 인기 있는 머신러닝 라이브러리에도 기여했다. 함부르크 대학교에서 대수기하학으로 박사 학위를 받았다.

베타리더 후기

김종욱(네이버)

딥러닝의 핵심을 잘 요약한 책입니다. 이 책을 통해 딥러닝을 생활에 적용해 볼 다양한 아이디어와 방법론을 얻을 수 있습니다. 다만, 책 구성이 후반에 진입할수록 수학적 지식을 요구하므로 수학에 관한 기초 지식이 어느 정도 뒷받침되어야 충분한 학습 효과를 발휘할 수 있을 것입니다. 의외로 딥러닝이라고 하면 대부분의 사람이 알파고처럼 다루기 어려운 기술이라고 여기는 경향이 있는데, 이 책에서는 게임과 실생활 응용 등을 통해 딥러닝이 유연하고 다양한 분야에서 사용될 수 있다는 점을 잘 정리한 것 같아 그 점이 매우 마음에 들었습니다.

노승헌(라인플러스)

데이터를 이용해서 무언가 의사 결정을 내리는 것은 이제 개발자들에게도 자연스러운 일이 되었습니다. 다양한 머신러닝 알고리즘과 딥러닝 기술들이 계속 소개되고 있을 뿐만 아니라 실제 과제에 적용되어 실효성을 발휘하는 경우도 점점 많아지고 있습니다. 한 번쯤 머신러닝의 기본적인 이론을 공부한 독자들이 공개된 다양한 오픈소스와 라이브러리를 이용하여 딥러닝을 체계화하는 데 도움이 되는 책입니다.

🦋 사지원(현대엠엔소프트)

딥 러닝의 기본과도 같은 내용들이 알차게 구성되어 있으면서도 강화학습을 이용한 다양한 게임을 경험해 볼 수 있는 좋은 책입니다. 또한, 변칙 탐지에 대한 최신 내용을 실전 예제를 통해 익힐 수도 있습니다. 딥러닝의 최신 트렌드와 실무 경험을 쌓고 싶다면 이 책을 강력히 추천합니다!

🦋 유광명(한국전력)

책 한 권에 머신러닝, 특히 딥러닝과 관련된 내용을 이론부터 응용까지 잘 담아내고 있습니다. 최근에 인기를 얻고 있는 강화학습도 어느 정도 담고 있어서 실무에 더 가깝게 활용할 수 있는 지침서라는 생각이 듭니다. 기본적인 수학 개념부터 실제 적용 사례와 예제를 함께 설명하고 있어서 머신러닝을 제대로 공부하고 싶은 분들이 참고하시기에 좋은 서적이라고 생각합니다. 아쉽지만, 많은 내용을 한 책에 담다 보니 설명이 부족한 부분이 가끔 보여 완전 초보자가 보기에는 부담이 될 수도 있는 난이도라고 생각합니다. 수식을 표현하는 부분의 글꼴이나 폰트 크기가 고르지 못한 부분이 있는데, 출간 전에 수정해서 나왔으면 합니다. 출판물의 품질 향상에 기여할 기회를 주셔서 감사합니다.

🦋 이요셉(지나가던 IT인)

PACKT 출판사의 책이니만큼 내용 전개가 간결합니다. 머신러닝에 대한 기초 배경지식이 있는 분들이 딥러닝을 빨리 훑어보기에 좋은 책입니다. 수식도 적잖이 등장하고 이론적인 설명이 자세하지 않아서 난이도는 좀 있는 편입니다.

🦋 차준성(서울아산병원)

개인적으로는 딥러닝에 대한 배경지식이 없어서 이해하기 어려웠습니다. 수학적인 이론이나 관련 라이브러리에 대한 이해가 어느 정도 있는 분이라면 딥러닝의 다양한 활용 사례를 통해 자신의 아이디어를 개선시켜 나갈 수 있을 것 같습니다. 딥러닝 책 한두 권을 보신 분들의 추가 학습 서적으로 적당해 보입니다.

🦋 최상우

책이 머신러닝, 딥러닝에 대해서 넓게 다루고 있어서 입문자가 배울 수 있는 좋은 책인 것 같습니다. 기본적인 다양한 라이브러리 코드들도 제공하고 있어서 이해에 더욱 도움이 됩니다. 하지만 깊이 있는 설명은 아니라 입문자가 직관적으로 이해하기 어려울 수도 있는데, 이때는 각 주제별로 소개된 논문들이나 레퍼런스들을 부지런히 확인하며 읽으면 더욱더 깊게 이해할 수 있을 것 같다. 처음으로 베타리딩이라는 것을 해 보았는데, 흥미로웠고 재미있었습니다. 다만, 코드들이 좀 더 알아보기 쉽게 편집되었더라면 하는 아쉬움이 있습니다. 출간 전에 이 부분들도 수정되기를 바랍니다.

제이펍은 책에 대한 애정과 기술에 대한 열정이 뜨거운 베타리더들로 하여금
출간되는 모든 서적에 사전 검증을 시행하고 있습니다.

머신러닝 - 소개

"머신러닝 수업(CS229)은 스탠포드에서 가장 인기가 많다. 왜냐하면 머신러닝이 전 세계를 빠른 속도로 집어삼키고 있기 때문이다."

— 로라 해밀턴(Laura Hamilton)의 포브스 기고글 중

머신러닝 기술은 이미 많은 분야에서 사용되고 있고, 데이터 과학자들은 다양한 산업군에서 쓰임새를 찾고 있다. 머신러닝을 사용하면 데이터의 숨은 정보를 찾아 의사결정을 내리는 데 도움을 준다. 머신러닝을 사용한 앱들은 금융, 광고, 의학 등과 같은 매우 다양한 학문 분야에 적용되고 있다.

1장에서는 다양한 머신러닝 접근법과 기술에 대해 설명한다. 그중 몇 가지는 실생활 속에서 겪는 문제들을 해결하는 앱이다. 가장 유명한 파이썬 머신러닝 라이브러리 중 하나인 'scikit-learn'에 대해서도 소개한다. 또 뇌의 기능을 흉내 낸, 머신러닝 방법 중 하나이자 딥러닝 기술인 뉴럴 네트워크를 집중적으로 살펴본다. 딥러닝은 1980년대부터 사용되었던 뉴럴 네트워크를 많이 향상시킨 네트워크를 사용한다. 최근의 머신러닝 연구의 발전과 더불어 CPU를 사용하는 방식이 아닌 GPU(그래픽 처리 유닛)의 사용으로 컴퓨터 처리 속도면에서 큰 발전이 이뤄졌다. 1장에서는 머신러닝이 무엇이고, 어떤 것을 할 수 있는지에 대해 요약해서 설명한다. 그리고 딥러닝과 전통적인 머신러닝에 어떤 차이가 있는지를 설명한다.

1장에서는 다음과 같은 내용을 다룬다.

- 머신러닝은 무엇인가?
- 여러 가지 머신러닝 접근 방법
- 머신러닝 시스템 실행 단계
- 인기 있는 머신러닝 기법 / 알고리즘의 간단한 소개
- 실생활에 적용하기
- 유명한 오픈소스 패키지들

머신러닝이란?

머신러닝은 우리 주변에서 '빅데이터'나 '인공지능' 또는 약어인 AI와 같은 단어로 회자되지만, 두 가지가 의미하는 바는 매우 다르다. 머신러닝의 개념과 유용성을 제대로 이해하려면, 빅데이터의 개념과 머신러닝이 어떻게 그것을 사용하는지 이해하는 것이 중요하다. 빅데이터는 카메라, 센서, SNS 등과 같은 곳에서 만들어지고 저장되는 데이터가 엄청난 속도로 증대됨으로써 생성된 막대한 데이터 세트라고 생각하면 된다. 구글 한 곳에서만 하루에 20페타바이트가 넘는 데이터가 쌓이고 있고, 그 양은 계속 증가하고 있다. IBM은 하루에 250경바이트(10^{18}) 정도의 데이터가 생성된다고 발표했고, 현존하는 모든 데이터의 90%는 지난 2년 동안 생성됐다고 보고 있다.

머신러닝 테크닉을 사용하면 이 막대한 데이터를 수집하고 분석할 수 있다. 머신러닝은 막대한 데이터와 엄청난 수의 데이터 변수들이 산재해 있는 복잡한 데이터 세트를 처리할 수 있는 유용한 도구다. 이런 막대한 양의 데이터 세트로 분석과 예측력을 향상시켜 수행할 수 있다는 점이 딥러닝과 머신러닝의 강점이다. 즉, 머신러닝 기술들, 특히 딥러닝 뉴럴 네트워크들은 접근할 수 있는 막대한 데이터 세트에 들어가 데이터 안의 패턴이나 숨겨진 규칙들을 찾아 내기 위해 최대한 많은 것을 '학습한다'.

머신러닝 성능은 인공지능 시스템으로도 쉽게 바뀔 수 있다. 머신러닝은 인공지능 시스템의 '뇌'라고 보면 된다(다양한 정의가 있겠지만). 인공지능은 각각의 센서가 환경을 파악할 수 있도록 적절히 배치하고 연관된 정보들을 다시 모으는 등, 상황을 파악할 수 있는 각 환경과 상호 작용하는 시스템이라고 정의할 수 있다. 머신러닝은 센서를 통해 얻은 데이터를 기계가 분석하도록 하는 역할을 한다. 대표적인 예로 아이폰의 '시리'를 들 수 있다. 시리는 마이크를 통해 명령을 받고, 음성으로 답을 내보내거나 보여 주는 역할을 한다. 이를 위해서는 사람의 말

을 '이해'해야 한다. 이와 비슷한 것으로는 자율 주행차를 들 수 있다. 카메라, GPS 시스템, 음파 탐지, 레이더 등으로부터 정보를 수집하지만 이 모든 정보는 엑셀을 밟거나, 방향을 정하거나, 방향을 바꾸는 등 정확한 반응을 만들어 내기 위해 수집될 뿐이다. 정보 처리 과정은 머신러닝이 무엇인지에 대한 답변을 이끌어 낸다.

다양한 머신러닝 접근법

앞에서 언급했던 머신러닝은 새로운 데이터를 이미 알고 있는 데이터나 분석해 놓은 데이터를 이용해 거대한 데이터 세트에서 패턴을 추론하거나 예측하는 기법이 사용된다. 이는 많은 기법을 아우르는 매우 일반적이고 넓은 정의다. 머신러닝 테크닉은 크게 지도학습과 비지도학습으로 나뉜다. 보통 강화학습이라 불리는 종류도 이에 포함된다.

▌ 지도학습

처음으로 살펴볼 머신러닝 알고리즘의 종류는 지도학습이다. 지도학습은 이미 분류된 데이터 세트에서 학습한 분류 방법으로 아직 분류되지 않은 데이터 세트를 구분 짓는다. 레이블이 씌워진 데이터 세트(labeled data set)는 이미 분류된 것이고, 레이블이 씌워지지 않은 데이터 세트(unlabeled data set)는 분류되지 않은 것이다. 뒤에서 살펴보겠지만, 레이블(label)은 각각 별개로 나뉘어 있거나 연속적이다. 좀 더 쉽게 이해하기 위해 예시를 살펴보자.

매일 수많은 이메일을 받는다고 가정해 보자. 어떤 것은 중요한 비즈니스 메일일 수도 있고, 어떤 것은 원치 않는 메일이거나 스팸 메일일 수도 있다. 지도학습 알고리즘은 사용자가 이미 스팸 분류를 마친 많은 양의 이메일을 활용한다. 알고리즘은 분류된 모든 데이터를 실행하면서 이메일의 스팸 유무를 예측한다. 알고리즘은 각 예시를 평가한 후, 각 예시에 대한 예측값을 내놓는다. 보통 분류되지 않은 데이터에 알고리즘을 적용해 맨 처음 분류하면 대부분의 이메일에 대한 스팸 유무를 잘못 예측한다. 그렇지만 알고리즘은 매번 알고리즘이 실행될 때마다 예측값과 원하는 결과(분류 레이블)를 꾸준히 비교한다. 이 과정 속에서 알고리즘 자체의 수행 능력과 정확도가 높아진다. 앞에서도 말했듯이, 지도학습과 같은 접근법은 엄청난 양의 데이터에서 이메일의 스팸 유무를 판단하는 어떤 특징들을 학습하는 데 유용하다.

(트레이닝 데이터 세트라고도 불리는) 이미 분류된 데이터들 사이에서 알고리즘의 실행이 멈춰 정확도의 향상이 더 이상 이뤄지지 않으면 분류되지 않은 새로운 이메일의 스팸 유무에 대한

정확도가 얼마나 높은지 확인할 수 있다.

이 예시에서는 알고리즘이 새로 분류되지 않은 이메일을 예측하기 위해 분류된 데이터(스팸 유무로 분류된 이메일들)에서 어떻게 배우는지를 알아본다. 이 과정을 단순히 스팸 유무로 나누는 것이 아니라 두 가지 이상으로 분류할 수 있도록 일반화할 수도 있다. 쌓여 있는 이메일을 개인적인 이메일, 일/비즈니스와 관련된 이메일, 스팸 메일로 분류할 수 있도록 소프트웨어를 실행하고 훈련시킬 수 있다.

구글의 무료 이메일 서비스인 지메일은 유저들에게 분류 레이블, 즉 다섯 개 카테고리를 선택할 수 있는 도구를 제공한다.

- **중요**: 사람 간의 대화가 담긴 메일
- **소셜 네트워크**: 소셜 네트워크 사이트나 미디어 공유 사이트에서 공유된 메일
- **프로모션**: 마케팅, 판매, 세일 등에 관한 메일
- **업데이트**: 영수증, 은행 계좌, 청구서 등이 포함된 메일
- **포럼**: 온라인 그룹과 구독한 메일 리스트로부터 온 이메일

어떤 경우에는, 분류된 결과가 불연속적이지 않을 수도 있고, 분류하기 위한 데이터가 무제한으로 많을 수도 있다. 예를 들어 이미 결정돼 있는 건강에 관한 변수들을 사용해 예상 수명을 예측하려 한다고 가정해 보자. 이 경우에는, 결과가 연속 함수이기 때문에(예상 수명은 그 사람이 살 수 있는 시간을 실수로 표현할 수 있다) 분류 문제보다 회귀 문제로 해결해야 한다.

지도학습의 관점에서는 갖고 있는 데이터 세트, 즉 특징으로 구성된 정보들로 정의된 데이터 세트에서 함수 f를 정의한다고 생각해 볼 수 있다. 이메일 분류 예시로 다시 돌아가 생각해 보면, 다른 메일보다 많은 빈도로 스팸 메일에서 발생하는 특정 단어들이 바로 특징(features)이라고 할 수 있다. 성에 관련된 단어들이 사용됐다면 스팸 메일이라고 생각하고, '회의', '비즈니스', '프레젠테이션'과 같은 단어들이 사용됐다면 비즈니스 메일이라고 생각한다. 만약 좀 더 많은 양의 메타데이터를 활용하면, 보내는 사람의 정보를 사용해 더 잘 분류할 수 있다. 각 이메일은 여러 가지 특징으로 구성돼 있고, 이런 각각의 특징은 값을 갖고 있다(이 경우에는, 이메일 내용 안에서 특정 단어의 사용 빈도를 확인할 수 있다). 머신러닝 알고리즘은 각각의 값을 분류하도록 나눈 불연속적인 범위에 집어넣고, 회귀에는 실숫값들을 집어넣는다. 머신러닝 알고리즘은 사람의 도움 없이 분류되지 않은 데이터가 어떤 기준으로 분류될지 그 예측값을 만들어 낸다. 함수를 정의하면 다음과 같다.

f: 특징 공간(space of features) → 클래스(불연속적인 값 혹은 실숫값)

또한 분류를 '데이터를 각각 서로 다른 그룹으로 나누는 것'이라 생각할 수도 있다. 각 예시에서 특징을 결정하고 나면, 이메일 하나와 같은 데이터 세트의 샘플들은 특징 공간 내의 점하나로 생각할 수 있으며, 다른 점은 다른 예시를 의미(이메일에서는 점 하나당 이메일 하나)한다. 머신 알고리즘 점들의 다양한 특성에 따라 하이퍼 평면(고차원 공간에서의 평면)을 그려서 데이터 점들을 분리시킨다. 같은 방법으로 일반 이메일과 스팸 이메일을 구별해 낸다.

아래 그림은 단순히 두 가지 차원의 예시로 나눠지지만, 예시가 수백에서 수천 가지 차원이되면 매우 복잡해진다.

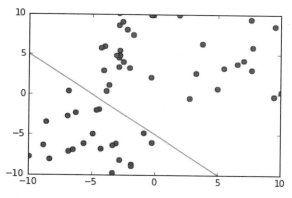

분류 문제는 입력 데이터들을 분리하는 방법이라 생각할 수 있다.

2장에서는 분류와 회귀 문제에 대한 몇 가지 예시를 살펴본다. 살펴볼 문제 중 하나는 0~9라는 숫자를 의미하는 이미지 세트를 이용해 머신러닝 알고리즘이 각각의 이미지가 어떤 숫자인지 분류한다. 이 예시를 위해 매우 고전적인 데이터 세트인 MNIST를 사용한다. 이 예시에서는 28 × 28(=784)픽셀 이미지로 표현된 각각의 숫자를 십의 자리 숫자로 분류해야 하기때문에 784차원에 아홉 개의 하이퍼 공간을 그려야 한다.

MNIST 데이터 세트의 손글씨 숫자 예시

비지도학습

두 번째로 살펴볼 머신러닝 알고리즘은 '비지도학습'이다. 이는 미리 데이터에 레이블을 입혀 놓지 않고 알고리즘에게 선택할 수 있도록 맡겨 놓은 것이다. 비지도학습에서 가장 유명하고, 간단한 사용 예시는 각각의 데이터를 부분 집합들로 나누는 기술인 '클러스터링'이다.

예를 들어 이전의 메일 스팸 유무 문제로 되돌아가면, 알고리즘은 모든 스팸 메일에서 나타나는 공통적인 단어들을 확인해 공통적인 요소를 찾으려고 한다. 무작위로 분류하는 것보다는 낫겠지만, 스팸 유무를 구분 짓기가 어려운 부분이 존재한다. 알고리즘이 나눈 데이터들은 데이터 세트의 각기 다른 클래스가 되고, 이것이 바로 부분 집합(모임)들이다. 클러스터링이 되기 위해서는 같은 군과는 유사성이 높아야 하고, 다른 군과는 유사성이 낮아야 한다. 클러스터링은 얼마든지 많은 클래스로 나뉠 수 있다. k-평균(k-means)과 같은 클러스터링 이론 내의 중요 아이디어는 오리지널 데이터에서 해당하는 부분 집합의 바깥에 있는 각 요소와의 거리보다 가까운 요소들로 k개의 군을 찾으려고 한다. 물론 이를 위해서는 어떤 것이 가깝고 유사성이 높은지 결정해야 하고, 각 점들 간의 거리를 측정하는 방법 등을 정의해야 한다.

아래 예시에서는 세 개의 모임으로 분류된 모습을 보여 준다.

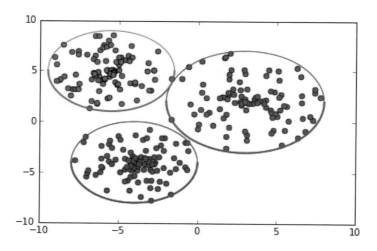

주어진 데이터 세트의 점들을 반드시 범위가 존재하는 부분 집합으로 나눌 필요는 없다. 아래 그림과 같이 범위가 존재하지 않는 부분 집합을 만들어 나눌 수도 있다.

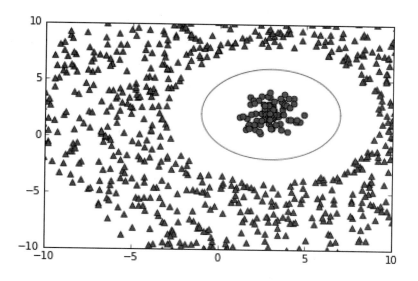

이후에 다시 살펴보겠지만, 클러스터링은 비지도학습의 한 방법일 뿐만 아니라 최근에 비지도 학습을 매우 효율적으로 향상시켜서 딥러닝의 성공에도 도움을 주었다.

새로운 데이터들은 매일 매우 빠른 속도로 만들어지기 때문에 새로운 데이터를 분류하는 데에는 많은 시간이 필요하다. 비지도학습의 장점은 이미 분류된 데이터가 필요 없다는 것이다. 제한적 볼츠만 머신(Restricted Boltzmann Machines, RBM)과 같은 비지도 딥러닝 방법이나 테크닉들은 데이터에서 특징들을 추상화해 사용한다. 예를 들어, 제한적 볼츠만 머신은 MNIST 데이터 세트를 사용할 때 각 숫자의 선 모양이나 곡선을 탐지해 고유한 특징으로 추상화한다. 비지도학습은 이미 존재하는 레이블을 매칭시켜 분류하는 것이 아니라 데이터들의 숨겨진 구조를 드러내 적절히 분류한다.

또 딥 빌리프 넷(deep belief net)과 같은 경우에는 비지도학습에 수정된 지도학습을 적용해 학습 성능을 향상시킬 수도 있다.

🚩 강화학습

세 번째로 살펴볼 머신러닝 기술은 강화학습이다. 강화학습은 수행 결과에 대한 피드백을 반영하고 향상시키면서 지도학습과는 다른 방식으로 작동한다. 일반적인 강화학습의 응용 예로는 기계에게 게임 방법을 가르치는 것을 들 수 있다. 각각의 움직임이 좋은지, 좋지 않은지 분류해 두지는 않았지만, 게임 결과나 게임 도중의 신호를 통한 피드백을 활용한다. 게임에서 이기면 올바른 숫자를 찾거나 메일의 스팸 유무를 판별한 것처럼 긍정적인 결과가 반영되고, 게임에서 지면 더 '배워야' 한다고 요청한다. 강화학습 알고리즘은 게임에서 이기는 것과 같은 성공적인 결과로 만들어진 액션들을 재사용한다. 그렇지만 알고리즘이 새로운 영역과 맞닥뜨리면 게임의 상황에 따라 새로운 액션을 만들어 낼 수밖에 없다. 이런 경우는 게임의 구조를 좀 더 자세히 이해해야 한다. 학습이 시작된 이후로 단순히 각각의 액션이 좋고 나쁨을 판단하는 것이 아니라 모든 행동의 상관관계를 평가하면서 행동을 상호 연계시킨다. 강화학습에서는 모든 문제를 고려해서 목표를 확인하기 때문에 그 순간만 놓고 보면 이상한 액션을 선택할 때도 있다. 체스에서 더 나은 위치에 말을 놓기 위해 당장 유리한 결과가 예상되는 말을 희생시키는 액션을 할 때도 있다. 예를 들면, 청소 로봇이 계속 방을 청소할 것인지, 충전소로 돌아가 충전할 것인지를 결정해야 하는 경우를 생각해 볼 수 있다. 이 경우에는 배터리가 다 되기 전에 충전소를 찾았던 축적된 경험을 근거로 결정을 내릴 수 있다. 강화학습에서 가장 근간이 되는 아이디어는 '보상'이다. 즉, 알고리즘이 받을 보상을 극대화하는 방향으로 움직인다.

강화학습의 간단한 예로 고전 게임 틱-택-토(tic-tac-toe)를 들 수 있다. 이 예시에서 게임판의 각 위치는 이전의 경험에 기반을 둔 상황에서 승리할 수 있는 확률(값)과 연관돼 있다. 게임 시작 시점에서는 어떤 위치에서든 이기거나 질 확률이 같기 때문에 각 상태의 확률값은 50%다. 보통 기계는 게임에서 승리하기 위해 높은 값을 갖고 있는 곳으로 위치를 옮기고, 만약 게임에서 지면 다시 평가한다. 각 위치에서 이미 결정된 규칙보다는 가능한 결과를 기반으로 의사결정을 한다. 이렇게 게임을 하는 동안 여러 상태에 대한 확률을 수정하며, 각 위치가 높은 확률인지 낮은 확률인지에 대한 결괏값을 내놓는다.

📗 머신러닝에 꼭 필요한 것들

지금까지 몇 가지 머신러닝의 접근법에 대해 살펴보고, 넓은 범위에서 접근법을 세 가지로 나눠 봤다. 고전 머신러닝 기법의 중요한 관점 중 하나는 직면한 문제에서 데이터를 더 잘 이해하는 것이다. 넓은 범위에서 머신러닝을 하기 위한 중요 관점들을 정의하면 다음과 같다.

- 학습자(Learner): 사용되는 알고리즘과 그 알고리즘의 '배우는 철학'을 의미한다. 다음 단락에서 설명하겠지만, 여러 학습 문제에 적용할 수 있는 머신러닝 기법은 많이 존재한다. 학습자를 선택하는 것이 중요한 이유는 각 문제에 더 적합한 특정 알고리즘이 존재하기 때문이다.

- 훈련 데이터(Training data): 관심을 가져야 할 원시(raw) 데이터 세트다. 비지도학습에서는 아직 분류되지 않은 데이터를 의미하고, 지도학습에서는 이미 분류해 놓은 데이터

를 의미한다. 학습자가 문제의 구조를 이해하도록 샘플 데이터를 충분히 갖고 있는 것이 중요하다.

- **표현법(Representation):** 특징이라는 관점에서 데이터를 표현해 학습자가 배울 수 있도록 표현하는 방법이다. 예를 들어, 이미지를 사용한 숫자 분류에서는 이미지의 픽셀을 의미하는 값의 배열로 표현된다. 더 좋은 결과를 위해서는 데이터의 표현법을 잘 선택하는 것이 중요하다.

- **목표(Goal):** 직면한 문제에서 데이터를 학습시키는 이유다. 이는 결과와 연관돼 있으며, 학습자가 사용할 도구와 방법을 찾고, 방법을 어떻게 표현할지를 도와준다. 원치 않는 이메일을 메일함에서 삭제하는 것이 목표라면, 이 목표가 스팸메일 탐지처럼 학습자가 어떤 것을 학습할지를 결정한다.

- **타깃(Target):** 학습을 마친 후 내놓는 최종 결과를 의미한다. 분류되지 않은 데이터의 분류일 수도 있고, 입력 데이터의 숨겨진 패턴이나 특징에 따라 표현된 것일 수도 있다. 미래를 예측하는 시뮬레이터일 수도 있고, 외부 자극에 대한 반응일 수도 있고, 강화학습에서는 규칙이 될 수도 있다.

아무리 강조해도 지나치지 않지만, 모든 머신러닝 알고리즘은 숫자로 정확하게 떨어지는 완전한 값이 아닌 타깃의 근삿값에 도달할 수밖에 없다. 머신러닝 알고리즘은 수학적으로 정확한 해답이 아닌 근삿값을 내놓을 뿐이다. 이전 단락에서 특징점(입력값)들을 각각의 클래스 범위 안으로 집어넣는 함수를 정의했다. 이후에 더 살펴보겠지만 뉴럴 네트워크와 같은 머신러닝 알고리즘에서는 어떤 함수를 사용하더라도 정확한 어떤 값이 아닌 범위로 근사시킬 수밖에 없다는 것을 증명했다. 이 이론을 일반 근사 이론(Universal Approximation Theorem)이라고 한다. 그렇지만 이 말은 문제에서 정확한 해답을 찾을 수 없다는 의미를 이미 갖고 있다. 또 학습시킬 데이터에 대한 이해도가 높을수록 정확한 해답에 가까워질 수 있다.

일반적으로, 고전 머신러닝 기법에서 문제를 해결하려면 트레이닝 데이터를 정제하고 이해하는 작업이 선행돼야 한다. 머신러닝 문제에 접근하는 데 필요한 단계들은 다음과 같다.

- **데이터 컬렉션(Data collection):** 가능한 한 많은 데이터를 수집하는 것을 의미한다. 지도학습에서는 알맞게 분류됐는지 확인하는 것도 포함된다.

- **데이터 처리(Data Processing):** 데이터를 정제하고(중복된 것이나 너무 연관된 특징을 지우고, 빠진 데이터를 채우는 것도 이 과정이다) 트레이닝 데이터를 정의하는 특징들을 이해하는 것을 의미한다.

- 테스트 케이스 생성(Creation of the test case): 보통은 데이터를 두 개 혹은 세 개로 나누어 알고리즘을 훈련시킬 트레이닝 세트, 그리고 훈련시킨 후 정확도를 비교해 볼 테스트 데이터 세트로 사용한다. 또한 확인용 데이터 세트도 만들어 수십 번의 트레이닝-테스트 과정 이후, 결과에 만족하는지 최종 확인하기 위해 최종 테스트용(검증용)을 만든다.

테스트와 검증 데이터 세트를 꼭 만들어야 할 이유는 다음과 같다. 앞에서 언급했듯이 머신러닝 기법들은 원하는 결과의 근삿값만 찾을 수 있다. 보통은 이런 이유로 한정되고 제한된 수의 변수들만 포함할 수 있고, 통제를 벗어나는 수많은 변수가 존재한다. 유일한 데이터 세트만이 존재하면, 모델은 데이터를 모두 '기억'하고 이미 기억된 데이터를 통해 정확도가 매우 높은 값을 결과로 내놓을 수 있다. 그렇지만 다른 데이터 세트에서 재사용할 수는 없다. 이런 능력들을 일반화하는 것이 머신러닝에서의 가장 중요한 목표. 이를 위해 테스트 세트를 만들고, 훈련 후에 모델을 조율한다. 최종 검증 데이터 세트는 모든 과정이 끝나고 선택된 알고리즘의 유효성을 확인하고자 할 때도 사용한다.

데이터 내에서 유효한 특징들을 추출하는 것의 중요성과 데이터를 '기억'하는 것을 피해야 하는 중요성을(좀 더 기술적인 관점으로는, 문자 그대로 '과적합'(Overfitting)라고 부르고, 앞으로도 이 책에서 이렇게 부를 것이다) 이해하기 위해 만화 *xkcd*의 농담을 가져오자.

> "1996년까지 미국 민주당 대선 후보 가운데 대통령으로 재임 중이면서 참전 경험이 없는 사람이 더 긴 이름을 가진 후보를 상대로 승리한 적은 단 한 번도 없었다."

이 예시에서 어떤 '규칙'은 전혀 무의미하지만 유효한 특징을 선택하는 것과 (십자말 게임에서 이름이 가치 있는 것과 미국 대통령으로 뽑히는 것은 어떤 관련이 있는가?) 예측자로서 무작위로 특징을 선택하는 것은 매우 중요하다. 그 데이터로 예측하는 동안, 더 일반적인 데이터들을 확인하지 못했고, 미국 52개 선거구의 결과는 완전히 우연의 결과로 맞아떨어진 것이다(위의 십자말 게임에서 이름의 점수가 높은 것과 선거에서 이긴 것과는 무관하지만, 대응시켜 비교한 것을 의미한다).

이것이 바로 과적합이라 불리는 문제다. 갖고 있는 데이터 내에서는 정확히 예측한 것이지만, 이를 데이터 세트 이외에 적용할 수 있도록 일반화하지 못한 것이다. 이런 과적합은 '노이즈(어떤 의미도 갖고 있지 않은 정보)'도 말이 되도록 만들려고 하기 때문에 모델을 최적화할 때 어

---

1 아직까지 100% 이해되지는 않는데, 빌 클린턴 대통령이 밥 돌런 상대방 후보에게 이겼는데, 빌 클린턴이 밥 돌런보다 십자말 게임에서 더 점수가 높았다고 한다. - 옮긴이

려움을 겪게 된다.

또 다른 예시를 살펴보자. 공이 하늘로 치솟았다가(수직으로 치솟은 건 아니다) 다시 땅으로 떨어지기까지의 궤적을 머신러닝을 사용해 예측한다고 가정해 보자. 학생 시절 배웠던 물리학을 떠올려 보면 공의 궤적은 포물선을 그린다. 좋은 머신러닝 알고리즘은 수천 번의 공 던지는 실험을 거치고 나면, 포물선을 그린다고 예측해 볼 수 있다. 그렇지만 공을 확대해 보면 주위의 미세한 바람으로 인한 작은 파동이 관찰되는데, 공의 궤적을 그려보아도 안정되고 깔끔한 선이 아니라 계속 작은 떨림이 생긴 궤적을 그린다. 이것이 바로 '노이즈'다. 이 작은 움직임들이 머신러닝 알고리즘이 큰 그림에서 보는 것을 막아서 만족할 만한 결과를 내놓지 못하게 한다. 달리 말하면, 과적합이 된 머신러닝 알고리즘이 나무만 보고 숲은 보지 못하도록 만드는 것이다.

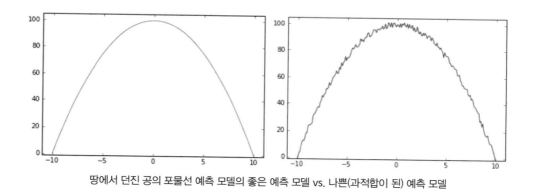

땅에서 던진 공의 포물선 예측 모델의 좋은 예측 모델 vs. 나쁜(과적합이 된) 예측 모델

이것이 바로 테스트 데이터에서 트레이닝 데이터를 나눠야 하는 이유다. 테스트 데이터의 정확도가 트레이닝 데이터로 생성된 결과와 비슷하지 않으면 모델이 과적합됐을 수도 있다. 테스트 데이터는 과적합 여부를 쉽게 확인하는 데 도움을 준다. 물론, 모델을 부적합(underfitting)시키는 반대의 경우도 일어나서는 안 된다. 그렇지만 예측 모델이 트레이닝 데이터 내에서 정확도를 최대한 높이려면 훨씬 위험도가 낮은 부적합보다 모델이 과적합되지 않도록 신경을 더 많이 써야 한다.

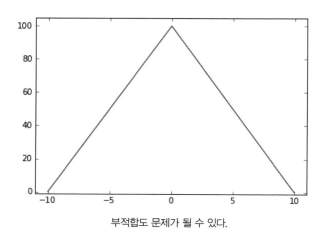

부적합도 문제가 될 수 있다.

유명한 기법 / 알고리즘의 간단한 소개

책의 도입 부분에서 설명했듯이 알고리즘은 '배우는 방법'에 따라 지도학습, 비지도학습, 강화학습 세 가지로 분류할 수 있다. 여기서는 각각의 향상법에 따라서도 분류할 수 있다. 앞에서 언급했던 것처럼 향상법에 따라서 서로 다른 머신러닝 알고리즘을 사용해 향상시킨다. 지도학습 기법만 보더라도 적절한 특정 분류법이나 특정 회귀 방법에 따라 사용할 방법들이 많다. 사실, 분류인지 회귀인지에 따라서도 결과에 많은 영향을 미치기 때문에 원하는 결과물에 대해 이해하는 것이 중요하다.

이어지는 부분에서는 모든 머신러닝 기법을 소개하지만, 각 머신러닝 기법에 대해 상세하게 설명하지는 않는다. 관심 있는 독자들은 세바스티안 라치카(Sebastian Raschka)의 책(https://www.packtpub.com/big-data-and-business-intelligence/python-machine-learning)을 참고하기 바란다. 2장에서는 머신러닝과 딥러닝의 차이점에 대해 알아본다.

또한 회귀 알고리즘, 선형 회귀, 결정 트리와 같은 고전적 분류 방법, 나이브 베이즈 분류, 서포트 벡터 머신 등의 지도학습 머신러닝 알고리즘, k-평균과 같은 비지도학습 클러스터링 알고리즘, 강화학습 기법, 크로스 엔트로피 기법 등과 같은 다양한 머신러닝 기법의 일면들을 살펴본다. 이 장의 마지막에는 이 책에서 주로 다루게 될 뉴럴 네트워크를 소개한다.

■ 선형 회귀

지도학습의 한 가지 종류인 회귀 알고리즘은 입력값의 특징들을 사용해 값을 예측한다. 예를 들면, '집은 얼마나 큰지, 얼마나 오래됐는지, 몇 층짜린지, 어디에 있는지'라는 특징에 입각해 집값을 예측해 보는 것이다. 회귀 분석은 함수에서 사용하기 위해 입력 데이터 세트에서 가장 적합한 값을 가진 파라미터를 찾으려고 한다. 선형 회귀(linear regression) 분석의 목표는 함수가 입력 데이터 세트에서 가장 비슷한 결괏값을 찾을 때까지 비용 함수(cost function)를 최소한으로 줄이는 것이다. 비용 함수는 '해답에서 얼마나 떨어져 있는지를 보여 주는 함수의 에러'를 말한다. 보통 기댓값과 예측값의 차이를 제곱한 평균 제곱 오차(mean squared error)를 비용 함수로 사용한다. 모든 입력 예시들은 알고리즘 에러를 반환하며, 이는 비용 함수가 된다.

25년 전에 만들어졌고 100스퀘어의 방이 3개 있는 2층 건물을 소유하고 있다고 가정해 보자. 그리고 도시를 열 개 부분으로 나눠 각각을 1에서 10까지의 숫자로 표현한다고 가정했을 때 위 집은 숫자 7인 장소에 위치해 있다. 그러면 위의 집을 5차원의 벡터 $x = (100, 25, 3, 2, 7)$로 파라미터화할 수 있다. 그리고 이 집의 가격이 약 €100,000 정도라는 것을 알고 있다고 가정해 보자. 함수 $f(x) = 100,000$인 함수 f를 만드는 것이 우리가 달성해야 할 목표다.

이 말은 선형 회귀 로직에서 $100*w_1 + 25*w_2 + 3*w_3 + 2*w_4 + 7*w_5 = 100,000$을 만족하는 벡터 $w = (w_1, w_2, w_3, w_4, w_5)$를 찾는 것이다. 만약 1,000개의 집이 있다면, 모든 집에 대해 일련의 과정들을 반복할 수 있고, 이상적으로 모든 집에 대해 정확한 값인(혹은 충분히 비슷한 값인) 벡터 w를 예측할 수 있다. 처음에 하나의 무작위값 w를 선택했다고 가정하면, 이 경우에는 $f(x) = 100*w_1 + 25*w_2 + 3*w_3 + 2*w_4 + 7*w_5$이 100,000이 되는 것을 기대하지 않을 것이다. 그래서 다음과 같이 에러를 계산할 수 있다.

$$\Delta = (100000 - f(x))^2$$

이것은 샘플 하나인 x의 제곱 오차일 뿐이고, 모든 예시에 대한 모든 제곱 오차의 평균은 우리가 만든 함수와 얼마나 다른지를 의미하는 비용이 된다. 우리의 목표는 에러를 최소화하는 것이고, w를 반영해 비용 함수의 미분값 δ을 계산하는 것이다. 미분값은 함수가 증가하거나 감소할 때 방향을 제시해 주기 때문에 w를 반대 방향으로 옮기면 함수의 정확도가 향상된다. 이것이 바로 선형 회귀의 중요한 아이디어다. 비용 함수의 최솟값으로 옮기면 그 값이 바로 에러가 된다. 물론, 미분의 방향에 따라 얼마나 빨리 움직이는지가 결정되지만, 미분값은 방향만 결정한다. 비용 함수는 선형(직선)이 아니므로 미분값의 방향이 제시하는 작은 단계들만 수행하는 것이 중요하다. 단계가 너무 크면 최솟값에서 너무 많이 벗어나기 때문에 수렴할 수 없게 된다. 단계들의 규모들은 학습률(learning rate)이라 부르고, 이 규모들은 기호 'lr'을 사용해 표현한다.

$w = w - \delta * lr$로 정의하고 나면, 더 나은 해답을 찾기 위해 선택한 w로 향상시킨다. 이 과정을 계속 반복하면 함수 f에서의 최선의 선택값인 w를 만들게 된다. 그러나 이는 특정 장소에서만 발생하는 과정이고, 만약 공간이 볼록하지 않으면 전체에서 가장 좋은 값을 찾을 수 없다는 것은 중요한 사실이다. 아래 그래프를 통해 알 수 있듯이, 알고리즘은 극솟점이 여러 개일 경우, 극솟점 중 하나에 멈춰 꼼짝하지 못할 것이고, 빠져나오기 힘들어 에러 함수의 최솟값에 도달하지 못할 것이다. 이는 산에서 작은 공이 내려오는 것과 비슷하다. 공이 내려오는 도중 계곡에 갇힌다면 산의 가장 낮은 곳에 절대 도착할 수 없을 것이다.

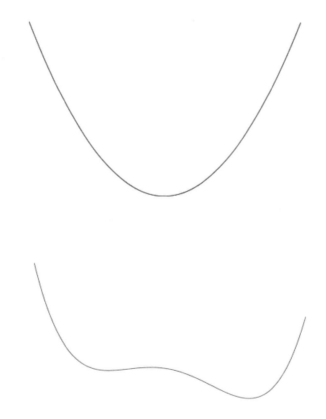

위쪽 그래프는 볼록하므로 오직 하나의 최솟값만 갖고 있다. 하지만 아래쪽 그래프에서는
두 개의 극솟값을 갖고 있고, 시작점이 어디인지에 따라 첫 번째로 찾은 극솟값이 최솟값이 아닐 수도 있다.
극솟값 중에서도 가장 작은 값을 최솟값이라고 정의한다.

■ 결정 트리

결정 트리(decision trees) 알고리즘은 널리 사용되는 또 다른 지도학습 알고리즘이다. 이 알고리즘은 분류기를 '트리' 형태로 만들어 낸다. 특정 속성을 테스트하는 결정 노드로도 구성되며, 잎 노드(leaf node)는 결과 속성들의 값을 가리킨다. 결정 트리는 뿌리 노드(root node)에서 시작해 결정 노드를 따라 잎에 도달할 때까지 계속 내려가면서 작동하는 분류기다.

이 알고리즘의 고전적인 응용 예시로는 세 종류의 아이리스 꽃(아이리스 세토사, 아이리스 버지니카, 아이리스 버시컬러)의 다양한 50가지 샘플로 구성된 데이터 세트를 들 수 있다. 데이터 세트를 만든 로널드 피셔는 이 꽃들을 네 가지 꽃받침의 폭과 길이, 꽃잎의 폭과 길이 등 네 가지 다른 특징들로 분류했다. 각 꽃들이 갖고 있는 특징들의 조합을 활용하면 어떤 종인지를 분류하는 결정 트리를 만들 수 있다. 여기서는 간단히 단순화해 꽃잎의 폭과 길이만으로 꽃을 정확히 분류할 수 있는 의사결정 트리를 살펴보자.

첫 번째 노드에서 꽃잎의 길이로 테스트를 시작한다고 가정해 보자. 꽃잎의 길이가 2.5cm보다 작다면 그 꽃은 아이리스 세토사 종일 것이다. 사실, 이 말은 정확하다. 모든 아이리스 세토사 꽃잎의 길이는 2.5cm보다 작다. 그러므로 잎 노드에 도달하면, 분류된 결과는 아이리스 세토사일 것이다. 만약 꽃잎의 길이가 2.5cm보다 길 경우, 다른 가지를 타고 내려가면 꽃잎의 길이가 1.8cm가 넘는지를 알 수 있는 새로운 결정 노드를 만나게 된다. 만약 꽃잎의 길이가 1.8cm보다 길거나 같으면 아이리스 버지니카로 분류된 잎 노드에 도달한다. 1.8cm를 넘으면 또 다시 꽃잎의 길이가 4.9cm보다 긴지를 알 수 있는 새로운 결정 노드를 만난다. 만약4.9cm보다 길면 아이리스 버지니카로 분류된 잎 노드에 도달하고, 길지 않다면 아이리스 버시컬러로 분류된 다른 잎 노드에 도달할 것이다.

결정 트리는 다음과 같은 방법으로 설명할 수 있다. 왼쪽 가지는 결정 노드에서 테스트한 것이 맞을 때, 오른쪽 가지는 테스트한 것이 틀릴 때의 결과이다. 각 가지의 마지막 노드는 잎 노드다.

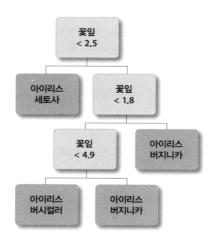

이 예시는 선형 회귀와 결정 트리가 얼마나 다른지를 보여 준다. 또 뒤에서 뉴럴 넷을 소개할 때, 같은 데이터 세트가 뉴럴 네트워크에서 어떻게 사용되는지에 관한 예시를 볼 수 있다. 이 예시에서는 파이썬 코드와 함께 뉴럴 네트워크를 특징에 따라 분류하는 몇 가지 그림들도 살펴본다.

■ k-평균

앞에서 설명했듯이 클러스터링 알고리즘도 비지도학습의 한 형태다. 가장 유명한 클러스터링 방법은 k-평균 클러스터링(k-means clustering)으로, 데이터 세트의 모든 요소를 그룹 지어 서로 다른 k개의 서로 다른 그룹 안으로 집어넣는다(그 이유로 k라는 이름을 갖고 있다). k-평균은 k 부분 집합에서 각 특색이 드러나도록 무작위로 중앙의 k점(무게중심점)들을 선택해 구성하는 비교적 간단한 과정이다. 각각의 무게중심점을 선택하고 나면, 모든 점들과 무게중심점들 간의 거리가 서로 가까워진다. 이것이 k개의 서로 다른 그룹들을 만들어 낸다. 각 k개의 그룹 내에 있는 점들은 중심을 새로 계산한다. 그리고 다시 반복한다. 새로운 무게중심점들은 위의 과정들을 다시 반복해 각각의 무게중심점들을 선택하고, 무게중심점에서 가까운 점들로 새로운 그룹을 만든다. 이 과정을 무게중심점이 더 이상 움직이지 않을 때까지 반복한다.

이 과정이 성공적으로 실행되도록 하려면 각 점들 간의 거리를 계산할 수 있어야 한다. 일련의 과정을 요약하면 다음과 같다.

1. 처음에 무게중심이라 부르는 k개의 점을 선택한다.
2. 데이터 세트의 각 점은 가장 가까운 무게중심점과 연결된다.
3. 특정 무게중심에 연결된 점들의 그룹에서 새로운 중심들을 계산한다.

4. 새로운 무게중심점에서 새로운 중심을 찾는다.

5. 무게중심점이 더 이상 움직이지 않을 때까지 서너 번 반복한다.

이 방법은 처음에 뽑는 무작위의 무게중심에 따라 민감하게 작동하므로 처음 선택하는 과정을 반복하는 것은 좋은 아이디어라는 것을 강조하고 싶다. 무게중심점은 데이터 세트의 어떤 점과도 가깝지 않을 수 있다. 그러면 k 그룹의 개수를 줄이면 된다. 만약 그 이전의 예시인 결정 트리에서 그룹 k=3인 k-평균을 사용하면, 아이리스 데이터 세트를 결정 트리에서 나눈 분류와 같지 않을 것이다. 다시 한 번 강조하지만, 각각의 문제에 머신러닝 알고리즘을 사용하거나 선택하는 것은 매우 중요하다.

그럼, k-평균 클러스터링 알고리즘을 사용한 실생활 문제를 살펴보자. 피자 배달 프랜차이즈가 새로운 도시에 새로운 영업점을 개설하고 싶어한다고 가정해 보자. 그리고 네 개의 후보 지역들을 검토하고 있다. 이런 문제는 k-평균 클러스터링을 사용해 쉽게 해결할 수 있다. 피자를 가장 많이 주문하는 지역을 찾으면 된다. 이 지역들이 각 데이터의 점들이다. 그런 다음, 새로 영업점을 오픈하고 싶은 네 개의 점을 무작위로 선택한다. 그리고 k-평균 클러스터링 이론을 사용하면 각 장소에 배달하는 거리를 최소화할 수 있는 최선의 장소 네 개를 확인할 수 있다. 이 예시는 k-평균 클러스터링 이론을 비즈니스 문제에 적용해서 해결할 수 있는 사례다.

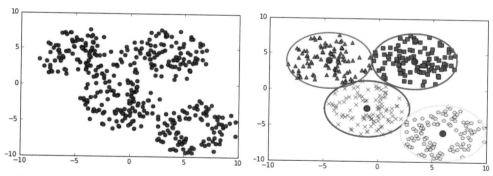

왼쪽에 있는 그림은 피자를 자주 배달시키는 곳의 분포를 보여 준다. 오른쪽의 동그란 점들은 배달 장소를 고려한 새로운 영업점이 들어설 장소를 의미한다.

■ 나이브 베이즈

나이브 베이즈(Naïve Bayes)는 다른 머신러닝 알고리즘과는 조금 다르다. 대부분의 머신러닝 기법들은 $p(Y|X)$로 표현되는 주어진 조건 X로 특정 사전 Y에 대한 확률을 계산한다. 예를

들어 주어진 그림이 숫자를 의미한다면(그림은 픽셀들의 특정 분포로 이뤄져 있다), 숫자 5일 확률은 얼마일까? 만약 5로 분류된 다른 샘플들의 픽셀 분포와 이 픽셀 분포가 비슷하면 숫자가 5일 확률은 높을 것이고, 그렇지 않으면 낮을 것이다.

사건 Y에 대한 정보와 샘플 X의 확률을 알고 있는 경우와 같이 완전 반대의 정보를 갖고 있는 상황도 존재한다. 베이즈 이론으로 표현하면, $p(X|Y) = p(Y|X)*p(X)/p(Y)$를 의미한다. $p(X|Y)$는 주어진 Y로 X가 나올 확률이고, 이 때문에 나이브 베이즈를 발생적 접근(generative approach)이라고 부른다.

간단하게 설명해 무작위적인 픽셀 분포가 주어진 5와 매칭될 확률을 알고 있다면, 숫자 5를 표현하는 특정 픽셀 분포의 확률을 계산할 수 있다.

나이브 베이즈를 의학 실험이라 생각하면 이해하기가 쉽다. 특정 암이나 질병을 진단한다고 가정해 보자. 그리고 진단한 질병과 걸린 병이 동일한지에 대한 확률을 알고 싶다고 가정해 보자. 또한 대부분의 진단에서 환자가 특정 질병이 거의 확실하게 발병된 것이라는, 신뢰할 수 있는 정보를 갖고 있다고 가정해 보자. 이를 $p(X|Y) = p(Y|X)*p(X)/p(Y)$ 식에 대입하여 표현하면 다음과 같다.

$$p(암 \mid test = 암\ 맞음) = p(test = 암\ 맞음 \mid 암) * p(암) / p(test = 암\ 맞음)$$

진단 결과의 신뢰도가 98%라고 가정해 보자. 이 말인즉슨, 한 사람이 암에 걸렸다고 주장하고 진단 결과에서 암이 맞을 확률도 98%이고, 암에 걸리지 않았다고 말하고 진단에서도 암에 걸리지 않았다고 한다면 98% 확률로 걸리지 않았다는 얘기다. 또 이 특정 암은 노인들에게 걸릴 확률이 높고, 50세 이하의 사람들은 오직 2%만 걸린다고 가정해 보자. 그리고 50세 이하의 사람에게서 암이 맞을 확률이 3.9%라고 가정해 보자(이 사실들을 데이터에서 찾아야 하지만 간단하게 설명하기 위해 정보를 먼저 제공한다).

다음과 같은 의문이 들 수도 있다. 이 암 진단의 정확도는 98%이고, 나이가 45세인 사람이 이 진단을 받고 있으며, 진단 결과가 암이라고 나왔다면, 이 사람이 암에 걸려 있을 확률은 얼마나 될까? 다음과 같이 계산할 수 있다.

$$p(암\ 맞음 \mid test = 암\ 맞음) = 0.98 * 0.02 / 0.039 = 0.50$$

이 실험의 정확도가 매우 높음에도 50세 이하에서는 매우 낮다는 사실을 알고 있기 때문에 나이브 베이즈는 이 한 번의 진단 결과가 암에 걸릴 확률이 98%라는 것을 설명해 준다. 암에 걸릴 확률 p 혹은 더 일반적으로 우리가 추정하려고 했던 확률 p는 실험 전에는 추가 정보가 없는 사건의 확률을 의미하므로 사전 확률(prior probability)이다.

이 시점에서 신뢰성을 갖고 있는 실험을 통해 다른 정보를 알고 있거나 가족의 병력 등을 알고 있다면 어떻게 될지 궁금하다. 위에 사용했던 식을 다시 사용해, 하나의 요인으로 계산한 확률 $p(test = positive \mid cancer)$와 두 번째 실험에서도 발병될 확률 $p(test2 = positive \mid cancer)$를 갖고 있을 수 있다. 나이브 베이즈 기법은 각 정보의 부분들이 독립적이라고 가정한다(실험 2의 결과는 실험 1의 결과를 모르고, 독립적이기 때문에 실험 1은 실험 2의 결과에 영향을 미칠 수 없으므로 결과도 첫 번째 결과에 따라 바뀌지 않는다). 나이브 베이즈 방법은 각 사건의 확률에 독립적인 분류 알고리즘이다.

$$p(\text{실험 1 and 실험 2} = \text{암 맞음} \mid \text{암}) = p(\text{실험 1} = \text{암 맞음} \mid \text{암}) * p(test2 = \text{암 맞음} \mid \text{암 맞음})$$

그래서 위 식의 확률 $L(\text{실험} = 1 \text{ and 실험 } 2 = \text{암 맞음})$은 주어진 사실들로 실험 1과 2에서 암이 맞을 확률을 의미한다. 그러면 이 식을 다음과 같이 다시 쓸 수 있다.

$p(\text{암 맞음} \mid \text{두 실험} = \text{모두 암 맞음})$

$= p(\text{두 실험} = \text{모두 암 맞음} \mid \text{암 맞음}) * p(\text{암 맞음}) / p(\text{두 실험} = \text{모두 암 맞음})$

$= p(\text{실험 1} = \text{암 맞음} \mid \text{암 맞음}) * p(\text{실험 2} = \text{암 맞음} \mid \text{암 맞음}) * p(\text{암 맞음}) / p(\text{두 실험} = \text{모두 암 맞음})$

■ 서포트 벡터 머신

서포트 벡터 머신은 대부분의 분류 문제에 사용되는 지도학습 알고리즘이다. 다른 머신러닝 알고리즘을 넘어서는 서포트 벡터 머신의 이점은 데이터를 나눠 각 클래스에 넣는 것과 더불어 하이퍼 공간들의 분리된 점들에서 마진을 최대화하는 분리된 하이퍼 평면을 찾을 수 있다는 것이다(공간에서의 평면은 3차원 이상의 공간과 비슷하다). 서포트 벡터 머신은 데이터가 직선으로 분리되지 않는 경우에도 사용할 수 있다. 비선형적으로 분리되는 데이터를 처리하는 데에는 소프트 마진을 사용하는 방법과 커널 트릭을 사용하는 방법이 있다.

대부분의 알고리즘이 예측 능력을 유지하는 동안 소프트 마진은 몇몇 잘못 분류된 요소들을 그대로 두고 수행한다. 앞에서 설명했듯이, 기본적으로 어떤 머신러닝에서도 과적합시키지 않는 것이 언제나 더 나은 결과를 가져다 주기 때문에 몇 가지 서포트 벡터 머신에서도 안심할 수 있다.

그 대신, 커널 트릭은 특징들의 공간을 하이퍼 평면이라고 정의한 다른 공간으로 매핑하는 것을 포함한다. 특징들의 공간으로 매핑하고 나면, 그 공간은 더 이상 선형적인 하이퍼 평면이 아니게 되고, 분리되지 않을 것처럼 보였던 데이터 세트의 요소들을 분리할 수 있다. 이 책은 딥러닝을 주로 다루기 때문에 서포트 벡터 머신의 향상 방법에 대해서는 자세히 다루지 않는다. 하지만 서포트 벡터 머신의 개념이 꽤 유명하다는 것과 비선형적인 상황에서도 일반화하는 능력이 있어서 효율성이 높다는 것은 강조하고 하고 싶다. 우리가 앞에서 얘기했듯이 지도학습 알고리즘의 과제는 특징들의 공간을 각 클래스의 모임으로 나누는 함수를 찾는 것이다. 각각의 입력값 $x = (x_1, x_2, ..., x_n)$들은 샘플 입력값, 각각의 x_i들은 i번째 특징의 x 값을 의미한다. 이전 예시에서 살펴봤듯이 어떤 특징, 즉 방의 개수, 집의 위치에 따라 특정 집의 되파는 가격을 추측할 수 있다. i번째 특징은 방의 개수, x_i는 현재 집의 방 개수를 의미한다. 그럼 특징들의 공간에서 각각 다른 것을 대표하는 곳을 나누는 함수 k를 만들 수도 있는데, 이것이 바로 커널이다. 예를 들면, k는 x_i를 $(x_i)^2$에 집어넣고, 일반적으로 비선형을 띠는 특징들의 공간을 다른 공간 W에 매핑한다. 그러면 W 안의 분리된 하이퍼 공간은 더 이상 선형적인 하이퍼 평면이 아니기 때문에 다른 특징들의 공간 내로 매핑할 수 있다. 참이 되는 정확한 조건이 이미 정의돼 있어야 하지만, 이 책의 범위를 벗어나므로 생략한다. 그러나 고전적인 머신러닝 알고리즘에서 올바른 특징들을 선택하는 것은 특정 문제의 해답을 찾는 데 도움을 주기 때문에 올바른 특징의 선택은 아무리 강조해도 지나치지 않다.

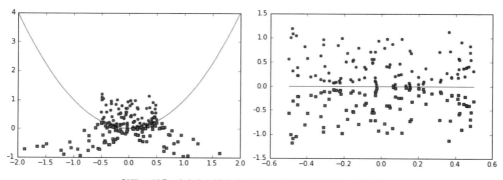

왼쪽 그림은 커널이 수행하기 전의 비선형으로 분리된 그룹이다.
오른쪽 그림처럼 같은 데이터로 커널을 수행하고 나면 데이터는 선형으로 분리될 수 있다.

■ 크로스 엔트로피 메서드

지금까지 지도학습과 비지도학습 알고리즘들을 살펴봤다. 크로스 엔트로피 메서드는 이 책의 7장, '보드 게임에서의 딥러닝'과 8장, '컴퓨터 게임에 딥러닝 적용하기'에서 좀 더 자세히 살펴볼 강화학습의 한 방법이다. 크로스 엔트로피 메서드는 특정 함수에서 최소화 혹은 최대화할 수 있는 최적의 파라미터 값을 찾아 내는 최적화 문제를 푸는 기법이다.

일반적으로, 크로스 엔트로피 메서드는 다음과 같은 단계를 따른다.

1. 변수에서 무작위로 샘플을 뽑은 후, 이것들을 최적화한다. 딥러닝에서는 이 변수들이 뉴럴 네트워크의 웨이트(weight)다.

2. 일을 수행하고 실행 결과를 저장한다.

3. 최적의 결과를 확인한 후, 순위권에 있는 실행 변수들을 선택한다.

4. 순위권에 있는 실행 변수를 바탕으로 실행하여 각각의 변수에서 새로운 평균과 분산을 계산하고, 변수들에서 새로운 샘플을 만든다.

5. 정지 조건에 도달하거나 시스템 향상이 더 이상 이뤄지지 않을 때까지 이 단계를 반복한다.

많은 변수가 존재하는 함수를 만든다고 가정해 보자. 예를 들면, 특정 고도에서 출발해 가장 오랫동안 날 수 있는 모형 항공기를 만든다고 가정해 보자. 날 수 있는 비행 거리는 날개의 길이, 날개의 각도, 무게 등의 함수로 표현된다. 비행기의 상황을 모든 변수에 맞춰 기록해야 한다. 그러나 모든 가능한 조합을 시도해 보는 것보다는 가장 최선의 상황과 최악의 상황을 선택해 날고 있는 시간 동안 각각의 변수가 어떤 값을 갖는지 기록해 통계를 만드는 것이 나을 수도 있다. 예를 들어 비행 거리가 긴 모든 실험에서 날개가 특정 길이를 갖고 있다는 것을 발견했다면, 그 크기가 먼 거리를 날 수 있도록 하는 최상의 날개 길이라는 결론을 내릴 수 있다. 이와 반대로, 비행 거리가 짧은 모든 실험에서 특정 각도의 날개를 갖고 있다는 것을 발견했다면, 그 특정 각도는 비행을 하는 데 있어 최악의 선택이라는 결론을 내릴 수 있다. 일반적으로, 최적의 비행기를 만들기 위한 각각의 값에 따라 확률 분포를 만들어 내면 각 확률들은 더 이상 무작위적인 것이 아니라 받은 피드백에 의한 확률인 것이다. 그러므로 이 방법은 전형적인 강화학습 과정인 각 실험의 피드백을 (그 자체로 얼마나 멀리 날 수 있는지) 사용해 최상의 해결책을 (각각의 변숫값을) 결정한다.

■ 뉴럴 네트워크

유명한 고전 머신러닝 알고리즘에 대한 기억을 되살려 뉴럴 네트워크를 소개하고자 한다. 여기서는 방법에 대해 좀 더 자세히 살펴보고, 위에서 요약했던 다른 알고리즘과 어떤 차이가 있는지 설명한다.

뉴럴 네트워크는 이전부터 큰 인기가 있었지만, 수십 년 동안 많이 사용하지 않았던 머신러닝 알고리즘이다. 이 책의 주요 주제인 뉴럴 네트워크를 이해하려면 다음에 이어질 내용과 2장을 유심히 읽기 바란다.

뉴럴 네트워크는 1957년에 프랭크 로젠블렛(Frank Rosenblatt)이 만든 퍼셉트론에서 시작됐다. 퍼셉트론은 오직 입력값과 결과 레이어로만 구성된 네트워크다. 둘 중 하나를 판별하는 이진 분류의 경우에서 결과 레이어는 오직 하나뿐인 뉴런이나 유닛을 갖고 있다. 시작할 때는 퍼셉트론이 매우 좋아 보이지만, 선형적으로 분리될 수 있는 패턴들만 배울 수 있다는 사실을 곧 깨닫게 된다. 예를 들면, 마빈 민스키(Marvin Minsky)와 시모어 페퍼트(Seymour Papert)는 XOR 함수를 뉴럴 네트워크가 학습할 수 없음을 보였다. 기본적으로 퍼셉트론은 몇 가지 뉴런으로 구성될 수밖에 없는 하나의 뉴런으로, 그 뉴런에 넣을 입력값으로 구성된 매우 간단한 것이었다.

서로 다른 입력값이 뉴런으로 들어가면, 다음과 같은 식에 의해 활성값들을 정의해야 한다. 뉴런 i와 결괏값에 대한 연결 유무에 대한 값이 w_i고, x_i는 입력값의 뉴런인 식은 $a(x)=\sum_i w_i x_i$이다. 이에 관해서는 2장에서 좀 더 자세히 다룬다. 여기에서 퍼셉트론은 로지스틱 회귀 알고리즘과 비슷하다는 것과 선형적인 분류에 대한 제한이 있다는 것만 먼저 알고 있으면 된다. 뉴런 내부의 상태값으로 생각할 수 있는 활성값들이 고정된 한계점인 b보다 크면, 뉴런이 활성화된다. 상태값이 클 경우에만 뉴런이 활성화되고, 나머지 경우에는 활성화되지 않는다.

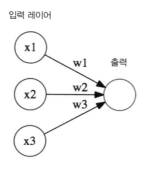

세 입력 유닛(뉴런들)과 하나의 결과 유닛(뉴런)으로 구성된 간단한 퍼셉트론

위에 정의된 간단한 활성 방법은 벡터 w와 벡터 x의 벡터곱으로 설명할 수 있다. 입력값 x가 있으면, 벡터 w가 고정되고, w는 퍼셉트론의 동작 방법을 정의한다. 만약 $<w, x> = 0$이면 벡터 x는 웨이트 벡터 w에 수직이므로 $<w, x> = 0$을 만족하는 모든 벡터 x는 R^3(3은 x의 차원

이지만, 어떤 정수도 올 수 있다) 내의 하이퍼 평면을 정의하고, 이를 만족한다. 그래서 모든 벡터 x는 w에 의해 정의된 하이퍼 평면에서 $<w, x> > 0$을 만족하는 벡터다. 이 과정은 퍼셉트론이 하이퍼 평면을 어떻게 정의하고, 분류기의 역할은 무엇인지 분명하게 알게 해 준다. 보통 0 대신, 원시 데이터에서 하이퍼 공간으로 옮기는 것에 영향을 미치는 어떤 실수 b를 한계점으로 설정한다. 그렇지만 보통 이 값으로 계속 진행하는 동안, 네트워크에 웨이트 $-b$에 연결하는 (값=1인) 특별한 뉴런, 즉 바이어스 유닛이 사이에 들어가게 된다. 이 경우, 연결하는 웨이트가 $-b$를 갖고 있으면, 활성값은 $a(x) = \sum_i w_i x_i$가 되고, 설정한 범위 $a(x) > 0$은 설정 $\sum_i w_i x_i > b$과 동일하게 된다.

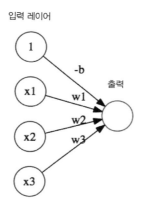

입력 레이어

결과 벡터에 바이어스 유닛을 추가한 퍼셉트론. 바이어스 유닛은 언제나 존재한다.

이런 수행 능력의 한계에도 퍼셉트론은 역사적으로 뉴럴 네트워크의 첫 예시로서 중요한 의미를 지닌다. 물론, 뉴럴 네트워크는 하나의 결과 뉴런들이 존재할 필요도 없고, 더욱이 보통은 그렇게 작동하지도 않는다. 네트워크가 하나 이상의 결과 뉴런을 갖고 있으면 각 결과 뉴런은 같은 과정을 반복할 수 있다. 각 웨이트들은 두 인덱스 i와 j에 의해 나뉘게 된다. 웨이트는 입력 레이어의 뉴런 i에서 결과 레이어 j 쪽으로 연결되는 것을 보여 준다. 또한 결과 레이어의 각 뉴런들은 값이 1인 바이어스 유닛과도 연결돼 있다. 그래서 활성값들에 따라 다른 활성화 함수를 정의할 수밖에 없다. 그러면 활성값들을 $(x) = \sum_i w\,x - b$(이제부터 바이어스도 이 식에 포함된 것으로 생각하자)로 정의하고, 활성화 값이 0 이상일 경우에만 뉴런이 활성화된다고 말할 수 있다. 그렇다면 우리가 볼 수 있듯이, 위 식은 활성화 함수를 정의하고, 또 함수는 뉴런 안의 상태에 대한 활성을 정의하며, 뉴런은 활성값이 0 이상일 경우에만 활성화되기 때문에 한계점(threshold) 활동이라 부른다. 그러나 뉴럴 네트워크는 각 활성값들에 따라 서로 다른 활성화 함수를 정의할 수 있다. 좀 더 자세한 내용은 2장에서 다룬다.

■ 딥러닝

앞에서는 뉴럴 네트워크의 매우 간단한 예시인 레이어가 하나인 피드 포워드 네트워크(feed-forward network)를 살펴봤다. 정보는 언제나 입력 쪽에서 결과 쪽으로만 전달되고 절대 뒤를 돌아보지 않기 때문에 피드 포워드라 부르고, 입력값은 오직 하나의 결과 레이어만 갖고 있기 때문에 레이어가 하나만 있다고 가정한다. 그렇지만 이렇게 사용하는 경우는 드물다. 선형적으로 분리된 데이터에서만 레이어 하나의 피드 포워드 네트워크를 사용할 수밖에 없다는 한계점도 있고, XOR 함수를 근사할 수 없어 특정 상황에서도 사용할 수 없다는 것은 이미 앞에서 언급했다. 그렇지만 네트워크는 입력 레이어와 결과 레이어 사이에 다른 레이어들이 존재한다. 이 레이어들을 '히든 레이어'라고 부른다. 히든 레이어가 존재하는 피드 포워드 네트워크에서는 히든 레이어를 통해 입력 레이어에서 결과 레이어로 전달한다. 입력값을 받는 함수를 정의하면 함수가 결괏값을 정의한다. 최소한 하나 이상의 히든 레이어를 사용하면, 뉴럴 네트워크를 사용해 어떤 함수도 근사시킬 수 있다는 '일반 근사 이론(Universal Approximation Theorem)'이 존재한다. 2장에서 이것이 왜 사실인지 설명한다.

긴 시간 동안 주어진 이론으로 복잡한 네트워크를 실행하는 데 많은 어려움을 겪었고, 한 개의 히든 레이어로 실행되는 얕은 네트워크로만 실행했다. 그렇지만 최근 들어 많은 히든 레이어를 사용한 더 복잡한 네트워크에서는 얕은 네트워크에서 하지 못했던 추상적인 레벨도 이해할 수 있는 수준이 됐다. 추가로 뉴런이 그 자체에서 되돌아가며 정보를 얻는 순환 네트워크가 만들어졌고, 어떤 뉴럴 네트워크 구조에서는 메모리를 생성하는 에너지 함수도 정의할 수 있게 됐다. 이런 모든 내용은 딥러닝의 최근 발전 과정을 살펴보는 2장에서 다룬다.

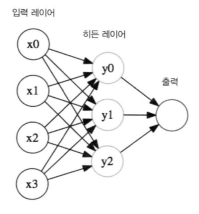

한 개의 히든 레이어로 구성된 뉴럴 네트워크

🚩 실생활에 적용하기

머신러닝, 특히 딥러닝은 대개 예측하는 부분이나 특징, 관찰, 분류 등에서 계속 놀라운 결과를 만들어 내고 있다. 이런 최근의 결과들은 지난 몇 년간 이뤄진 결과들이다. 이런 발전 기조 아래 많은 전문가는 머신이 곧 사람의 지능을 넘을 수 있다고 경고하고 있다. 2015년 10월 14일에 인공지능 전문가들과 다른 분야의 연구자가 모인 UN 미팅에서 이에 대해 경고 했고, 초지능 기계들이 인류에게 가할 위험을 사전에 방지하기 위한 도덕적인 가이드라인이 필요하다는 의견이 제기됐다.

2016년 딥러닝으로 만들어진 알파고가 전 세계 바둑 챔피언인 이세돌을 이기면서 화제가 됐다. 알파고는 유럽 챔피언인 판 후이에게 승리하면서 이미 화제가 됐지만, 그 당시에는 세계 챔피언을 이길 수 있어 보이지는 않았다. 그러나 한두 달 후에 알파고는 이 모든 염려를 뒤엎고 4-1로 승리하는 과업을 달성했다. 이렇게 축하를 하는 이유는 바둑은 체스와 같은 다른 게임들보다 훨씬 많은 확률 변수들을 갖고 있어서 모든 변수를 고려하기에는 불가능한 면이 있기 때문이다. 또 바둑은 체스와 달리 각 바둑알의 위치를 판단하는 것조차도 어렵다.

알파고의 강점은 게임을 하도록 프로그래밍된 것이 아니라 자기자신과 수천 번의 게임을 반복하면서 강화학습과 딥러닝 기법을 활용해 게임을 진행하는 방법을 배운 것이다. 학습 능력은 머신러닝, 특히 딥러닝에서 완전히 차별화된 문제 해결 방식을 제공한다. 딥러닝은 그 자체를 학습하며 프로그램을 생성하기 때문에 사람의 도움이 거의 필요 없다.

하지만 딥러닝은 게임 외의 여러 분야에도 적용돼 괄목할 만한 성과를 거두고 있다. 케글 (https://www.kaggle.com)은 많은 머신러닝 대회를 주최하는 웹 사이트다. 각기 다른 분야에서 각각의 응용 방법으로 사용되고 있다. 2013년에는 오레곤대학교가 후원한 머신러닝을 활용해 실생활에서 일반적으로 녹음한 새소리로 새를 판별하는 대회가 열렸다. 새들에 대한 트렌드를 이해하려면 엄청난 노력과 비용으로 데이터를 모아야 한다. 그렇지만 머신러닝 기법은 간단하게 녹음된 것만을 듣고, 자동으로 어떤 새인지 판별하는 데 도움을 준다.

최근에 아마존은 내부 컴퓨터 및 네트워크 접근 권한을 사람이 줄 때 발생하는 손실을 줄이기 위한 대회를 열었다.

시카고 시 정부의 헬스 부서는 2015년 '주어진 날씨 테스트 정보와 모기약 살포 데이터를 바탕으로 언제 어느 장소에서든 각기 다른 종의 모기들이 웨스트 나일 바이러스를 발병시키는지'에 관한 대회를 열었다.

2015년에는 호주 서부에 있는 집값을 예측하는 대회가 열렸고, 2016년 BNP파라바은행은 불만 접수 과정을 개선하기 위한 대회를 열었다.

이런 것들은 머신러닝을 사용해 풀 수 있는 다양한 문제에 대한 아이디어를 제공하고, 이 모든 대회에서는 최고의 해답을 내놓은 사람이 상을 받는다. 2009년 넷플릭스는 사람들이 전에 영화를 평가한 기록들을 바탕으로 추천 영화를 내놓는 예측 시스템의 정확도를 향상시키는 100만 달러(10억 원)짜리 대회를 개최했다. 이로써 데이터 과학자들은 임금이 가장 높고, 가장 선호하는 직업군이 됐다.

머신러닝은 보통 자율 주행차부터 군사용 드론, 타깃 정찰 시스템, 의료 기록을 읽고 병을 진단하는 것과 같은 의료용 기기, 얼굴 인식이 가능한 감시 시스템에 이르기까지 어디에서든 사용된다.

시각을 통해 인식하는 것은 이미 봉투에 적힌 주소를 읽어야 하는 우체국과 같은 곳에서 많이 사용되고 있다. 또 우리는 뉴럴 네트워크가 MNIST 데이터를 활용해 숫자를 어떻게 인식하는지도 살펴본다. 비지도학습은 엄청나게 많은 애플리케이션에서 찾을 수 있으며, 자연어 처리 분야(NLP)에서도 엄청난 성과를 거두고 있다. 대부분의 사람들은 딥러닝을 활용한 NLP 앱을 이미 갖고 있다. 애플, 안드로이드할 것 없이 모든 스마트폰의 (시리와 같은) 가상 비서들은 NLP에 딥러닝을 응용해서 만든다. 머신러닝은 바이오 매트릭스 분야에서도 찾을 수 있다. 지문이나 DNA, 홍채 인식 등 누군가의 신체적인 특징을 인식하는 곳에도 활용된다. 또 자율 주행차는 지난 몇 년 동안 꾸준히 향상돼 이제는 현실이 됐다.

머신러닝은 앨범에서 사진들을 분류하는 데도 사용할 수 있다. 또 인공위성 이미지를 활용하면, 각기 다른 이미지를 보면서 날씨는 어떤지, 숲인지, 눈이 오는 지역인지, 비가 오는 지역인지 등을 알 수 있다.

요약하면 최근에는 우리들이 살고 있는 거의 모든 곳에서 머신러닝이 사용되는 것을 볼 수 있고, 컴퓨터의 속도와 성능이 계속 좋아지고 있어서 정확도와 수행 능력이 끊임없이 상승하고 있다.

🚩 유명한 오픈소스 패키지

머신러닝은 유명하고 경쟁적인 분야이기 때문에 대부분의 고전 머신러닝 알고리즘을 향상시킨 오픈소스 패키지들이 많다. 그중에서도 가장 유명한 것은 파이썬으로 만들어져 널리 사용되고 있는 scikit-learn(http://scikit-learn.org)이다.

scikit-learn은 대부분의 고전적인 머신러닝 알고리즘 분류기들인 회귀, 클러스터링 알고리즘 등을 향상시킨 라이브러리들을 제공한다. 또 서포트 벡터 머신(SVM), 최근접 이웃, 무작위 포레스트, 선형 회귀, k-평균, 결정 트리, 뉴럴 네트워크 등과 같은 많은 머신러닝 알고리즘을 포함하고 있다.

기본 클래스 sklearn은 선택한 알고리즘의 종류에 따라 다음과 같은 방식으로 sklearn.ensemble, sklearn.linear_model, sklearn.naive_bayes, sklearn.neural_network, sklearn.svm, sklearn.tree 등과 같은 여러 패키지를 사용할 수 있도록 한다.

최적의 특징들을 선택하는 데 도움을 주거나 교차 검증 등을 가능하게 해 주는 것들도 있다. 모든 기능을 짧게 하나씩 설명하면서 시간을 허비하는 것보다 간단한 예시 하나를 들어 보자. 이 책에서는 멀티-레이어 뉴럴 네트워크를 소개한다. scikit-learn 라이브러리는 각 머신러닝 알고리즘과 비슷한 특징들을 이용해 메서드를 사용하기 때문에 분류기는 일반적으로 같은 기능을 공유한다. 또 밑바닥에서부터 뉴럴 네트워크를 만들어 보지 않더라도 뉴럴 네트워크가 어떤 것인지 알 수 있다. 2장에서는 다른 라이브러리와 딥러닝 뉴럴 네트워크의 다양한 상황에서 복잡한 방법으로 실행해 보겠지만, 지금은 이 기능의 중요한 아이디어에서부터 시작해 보자.

scikit-learn을 이용해 멀티-레이어 네트워크를 사용하고 싶다면, 프로그램에서 아래 한 줄을 임포트하는 것만으로 충분하다.

```
from sklearn.neural_network.multilayer_perceptron import MLPClassifier
```

각 알고리즘은 이미 정의된 파라미터를 사용해 호출되지만, 인스턴스의 초깃값은 대부분 사용되고 있다. 이 경우에 MLPClassifier를 사용하면, 파라미터는 필요 없고, 초깃값 하나로 사용할 수 있다(scikit-learn 웹 사이트에 모든 파라미터를 설명해 뒀다. 특히, MLPClassifier는 http://scikit-learn.org/dev/modules/generated/sklearn.neural_network.MLPClassifier.html에서 찾을 수 있다).

그런 다음, 알고리즘은 fit 함수로 파라미터를 수정한 레이블들을 사용해 트레이닝 데이터를 불러온다.

```
MLPClassifier().fit(data, labels)
```

알고리즘이 트레이닝 데이터를 한 번 조정하고 나면, 클래스에서 예측 확률을 구하는 함수(predict_proba)를 사용해 테스트 데이터에 대한 예측률을 구할 수 있다.

```
probabilities = MLPClassifier().predict_proba(data)
```

결정 트리에서 간단하게 설명했던 iris 데이터 세트에서 분류기 **MLPClassifier**를 어떻게 사용하는지 전체 코드를 만들어 보자. scikit-learn은 중요한 고전 데이터 세트들을 다음과 같이 쉽게 로딩할 수 있다.

```
from sklearn import datasets
iris = datasets.load_iris()
data = iris.data
labels = iris.target
```

이를 통해 데이터 세트를 불러올 수 있다. 분류기를 불러오려면 다음과 같이 하면 된다.

```
from sklearn.neural_network.multilayer_perceptron import MLPClassifier
```

자, 그럼 데이터로 파라미터를 조율해 보자.

```
mlp = MLPClassifier(random_state=1)
mlp.fit(data, labels)
```

웨이트가 무작위로 초기화되고 나면, random_state 값은 서로 다른 실험에서도 일관된 결과가 나오도록 언제나 같은 무작위값으로 강제 초기화한다. 이것은 과정을 이해하는 것과는 무관하다. fit은 지도학습 스타일 안에서 주어진 데이터와 레이블들로 알고리즘을 훈련시켜 최선의 웨이트를 호출하기 위한 중요한 함수다.

그럼 이제 예측된 결과와 실제 결과를 비교하면서 확인해 보자. 함수 predict_proba가 예측한 확률을 결괏값으로 내놓으면, predict은 가장 높은 확률값으로 분류된 것을 결괏값으로 내놓는다. 정확도를 제공하는 scikit-learn 헬퍼 모듈을 사용해 후자의 것과 비교한다.

```
pred = mlp.predict(data)
from sklearn.metrices import accuracy_score
print ('정확도: %.2f' % accuracy_score(labels, pred))
```

이것이 끝이다. 물론 앞에서 언급했듯이, 트레이닝 데이터와 테스트 데이터로 나누는 것이 좋고, 데이터의 몇 가지 정규화를 통해 예제 코드를 향상시킬 수도 있다. scikit-learn은 이런 것을 성공적으로 수행하기 위해 몇 가지 헬퍼 함수를 제공한다.

```
from sklearn.model_selection import train_test_split
from sklearn.preprocessing import StandardScaler
data_train, data_test, labels_train, labels_test = train_test_
split(data, labels, test_size = 0.5, random_state=1)
scaler = StandardScaler()
scaler.fit(data)
data_train_std = scaler.transform(data_train)
data_test_std = scaler.transform(data_test)
data_train = data_train_std
data_test = data_test_std
```

이 코드를 설명하면, 먼저 평균을 빼고 데이터의 크기를 유닛 분산으로 조정하는 등 데이터를 나누고, 정규화하는 과정을 거친다. 그런 다음, 트레이닝 데이터를 알고리즘에 맞게 수정하고, 테스트 데이터에서 확인해 본다.

```
mlp.fit(data_train, labels_train)
pred = mlp.predict(data_test)
print ('잘못 분류된 예시들: %d', ( labels_test != pred).sum())
from sklearn.metrices import accuracy_score
print ('정확도: %2.f' % accuracy_score(labels_test, pred ))
```

그러면 다음과 같은 결과를 얻는다.

잘못 분류된 예시들: 3, 정확도: 0.96

뉴럴 네트워크가 세 가지 종류의 꽃으로 나뉜 세 가지 공간으로 나누는 방법을 반영하면 데이터를 다음과 같은 그림으로 표현할 수 있다(오직 2차원의 그림만 그릴 수 있기 때문에 한 번에 두 가지 특징만 고려해 그림을 그릴 수밖에 없다). 첫 번째 그래프는 데이터 정규화 과정 없이 어떻게 꽃잎의 길이와 폭만으로 알고리즘이 꽃들을 분류하는지 보여 준다.

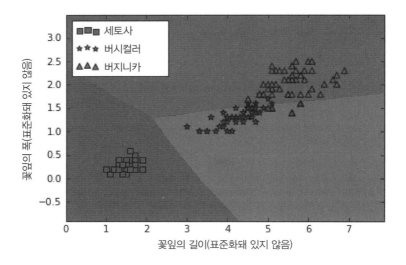

두 번째 그래프는 꽃받침의 폭과 꽃잎의 폭으로만 판별한 것이다.

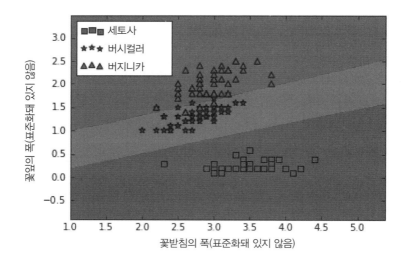

세 번째 그래프는 첫 번째 그래프와 같은 데이터와 정규화한 데이터를 사용한 것이다.

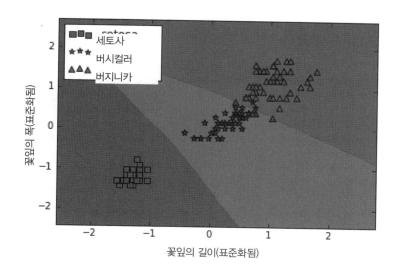

네 번째 그래프는 두 번째 그래프와 같은 데이터와 정규화한 데이터를 사용한 것이다.

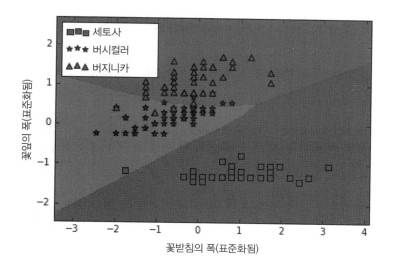

위의 그래프를 만드는 코드도 함께 살펴보자. 팩트출판사의 다른 책인 세바스티안 라치카의 『Python Machine Learning』에 있는 이와 비슷한 코드를 가져와 이 그래프를 그려볼 것이다. 좀 더 자세한 내용은 책을 살펴보기 바란다.

아래의 코드를 사용하면 위의 그래프를 그릴 수 있다. 이전 데이터는 꽃잎과 꽃받침의 길이를 표시하는 data=iris.data[: , [1,3]]처럼 오직 두 변수의 관계로만 설정된 데이터로만 구성돼 있어서 2차원 이미지만 그릴 수 있다.

```python
import numpy
from matplotlib.colors import ListedColormap
import matplotlib.pyplot as plt
markers = ('s,' '*', '^')
colors = ('blue', 'green', 'red')
cmap = ListedColormap(colors)
x_min, x_max = data[:, 0].min() - 1, data[:, 0].max() + 1
y_min, y_max = data[:, 1].min() - 1, data[:, 0].max() + 1
resolution = 0.01
x, y = numpy.meshgrid(numpy.arange(x_min, x_max, resolution), numpy.arange(y_min, y_
max, resolution))
z = mlp.predict(numpy.array([x.ravel(), y.ravel()]).T)
z = z.reshape(x.shape)
plt.pcolormesh(x, y, z, cmap=cmap)
plt.xlim(x.min(), x.max())
plt.ylim(y.min(), y.max())
# 데이터 시각화하기
classes = ["setosa", "versicolor", "verginica"]
for index, cl in enumerate(numpy.unique(labels)):
    plt.scatter(data[labels == cl, 0], data[labels == cl, 1], c=cmap(index),
marker=markers[index], s=60, label=classes[index])
plt.xlabel('꽃잎 길이')
plt.xlabel('꽃받침 길이')
plt.legend(loc='upper left')
plt.show()
```

앞에서 언급한 MLPClassifier는 사용할 수 있는 많은 파라미터를 갖고 있다. 이 책에서는 활성화 함수, 히든 레이어의 개수, 뉴런의 개수만 사용했지만, 공식 문서(http://scikit-learn.org/dev/modules/generated/sklearn.neural_network.MLPClassifier.html)에는 많은 종류의 파라미터가 설명돼 있으므로 참고하길 바란다.

히든 레이어와 뉴런의 개수들도 hidden_layer_sizes=(n1, n2, n3, ..., nm)에서 직접 수정할 수 있다. i번째 레이어의 뉴런의 개수는 ni이다.

각각 200개와 100개의 뉴런으로 구성된 두 개의 히든 레이어가 있는 뉴럴 네트워크를 만드는 방법은 다음과 같다.

```python
mlp = MLPClassifier(random_state=1, hidden_layer_sizes=(200, 100,))
```

또 다른 중요한 파라미터는 활성화 함수다. 이 활성화 함수 모듈은 아래에 정의한 세 가지 타입을 지원한다.

 ReLU 함수는 가장 쉽고, 유명한(또한 기본으로 세팅된 활성화 함수다) 함수이고, 다음과 같이 간단하게 정의할 수 있다.

$$f(x) = \max(0, x)$$

로지스틱(logistic) 함수는 $f(x) = \dfrac{1}{1 + \exp(-x)}$에 정의된 0과 1의 값으로 각 사건의 확률을 계산할 때 사용한다.

마지막으로, tanh 함수는 간단하게 $f(x) = \tanh(x) = \dfrac{\exp(x) - \exp(-x)}{\exp(x) + \exp(-x)}$와 같이 정의한다.

로지스틱 활성화 함수를 사용해 각각 200과 100개의 뉴런을 갖고 있는 두 개의 히든 레이어를 만드는 코드는 다음과 같다.

```
mlp = MLPClassifier(random_state=1, hidden_layer_sizes=(200, 100,),
activation = "logistic")
```

독자들이 이런 파라미터들을 활용해 실행해 볼 수 있도록 소개했고, 반복의 횟수를 정해 사용할 수 있는 max_iter 파라미터를 사용했다. 여기서 반복 횟수는 트레이닝 데이터의 통과량을 의미한다. max_iter=100처럼 반복 횟수가 너무 작으면 수렴하기까지 충분한 시간을 가질 수 없기 때문에 좋은 결과를 내기 어렵다. 그러나 작은 데이터 세트에서 히든 레이어의 개수를 계속 늘리는 것은 더 나은 예측 결과를 내놓지 못하고, 오히려 예측 정확도를 떨어뜨린다는 것도 알아 둬야 한다.

1장에서는 실생활에서 머신러닝의 중요성에 대해 소개했다. 또, 몇 가지 이슈와 문제를 살펴보면서 2장에서 주요 쟁점으로 다룰 뉴럴 네트워크로 맛보기를 했다. 그리고 몇 가지 멀티-레이어의 피드 포워드 네트워크를 만들어 보면서 scikit-learn과 같은 표준 라이브러리들을 어떻게 사용하는지 훑어봤다.

그럼 이제 뉴럴 네트워크가 내부에서 어떻게 동작하는지 좀 더 자세히 살펴보자.

1장에서 머신러닝이 무엇이고 왜 중요한지 설명했다. 그리고 머신러닝 기법들을 찾을 수 있는 앱을 몇 가지 살펴보고 머신러닝을 이용해 어떤 종류의 문제를 푸는지도 설명했다. 그리고 머신러닝의 특정 부류이자 딥러닝의 근간이 되는 뉴럴 네트워크를 소개하고, 유명한 머신러닝 라이브러리를 활용한 코드 예시도 살펴보면서 특정 분류 문제를 해결했다. 2장에서는 뉴럴 네트워크를 좀 더 자세히 다루고, 우리 뇌의 동작 과정을 관찰한 생물학적인 관점으로 이 이론에 대한 정의를 살펴본다.

뉴럴 네트워크

1장에서 지역 부동산 매매 가격 데이터를 통해서 새로운 집의 가격을 예측하는 방법에 대해 살펴보며, 기계가 데이터를 사용하는 방법에 대해 알아보았다. 넷플릭스 등의 대기업에서도 사용자들이 기존에 매긴 영화 평점들을 바탕으로 유저가 좋아할 만한 새로운 영화를 추천할 때도 머신러닝 기법을 사용한다는 것도 알게 됐다. 이런 방법들은 아마존, 월마트와 같은 이커머스의 거대 기업에서도 널리 사용된다. 그렇지만 이 방법을 사용하려면 새로운 데이터를 예측하기 위해 이미 분류된 데이터가 필요하고, 분류 정확도를 높이려면 어떤 데이터 특징으로 분류할지를 사람이 직접 기록해 놓아야 한다.

이미 정리된 데이터와 인식하기 위해 준비된 데이터가 없더라도 사람들은 상황이나 패턴을 통해 빠르게 규칙을 추정해 낸다. 기계가 사람과 비슷한 방법으로 학습할 수 있다면 놀라운 일이 일어날 것이다. 이미 언급했지만, 프랭크 로젠블렛(Frank Rosenblatt)은 지금으로부터 50여 년 전인 1957년에 퍼셉트론을 만들었다. 단세포 조직이 복잡한 다세포 조직이 되듯이 퍼셉트론은 현재의 딥러닝 뉴럴 네트워크를 만들어 냈다. 또 인공 뉴런(퍼셉트론)의 동작 원리에 대해 제대로 이해하면, 여러 레이어에 서로 다른 뉴런이 많이 엮여 있는 복잡한 딥러닝 네트워크를 이해할 때도 도움이 된다. 뉴럴 네트워크는 사람의 두뇌 기능들을 간단하게 관찰하고 흉내 내 함축된 새로운 규칙을 만들어 낸다. 인간의 두뇌가 어떻게 구성되어 있고, 정보를 어떻게 전달하는지를 컴퓨터가 정확히 이해하기까지는 아직 한참 남았지만, 뉴런 한 개가 어떻게 동작하는지는 잘 알고 있다. 인공 뉴럴 네트워크는 뇌에서 작동하는 동일한 기능을 흉내 내 화학 신호나 전기 신호들을 숫자의 값들과 함수로 치환했다. 그렇지만 대부분의 발전은 뉴럴 네트워크가 엄청난 인기를 끌었다가 두 번 이상 잊혀지고 난 이후인 지난 10년 동안이뤄졌다. 전통적으로 사용했던 CPU(Central Processing Unit)가 아닌 GPU(Graphics Processing Unit)를 사용하는 더 빠른 컴퓨터의 등장과 더 나은 알고리즘, 뉴럴 네트워크 디자인의 발전그리고 막대한 양의 데이터 증가로 부활할 수 있었다. 이 책에서는 이 주제에 대해 하나씩 살펴본다.

2장에서는 뉴럴 네트워크가 어떤 것인지, 뉴런은 어떻게 동작하는지를 자세히 살펴본다. 또한, 딥 피드 포워드 네트워크를 만들고 사용하기 위해서 레이어를 쌓는 방법도 살펴본다.

왜 뉴럴 네트워크인가?

뉴럴 네트워크는 과거에도 존재했지만, 수십 년 동안 좋은 성과를 내지 못했을 뿐 아니라 관심의 대상이 멀리 떨어져 있어서 많이 사용되지 않았다. 그렇지만 최근에는 다른 많은 머신러닝알고리즘과 어깨를 견줄 정도로 성장했다. 개선된 뉴럴 네트워크 아키텍처는 다른 알고리즘과비교가 안 될 정도로 많은 작업에서 높은 정확도를 보이고 있다. 예를 들어, 이미지넷(ImageNet)은 이미지 인식 분야에서 1,600만 장의 데이터베이스에 버금갈 정도로 정확도가 높다.

딥 뉴럴 네트워크가 소개되기 전에는 정확도가 점진적으로 증가하고 있었지만, 딥 뉴럴 네트워크가 소개된 이후인 2010년에는 에러가 나올 확률이 40%, 2014년에는 7% 이하로 떨어졌고, 그 이후로도 계속 떨어지고 있을 만큼 빠른 속도로 성장하고 있다. 일반인이 틀릴 확률은딥 뉴럴 네트워크보다는 낮은 5% 정도다. 2013년의 이미지넷 대회에서는 딥 뉴럴 네트워크의성공에 힘입어 모든 참가자가 어떤 방법으로든 딥 뉴럴 네트워크를 사용했다. 또 딥 뉴럴 네트워크는 데이터의 표현을 '학습'한다. 물체를 인식하는 것을 학습할 뿐 아니라 그 물체를 판별하기 위한 특징도 학습한다. 그럼으로써 사람이 직접 분류하지 않아도 특징을 자동으로 확인하고 자연스럽게 분류하면서 비지도학습에 성공적으로 사용됐다. 딥러닝과 딥 뉴럴 네트워크 등은 애플의 시리를 비롯해 거의 모든 곳에서 사용된다.

구글은 안드로이드에 딥러닝 알고리즘을 적용한 후 단어 인식에 관련된 에러가 25%나 감소했다고 발표했다. 또 다른 예로는 다양한 종류의 필기체로 써진 숫자 샘플로 구성된 MNIST데이터를 사용한 이미지 인식을 들 수 있다. 딥 뉴럴 네트워크를 사용한 숫자 인식의 정확도는 이제 사람과 비견될 정도인 99.79%를 넘어섰다. 또한, 딥 뉴럴 알고리즘은 사람의 뇌가 동작하는 과정과 가장 비슷하게 인공적으로 만들어졌다. 아직은 사람의 뇌에 비하면 엄청 단순하고 극히 일부일 수 있지만, 어떤 알고리즘보다도 사람의 지능에 대한 초석을 다졌다고 볼 수 있다. 이 책은 다양한 종류의 뉴럴 네트워크에 대해 알아보고, 뉴럴 네트워크가 제공하는 여러 개의 응용된 예시들을 살펴보는 것에 초점을 둔다.

뉴럴 네트워크의 기본

1장에서는 지도학습, 비지도학습, 강화학습 등 머신러닝의 세 가지 접근 방법에 대해 얘기를 나눴다. 고전적인 뉴럴 네트워크는 지도학습의 한 종류였다. 딥러닝이 선풍적인 인기를 끌고 있는 이유는 최근의 딥 뉴럴 네트워크가 비지도학습에도 사용할 수 있기 때문이다. 3장에서는 이미 예전부터 사용되어 왔던 얕은 네트워크(shallow network)와 딥 뉴럴 네트워크의 주요 차이점들을 중심으로 살펴본다. 그렇지만 여기서는 고전적인 피드 포워드 네트워크에만 집중해 지도학습의 관점으로 바라볼 것이다. 다음의 질문에서부터 시작해 보자.

뉴럴 네트워크는 과연 무엇인가?

뉴럴 네트워크를 해석하는 가장 좋은 방법은 정보 처리에서의 수학 모델로 설명하는 것이다. 앞으로의 설명이 잘 이해되지 않더라도 3장을 읽어보면 좀 더 확실해질 것이다. 뉴럴 네트워크는 고정된 프로그램이 아니며, 정보를 처리하는 시스템이나 입력값들을 의미하는 모델은 어떻게 보면 단순한 생물의 독립체가 정보를 처리하는 방법이라 할 수 있다. 뉴럴 네트워크의 세 가지 특징은 다음과 같다.

- **뉴럴 네트워크 아키텍처**: 레이어의 개수, 각 레이어에서의 뉴런의 개수와 뉴런과의 연결성에 따른 종류(피드 포워드, 순환, 여러 개 또는 하나의 레이어 등)를 의미한다.

- **학습**: 학습되는 동안 공통적으로 정의된 것들을 의미한다. 역전파(back-propagation)나 에너지 단위의 학습을 사용하는 것과는 관계없이 각 뉴런 사이의 웨이트를 결정하는 방법 등을 의미한다.

- **활성화 함수**: 각각의 뉴런, 즉 뉴런 내부의 상태에서 통과된 활성값을 사용하는 함수다. 뉴런이 어떻게 동작하는지 (확률적으로, 선형적으로 등) 보여 주고, 어떤 조건하에서 뉴런이 활성화되거나 실행되는지 보여 준다. 또 이 함수의 결괏값은 이웃 뉴런으로 통과할 입력값이기도 하다.

어떤 연구자들은 활성화 함수를 아키텍처의 일부라고 생각하기도 한다. 그렇게 보는 게 쉬울 수도 있지만, 공부를 시작할 때는 이 두 부분을 따로 떼어놓고 보는 것이 낫다고 생각해서 나누어서 살펴보았다. 다시 한 번 강조하지만, 인공 뉴런도 생물 뇌의 동작을 흉내 내 표현하는 것일 뿐이다. 생물의 뇌가 훨씬 더 복잡한 모델이지만 우리가 집중해서 볼 부분은 아니다. 이후에 살펴보겠지만 인공 뉴럴 네트워크는 여전히 많은 곳에서 유용하게 쓰일 수 있고, 인공 뉴럴 네트워크는 사실 입력값을 원하는 어떤 범위로 근사시켜 결괏값을 내놓도록 만드는 어떤 함수일 뿐이다.

아래의 가정을 기본적으로 따르면서 뉴럴 네트워크를 개발한다.

- 단순한 그룹보다 더 작은, 가장 단순한 형태인 뉴런에서 정보 처리가 이루어진다.
- 뉴런은 연결 링크를 통해 다른 뉴런들과 연결하고 신호를 교환한다.
- 뉴런의 연결 링크는 더 강해지거나 약해질 수 있다. 이 연결 관계의 강도가 정보를 처리하는 방법을 결정한다.
- 각 뉴런은 다른 뉴런에서 들어오는 모든 연결을 결정하는 내부 상태를 갖고 있다.
- 각 뉴런은 내부 상태를 계산하고, 결과 신호를 결정하는 각기 다른 활성화 함수를 갖고 있다.

'뉴런과 레이어' 섹션에서는 뉴런이 어떻게 동작하고, 다른 뉴런들과 상호 작용하는 방법에 대해 자세히 알아본다.

뉴런과 레이어

뉴런은 입력값을 넣으면 미리 결정된 규칙에 따라 다른 결괏값을 내놓도록 처리하는 유닛이다.

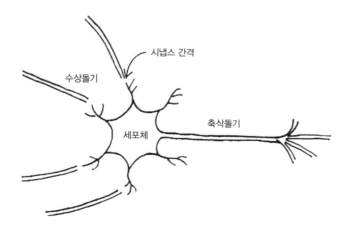

1943년 워런 맥클럭(Warren McCullock)과 월더 핏츠(Walter Pitts)는 생물 뉴런의 기능을 서술한 논문[1](A Logical Calculus of the Ideas Immanent in Nervous Activity)을 발표했다. 생물 뉴런은 수상돌기(dendrites), 세포체(soma, cell body), 축삭돌기(axons), 시냅스 간격(synaptic gaps)으로 구성돼 있다. 인공 뉴런에서도 이름만 바뀔 뿐 모두 동일하게 존재한다.

수상돌기는 다른 뉴런에서 보내는 입력값들을 받아 세포체로 전달한다. 이 전달된 입력값은 세포체에서 처리되고 합쳐진다. 입력값이 한계점을 넘어서면, 뉴런은 결괏값 하나를 '발화'하고, 축삭돌기를 통해 전기 신호로 전송된다. 보내는 뉴런의 축삭돌기와 전달받는 뉴런의 수상돌기 사이에는 빈도수에 따라 전달되는 충격을 화학 신호로 조정하는 시냅스 간격이 존재한다. 인공 뉴런은 이 충격 빈도수를 숫자상의 웨이트로 만든다. 빈도수가 높거나 충격 강도가 높으면, 웨이트도 높아진다. 생물 뉴런과 인공 뉴런의 각 부분에 해당하는 표는 다음과 같이 만들 수 있다(매우 단순화해서 설명한 것이지만, 말하고자 하는 주제와는 일치한다).

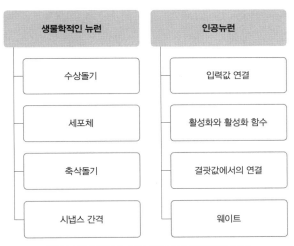

생물 뉴런과 인공 뉴런을 대응시킨 대략적인 도표

인공 뉴런은 다음과 같은 그림으로 설명할 수 있다.

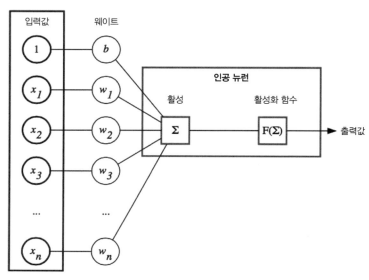

이 그림의 중앙에 입력값(활성)을 받아 결과를 만드는 내부의 상태(활성화 함수)를 가진 뉴런 혹은 구조체를 갖고 있다. 다른 뉴런에서 온 입력값들은 웨이트(시냅스 간격)의 강도에 따라 조정된다.

뉴런 I, 뉴런 하나의 입력값 x_i, 결괏값 사이의 값인 w_i로 만든 식, $\alpha(x) = \sum_i w_i x_i$는 하나의 뉴런에서 간단한 활성값을 만든다. 1장에서 뉴럴 네트워크를 소개했을 때 바이어스도 함께 소개했다. 만약 바이어스를 포함시켜 사용하려면 기존의 식을 $\alpha(x) = \sum_i w_i x_i + b$와 같이 수정할 수 있다. 바이어스는 웨이트가 정의한 하이퍼 평면에 데이터가 분포하도록 바꿔 주므로 원시 데이터로 만든 식을 사용할 필요가 없다(대신, 그 이름을 사용한다). 활성값들은 뉴런 내부의 상태값으로 표현해야 한다.

1장에서 언급했듯이, 활성값은 벡터 w와 벡터 x의 벡터곱으로 해석할 수 있다. 벡터 x는 $<w, x> = 0$일 경우, 웨이트 벡터 w의 수직이어야 하며, 그래서 모든 벡터 x는 $<w, x> = 0$에서 $\mathbf{R}^n$ 안의 하이퍼 평면을 정의한다(n은 x의 차원이다).

그래서 $<w, x> > 0$을 만족하는 모든 벡터는 w가 정의한 하이퍼 평면 쪽에 위치한다. 이 규칙에 따르면, 하나의 뉴런은 입력값이 특정 역치값을 넘거나 기하학적으로 웨이트 벡터가 정의한 하이퍼 평면의 한 부분에 존재할 경우에 활성화되는 선형 분류기다.

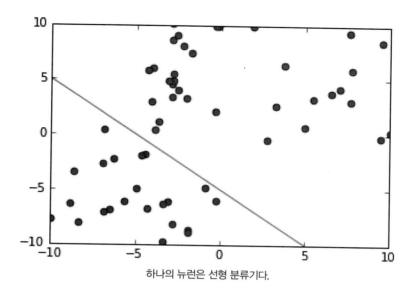

하나의 뉴런은 선형 분류기다.

뉴럴 네트워크는 뉴런의 개수에 제한을 두지 않는다. 그렇지만 모든 뉴런은 숫자들과는 관계 없이 전통적인 네트워크의 레이어 안에서 정렬된다. 초기 조건으로 입력한 데이터 세트가 입력 레이어가 된다. 예를 들어, 흑백의 이미지를 입력값으로 넣으면 입력 레이어는 흑백의 진한 정도를 의미하는 값과 입력 뉴런에서의 픽셀을 의미한다. 그러나 중요한 것은 입력 레이어 내의 뉴런은 다른 뉴런과 달리 결괏값이 언제나 동일하고, 그 입력값 자체 내부의 값과 같기 때문에 입력 레이어는 보통 헤아리지 않는다는 것이다. 1-레이어 뉴럴 네트워크는 레이어 하나를 가진 간단한 뉴럴 레이어이며, 입력 레이어 옆에 바로 결괏값이 존재한다. 각각의 입력 뉴런과 인공 시냅스 간격에 의해 조정되고 난 후, 각각의 결괏값과의 연결 관계를 선으로 그리면, 인공 시냅스 간격은 입력 뉴런 x_i에서 결과 뉴런 y_i로 연결된 웨이트 w_{ij}를 의미하게 된다. 보통 각각의 결과 뉴런은 분류된 클래스 하나를 의미한다. 예를 들어, MNIST 데이터 세트에서 각각의 뉴런은 숫자들을 의미한다. 그래서 1-레이어 뉴럴 네트워크는 입력된 이미지가 어떤 숫자인지 예측할 때 사용할 수 있다. 사실, 결괏값들의 모임은 이미지가 얼마나 주어진 클래스로 표현되는지 측정된 확률로 표현할 수 있다. 그리고 결과 뉴런 중에 가장 높은 값을 가진 뉴런이 그 뉴럴 네트워크의 예측을 표현한다.

꼭 알아 둬야 할 점은 같은 레이어에 있는 뉴런은 절대로 자기들끼리 연결돼서는 안 된다는 것이다. 아래 그림에서 알 수 있듯이 이어지는 다음 레이어 내의 각 뉴런에 모두 연결돼 있어야 한다.

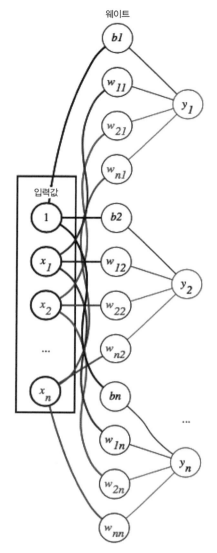

1-레이어 뉴럴 네트워크 예시: 맨 왼쪽의 뉴런들은 총합이 1인 바이어스 b가 포함된 입력 뉴런이다.
중간의 열은 각 연결의 웨이트 값, 오른쪽은 주어진 웨이트 w를 통해 나온 결괏값이다.

위의 그림에서 살펴본 요소들은 뉴럴 네트워크를 정의하기 위해 꼭 필요한 것들이다. 레이어
끼리 연결되지 않으면 각각의 모든 뉴런은 인접한 레이어의 뉴런들로만 연결된다. 그림에서는
웨이트가 뉴런들의 연결 관계를 직접 보여주고 있지만, 실제로는 뉴런들을 연결하는 선이 웨이
트를 의미한다. 1은 값이 1인 뉴런으로, 위에서 소개한 바이어스와 동일한 값이 1인 바이어
스 유닛을 의미한다.

여러 번 언급했듯이, 1-레이어 뉴럴 네트워크는 데이터가 선형적으로 분류될 경우에만 사용할 수 있다. 그러나 입력과 결과 사이에 더 많은 레이어를 넣으면 이 문제를 해결할 수 있다. 이 추가된 레이어를 '히든 레이어'라고 부른다.

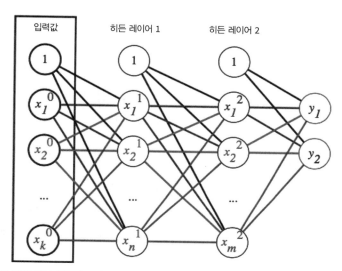

두 개의 히든 레이어를 갖고 있는 세 개짜리 레이어를 가진 뉴럴 네트워크. 입력 레이어에서는 k개의 입력 뉴런, 첫 번째 히든 레이어에서는 n개의 히든 뉴런, 두 번째 히든 레이어에서는 m개의 히든 뉴런을 갖고 있다. 이론상으로는 원하는 만큼의 히든 레이어를 가질 수 있다. 위 예시에서 결괏값은 두 개의 분류 클래스 y_1과 y_2를 갖게 된다. 모든 첫 번째 뉴런은 바이어스 뉴런이고, 각각의 연결 관계는 (간단하게 그리기는 쉽지 않지만) 웨이트 w를 갖고 있다.

활성화 함수의 종류

생물학에서의 신경 과학은 수백 개에서 수천 개의 뉴런이 존재한다는 것을 확인했다(『뇌의 미래』, 게리 마커스·제레미 프리먼 지음). 그렇다면 인공 뉴런에서도 최소한 몇 가지 다른 종류의 모델이 존재해야 한다. 서로 다른 활성화 함수를 사용하면 몇 가지 다른 모델을 만들 수 있다. 활성화 함수는 모든 입력 뉴런 내의 입력값을 계산해서 $a(x) = \sum_i w_i x_i$으로 표현된 뉴런의 내부 상태를 정의한다.

활성화 함수는 $a(x)$로 정의하고, 이 함수들은 뉴런의 결과를 정의한다. 가장 많이 사용되는 활성화 함수들은 다음과 같다.

- $f(a) = a$: 이 함수는 활성값을 그대로 통과시켜 답을 내놓기 때문에 항등 함수라고 한다.

- $f(a) = \begin{cases} 1 \ if \ a \geq 0 \\ 0 \ if \ a < 0 \end{cases}$: 이 함수는 활성값이 특성값을 넘을 경우에만 뉴런을 활성화하기 때문에 한계 활성화 함수(threshold activity function)라고 한다.

- $f(a) = \dfrac{1}{1 + \exp(-a)}$: 결괏값으로 가장 많이 사용하는 함수다. 0과 1에서만 움직인다. 뉴런이 활성될 확률을 확률적으로 계산하며, 로지스틱 함수(logistic function) 또는 로지스틱 시그모이드(logistic sigmoid)라고 한다.

- $f(a) = \dfrac{1}{1 + \exp(-a)} - 1 = \dfrac{1 - \exp(-a)}{1 + \exp(-a)}$: 간단하게 로지스틱 시그모이드를 (-1, 1) 사이의 범위로 바꾼 함수로, 바이폴라 시그모이드(bipolar sigmoid)라고 한다.

- $f(a) = \dfrac{\exp(a) - \exp(-a)}{\exp(a) + \exp(-a)} = \dfrac{1 - \exp(-2a)}{1 + \exp(-2a)}$: 하이퍼볼릭 탄젠트(hyperbolic tangent) 함수라고 한다.

- $f(a) = \begin{cases} a \ if \ a \geq 0 \\ 0 \ if \ a < 0 \end{cases}$: 대응되는 생물학의 부분과 가장 비슷한 활성화 함수다. 항등 함수와 한계 함수를 혼합한 것으로, 정류자(rectifier), 즉 **정류 선형 유닛(Rectified Linear Unit)**이고, **ReLU**라고도 한다.

이 활성화 함수들의 차이점은 무엇일까? 각기 다른 문제에 적합한 활성화 함수는 서로 다르다. 항등 함수나 한계 활성화 함수는 보통 뉴럴 네트워크가 시작되는 지점에서 퍼셉트론이나 아델라인(조정 선형 뉴런)을 향상시키는 데 사용된다. 이때는 로지스틱 시그모이드나 하이퍼볼릭 탄젠트, ReLU 등은 추적하는 것을 놓칠 수 있어서 사용하지 않는다. 항등 함수나 한계 활성화 함수는 다른 함수에 비해 훨씬 더 간단해서 많은 계산이 필요한 경우에는 적절하지 않은 선택이라 볼 수 있다. 이런 경우에는 시그모이드 함수(Logistic Sigmoid Function)나 ReLU와 같은 비선형 함수를 사용하는 것이 낫다. 꼭 알아야 할 또 다른 점은 선형 활성화 함수만 사용한다면 여분의 히든 레이어를 추가하기 힘들다는 것이다. 선형 함수의 구성 요소는 여전히 선형 함수다. 맨 마지막 세 개의 활성화 함수는 다음의 영역에서 서로 다른 점을 지니고 있다.

- 범위가 다르다.
- x를 증가시키면 기울기가 사라진다.

여기서 중요한 사실은 x를 증가시키면 기울기가 사라진다는 것이다. 3장에서 좀 더 자세히 설명하겠지만, 지금은 뉴럴 네트워크를 훈련시킬 때는 함수의 기울기(예 미분값)가 중요하다는 사실만 짚고 넘어가자. 1장에서 소개했던 선형 회귀 예시와 비슷하다. 함수를 최소화하기 위해 미분값을 이용해 반대 방향으로 바꿨다.

로지스틱 함수의 범위는 (0, 1)이다. 뉴런의 네트워크는 확률 함수를 기반으로 활성화되므로 주로 확률적인 네트워크의 함수로 사용된다. 하이퍼볼릭 함수는 로지스틱 함수와 비슷하지만, 범위는 (-1, 1)이다. 이와 반대로 ReLU 함수의 범위는 (0, ∞)이기 때문에 매우 큰 결괏값을 가질 수도 있다.

그러나 좀 더 중요한 것은 세 함수들의 미분값들을 살펴보는 것이다. 로지스틱 함수 f의 미분값은 $f * (1-f)$이다. 이에 반해 하이퍼볼릭 탄젠트의 미분값은 $(1+f) * (1-f)$이다.

f가 ReLU라면, 미분값은 좀 더 간단하다. 간단히 $\begin{cases} 1 \, if \, a \geq 0 \\ 0 \, if \, a < 0 \end{cases}$ 이다.

로지스틱 시그모이드 함수의 미분값을 어떻게 계산하는지 간단하게 살펴보자. $\frac{1}{1+\exp(-a)}$ 함수에서 a가 다음과 같이 미분된다는 것을 안다면, 다음과 같이 빠르게 계산할 수 있다.

$$\frac{\exp(-a)}{(1+\exp(-a))+(1+\exp(-a))} = \frac{1}{(1+\exp(-a))} * \frac{(1+\exp(-a))-1}{(1+\exp(-a))}$$

$$\frac{1}{(1+\exp(-a))} * \left(\frac{(1+\exp(-a))}{(1+\exp(-a))} - \frac{1}{(1+\exp(-a))} \right) = f * (1-f)$$

역전파법(back-propagation)을 다룰 때도 설명하겠지만, 딥러닝의 문제 중 하나는 (앞에서 언급한 대로) 기울기 사라짐 현상이 나타난다는 것이다. ReLU 함수의 장점은 미분값이 일관되고, 값이 커져도 ReLU의 값이 0이 되지 않는다는 것이다.

일반적으로 같은 레이어의 모든 뉴런은 같은 활성화 함수, 다른 레이어는 다른 활성화 함수를 갖고 있다. 그렇지만 왜 하나 이상의 레이어의 (두 개의 레이어나 그 이상의) 깊은(deep) 층이 그렇게 중요한 것일까? 이미 살펴봤듯이 뉴럴 네트워크 중요성은 예측 능력에 따라 판가름된다. 예측 능력은 입력값에서 이미 정의된 정해진 결괏값을 반환하는 함수에 근사시키는 능력이다. 이 이론은 이미 존재하며, 이 이론을 일반 근사 이론(Universal Approximation Theorem)이라고 한다. 일반 근사 이론이란, 부분 집합 R_n으로 이루어진 연속 함수를 최소 하나 이상의 히든 레이어를 가진 뉴럴 네트워크로 근사시킬 수 있는 것을 말한다. 이 이론의 공식적인 증명은 너무 복잡해 생략하고, 간단한 수학을 사용해 직관적으로 설명하고자 한다. 이 설명에서는 로지스틱 시그모이드를 활성화 함수로 사용한다.

로지스틱 시그모이드는 $\alpha(x) = \sum_i w_i\, x_i + b$에서 $\frac{1}{1 + \exp(-a)}$로 정의한다. 그리고 지금은 하나의 뉴런 $x = x_i$만 갖고 있다고 가정해 보자.

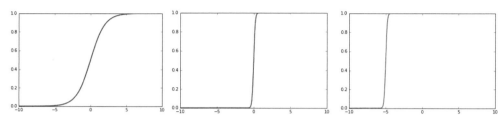

왼쪽은 웨이트가 1, 바이어스가 0인 표준 시그모이드 함수다. 중간은 웨이트 10인 시그모이드, 오른쪽은 웨이트가 10, 바이어스가 50인 시그모이드이다.

w가 매우 크면, 로지스틱 함수가 계단 함수(step function)에 가까워진다는 것을 쉽게 확인할 수 있다. 폭은 0에서 시작해 w가 커질수록 폭이 1에 가까워지는 계단 모양의 함수로 변한다. 또 b는 함수를 음의 $b\,/\,w$ 비율과 같도록 간단하게 바꿔 버린다. 이를 $t = -b/w$라고 하자.

그래서 입력 뉴런 하나와 두 개의 뉴런으로 구성된 한 개의 히든 레이어와 결과 뉴런 하나로 구성된 결과 레이어로 만들어진 간단한 뉴럴 네트워크를 생각해 보자.

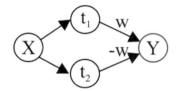

X는 웨이트와 바이어스를 가진 두 히든 뉴런에 매핑돼 있다. 위의 히든 뉴런은 비율이 $-b/w$인 t_1이고 아래의 뉴런은 t_2다. 히든 뉴런 두 가지 모두 로지스틱 시그모이드 함수를 사용한다.

입력값 x는 웨이트 뉴런과 바이어스 뉴런에 매핑된다. 이 뉴런들을 각각 t_1, t_2로 표현한다. 그리고 이 두 히든 뉴런을 w, $-w$로 결과 뉴런에 매핑한다. 각각의 히든 뉴런에서 활성화 함수를 사용하고, 결과 뉴런에 (바이어스 없이) 항등 함수를 사용한다면, 아래 그림과 같이 폭이 w이고, t_1에서 t_2로 향하는 계단 함수를 얻을 것이다. 다음의 그림과 같은 계단 함수가 있으면 **R**의 작은 부분 집합(compact subset)에 있는 모든 연속 함수를 근사시킬 수 있다. 다음의 그림을 통해 일반 근사 이론을 직관적으로 이해할 수 있다(사실 이렇게 간소화한 것을 수학 이론에서는 '간단한 함수 근사 이론(The simple function approximation theorem)¹이라고 부른다).

아래 그림은 조금 더 수정해서 **R″**을 일반화한 것이다.

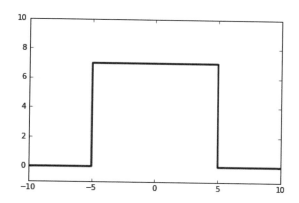

위 그림은 다음과 같은 코드로 만들 수 있다.

```
# 사용자는 웨이트 w의 값을 수정할 수 있다.
# biasValue1과 biasValue2 모두 관찰할 수 있다.
# 이 그래프가 계단 함수와 어떻게 다른지 확인해 보자.

import numpy
import matplotlib.pyplot as plt
weightValue = 1000
# 계단 함수의 시작하는 값을 수정할 수 있다.
biasValue1 = 5000
# 계단 함수의 끝나는 값을 수정할 수 있다.
biasValue2 = -5000

plt.axis([-10, 10, -1, 10])
# X의 범위는 [-10, 10]이다.
print ("계단 함수는 {0}에서 시작해 {1}에서 끝난다."
        .format(-biasValue1/weightValue,
        -biasValue2/weightValue))

y1 = 1.0/(1.0 + numpy.exp(-weightValue*x - biasValue1))
y2 = 1.0/(1.0 + numpy.exp(-weightValue*x - biasValue2))
# 계단 함수의 폭을 수정할 수 있다.
w = 7
y = y1*w-y2*w
plt.plot(x, y, lw=2, color="black")
plt.show()
```

🏳 역전파 알고리즘

뉴럴 네트워크에서 고정된 웨이트 값에 따라 입력값을 매핑시켜 결괏값을 정의하는 것을 살펴봤다. 뉴럴 네트워크의 아키텍처가 정의돼 있어야 하며(피드 포워드, 히든 레이어의 개수, 각 층당 뉴런의 개수 등), 각 뉴런에서 사용할 활성화 함수도 결정해 두어야 한다. 또한, 네트워크 안에 있는 뉴런의 내부 상태를 결정하는 웨이트도 설정해야 한다. 1-레이어 네트워크에서의 사용 방법과 딥 피드 포워드 네트워크(deep feed-forward network)에서 확장하는 방법에 대해 살펴본다. 딥 뉴럴 네트워크에서는 역전파 알고리즘을 사용해 웨이트를 설정한다. 그리고 이번에는 여러 층의 피드 포워드 네트워크(multi-layer feed-forward neural networks)의 가장 중요한 부분인 이 역전파 알고리즘에 대해 대부분을 할애해서 설명한다. 그렇지만 먼저 1-레이어 뉴럴 네트워크부터 빠르게 살펴보자.

우리가 이해해야 할 일반적인 개념은 다음과 같다. 모든 뉴럴 네트워크는 함수의 근삿값이다. 그래서 원하는 함수와 각각의 뉴럴 네트워크는 몇 개의 값이 다르다. 이 값들을 에러라고 하며, 이 에러를 최소화하는 것이 목표다. 에러가 뉴럴 네트워크의 웨이트 함수라면, 웨이트 값에 따라 에러를 최소화하려고 한다. 에러 함수는 많은 웨이트의 함수이기 때문에 많은 변수를 가진 함수다. 수학적으로는 함수에서 0인 점들의 집합은 하이퍼 평면이 되고, 이 평면에서 최솟값을 찾으면 에러 함수에서 가장 작은 값을 구할 수 있다. 하나의 점을 선택하고 최솟값의 방향으로 따라가면 최솟값을 찾을 수 있다.

■ 선형 회귀

이미 1장에서 선형 회귀를 소개했지만, 이번에는 많은 변수를 사용해 설명한다. 설명을 단순화하기 위해 매트릭스 표현을 사용한다. x를 입력값이라고 생각하면, x는 하나의 벡터라 생각할 수 있다. 선형 회귀에서는 하나의 결과 뉴런 y만 생각하면 된다. 그래서 웨이트 w의 집합은 x의 차원과 같은 차원의 벡터가 된다. 그러면 활성값은 벡터곱 $<x, w>$으로 정의된다.

각각의 입력값 x에 대해 결과로 원하는 값이 타깃 값 t라 하고, 뉴럴 네트워크에는 선택한 활성화 함수를 사용해 각각의 x에서 결괏값 y를 내놓는다고 하자. 이 경우에는 특정값 x에 대해 실제 원하는 값과 예측값의 차이는 절대값 $(y-t)$으로 표현할 수 있다. x_i가 입력값인 m개의 값을 갖고 있다고 하고, 각각의 x_i는 타깃 값 t_i을 가진다. 이 경우에는 평균 제곱 오차(mean squared error)를 사용해 에러를 $\sum_i (y^i - t^i)^2$로 구할 수 있다. 각각의 y_i는 w의 함수다. 그래서 에러는 w의 함수이고, $J(w)$로 표기한다.

앞에서 언급했듯이 차원에서의 하이퍼 평면 표현은 w의 차원과 동일하다(함축적으로 바이어스도 고려한다). 그리고 각 w_j를 반영해 표면에서 최솟값을 찾도록 해 주는 곡선을 찾아야 한다. 곡선이 특정 방향으로 증가되면 주어진 미분값으로 방향을 찾을 수 있고, 아래의 수식과 같이 표현할 수 있다.

$$\vec{d} = \frac{\partial \sum_i \left(y^i - t^i \right)^2}{\partial w_j}$$

최솟값 방향으로 움직이게 하려면 각각의 w_j를 위한 $\vec{d}$에서 설정된 반대 방향으로 움직여야 한다. 다음과 같이 계산해 보자.

$$\vec{d} = \frac{\partial \sum_i \left(y^i - t^i \right)^2}{\partial w_j} = \sum_i = \frac{\partial \left(y^i - t^i \right)^2}{\partial w_j} = 2 * \sum_i = \frac{\partial y^i}{\partial w_j} \left(y^i - t^i \right)$$

만약 $y^i = <x^i, w>$이면 $\frac{\partial y^i}{\partial w_j} = x_j^i$가 되고 다음을 따르게 된다.

$$\vec{d} = \frac{\partial \sum_i \left(y^i - t^i \right)^2}{\partial w_j} = 2 * \sum_i x_j^i \left(y^i - t^i \right)$$

이 표기법을 보면 조금 헷갈릴 수 있다. 특히 처음 보면 더 헷갈린다. 입력값은 x_i에 의해 주어진 벡터 값이고, 지수 i는 i번째 샘플을 의미한다. 벡터 x와 w는 벡터의 j번째 좌표를 가르킨다. 뉴럴 네트워크에서 입력값 x_i에 대한 결괏값은 y_i이다. 그리고 x_i에 따라 나오는 원하는 결괏값은 타깃 값 t_i이다.

최솟값 방향으로 움직이게 하려면 각 웨이트에의 미분값인 어떤 작은 값 1로 이동시켜야 한다. 이 값을 학습률이라 하고, 보통 1보다 작다(0.1이나 혹은 더 작다고 생각하면 된다). 그래서 미분값을 다시 정의해 **학습률**을 두 번 미분("2)한 것을 포함시킬 수 있다. 이 업데이트 규칙은 다음과 같이 표현할 수 있다.

$$w_j \rightarrow w_j \rightarrow \lambda \sum_i x_j^i \left(y^i - t^i \right)$$

혹은 좀 더 일반적으로 다음과 같이 표현할 수도 있다.

$$w \rightarrow w \rightarrow \lambda \nabla \left(\sum_i \left(y^i - t^i \right)^2 \right) = w - \lambda \nabla \left(J(w) \right)$$

위에 보이는 기호(나블라라고도 부르는) ∇는 벡터의 편미분을 의미한다. 이 과정을 경사 하강법 (gradient descent)이라고도 한다.

$\nabla = \left(\frac{\partial}{\partial w_1}, \ldots, \frac{\partial}{\partial w_n} \right)$을 벡터의 편미분이라고 한다. w의 각각 구성 요소 w_j에 대해 업데이트 규칙을 만드는 대신, 매트릭스 형태 내에서 편미분하도록 쓸 수 있다. 모든 j에 대해 편미분을 만드는 대신, ∇를 사용해 모든 j에 대해 편미분한다는 것을 보여 준다.

마지막으로 덧붙이면 업데이트 규칙은 입력된 모든 벡터의 계산이 끝나야 종료된다. 그렇지만 어떤 경우에는 예시를 준비해 놓거나 미리 샘플들을 정의한 후에 웨이트가 업데이트될 가능성도 있다.

■ 로지스틱 회귀

로지스틱 회귀의 결괏값은 연속적인 것이 아닌 각 클래스의 부분 집합이 된다. 이 경우에는 활성화 함수가 이전의 항등 함수처럼 동작하지 않으므로 로지스틱 시그모이드 함수를 사용해야 한다. 이전에도 언급했듯이 로지스틱 시그모이드 함수의 결괏값 범위는 실수 (0, 1) 사이다. 확률 함수로도 사용되기 쉬워 두 개의 클래스로 나누는 분류 문제에도 매우 잘 동작할 수 있다. 이 경우에 타깃은 두 개 중 하나의 클래스에 속하고, 결괏값은 둘 중 어느 곳에 속할지를 알려 주는 확률값이다($t = 1$이라 해 보자).

다시 한 번 말하지만 이 개념은 헷갈릴 수 있다. t는 타깃값이고, 책의 예시에서는 두 개의 값을 의미한다. 보통은 분류될 클래스를 의미하는 클래스 0이나 클래스 1로 정의된 값들이다. 이 두 개의 값 0과 1은 로지스틱 시그모이드 함수의 값과 헷갈리지 말아야 한다. 로지스틱 시그모이드 함수의 값은 0과 1의 사이의 어떤 연속적인 실수도 될 수 있다. 이 시그모이드 함수의 값은 결괏값이 클래스 0이나 1이 될 확률을 의미한다.

이전에 정의했듯이, 만약 a를 뉴런의 활성값이라 하고, 로지스틱 함수를 $s(a)$라고 가정해 보

자. 그러면 각각의 샘플 x에 대해 결괏값은 주어진 웨이트 w, 클래스 y로 분류될 확률이다. 이를 다음과 같이 표현할 수 있다.

$$P(t|x,w) = \begin{cases} \sigma(a) & \text{이면 } t = 1 \\ 1 - \sigma(a) & \text{이면 } t = 0 \end{cases}$$

다음과 같이 좀 더 간결하게 쓸 수 있다.

$$P(t|x,w) = \sigma(a)^t \left(1 - \sigma(a)\right)^{1-t}$$

각각의 예시 x_i 확률 $P(t_i|x_i, w)$는 독립이고, 이에 따라 전역 확률은 다음과 같이 정의할 수 있다.

$$P(t|x,w) = \prod_i P\left(t^i|x^i, w\right) = \prod_i \sigma\left(a^i\right)^{t^i} \left(1 - \sigma(a)\right)^{\left(1-t^i\right)}$$

위의 식에 (제곱을 합으로 바꾸기 위해) 자연 로그를 씌우면, 다음과 같은 식을 얻을 수 있다.

$$\log\left(P(t|x,w)\right) = \log\left(\prod_i \sigma(a)^{t^i} \left(1 - \sigma(a)\right)^{\left(1-t^i\right)}\right)$$
$$= \sum_i t^i \log\left(\sigma\left(a^i\right)\right) + \left(1 - t^i\right)\log\left(1 - \sigma\left(a^i\right)\right)$$

이제 가장 높은 확률을 얻기 위해 이 로그식을 최대화해 정확한 결과를 예측할 수 있도록 한다. 일반적으로 이전의 경우처럼 경사 하강법을 최소화하는 비용 함수(cost function) $J(w)$, 즉 식 $J(w) = -\log(P(y|x,w))$를 사용하면 이 값을 얻을 수 있다.

이전에 주어진 웨이트 w_j를 반영한 비용 함수의 미분을 계산하면 이 값을 얻는다.

$$\frac{\partial \sum_i t^i \log\left(\sigma\left(a^i\right)\right) + \left(1 - t^i\right)\log\left(1 - \sigma\left(a^i\right)\right)}{\partial w_j}$$
$$= \sum_i \frac{\partial \sum_i t^i \log\left(\sigma\left(a^i\right)\right) + \left(1 - t^i\right)\log\left(1 - \sigma\left(a^i\right)\right)}{\partial w_j} =$$

마지막 식을 이해하기 위해 다음과 같은 사실을 덧붙인다.

$$\frac{\partial \sigma(a)}{\partial a^i} = \sigma(a^i)\left(1 - \sigma(a^i)\right)$$

$$\frac{\partial \sigma(a^i)}{\partial a_j} = 0$$

$$\frac{\partial a^i}{\partial w_j} = \frac{\partial \sum_k w_k x_k^i + b}{\partial w_j} = x_j^i$$

그래서 체인 룰(chain rule)에 따라

$$\sum_i \frac{\partial \log(\sigma(a^i))}{\partial w_j} = \sum_i \frac{\partial \log(\sigma(a^i))}{\partial a_j} \frac{\partial a^i}{\sigma(a^i)} \sigma(a^i)\left(1 - \sigma(a^i)\right) x_j^i$$

$$= \left(1 - \sigma(a^i)\right) x_j^i$$

이와 비슷하게

$$\sum_i \frac{\partial \log\left(1 - \sigma(a^i)\right)}{\partial w_j} = \sigma(a^i) x_j^i$$

일반화하면 결괏값 t는 여러 클래스일 때, 이를 벡터 $(t_1, \dots, t_n)$라고 표현한다고 가정해 보자. 그래서 식을 $J(w) = -\log(P(y|x, w)) = E_{i,j} \, t_j^i \log\left((a^i)\right)$을 사용해 다음과 같은 웨이트 업데이트 식이 나오도록 일반화할 수 있다.

$$w_j \rightarrow w_j \rightarrow \lambda \sum_i x_j^i \left(\sigma(a^i) - t^i\right)$$

위 과정은 선형 회귀에서 봤던 업데이트 규칙과 비슷하다.

■ 역전파법

레이어가 하나인 경우에는 웨이트를 조정하기 쉽다. 선형 회귀나 로지스틱 회귀를 쓰면 동시에 웨이트를 조정해 에러를 낮출 수 있다(즉, 비용 함수를 최소화한다). 여러 층의 뉴럴 네트워크(multilayer neural networks)에서 결과 레이어가 어떤 형태인지 이미 알고 있다면 마지막 히든 레이어와 결과 레이어를 연결하기 위해 이와 비슷한 인자들을 사용할 수 있다. 그렇지만 각각의 히든 레이어는 모두 다를 수도 있다. 사전에 히든 레이어 안에서 작동해야 할 뉴런의 값이 어떤 것인지 모르고 있다. 그 대신 마지막 히든 레이어에서 에러를 계산해 그 전의 레이어가 어떤 것인지 추측할 수 있다. 맨 마지막 레이어에서 맨 처음 레이어로 보내는 것을 '역전파법'이라고 한다.

역전파법은 이해하기 어려운 알고리즘 중 하나다. 하지만 기본적인 미분 방정식과 체인 룰만 알고 있다면 쉽게 이해할 수 있다. 몇 가지 개념부터 짚고 넘어가자. J는 비용(에러)이고, y는 활성값 a에 의해 정의된 활성화 함수다. i번째 입력값과 j를 결괏값이라고 하고 그 사이의 웨이트를 $w_{i,j}$라고 하자. 이것이 하나의 레이어 뉴럴 네트워크에서 입력값과 결괏값을 좀 더 일반화해 표현한 것이다. $w_{i,j}$가 피드 포워드 네트워크에서 짝을 이룬 연속된 레이어라고 하면, 첫 번째 입력 뉴런은 이어지는 뉴런에서 앞선 뉴런이고, 결과 뉴런은 이어지는 뉴런에서 뒤의 뉴런(두 번째 뉴런)이다. 이 개념이 더 어려워지기 전에 각 레이어에서의 뉴런 포기법부터 짚고 넘어가자. i번째 입력값 y_i는 언제나 j번째 결괏값 y_j가 위치한 레이어 이전에 존재한다.

덧붙이자면, y는 활성화 함수의 입력값이기도 하고 결괏값이기도 하고, y_j는 다음 레이어의 입력값이기도 하지만, 활성화 함수의 결괏값이기도 하다. 그렇지만 다음 레이어의 입력값이기도 하다. 그래서 미분값 y_j'는 y_j의 함수라고 생각할 수도 있다.

다음의 i와 j를 보면, 언제나 i는 j의 요소를 포함하는 레이어 직전의 레이어가 갖고 있는 요소다(즉, j번째 뉴런이 있는 레이어2 바로 직전의 레이어에 i번째 뉴런이 존재한다).

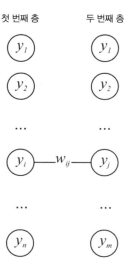

첫 번째 층   두 번째 층

예시를 보면, 레이어 1은 입력값, 레이어 2는 결괏값을 의미한다.
그러면 w_{ij}는 안에서 y_i 값에 연결된 개수고, y_j는 그 다음에 나오는 레이어다.

위의 표기법으로 미분법을 적용하기 위해 체인 룰을 적용시키면 뉴럴 네트워크의 마지막 레이어는 다음과 같이 쓸 수 있다.

$$\frac{\partial J}{\partial w_{i,j}} = \frac{\partial J}{\partial y_j} \frac{\partial y_j}{\partial a_j} \frac{\partial a_j}{\partial w_{i,j}}$$

우리는 $\frac{\partial a_j}{\partial w_{i,j}} = y_i$인 것을 알고 있으므로 다음과 같이 표현할 수 있다.

$$\frac{\partial J}{\partial w_{i,j}} = \frac{\partial J}{\partial y_j} \frac{\partial y_j}{\partial a_j} y_i$$

만약 y가 식 위에서 정의한 로지스틱 시그모이드이고, 비용 함수와 모든 미분값을 계산할 수 있다면, 이전 '로지스틱 회귀' 섹션의 마지막에 계산한 값과 동일한 결과를 얻을 것이다.

이전의 레이어 또한 동일한 방정식을 가질 것이다.

$$\frac{\partial J}{\partial w_{i,j}} = \frac{\partial J}{\partial y_j} \frac{\partial y_j}{\partial a_j} \frac{\partial a_j}{\partial w_{i,j}}$$

사실 우리가 웨이트의 함수라고 알고 있는 a_j는 활성화 함수다. 또 y_j는 '두 번째' 레이어의 뉴런 활성화 함수이고, 활성값 자체의 함수이기도 하다. 그리고 물론 비용 함수는 이미 우리가 선택한 활성화 함수다.

 몇 개의 레이어를 갖고 있더라도 연속되는 레이어의 짝에 계속 주목해야 한다. 그래서 개념을 잘못 해석해 항상 '첫 번째' 레이어와 '두 번째' 레이어를 갖고 있다고 생각하기 쉽지만, '입력' 레이어와 '결과' 레이어로 구분돼야 한다.

이제는 $\frac{\partial a_j}{\partial w_{i,j}} = y_i$에서 $\frac{\partial y_j}{\partial a_j}$는 우리가 계산할 수 있는 활성의 미분값이라는 것을 안다. 그렇다면 필요한 것은 $\frac{\partial J}{\partial y_j}$뿐이다. '두 번째' 레이어의 활성화 함수를 활용한 에러의 미분값이라는 것도 알아 두자. 마지막 레이어의 미분값을 계산하면 다음 레이어를 계산하도록 하는 하나의 레이어의 미분값을 계산할 수 있도록 해 준다. 그러면 마지막 레이어에서 모든 미분값을 역방향으로 계산할 수 있다.

다시 한 번 정리해 보자. y_j를 정의하고 나면, '두 번째' 레이어 뉴런의 활성값이 된다. 또한 y_j는 활성화 함수이기도 하다. 이 함수는 첫 번째 레이어의 활성값을 만들 수 있다. 체인 룰을 적용하면 다음과 같다.

$$\frac{\partial J}{\partial y_j} = \sum_j \frac{\partial J}{\partial y_j} \frac{\partial y_j}{\partial y_i} \sum_j \frac{\partial J}{\partial y_j} \frac{\partial y_j}{\partial a_j} \frac{\partial a_j}{\partial y_i}$$

$\frac{\partial y_j}{\partial a_j}$와 $\frac{\partial a_j}{\partial y_i} = w_{i,j}$를 계산할 수 있다면 $\frac{\partial J}{\partial y_j}$를 알 수 있다. 그러면 마지막 레이어의 $\frac{\partial J}{\partial y_j}$를 계산할 수 있고, 뒤에서부터 다시 역방향으로 움직일 수 있으며, 모든 레이어의 $\frac{\partial J}{\partial y_j}$를 계산할 수 있다. 그리고 나면, 모든 레이어에 대해 $\frac{\partial J}{\partial w_{i,j}}$으로 정리할 수 있다.

만약 아래의 순서로 정렬된 레이어를 갖고 있다면,

$$y_i \rightarrow y_j \rightarrow y_k$$

그리고 아래 두 개의 핵심적인 식을 가질 수 있다. 두 번째 식은 y_j에서 뒤이은 레이어의 y_k 뉴런으로 보내는 연결의 총합으로 요약할 수 있다.

$$\frac{\partial J}{\partial w_{i,j}} = \frac{\partial J}{\partial y_j} \frac{\partial y_j}{\partial a_j} \frac{\partial a_j}{\partial w_{i,j}}$$

$$\frac{\partial J}{\partial y_i} = \sum_k \frac{\partial J}{\partial y_k} \frac{\partial y_k}{\partial y_j}$$

이 두 식을 활용하면, 각 레이어를 반영한 비용(cost)을 계산하도록 하는 미분값을 계산할 수 있다.

만약 $\delta_j = \frac{\partial J}{\partial y_j} \frac{\partial y_j}{\partial a_j}$ 라고 한다면, δ_j는 활성값을 반영한 비용의 분산을 표현한다. 그리고 δ_j를 뉴런 y_j의 에러라고 하면, 다음과 같이 다시 쓸 수 있다.

$$\frac{\partial J}{\partial y_i} = \sum_j \frac{\partial J}{\partial y_j} \frac{\partial y_j}{\partial y_i} = \sum_j \frac{\partial J}{\partial y_j} \frac{\partial y_j}{\partial a_j} \frac{\partial a_j}{\partial y_i} = \sum_j \delta_j w_{i,j}$$

위 식은 $\delta_i = \left(\sum_j \delta_j w_{i,j} \right) \frac{\partial y_i}{\partial a_i}$를 의미한다. 위 두 방정식은 역전파법을 알려 주는 또 다른 방법이다. 활성값을 바탕으로 한 비용의 분산이 뒤따르는 레이어의 분산 하나를 알고 있다면 모든 레이어의 분산을 계산하는 공식을 만들 수 있다.

$$\delta_i = \frac{\partial J}{\partial y_j} \frac{\partial y_j}{\partial a_j}$$

$$\delta_i = \left(\sum_j \delta_i w_{i,j} \right) \frac{\partial y_i}{\partial a_i}$$

이 식들을 합치면 다음과 같다.

$$\frac{\partial J}{\partial w_{i,j}} = \delta_j \frac{\partial a_j}{\partial w_{i,j}} = \delta_j y_i$$

역전파 알고리즘은 다음과 같은 순서로 각 레이어에서 웨이트를 업데이트한다.

$$w_{i,j} \rightarrow w_{i,j} - \lambda \delta_j y_i$$

아래의 '뉴럴 네트워크에 대한 XOR 함수의 사용 예시' 섹션에서는 이해를 돕기 위해 이 개념과 식들을 응용해 코드 예시들을 제공한다.

📁 현업에서의 활용 사례

1장에서는 머신러닝이 사용되는 몇 가지 예시를 살펴봤다. 뉴럴 네트워크 또한 많은 분야에서 응용돼 실생활에 사용하고 있다. 1980년대 말에서 1990년대 초까지 사용된 곳을 몇 가지 살펴보자. 역전파법이 발견된 이 시점에서는 뉴럴 네트워크를 더 깊이 훈련시킬 수 있었다.

■ 신호 처리

신호 처리 분야에서는 뉴럴 네트워크를 활용한 많은 응용 사례를 볼 수 있다. 뉴럴 네트워크는 전화할 때, 특히 국제 전화를 할 때 울림을 방지하기 위해 사용된다. 이 방법은 1957년에 버나드 위드로(Bernard Widrow)와 막시안 호프(Marcian Hoff)가 개발했다. 아델라인(Adaline)은 활성값과 타깃 값 사이의 제곱 평균 오차(mean squared error)를 최소화하기 위한 훈련을 시키기 위해 항등 함수를 활성화 함수로 사용했다. 아델라인은 입력 신호에서 전화선의 아델라인(반복된 것)을 사용해 울림을 제거하도록 훈련시켰다. 전화선의 결괏값과 아델라인에서 나오는 결괏값의 차이를 에러라고 하고, 신호에서 이 노이즈를 제거하도록 훈련시켰다.

■ 의학 분야

1986년 안드레센(Anderson)은 증상에 대해 물어보면 바로 답변해 주는 의사 프로그램을 개발했다. 의학 정보와 증상, 진단한 수많은 데이터를 저장해 활용한다는 것이 주요 생각이었다. 그는 서로 다른 증상에 대한 최적의 진단과 치료법을 예측하도록 네트워크를 훈련시켰다. 최근에는 IBM이 딥 뉴럴 네트워크를 사용해 의사들의 노트를 보고 가능성 있는 심장 질환을 예측했다. 이 예측은 경력이 많은 심장 전문의가 진단한 결과와 비슷했다.

■ 자율 주행

1989년에는 응웬(Nguyen), 위드로(Widrow), 1990년에는 밀러(Miller), 서턴(Sutton), 워보스(Werbos)가 큰 트레일러 트럭에 짐을 실을 수 있는 방향 조정 장치를 제공하는 뉴럴 네트워크를 개발했다. 이 뉴럴 네트워크는 두 가지 모듈을 갖고 있었다. 첫 번째 모듈은 여러 레이어들로 구성된 뉴럴 네트워크를 활용해 새로운 위치를 계산할 수 있고, 여러 신호 중에서 트럭이 어떤 답변을 내놓을지 알려 주는 모델로, 이 뉴럴 네트워크를 '에뮬레이터'라고도 한다. 두 번째 모듈은 에뮬레이터를 사용해 위치를 알려 주는 올바른 명령어를 제공하는데, 이를 '컨트롤러'라고도 한다. 최근의 자율 주행 자동차는 입력값과 카메라, GPS, 레이더, 음파 측정기 등과 조합해 훨씬 더 복잡한 딥러닝 뉴럴 네트워크를 만들어 냈고, 엄청난 성과와 함께 현실에 적용되고 있다.

■ 경영 분야

1986년 콜린스, 고시, 스코필드는 모기지를 평가해 승인하고 제공하는 곳에 사용했다. 뉴럴 네트워크는 평가자들이 이미 평가한 모기지 정보를 사용해 신청한 사람에게 제공할 것인지의 여부를 판단하도록 훈련시켰다. 신청한 사람들의 연차가 얼마나 되는지, 소득 분위는 어느 정도인지, 부양 가족은 몇 명인지, 재산은 얼마나 갖고 있는지 등 몇 가지 특징들의 숫자로 바꾼 입력값을 사용했다.

■ 패턴 인식

이 문제에 관해서는 이미 여러 번 언급했다. 그중에서 뉴럴 네트워크가 많이 사용되는 영역은 글자와 숫자 인식이다. 예를 들어, 필기체로 적은 우편번호들을 인식한 후 이를 응용할 수 있다.

■ 음성 생성

1986년 세지노스키(Sejnowski)와 로젠버그(Rosenberg)는 주어진 글씨를 읽어 소리를 만들어 내는 넷톡(NETTalk)을 만들었다. 넷톡은 여러 단어의 집합들과 그 단어를 읽는 발음으로 구성돼 널리 읊어지는 단어들과 그 음성을 옮긴 데이터들을 활용해 훈련시킨다. 뉴럴 네트워크는 이 방법을 통해 뉴럴 네트워크는 자음 사이의 모음 인식을 먼저 훈련시키고, 해당 단어의 철자의 처음부터 끝까지 인식하도록 훈련시킨다. 보통 단어를 발음하기 전에 네트워크에 수십 번 통과시켜 정확하게 만든다. 어린아이가 발음하는 방법을 배우는 것과 매우 비슷하다.

◤ 뉴럴 네트워크에 대한 XOR 함수의 사용 예시

위에서 이미 언급했고 이미 잘 알고 있는 사실이지만, 한 층의(1-layer) 뉴럴 네트워크는 XOR함수를 예측할 수 없다. 한 개의 레이어는 선형적으로 분류할 수 있는 집합을 정확하게 나눌 수 있을 때만 사용할 수 있다. 그렇지만 앞에서 언급한 일반 근사 이론(Universal Approximation Theorem)에 따르면 충분히 상응할 만한 아키텍처가 주어지면 어떤 함수이든 관계 없이 근사시킬 수 있다는 것을 '활성화 함수의 종류' 섹션에서 살펴봤다. 앞으로는 두 개의 뉴런을 갖고 있는 히든 레이어를 만들어 이 네트워크가 어떻게 XOR 함수를 표현할 것인지 알아본다. 그렇지만 독자들이 여러 시나리오를 시뮬레이션해 볼 수 있도록 레이어의 개수를 각 레이어에 들어갈 뉴런의 개수에 상관없이 간단하게 수정해 설명하고자 한다. 이 뉴럴 네트워크에서는 활성화 함수로 하이퍼볼릭 탄젠트를 사용한다. 또 네트워크를 훈련할 때는 역전파 알고리즘을 향상시켜 사용한다.

지금은 넘파이(numpy) 라이브러리 하나만 불러오면(import) 된다. 그렇지만 결과를 시각적으로 보고 싶은 독자들을 위해 matplotlib를 추가로 불러오는 것을 추천한다. 아래의 코드를 사용해서 라이브러리를 불러오자.

```python
import numpy
from matplotlib.colors import ListedColormap
import matplotlib.pyplot as plt
```

그런 다음, 활성화 함수와 함수의 미분값을 정의한다(이 예시에서는 tanh(x)를 사용한다).

```python
def tanh(x):
    return (1.0 - numpy.exp(-2*x) / (1.0 + numpy.exp(-2*x)))

def tanh_derivative(x):
    return (1 + tanh(x)) * (1 - tanh(x))
```

그런 다음, NeuralNetwork 클래스를 정의한다.

```python
class NeuralNetwork:
```

파이썬 문법을 따른다면 NeuralNetwork의 모든 코드는 들여쓰기해야 한다. 그리고 Neural Network의 '구성자(constructor)'들을 정의해야 한다. 뉴럴 네트워크의 아키텍처가 될 레이어의 개수와 각 레이어의 뉴런 숫자들을 미리 결정해야 한다. 그리고 웨이트 값을 -1에서 1 사이의 값으로 초기화해야 한다. 1차원 배열인 net_arch는 각 레이어의 뉴럴 개수를 정의한다. 예를 들면, [2,4,1]은 뉴런이 입력 레이어에는 두 개, 히든 레이어에는 네 개, 결과 레이어에는 한 개 있다는 것이다.

XOR 함수의 입력값에는 뉴런이 두 개, 결과 레이어에는 뉴런이 한 개 있다.

```python
# net_arch는 정수로 구성된 배열이고,
# 각 레이어에 몇 개의 뉴런으로 구성돼 있는지를 의미한다.
```

```
# 다시 말하면, 네트워크 아키텍처다.
def __init__(self, net_arch):
    self.activity = tanh
    self.activity_derivative = tanh_derivative
    self.layers = len(net_arch)
    self.steps_per_epoch = 1000
    self.arch = net_arch

    self.weights = []
    # 웨이트 값의 범위는 [-1,1]이다.
    for layer in range(self.layers-1):
        w = 2*numpy.random.rand(net_arch[layer]+1, net_arch[layer+1]-1)
        self.weights.append(w)
```

위 코드에서는 하이퍼볼릭 탄젠트를 활성화 함수로 정의하고, 그 미분값을 정의했다. 각 층에서 훈련 단계의 에포크(epoch)도 정의했다. 그리고 마지막에는 웨이트들을 초기화해 웨이트의 바이어스들을 초기화했다는 것을 확인했다. 바이어스는 나중에 더해 줄 것이다. 그 다음에는 네트워크를 훈련시킬 fit 함수를 정의한다. 마지막 줄의 nn은 뉴럴 네트워크를 의미하고, predict 함수는 뉴럴 네트워크 클래스 내에서 이후에 정의할 함수다.

```
# 모든 데이터는 불리언(booleans) 쌍으로 구성된 조합이다.
# True나 False는 숫자 1이나 0으로 설명된다.
# 레이블은 각각의 입력된 짝들의 논리 연산 'XOR'의 결과다.
def fit(self, data, labels, learning_rate=0.1, epochs=100):
    # 바이어스 유닛을 입력 레이어에 추가한다.
    ones = numpy.ones((1, data.shape[0]))
    Z = numpy.concatenate((ones.T, data), axis=1)
    training = epochs*self.steps_per_epoch
    for k in range(training):
        if k % self.steps_per_epoch == 0:
            print ('epochs: {}'.format(k/self.steps_per_epoch))
            for s in data:
                print (s, nn.predict(s))
```

그리고 여기서는 모든 입력 데이터에 '1'을 더했다(언제나 접속돼 있는 바이어스 뉴런이다). 그리고 한 번의 에포크가 끝날 때마다 코드에 결과를 출력시켜 진행 과정을 확인할 수 있도록 했다. 이제 다음으로 넘어가 피드 포워드 전파(feed-forward propagation)를 설정해 보자.

```
sample = numpy.random.randint(data.shape[0])
y = [Z[sample]]
for i in range(len(self.weights)-1):
    activation = numpy.dot(y[i], self.weights[i])
    activity = self.activity(activation)
```

```
        # 다음 레이어에 바이어스를 추가한다.
        activity = numpy.concatenate((numpy.ones(1),
                                    numpy.array(activity)))
        y.append(activity)

    # 마지막 레이어
    activation = numpy.dot(y[-1], self.weights[-1])
    activity = self.activity(activiation)
    y.append(activity)
```

각 단계가 끝날 때마다 웨이트들을 업데이트한다. 입력된 데이터 점들 중에서 무작위로 하나를 선택해 각각의 뉴런에 대한 활성을 설정하고, 피드 포워드 설정을 완료한다. 그리고 활성 값을 tanh(x)에 적용한다. 바이어스를 갖고 있으면 매트릭스 y에 바이어스를 추가해 각 뉴런의 결괏값에 계속 따라갈 수 있도록 한다.

이제 웨이트의 에러를 조정하기 위해 역전파법 사용해 보자.

```
    # 결과 레이어의 에러
    error = labels[sample] - y[-1]
    delta_vec = [error * self.activity_derivative(y[-1])]

    # 마지막 레이어 다음부터
    # 다시, 역방향으로 반복한다.
    for i in range(self.layers-2, 0, -1):
        error = delta_vec[-1].dot(self.weights[i][1:].T)
        error =
        error*self.activity_derivative(y[i][1:])
        delta_vec.append(error)
    # 자, 그럼 뒤에서 앞으로 갈 값을 설정해야 한다.
    delta_vec.reverse()
    # 마지막으로 역전파 규칙을 활용해
    # 웨이트들을 조정한다.
    for i in range(len(self.weights)):
        layer = y[i].reshape(1, nn.arch[i]+1)
        delta = delta_vec[i].reshape(1, nn.arch[i+1])
        self.weights[i]
        += learning_rate*layer.T.dot(delta)
```

이제 역전파 알고리즘 코드는 끝났다. 남은 코드는 모두 결과를 확인하기 위한 예측 함수일 뿐이다.

```
def predict(self, x):
    val = numpy.concatenate((numpy.ones(1).T, numpy.array(x)))
```

```
    for i in range(0, len(self.weights)):
        val = self.activity(numpy.dot(val, self.weights[i]))
        val = numpy.concatenate((numpy.ones(1).T, numpy.array(val)))
    return val[1]
```

이제 주요 함수를 다음과 같이 만들어 보자.

```
if __name__ == '__main__':
    numpy.random.seed(0)
    # 두 개의 입력 뉴런과 두 개의 히든 뉴런.
    # 한 개의 결과 뉴런으로 뉴럴 네트워크를 초기화한다.
    nn = NeuralNetwork([2,2,1])
    X = numpy.array([[0, 0],
                     [0, 1],
                     [1, 0],
                     [1, 1]])

    # xor 연산의 정확한 결과를 위해 레이블을 지정한다.
    y = numpy.array([0, 1, 1, 0])

    # 에포크의 개수를 지정함과 동시에
    # fit 함수를 호출하고, 네트워크를 훈련시킨다.
    nn.fit(X, y, epochs=10)

    print ("Final prediction")
    for s in X:
        print(s, nn.predict(s))
```

뉴럴 네트워크를 향상시킬 때 반드시 해야 하는 일은 아니지만, numpy.random.seed(0)을 사용하면 웨이트가 초기화될 때 일관성 있는 결과를 유지시켜 결과를 비교하는 데 도움을 준다.

코드의 마지막 부분의 결괏값은 4차원 배열이다. 가령 (0.003032173692499, 0.9963860761357, 0.9959034563937, 0.0006386449217567)은 뉴럴 네트워크가 배운 결괏값이 (0, 1, 1, 0)이라는 것을 알려 준다.

이 책의 앞부분에서 사용했던 plot_decision_regions를 코드에 넣어 조금 수정하면 어떤 아키텍처를 선택하는지에 따라 지역이 어떻게 나뉘는지 시각적으로 확인할 수 있다.

결과 그림은 다음과 같다. 원은 (**True**, **True**)와 (**False**, **False**), 삼각형은 XOR 함수의 입력값이 될 (**True**, **False**)와 (**False**, **True**)를 의미한다.

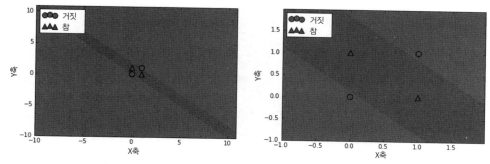

특정 입력값에 대해 왼쪽의 그림은 축소한 것, 오른쪽은 확대한 것이다.
결괏값이 True가 두 개인 것을 묶어 이 점들을 나눴다.

(히든 레이어의 뉴런 개수를 다르게 해서 향상시킨다거나 히든 레이어가 한 개 이상 존재하는 등의) 다른 뉴럴 네트워크 아키텍처들을 사용하면 나뉘는 지역도 서로 다르다. 이렇게 아키텍처를 변경하기 위해서는 간단하게 nn=NeuralNetwork([2, 2, 1])의 숫자를 바꾸면 된다. 첫 번째 값은 계속 그 값이어야 하고(입력값은 바뀌지 않는다), 두 번째의 2는 히든 레이어의 뉴런 개수이며, 다른 숫자로 바꿀 수 있다. 또 정수 하나를 추가하면 추가한 정수의 개수만큼 뉴런을 가진 히든 레이어를 만든다. 마지막 1도 바꿔서는 안 된다. 예를 들어, ([2, 4, 3, 1])은 세 개의 레이어로, 첫 번째 히든 레이어에는 네 개의 뉴런, 두 번째 레이어에는 세 개의 뉴런이 있다는 것을 의미한다.

아래 그림에서 볼 수 있듯이 해답은 같아도 어떤 아키텍처를 선택함에 따라 곡선이 나누는 지역은 다를 수 있다. nn=NeuralNetwork([2, 4, 3, 1])을 선택해 실행한 결과는 아래 그림과 같다.

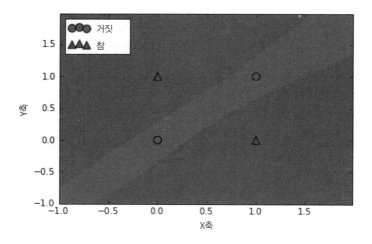

nn=NeuralNetwork([2, 4, 1])을 선택해 실행한 결과는 다음과 같다.

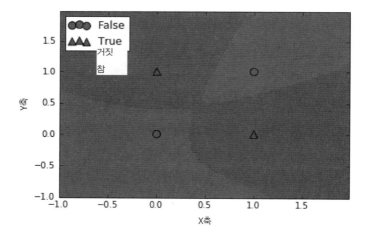

뉴럴 네트워크가 문제를 푸는 방법은 어떤 뉴럴 네트워크 아키텍처를 선택하는지에 따라 결정된다(같은 결과가 나오더라도). 서로 다른 아키텍처는 다른 접근 방법을 제공한다. 사람들이 생각하는 과정은 서로 다르지만 결국 같은 결론에 도달하는 것과 마찬가지다. 이제 딥 뉴럴 네트워크의 응용 방법에 대해 좀 더 자세히 살펴볼 준비가 됐다.

요약

2장에서는 뉴럴 네트워크를 소개하고 다른 알고리즘과 비교해서 어떻게 성공할 수 있는지 설명했다. 뉴럴 네트워크는 '유닛'들, 즉 뉴런으로 구성돼 있고 이들 간에 연결돼 있다. 이 연결을 '웨이트'라고 한다. 각각의 뉴런과 활성화 함수 간의 연결 관계가 끈끈한 정도를 구체적으로 표현한 것이다. 바로 뉴런이 정보를 전달하는 과정이다. 또 여러 아키텍처로 네트워크를 만들 수 있다는 것을 소개하고, 뉴런이 가질 수 있는 레이어의 개수나 내부(히든) 레이어가 왜 중요한지 설명했다. 그리고 정보가 입력값에서 웨이트와 활성화 함수들에 기반을 두고 각 레이어들을 통과하면서 결괏값에 도달하는 과정을 설명했다. 그리고 마지막으로 역전파 알고리즘을 정의하고, 원하는 정확도까지 올리기 위해 웨이트를 '조율'하는 방법을 살펴봤다. 그리고 뉴럴 네트워크가 다양한 분야에서 응용되는 예시도 살펴보았다.

3장에서는 딥 뉴럴 네트워크에 대해 계속 설명한다. 특히 3장에서는 딥러닝의 '딥'이라는 단어의 의미에 초점을 맞춰 살펴본다. 네트워크의 히든 레이어 개수뿐 아니라 뉴럴 네트워크의 학습의 질이 더 중요하다는 것을 설명한다. 뉴럴 네트워크가 특징들을 인식하는 방법을 알아보고, 이 방법을 뉴럴 네트워크의 비지도학습 등에 적용할 수 있는 객체 인식의 표현도 사용해 본다. 그리고 몇 가지 중요한 딥러닝 알고리즘을 소개하고, 마지막에는 숫자를 인식하는 구체적인 예시에서 뉴럴 네트워크를 직접 사용해 본다.

딥러닝 기초

1장, '머신러닝 – 소개'에서 머신러닝을 소개하고 응용 사례를 살펴보았다. 그리고 머신러닝을 실행할 때 사용되는 알고리즘과 몇 가지 방법도 간략하게 배웠다. 그리고 2장, '뉴럴 네트워크'에서는 뉴럴 네트워크를 중점적으로 살펴봤다. 한 개의 레이어는 너무 간단해 선형 문제에서만 적용할 수 있다는 것을 확인했고, 일반 유사 이론은 한 개의 히든 레이어를 갖고 있는 두 개의 레이어가 작은 부분 집합 R_n으로 어떤 연속 함수이든, 어떤 범위이든 근사시킬 수 있다는 것을 보였다.

3장에서는 딥러닝과 두 개 이상의 히든 레이어를 갖고 있는 딥 뉴럴 네트워크를 소개한다. 일반 유사 이론에 따르면, 한 개 이상의 히든 레이어를 왜 사용하는지 궁금해진다. 또, 이미 오랜 시간 동안 한 개의 히든 레이어만 사용하는 얕은 네트워크만 사용했다. 두 개의 레이어를 가진 뉴럴 네트워크는 어떤 단계로든 연속 함수를 근사시킬 수 있지만, 레이어를 추가하면 복잡도가 증가해서 얕은 뉴럴 네트워크에서는 문제를 풀기가 매우 어려워지거나 훨씬 더 많은 뉴런이 필요해질 수도 있다. 중요한 건 그 다음이다. 딥러닝의 딥 이면에는 네트워크의 깊이(depth)나 뉴럴 네트워크가 갖고 있는 레이어 개수뿐 아니라 '학습'의 레벨도 존재한다. 딥러닝에서는 주어진 입력값 X로 결괏값 Y를 예측하도록 학습시키는 과정이 결코 단순하지 않다. 그렇지만 입력값의 특징들을 배울 수는 있다. 딥러닝에서 뉴럴 네트워크는 입력값들의 윤곽을 그릴 수 있도록 특징들을 추상화시킬 수 있다. 몇 가지 예시에서 기본적인 특징들을 이해하고, 그 특성들을 바탕으로 예측할 수도 있다. 딥러닝에서는 다른 기초 머신러닝 알고리즘이나 얕은 뉴럴 네트워크에서 미처 확인하지 못하는 추상화된 레벨들이 존재한다.

3장에서는 다음과 같은 주제들을 다룬다.

- 딥러닝의 개념
- 딥러닝의 응용
- GPU vs. CPU
- 유명한 오픈소스 라이브러리

딥러닝이란?

2012년 알렉스 크리체브키(Alex Krizhevsky), 일야 슈츠케버(Ilya Sutskever)와 제프리 힌턴 (Geoffrey Hinton)은 신경 정보 처리 시스템 학회(Neural Information Processing Systems, NIPS) 에서 「딥 컨볼루션 뉴럴 네트워크를 사용한 이미지넷 분류(ImageNet Classification with Deep Convolutional Neural Networks)」라는 논문을 발표했다.

> "컨볼루션 레이어 하나가 없어지면 네트워크의 성능이 떨어진다는 사실은 중요하다. 예를 들어, 중간 레이어의 어떤 것이든 하나를 없애면 네트워크의 최고 성능에 비해 2% 정도의 비용(loss)이 생긴다. 결론적으로 좋은 결과를 만들려면 네트워크의 깊이는 정말 중요하다."

이 논문에도 딥 네트워크를 만들 때 히든 레이어의 개수의 중요성에 대해 언급했다. 크리체 브키, 슈츠케버와 힌턴 교수가 언급한 컨볼루션 레이어는 5장, '이미지 인식'에서 다룬다. 그 렇지만 근본적인 질문은 여전히 남아 있다.

> '히든 레이어가 하는 역할은 무엇인가?'

영어에 '몇 마디 문장보다 그림이 훨씬 낫다'라는 말이 있다. 그림을 통해 딥러닝을 이해해 보자. 이홍락(H. Lee), 그로스(R. Grosse), 란가나스(R. Ranganath), 앤드류 응(A. Ng) 교수는 「ICML의 발표에서 확장 가능한 비지도학습에서의 컨볼루션 딥 빌리프 네트워크 컨볼루션 의 계층적 표현(Convolutional deep belief networks for scalable unsupervised learning of hierarchical representations)」(2009)(http://web.eecs.umich.edu/~honglak/icml09-ConvolutionalDeepBeliefNetworks. pdf)이라는 논문에서 몇 가지 이미지를 사용해 설명했다. 이 책에서는 이 이미지를 가져와 살 펴본다.

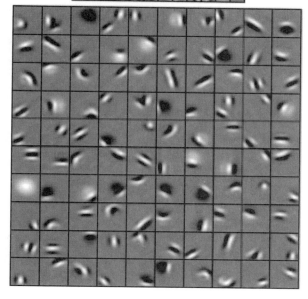

이 예시에서는 몇 가지 종류의 물건이나 동물 등이 섞여 있는 뉴럴 네트워크 그림들을 보여주고, 네트워크에게 이 종류들의 몇 가지 기본 특징을 학습시켰다. 예를 들면, 네트워크는 선이나 모서리 등의 모든 종류에서 공통되는 특징들을 갖는 간단한 모양을 학습할 수 있다. 그러나 그 다음 레이어에서는 이런 선들과 모서리들이 얼굴에서 눈이나 자동차의 바퀴 등 해당 카테고리의 특징에 들어맞는지 확인한다. 이 과정은 사람의 뇌가 시각을 인식하는 원리와 유사하다. 간단한 선이나 모서리부터 시작해서 좀 더 복잡한 특징들을 차례차례 인식한다.

| 얼굴 | 자동차 | 코끼리 | 의자 | 얼굴, 자동차, 코끼리, 오토바이 |

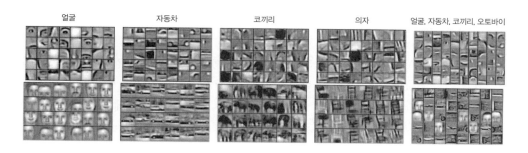

딥 뉴럴 네트워크의 히든 레이어는 위와 비슷하게 각각의 히든 레이어에서 훨씬 더 복잡한 특징들을 이해한다. 얼굴에 어떤 요소들이 있는 결정하려면 눈, 코, 입 등을 먼저 정의해야

한다. 그리고 한 단계씩 넘어갈수록 각 부분을 반영하면서 '두 눈은 꼭대기 중간에 같은 높이로', '코는 중간에', '입은 코 아래 중간에' 등 어디에 위치하는지를 정의해야 한다. 딥 뉴럴 네트워크는 그 안에서 '이미지의 구성 요소를 파악하고, 적절한 위치를 찾는다' 등과 같이 그 특징들을 알아낸다. 이미지 첫 번째 줄과 두 번째 줄을 보면, 레이어를 지날 때마다 추상화의 수준이 더 깊어진다는 것을 확인할 수 있다. 사실 어떤 딥러닝 뉴럴 네트워크는 간단히 예측만 하는 알고리즘이 아니라 발생적인 알고리즘(generative algorithms)으로 설명되기도 한다. **제한적 볼츠만 머신**이 이에 해당한다. 제한적 볼츠만 머신은 단순한 예측 알고리즘이 아니라 신호를 생성하며 학습하고, 학습을 통해 만들어진 생성 방법을 통해 예측한다. 이 장에서 개념을 좀 더 확실하게 이해해 보자.

🏷 기본 개념

1801년에 조셉 마리 찰스(Joseph Marie Charles)는 잭쿼드 직조기(Jacquard loom)를 고안했다. 발명품에 잭쿼드라는 이름을 붙이고, 본인도 잭쿼드로 불렸던 찰스는 과학자가 아니라 상인이었다. 잭쿼드 직조기는 펀치카드(puched card, 구멍난 카드)를 사용했다. 펀치카드는 직조기에서 재생산할 패턴들을 의미했다. 각각의 펀치카드는 디자인과 패턴을 의미했고, 하나의 펀치카드는 추상된 패턴 하나를 의미하도록 만들었다. 펀치카드는 그 이후에도 계속 사용했다. 1890년에 허먼 홀러리스(Herman Hollerith)가 발명한 기계에 코드를 입력해 사용하는 첫 번째 컴퓨터인 표 처리 기계(tabulating machine)에서도 사용됐다. 그러나 이 표 처리 기계 안의 펀치카드는 하나의 집단에 대한 통계를 계산하기 위해 기계에 입력해 놓은 추상화된 표본에 지나지 않았다. 잭쿼드 직조기에서 펀치카드를 사용한 것은 무척 놀라운 일이었다. 각각의 카드는 몇 가지 패턴이 추상화된 것을 의미하므로 여러 가지를 조합해 새롭고 복잡한 패턴들을 사용할 수 있었다. 이런 특징을 지닌 카드는 현실에서 사용하는 패턴을 추상화해 표현했고, 마지막에는 새로운 직조 디자인도 만들어 냈다.

잭쿼드 직조기의 방법은 현대 딥러닝의 발판이 됐다. 즉, 특징의 표현을 통해 현실을 정의한다. 딥러닝에서 뉴럴 네트워크는 단순히 고양이를 고양이라 부를 수 있는 특징들이나 다람쥐를 다람쥐라 부를 수 있는 특징들을 인식하지 못한다. 그렇지만 고양이에는 어떤 특징들이 있고, 다람쥐에는 어떤 특징들이 있는지 살펴보고, 이를 이용해 고양이나 다람쥐를 디자인하며 학습한다. 잭쿼드 룸을 사용해 고양이 형태를 직조하는 패턴을 디자인한다면, 고양이 코의 콧수염과 우아하고 유연한 몸이 찍힌 펀치카드를 사용해야 한다. 만약 다람쥐의 형태를 디자인한다면, 털 많은 꼬리 같은 것들이 찍힌 펀치카드가 필요하다. 딥 뉴럴 네트워크는 결

괏값에서 기본적인 표현으로 학습해서 만들어진 가정을 사용해 분류할 수 있다. 그래서 털 많은 꼬리를 갖고 있지 않으면 다람쥐가 아니라 고양이에 가깝다고 생각한다. 뒤이어 살펴보 겠지만, 이 말은 많은 의미를 지니고 있다. 네트워크가 학습하는 정보는 훨씬 더 많고 복잡하 며 예측하기 힘들다. 학습을 통한 모델이 생성되고 나면 (기술적으로 표현할 때는 합쳐질 확률을 $p(y|x)$로 표현하기보다 간단히 $p(x, y)$로 표현한다). 네트워크는 노이즈에 덜 민감해질 것이다. 또 네트워크는 이미지가 부분적으로 모호하거나 이미지에서 다른 물체들이 있어도 이미지를 인 식할 수 있도록 학습한다. 흥미 있는 점은 '딥 뉴럴 네트워크는 이 모든 것을 자동으로 학습 한다'는 것이다.

특징 학습

1920년 물리학자 윌리엄 렌츠(Wilhelm Lenz)가 발명한 이징 모델(Ising model)은 그의 학생이었 던 에른스트 이징(Ernst Ising)에게 내 준 문제다. 이 모델은 (양성 혹은 음성)의 상태로 나뉘는 두 개의 변수를 갖고 있고, 각 변수는 자성의 쌍극자를 의미한다.

4장, '비지도 특징 학습'에서는 제한적 볼츠만 머신과 오토인코더(autoencoders)를 소개하고 여 러 레이어를 가진 뉴럴 네트워크를 만드는 방법을 더 깊이 있게 소개한다. 지금까지 우리가 살펴본 뉴럴 네트워크는 전부 피드 포워드 아키텍처로 만들어진 것이다. 그렇지만 앞으로 피 드백 루프를 사용해 뉴럴 네트워크를 만들 때 사용하는 뉴럴 네트워크에 대해서도 살펴본다. 이징 모델은 딥러닝에 직접적으로 사용되지는 않지만, 제한적 볼츠만 머신과 같은 아키텍처 를 포함해 딥 뉴럴 아키텍처를 조정하여 기본적인 내부 동작들을 이해하는 데 많은 도움이 되는 물리학 예시이고, 특히 대표성 개념을 이해할 때도 도움이 된다. 그리고 이 대표 개념을 이해하는 데도 도움이 된다.

이번에는 이징 모델을 딥러닝에 적용할 수 있도록 단순화해 본다. 2장, '뉴럴 네트워크'에서 뉴 런들을 연결하는 웨이트를 조정하는 것이 중요하다고 설명했다. 실제로 뉴럴 네트워크 내의 웨이트가 네트워크 학습을 담당한다. 주어진 (고정된) 입력값과 이 입력값을 다음 레이어로 전 달하고, 연결 관계에서 다음 레이어 내에 있는 뉴런 내부의 상태를 결정짓는다. 그러고 나면, 이 뉴런은 새로운 웨이트가 만든 연결에 따라 정보를 다음 레이어로 보내고, 이를 반복한다. 웨이트는 네트워크의 변수일 뿐이지만, 바로 이 변수가 네트워크가 실제로 배우려고 하는 값 이다. 일반적으로, 활성화 함수가 간단한 한계 활성화 함수이라면 매우 큰 양성의 웨이트 값 은 두 개의 뉴런에서 동시에 신호를 보낸다. 이 말은 하나의 뉴런이 신호를 보내고, 연결된 웨 이트 값이 충분히 크다면 나머지 뉴런도 신호를 보내는 것을 의미한다(입력값과 엄청나게 큰 연결 웨이트를 곱하면 이미 설정한 한계점을 넘어설 수도 있다). 1949년 도널드 헵(Donald Hebb)은 행동 조직을 보고 '행동에 반대되는 것 또한 참'이라는 결론을 이끌어 냈다. 헵은 20세기까지 살았던 캐나다의 심리학자로, 그 이름을 딴 헵 룰(Hebb rule)을 만들었다. 헵 룰에 따르면, 뉴런 간의 연결 관계가 강하면 동시에 발사될 것이고, 약하면 동시에 발사되지 않을 것이다.

뉴럴 네트워크에서 이징 모델은 이진 형태로 동작한다. 그 말은 발사하거나 발사하지 않거나의 두 가지 동작만 존재한다는 것이다. 그리고 연결 상태가 강할수록 두 개의 신호가 한꺼번에 높아질 가능성이 높아진다. 우리는 네트워크를 통계적으로 가정하고 있기 때문에 뉴런 두개가 강하게 연결돼 있으면 신호 두 개가 한꺼번에 보내질 가능성도 높아진다.

 확률적(stochastic)이라는 말은 말 그대로 확률을 이용한다는 것이다. 확률적 네트워크에서는 뉴런이 신호를 보낼 확률을 정의한다. 즉, 높은 확률값을 가지고 있으면 뉴런이 발사될 가능성이 높다. 두 뉴런이 강하게 연결돼 있다는 말은, 다시 말해 값이 큰 웨이트로 연결되어 있다는 의미다. 그러면 연결 관계의 높은 확률은 다른 뉴런도 높은 확률로 신호를 발사할 수 있도록 유도한다(이와 반대로 약한 연결 관계는 약한 확률을 갖게 한다). 그렇지만 뉴런은 확률에만 기반하여 신호를 발사하기 때문에 발사 유무를 정확하게 알 수는 없다.

달리 말하면, 두 연결 관계가 느슨할 경우(매우 높은 음의 웨이트를 갖고 있으면), 신호를 한꺼번에 보내지 않는다. 다음의 예시를 살펴보자.

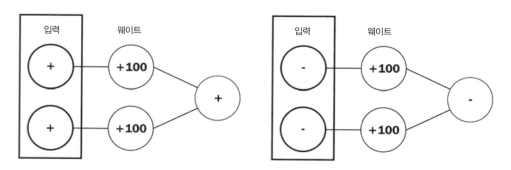

첫 번째 그림은 처음 두 뉴런이 활성화돼 있고, 세 번째 뉴런과 강한 연결 관계를 갖고 있으므로 세 번째 뉴런의 웨이트 값은 크고, 양의 상관관계를 갖고 있다. 그래서 세 번째 뉴런도 활성화된다.
두 번째 그림은 첫 번째 뉴런이 꺼져도 세 번째 뉴런과 강한 상관관계를 갖고 있으므로 또 꺼진다. 또 처음의 두 뉴런이 꺼져도 세 번째 뉴런과 강한 상관관계를 갖기 때문에 세 번째 뉴런도 꺼진다.

사실 몇 가지 조합이 좀 더 존재할 수 있지만, 그중 몇 가지만 함께 살펴봤다. 주 아이디어는 첫 번째 레이어의 뉴런과 그 다음 레이어의 뉴런이 강하게 연결돼 있으면 다음 레이어의 뉴런 상태는 연결 관계에 따라 확률적으로 결정된다. 연결이 약하면 뒤따르는 레이어의 뉴런은 같거나 모든 상태에서 같은 확률을 가질 것이다. 그에 반해 연결고리가 매우 강하면 웨이트의 신호는 연결된 뉴런이 비슷하거나 반대로 행동하게 된다. 물론 두 번째 레이어의 뉴런 개수는 입력인 첫 번째 뉴런의 개수보다 많고, 또 모든 연결 관계를 측정한다. 만약 입력 뉴런이 모두 꺼져 있거나 켜져 있지 않으면 그 연결 관계는 매우 강하다는 의미가 된다. 다시 말하면, 연결된 뉴런은 꺼지거나, 켜질 확률이 같거나, 동일한 상태를 가진다.

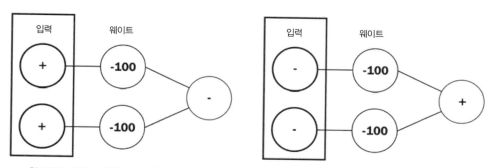

첫 번째 그림에서 처음 두 뉴런은 활성화돼 있고, 그 연결 관계는 크고, 음의 연결 관계로 연결돼 있으므로 세 번째 뉴런도 꺼져 있는 상태다. 두 번째 그림에서는 첫 두 뉴런이 꺼져 있고, 세 번째 뉴런과 반대되는 음의 관계로 강력히 연결돼 있어서 세 번째 뉴런도 그에 따라 켜져 있을 가능성이 높다.

확실한 것은 뒤이은 레이어의 뉴런의 상태에 따라 대부분이 결정된다는 사실이다. 첫 번째 레이어의 뉴런과 비슷한 상태로 (켜져 있거나 꺼져 있거나) 모든 뉴런이 설정돼 있으면, 강한(즉, 큰 웨이트 값) 값으로 연결돼 있다는 것이다. 좀 더 자세히 살펴보자.

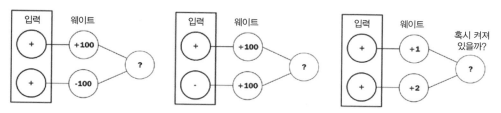

첫 번째 그림의 처음 두 뉴런이 활성화돼 있고, 세 번째 뉴런과의 연결 관계가 강하지만 반대다. 그래서 세 번째 뉴런은 켜져 있거나 꺼져 있을 가능성이 높다. 두 번째 그림에서는 첫 번째 두 뉴런 중 하나는 켜져 있고, 다른 하나는 꺼져 있다. 세 번째 뉴런 간의 연결 관계는 강하고, 양의 관계를 갖고 있다. 그래서 세 번째 뉴런과 동일하게 꺼져 있거나 켜져 있을 가능성이 높다. 마지막 그림에서는 처음의 두 뉴런이 활성화돼 있지만, 세 번째 뉴런 간의 연결 관계가 작아 켜져 있을 가능성은 낮고, 비교적 꺼져 있을 가능성이 높다.

이렇게 수정한 이징 모델을 소개하는 이유는 딥 뉴럴 네트워크 안에서 표현 학습이 어떻게 이뤄지는지를 이해해야 하기 때문이다. 적절한 웨이트 값을 설정하는 것이 뉴럴 네트워크에서 특정 뉴런을 켜거나 끌 때 중요하다는 것은 이미 언급했다. 이를 일반화하면 결괏값에 영향을 미친다는 것이다. 위 그림에서 뉴런은 두 가지 상태만 갖고 있지만, 뉴럴 네트워크에서 어떤 일이 일어나는지 그림으로 보여 주며 직관적으로 이해하는 데 도움을 준다. 또한, 1차원이 아닌 2차원 뉴럴 네트워크에서의 동작도 설명할 수 있도록 도와준다. 위의 뉴럴 네트워크를 2차원에서 가져와 살펴보자. 그렇다면 각각의 뉴런은 2차원 이미지의 픽셀로 표현된다. 만약 뉴런이 '켜져' 있으면 흰색 배경 화면(좌표)에 검은색 점으로 표현되고, '꺼져' 있으면 흰색 배경 화면에 있는 흰색 점이기 때문에 보이지 않을 것이다. 켜져 있거나 꺼져 있는 뉴런의 입력 레이어가 2차원의 흑백 이미지로 표현되는 것이다. 예를 들어, 웃고 있는 모습을 표현하고 싶다면, 다음 그림과 같이 뉴런을 적절히 켜서(활성화시켜) 표현할 수 있다.

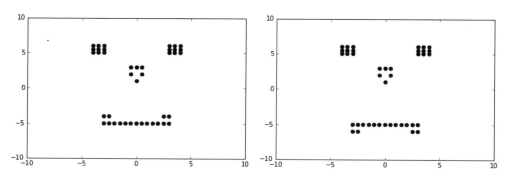

기쁘고 슬픈 얼굴: 입꼬리에 있는 몇몇 뉴런이 다른데, 켜지고 꺼짐에 따라 이 모습이 달라진다.

입력 레이어의 관점으로 생각해 보자. 이 입력 레이어는 히든 레이어 중 어느 하나에 연결돼 있다. 이미지 내의 각 (흑백) 픽셀들과 연결 관계를 갖고 있고, 다음 레이어에 각 뉴런이 존재한다. 뉴런들의 연결 관계가 왼쪽 눈을 만들려면 히든 레이어 안의 특정 픽셀과 강한 (높은 양의 웨이트 값을 갖고 있는) 연결 관계를 갖고 있어야 한다. 그리고 히든 레이어의 다른 뉴런들과는 매우 큰 음의 상관 관계를 가지고 있어야 한다.

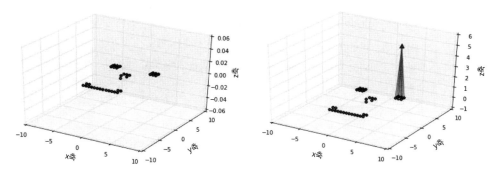

왼쪽 그림의 웃는 모습에서 오른쪽 눈과 히든 뉴런 사이의 관계를 오른쪽 그림에서 확인할 수 있다.

히든 레이어와 왼쪽 눈 사이에 높은 양의 값의 웨이트를 설정해 뒀거나 왼쪽 눈과 다른 히든 뉴런과의 관계가 높은 값의 음의 관계를 이뤘을 때 나타나는 모습이다. 네트워크가 왼쪽 눈을 가진 얼굴을 갖고 있는지와는 상관없이(다시 말하면, 뉴런이 켜져 있다는 것이다) 특정 히든 뉴런은 활성될 것이고, 다른 모든 뉴런은 꺼질 것이라 생각한다. 그 특정 뉴런이 왼쪽 눈의 현재 존재 유무를 판단한다. 오른쪽 눈을 비롯해 코나 입의 주요 부분도 이렇게 만들 수 있다. 그렇기 때문에 모두 얼굴의 특징들을 찾는 것에서부터 시작해야 한다.

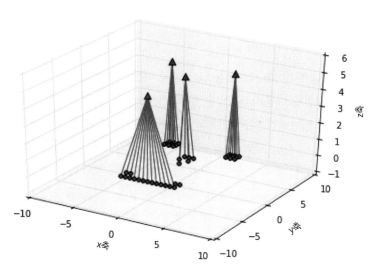

우리가 어떻게 웨이트를 설정하는지와 히든 뉴런이 입력들의 특징들을 인식하기 시작하는 모습을 보여 준다.

몇 가지 중요한 것을 다시 한 번 언급한다. 입력값의 특징에 대한 인식이 시작되기 전까지는 네트워크 간의 연결에서 웨이트를 선택할 필요가 없지만, 자동으로 웨이트가 설정되고 나면 역전파법 등의 여러 방법을 활용해서 네트워크가 웨이트를 선택한다.

또, 특징 안에서의 특징들을 인식하도록 만들려면 더 많은 히든 레이어를 넣으면 되고, 당연하게도 더 자세한 결과를 얻을 수 있다.

딥러닝에는 몇 가지 이점이 있다. 첫 번째는 이미 잘 알고 있듯이 특징들을 인식할 수 있다. 딥러닝에서 더 중요한 점은 이런 특징들을 자동으로 인식한다는 것이다. 위 예시에서는 이미 우리가 선택한 특징들을 인식시키기 위해 웨이트를 직접 설정했다. 이것이 많은 머신러닝 알고리즘이 갖고 있는 문제 중 하나다. 유저는 본인의 경험에 근거해 자신이 생각하는 최고의 특징들을 선택한다. 그래서 지금까지는 사람이 직접 선택했고, 아직까지도 직접 선택하고 있다. 그렇지만 딥러닝 알고리즘에서는 2장에서 다루었던 역전파법을 사용해서 자동으로 가장 최선의 특징들을 선택한다. 그러나 웨이트를 선택하는 방법도 많이 존재한다. 오토인코더, 제한적 볼츠만 머신, 하모니움(Harmoniums) 등은 4장에서 다룬다. 특징을 자동으로 선택하기 위해 정말 중요한 것이 있다. 적절한 뉴럴 네트워크를 선택하고 사용해야만 이 장점들을 제대로 활용할 수 있다.

몇 가지(예를 들면, 4장에서 다룰 제한적 볼츠만 머신과 같은) 딥러닝 시스템의 뉴럴 네트워크는 스스로를 '수정하는' 방법도 배운다. 이전의 예시에서 네 개의 뉴런을 활성화한 후, 왼쪽/오른쪽 눈, 코, 입과 연결해 일반적인 얼굴 형태를 만들어 봤다. 그 이전의 레이어에서 이런 구성 요소들과 뉴런 간에 매우 강한 양의 값을 가진 웨이트로 연결돼 있어서 이런 특징들이 활성화 되도록 해당하는 뉴런을 켤 수 있었다. 이와 동시에 얼굴에 해당하는 뉴런들이 켜져 있으면, 눈, 코, 입에 연결된 네 개의 뉴런들도 활성화된다. 그렇다면 얼굴들을 의미하는 뉴런들이 모두 켜 있지 않아도 그 연결 관계가 충분히 강하면, 그에 따른 뉴런들도 켜져 있다고 말할 수 있고, 얼굴을 만들 때 놓친 뉴런들도 활성화되는 것이다.

딥러닝은 '강건성'이라는 장점도 지니고 있다. 사람이 시각을 인식할 때는 몇몇 부분이 모호하게 보여도 물체를 인식할 수 있다. 우리는 모자를 쓰고 있거나 스카프로 입을 가리고 있어도 그 사람이 누군지 알 수 있다. 사람은 이미지의 노이즈에 민감하지 않다. 그래서 이런 연결 관계를 갖고 만들면, 조금 보이지 않아도 수정할 수 있다. 한두 개의 뉴런을 수정해 '입'에 해당하는 뉴런이 계속 켜져 있도록 충분히 강한 연결 관계를 만들 수 있다. 적절한 픽셀은 계속 켜고, 잘못된 픽셀은 끄면서 눈을 만들면 된다. 이런 시스템은 노이즈에 민감하지 않은, 자동으로 생성되는 연결 관계를 만들 수 있다.

예를 들어, 다음과 같이 몇 가지 픽셀들로 입을 만든다고 가정해 보자(아래 그림에 주어진 x를 의미한다).

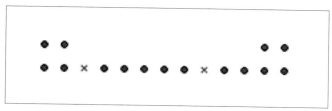

아직 켜지지 않은 몇 픽셀들이 입을 만들 이미지다.

위의 입 모양 그림을 살펴보면, x로 돼 있는 아직 켜지지 않은 뉴런이 존재한다는 것을 알 수 있다. 그렇지만 뉴런의 연결 관계가 충분히 강하기 때문에 모든 뉴런이 켜지기에 충분한 개수와 연결 관계를 갖고 있다.

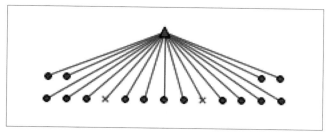

몇 개의 뉴런이 꺼져 있더라도, 다른 뉴런들 간의 연결 관계가 충분히 강하기 때문에
다음 레이어에 있는 뉴런이 입을 표현할 수 있도록 켜진다.

다른 방향으로의 연결에 해당하는 여정을 시작해 보자. 언제든지 입을 표현하는 뉴런이 켜져 있다면, 전에 꺼져 있던 다른 뉴런 두 개가 켜지고, 입을 구성하는 모든 뉴런이 켜진다.

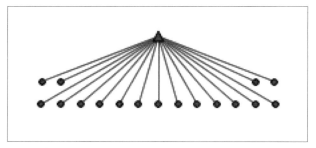

꼭대기의 뉴런(입을 의미하는 뉴런)이 켜져 있으므로 나머지 두 개의 뉴런도 켜진다.

여러 딥러닝 알고리즘과 얕은 네트워크에 대비한 딥러닝의 장점은 다음과 같다.

- 대표되는 특징들을 학습할 수 있다.

- 노이즈에 별로 민감하지 않다.

- 발생학적인 알고리즘이다(좀 더 자세한 내용은 4장에서 다룬다).

그렇다면 히든 레이어가 많이 필요한 이유에 대해 좀 더 자세히 알아보자. 기하학적인 정육면체를 인식하는 것부터 살펴보자(지금 당장은 무한한 뉴런들이 필요하다는 것은 잠시 잊고). 3차원에서 보이는 각각의 선들은 뉴런과 연결 관계가 있다고 가정해 보자.

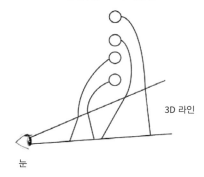

뉴런은 연결 관계를 갖고 있는 3차원 선을
2차원 선으로 투사한다.

3D 라인

눈

같은 시각 필드에 있는 각각의 선들은 각기 다른 뉴런들과 연결 관계를 갖고 있다.

눈 하나만으로 제한해 보자. 각각의 선은 우리의 시각에서 서로 다른 각도가 되고, 2차원 공간에 투영시켜 동일한 선을 만든다. 우리가 보는 3차원 선들은 망막에서 같은 선들로 투사된다. 어떤 3차원 선이 하나의 뉴런과 연결 관계를 갖고 있다고 가정해 보자. 정육면체를 만드는 서로 다른 두 개의 선들은 각 뉴런 간 모임을 갖게 된다. 그러나 이 두 개의 선이 교차하면, 각 모임에 속한 뉴런들 간의 새로운 관계를 만든다. 큐브의 모서리 하나를 만들기 위해 많은 뉴런이 선들을 만들고, 또 다른 많은 뉴런이 한쪽에서 또 다른 모서리들을 만들어 낸다. 그러나 두 개의 라인이 교차하면 이 두 뉴런이 비로소 연결되는 것이다. 이와 비슷하게, 이 선들은 또 다른 선들과 연결돼 정육면체를 만든다. 그리고 이를 표현하기 위해 뉴런을 새로 재정의한다. 뉴럴 네트워크는 좀 더 높은 단계에서 이 선들을 확인하기 시작하면서 아무 모서리에나 연결되지 않도록 하고, 정확히 90도로 연결되도록 한다. 이 방법은 더 추상적으로 표현할 수 있도록 함으로써 선들의 모임이 종이에 정육면체를 그릴 수 있도록 한다.

각 층에 있는 뉴런들은 단계별로 구성돼 있다. 이미지들의 기본 요소와 그들의 구성 방법을 추상화해 서로 다른 단계별로 표현한다. 아래의 토이 예시에서는 추상 시스템 안에서 각 레이어가 할 수 있는 예시를 표현한 것이다. 위에서 추상적인 선과의 연결고리를 만들었던 것처럼 낮은 단계에서는 뉴런이 어떻게 보이고, 여러 뉴런들 간의 연결 관계를 볼 수 있다. 이 연결 관계를 사용하면, 추상적인 선들이 한 점으로 연결되고, 다음 레이어에서는 정육면체를 만드는 것처럼 90도로 연결되는 것을 볼 수 있다. 이와 동일한 방법으로 얼굴에서 눈, 코, 입을 인식할 수 있고 적절한 위치도 학습시킬 수 있다.

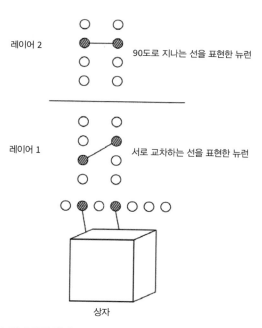

각각의 선은 뉴런과 연관 관계를 갖고 있다. 그리고 이 연관된 뉴런에 해당하는 선이 교차하면 기본적인 표현을 할 수 있다. 그리고 특정 각도들을 의미하는 뉴런과 연관 관계가 있는 선을 활용하면 훨씬 더 복잡한 것을 표현할 수 있다.

딥러닝 알고리즘

바로 이전의 '특징 학습' 섹션에서는 딥러닝을 직관적인 방법으로 소개했다. 이번 섹션에서는 4장에서 자세하게 다룰 중요한 개념들을 소개한다. 많은 레이어를 갖고 있는 딥 뉴럴 네트워크는 사람이 말을 이해하는 방법을 통해 알아낸 유전적인 이유 몇 가지를 갖고 있다. 입력값이 소리 정보가 계층적인 레이어를 가진 설계 방식을 통해 전달되고, 언어 레벨로 바뀌면서 구체적으로 변한다. 이와 마찬가지로 우리 몸속의 시각을 인식하는 시스템과 시각을 당당하는 피질에서도 여러 레이어로 구성된 구조를 갖고 있다. V1(시각피질)에서 뇌에서 시각을 담당하는 영역들인 V2, V3, V4로 넘어간다. 딥 뉴럴 네트워크는 뇌의 아주 기본적인 원리만을 흉내 낸 것이다. 그렇지만 주의해야 할 것은 뇌를 이해하면 더 나은 인공 뉴럴 네트워크를 만드는 데 도움을 주지만, 궁극적으로는 완전히 다른 아키텍처를 사용해 뉴럴 네트워크를 만든다는 것이다. 비행기가 새를 모방해 만들려고 했지만, 결국 완전히 다른 모델이 된 것처럼 말이다.

2장, '뉴럴 네트워크'에서 가장 유명한 역전파 알고리즘을 소개했지만, 실제 사용 시 레이어가 많을 때는 역전파 알고리즘이 너무 느리기 때문에 다른 알고리즘을 주로 사용한다. 역전파 알고리즘은 기울기 함수에서 가장 주요한 기본 함수지만, 극솟값이 존재하면 함수가 최솟값으로 수렴하지 못하는 문제점이 있다. 그렇지만 딥러닝의 관점에서 웨이트를 조절할 것인지, 어떤 학습 알고리즘을 사용할 것인지에 따라 딥 뉴럴 네트워크 알고리즘을 분류할 수 있다. 그리고 모두 역전파법이나 전통적인 피드 포워드 네트워크에서도 잘 동작한다. 좀 더 일반화한다면, 딥러닝은 복잡성이 증가하더라도 데이터의 기능과 내용을 이해할 수 있도록 레이어를 사용해 정보를 처리하는 머신러닝 기법으로 분류할 수 있다. 보통 알고리즘을 분류할 때는 다음과 같은 것들을 고려해야 한다.

- **여러 레이어를 가진 퍼셉트론(Multi-Layer Perceptrons, MLP)**: 피드 포워드 전파를 하는 많은 히든 레이어를 갖고 있는 네트워크다. 이미 언급했듯이 딥러닝 네트워크의 대표적인 예시지만, 유일한 방법은 아니다.
- **볼츠만 머신(Boltzmann Machines, BM)**: 잘 정의된 에너지 함수로 만들어진 확률적인 대칭 네트워크다.
- **제한적 볼츠만 머신(Restricted Boltzmann Machines, RBM)**: 이징 모델과 비슷하다. 제한적 볼츠만 머신은 두 레이어 간의 대칭 연결 관계로 구성돼 있다. 하나는 눈에 보이는 레이어, 하나는 히든 레이어다. 그러나 뉴런은 일반적인 볼츠만 머신과 달리 다른 레이어와 연결 관계를 갖고 있지 않다. DBN의 형태로 계속 쌓인다.

- 딥 빌리프 네트워크(Deep Belief Networks, DBN): 맨 위의 레이어가 다른 것들과 대칭적인 연결 관계를 가진 확률론적인 일반적인 모델이다(피드 포워드 네트워크와 달리 직접 연결 돼 있지는 않다). 그리고 가장 아래에 있는 레이어는 직접 연결된 레이어에서 이미 처리 된 정보를 받는다.

- 오토인코더(Autoencoders): 입력된 형태와 같은 형태의 결과를 만들어 기본적인 표현을 더 잘 학습하는 비지도학습 알고리즘이다.

- 컨볼루션 뉴럴 네트워크(Convolutional Neural Networks, CNN): 컨볼루션 레이어는 입력된 이미지나 소리에 필터를 적용시킨다. 들어오는 모든 신호를 필터에 통과시켜 이진 차 원의 활성 맵을 만든다. CNN은 입력값의 숨겨진 특징들을 강화시킨다.

각각의 딥러닝 향상 방법들은 장단점을 함께 갖고 있다. 그리고 레이어의 개수와 각 레이어의 뉴런 개수에 따라 쉽게 학습할 수도, 어렵게 학습할 수도 있다. 간단한 피드 포워드 딥 뉴럴 네트워크는 일반적으로 2장에서 다뤘던 역전파 알고리즘을 사용해 학습시키지만, 네트워크 의 종류에 따라 다른 방법들도 존재한다. 이 방법들은 4장에서 다룬다.

딥러닝 사용 예시

여기서는 딥 뉴럴 네트워크가 어떻게 신호 처리나 컴퓨터 비전과 같은 분야에서 사용되는지 살펴보고, 최근 이 두 분야에서 정확도를 어떻게 향상시켜 딥 뉴럴 네트워크 외의 다른 머신 러닝 방법을 사용하는 것보다 특출한 성과를 거뒀는지 살펴본다.

음성 인식

딥러닝이 음성 인식에 사용되기까지는 10년도 채 되지 않았다(2010년대 이후라고 보면 된다). 예 시는 힌턴(Hinton) 교수의 연구 그룹인 '음성 인식을 위한 딥 뉴럴 네트워크 음향 모델(Deep Neural Networks for Acoustic Modeling in Speech Recognition)'에서 볼 수 있다(온라인에서는 http://static.googleusercontent.com/media/research.google.com/en//pubs/archive/38131.pdf에서 확인할 수 있다). 그 전까지 음성 인식 알고리즘은 대부분 GMM-HMM(가우시안이 합쳐진 마르코프 모 델)이라 부르는 알고리즘을 사용했다. 소리를 이해하는 것은 복잡한 일이다. 단순히 단어를 분리시키고 그 사이의 경계를 분명하게 해 주면 된다고 생각하지만 사실은 그렇지 않다. 음성 은 작은 부분들로 나눠 구분 짓기 어려운데다 음성 단어 사이의 경계를 분명하게 나누기도 어렵다. 단어들을 조합해 내는 소리들을 '삼중음소'라고 부른다. 이 삼중음소는 세 부분으로 나뉜다. 첫 부분은 이전의 소리를 따르고, 중간 부분은 안정적이며, 마지막 부분은 이어지는 소리를 따른다. 보통 이 삼중음소를 더 잘 구별하고자 하는 구별자들을 '세논(senon)'이라고 한다.

음성 인식을 위한 딥 뉴럴 네트워크 음향 모델(Deep Neural Networks for Acoustic Modeling in Speech Recognition)에서는 최신의 다른 모델과 각 층에 2,048개의 유닛을 갖고 있는 다섯 개의 히든 레이어로 구성된 저자의 모델들을 비교했다. 첫 번째 비교 대상은 빙(Bing)의 음성 검색 애플리케이션이다. 24시간 동안 학습시킨 결과, 기존 GMM-HMM 모델이 63.8%의 정확도를 보인 데 비해 빙은 69.6%의 정확도를 보였다. 500명의 미국인이 나눈 2,500개의 대화를 담은 (숫자 인식에서 MNIST와 같이 대표적인) 스위치 보드(Switchboard) 인식 모델로 동일하게 테스트했다. 또 구글 음성 검색, 유튜브 데이터, 영미 뉴스 음성 데이터도 함께 비교했다. DNN이 GMM-HMM과 비교한 에러를 간단히 요약하면 다음 표와 같다.

태스크	데이터를 학습시킨 시간	DNN(에러율)	같은 시간 동안 학습시킨 DNN	더 길게 학습시킨 DNN
스위치 보드(test 1)	309	18.5	27.4	18.6(2000hrs)
스위치 보드(test 2)	309	16.1	23.6	17.1(2000hrs)
미국 방송 뉴스	50	17.5	18.8	
빙의 음성 검색	24	30.4	36.2	
구글 보이스	5870	12.3		16.0(>>5870hrs)
유튜브	1400	47.6	52.3	

또 뎅(Deng), 힌턴(Hinton), 킹즈버리(Kingsbury)가 쓴 또 다른 논문인 「음성 인식과 관련 응용을 위한 딥 뉴럴 네트워크 학습의 새로운 형태(New types of Deep Neural Network Learning for Speech Recognition and Related Applications(https://www.microsoft.com/en-us/research/publication/new-types-of-deep-neural- network-learning-for-speech-recognition-and-related-applications-an-overview/)」에서는 소음이 있는 소리에서 특히 더 잘 동작하는 것을 보였다.

DNN 전에는 사람이 직접 음성 스펙트럼의 전환을 생성해 놓았다. 스펙트럼은 신호의 횟수를 시각적으로 표현한 것이다. DNN을 사용하면 뉴럴 네트워크가 자동으로 초기의 특징들을 선택한다. 음성 인식의 경우에는 초기 스펙트럼 특징들로 표현한다. 컨볼루션이나 풀링 연산(polling operations)을 사용하면 말하는 사람 간의 전형적인 변수에 대응하기 위한 초기 스펙트럼 특징들을 적용할 수 있다. 최근에는 더 정교한 뉴럴 네트워크인 반복 뉴럴 네트워크가 또 한 번의 의미 있는 성공을 이뤘다(그레이브스, 무함마드, 힌턴이 2013년에 국제 음성 인식 및 신호 처리 컨퍼런스에서 발표한 논문인 「음성 인식에서의 딥 반복 뉴럴 네트워크(A. Graves, A. Mohamed and G. Hinton , Speech Recognition with Deep Recurrent Neural Networks in Proceedings of International Conference on Acoustic Speech and Signal Processing(ICASSP, 2013); http://www.cs.toronto.edu/~fritz/absps/RNN13.pdf). 딥러닝의 특정 종류인 LSTM(장단기 메모리를 가진 뉴럴 네트워크) 등은 이 책의 뒷부분에서 다룬다.

2장, '뉴럴 네트워크'에서는 여러 활성화 함수에 대해 다뤘다. 가장 많이 쓰이는 함수는 로지스틱 시그모이드나 하이퍼볼릭 탄젠트지만, 학습 속도가 느린 편이다. 최근의 음성 처리에는 ReLU 활성화 함수를 많이 사용한다. G. 달(G. Dahl), T. 세이나스(T. Sainath), G. 힌턴(G. Hinton)이 2013년 국제 음성 인식 및 신호 처리 컨퍼런스'에서 발표한 〈정류 선형 유닛과 드롭아웃을 사용한 LVCSR에서의 딥러닝(Imporving Deep Neural Networks for LVSCR Using Rectified Linear Units and Dropout)〉 등에서 사용했다. 또 5장, '이미지 인식'에서는 이 논문에서 다룬 '드롭아웃'의 의미에 대해 자세히 알아본다.

객체 인식과 분류

이 분야에서는 딥 뉴럴 네트워크가 가장 성공적으로 자리매김했다고 생각해도 무방하다. 음성 인식에서는 DNN이 기본 표현과 특징들을 자동으로 찾아냈다. 또 수동으로 직접 선택하는 특징들이 모서리와 같은 낮은 레벨의 정보들만 파악했다면, DNN은 모서리가 교차하는 높은 레벨의 정보들을 파악했다. 2012년의 영상 인식 경진 대회에서 우승한 알렉스 크린제브스키(Alex Krizhevsky), 일야 수츠케버(Ilya Sutskever), 제프리 힌턴(Geoffrey Hinton)은 6,000만 개의 파라미터와 65만 개의 뉴런을 다섯 개 층의 컨볼루션 레이어와 맥스 풀링 레이어(max-pooling layers)를 활용해 대단한 성과를 이뤘다. 2등 팀의 에러가 26.2%였다는 것에 비해 이 팀은 16.4%로 훨씬 낮았다. 컨볼루션 레이어와 맥스 풀링 레이어는 5장, '이미지 인식'에서 좀 더 자세히 다룬다. 이는 뉴럴 네트워크의 역사를 바꿀 정도로 인상적인 결과다. 이들은 학습 방법 향상에 도움이 되는 매우 창의적인 방법을 사용했다. 컨볼루션 네트워크를 함께 묶어 처리했고, GPU를 사용하면서 드롭아웃과 같은 비결을 사용했으며, 시그모이드와 같은 활성화 함수가 아닌 ReLU 함수를 사용했다.

GPU를 사용해 학습시켰고(GPU의 장점은 바로 다음에 설명한다), 엄청나게 많은 양의 분류된 데이터가 컴퓨터 비전이나 이미지 인식의 컨볼루션한 접근법보다 딥 뉴럴 네트워크를 엄청나게 활성화한다는 것을 보여 줬다. 딥러닝에서의 컨볼루션 레이어 성공으로 자일러(Zeiler)와 퍼거스(Fergus)는 딥러닝에서 왜 컨볼루션 네트워크가 그렇게 잘 작동하는지 보여 줬다. 그리고 네트워크가 어떻게 표현해야 하는지도 보여 줬다. 자일러와 퍼거스는 중간 레이어의 신경 활동에서 어떤 일이 일어나는지 포착해 이를 시각적으로 표현했다. 이들은 각 레이어에 디컨볼루션 네트워크(de-convolutional network)를 붙여 입력값의 이미지 픽셀들에 대해 역방향으로 반복 실행했다.[2]

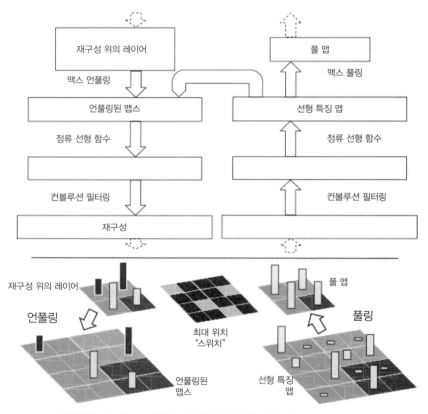

컨볼루션 네트워크의 이해와 시각화에서 발췌한 이미지(자일러와 퍼거스)

2 자일러와 퍼거스의 논문 「딥 컨볼루션 네트워크의 정규화를 통한 확률적 당김(Stochastic pooling for regularization of deep convolutional neural networks, in Proceeding of International Conference on Learning Representations(ICLR), 2013(http://www.matthewzeiler.com/pubs/iclr2013/iclr2013.pdf) 및 「컨볼루션 네트워크의 이해와 시각화(Visualizing and Understanding Convolutional Networks)」(arXiv:1311.2901, pages 1-11, 2013(http://www.matthewzeiler.com/pubs/arxive2013/ arxive2013.pdf)) – 옮긴이

위 논문은 각 레이어에서 어떤 특징들이 드러나는지 보여 준다. 두 번째 레이어는 코너와 모서리들을 보여 주고, 세 번째 레이어는 다른 철망 패턴을 드러내며, 네 번째 레이어에서 개의 얼굴과 새의 다리 그리고 다섯 번째 레이어에서 전체 모습을 보여 준다.

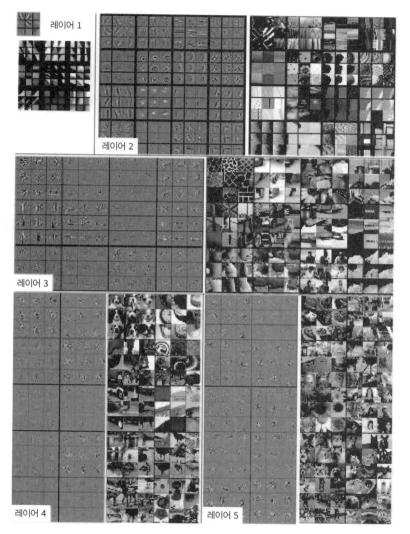

컨볼루션 네트워크의 이해와 시각화에서 발췌한 이미지(자일러와 퍼거스)

딥러닝은 비지도학습에서도 RBM과 오토인코더를 사용해 네트워크를 만들어 사용할 수 있다. 레(Q. Le), 란자토(M. Ranzato), 첸(K. Chen), 데빈(M. Devin), 코라도(G. Corrado), 딘(J. Dean), 응(A. Ng)이 국제 머신러닝 컨퍼런스(ICML)에서 발표한 〈비지도 학습에서 매우 큰 범위에서 높은 수준의 특징 만들기(Building high-level features using large scale unsupervised learning)〈http://static.googleusercontent.com/media/research.google.com/en//archive/unsupervised_icml2012.pdf〉에서는 오토인코더를 넣어 아홉 개의 레이어를 만들고, 인터넷에서 내려받은 1,000만 개의 이미지로 10억 개의 연결을 만들어 훈련시켰다. 비지도 특징 학습은 그 이미지에 얼굴이 존재하는지 아닌지 모르는 상태에서 얼굴을 인식하도록 훈련시킨다. 논문 저자의 말을 인용하면, 다음과 같다.

> "뉴런에 완전히 분류하지 않은 데이터를 사용해도 높은 레벨의 개념을 선택하도록 하는 것이 가능하다. 뉴런 함수는 유튜브의 비디오에서 수많은 것을 불러와 훈련한 얼굴, 몸, 고양이 얼굴 등을 감지할 수 있는 탐지기다. 2만 개의 카테고리로 구성된 이미지넷의 객체 인식 정확도는 시작할 때는 15.8%의 정확도를 가졌던 것에 비해, 최신 모델을 넘어 급격한 향상을 이뤄내 70%까지 도달했다."

GPU vs. CPU

최근에 딥러닝이 인기가 있는 이유 중 하나는 GPU의 처리 용량이 급격하게 향상된 것에 기인한다. CPU는 동시에 스레드 몇 개밖에 처리할 수 없는 몇 개의 코어로 구성되어 있지만, GPU는 수천 개의 스레드를 동시에 처리하는 수백 개의 코어를 가지고 있다. GPU는 각 유닛을 순차적으로 정렬해야 하는 CPU에 비해 병렬로 사용하기 쉬운 유닛이다.

DNN은 여러 개의 레이어로 구성돼 있고, 각각의 레이어에는 동일한 규칙이 적용되는 뉴런이 동작한다. 또한 이미 각 뉴런에서 활성값이 어떻게 동작하는지 살펴봤다. 이 동작을 매트릭스 형태로 표현하면 $a = wx$가 된다. 여기서 a와 x는 벡터이고, w는 매트릭스다. 모든 활성값은 네트워크에서 같은 방식으로 통과한다. CPU와 GPU는 다른 설계 방식을 갖고 있으며, 특히 최적화하는 방법은 완전히 다르다. CPU는 잠재된 것으로 최적화하는 데 반해, GPU는 대역폭으로 최적화한다. 많은 레이어와 엄청나게 많은 뉴런을 갖고 있는 딥 뉴럴 네트워크에서 대역폭은 자승자박이 될 수도 있다. 이것이 바로 GPU의 수행 능력이 훨씬 더 좋은 이유다. 게다가 GPU의 L1 캐시는 CPU의 L1 캐시보다 훨씬 용량도 크고, 빠르다.

프로그램이 다음에 다시 사용할 가능성이 있는 정보 메모리를 L1 캐시(L1 cache)라 하는데, 이 데이터를 저장하면 처리 속도가 향상된다. 딥 뉴럴 네트워크에서 대부분의 메모리가 재사용되기 때문에 L1 캐시 메모리가 빛을 발한다. GPU를 프로그램에 사용하면 규모가 커질수록 단순히 CPU만 사용하는 것보다 속도가 훨씬 빨라진다. 그리고 10년 전에는 감당할 수 없었던 컴퓨터 계산 능력이 발전하면서 빨라진 속도가 바로 딥 뉴럴 네트워크를 사용한 이미지 인식과 음성 인식의 발전에 엄청난 도움을 줬다.

$$a_j = \sum_i w_{ij} x_i$$

DNN 훈련 속도를 더욱 빠르게 하려면, DNN이 추론을 더 잘할 수 있도록 GPU 또한 효율적으로 실행돼야 한다. 추론이 실제로 이뤄지는 시기는 학습된 DNN을 배포하고 난 후의 훈련 과정 중에 발생한다. GPU를 생산하는 엔비디아에서 출판된 백서인 『GPU 기반의 딥러닝 추론: 수행 능력과 파워 분석(GPU-Based Deep Learning Inference: A Performance and Power Analysis, http://www.nvidia.com/content/tegra/embedded-systems/pdf/jetson_tx1_whitepaper.pdf)』을 보면 AlexNet(몇 개의 컨볼루션 레이어를 사용한 DNN)의 경우, GPU와 CPU에서의 효율성을 비교해 다음과 같은 표로 정리했다.

네트워크: AlexNet	배치 사이즈	Tegra X1(FP31)	Tegra X1(FP16)	Core i7 6700k
추론 능력		47 img/sec	67 img/sec	62 img/sec
파워	1	5.5 W	5.1 W	49.7 W
수행 능력 / 와트		8.6 img/sec/W	13.1 img/sec/W	1.3 img/sec/W
추론 능력		155 img/sec	258 img/sec	242 img/sec
파워	128 (Tera X1) 48 (core i7)	6.1 W	5.7 W	62.5 W
수행 능력 / 와트		25.8 img/sec/W	45 img/sec/W	3.9 img/sec/W

테그라 X1을 사용하면서 개수를 늘리는 것과 CPU로 추론해 동일한 결과에까지 도달하는 것을 비교하면 테그라 X1의 에너지 효율성이 훨씬 더 높다.

GPU에 직접 접근해 코드를 작성해서 실행하는 것은 CPU에 비해 쉽지 않지만, 이를 위한 많은 오픈소스 라이브러리들이 준비돼 있다. 테아노와 텐서플로는 코드를 CPU에서보다 훨씬 더 간단하게 GPU에서 사용할 수 있도록 전환시켜준다. 이 라이브러리를 사용하면 특별한 코드를 작성할 필요가 없다. 같은 코드로 CPU와 GPU 모두에서 실행할 수도 있다. 이 전환 방법은 오픈소스 라이브러리에 따라 다르지만, 대부분 환경 변수를 정의한 후 설정을 마치면 해결되거나 선택한 오픈소스 라이브러리에 따라 특정 리소스(.rc) 파일들을 사용하면 해결된다.

딥 뉴럴 네트워크를 밑바닥부터 하나씩 만들지 않고 파이썬으로 딥 뉴럴 네트워크를 만들 수 있도록 해주는 오픈소스 라이브러리들이 있다. 대표적인 예로는 케라스(Keras), 테아노, 텐서플로, 카페(Caffe), 토치(Torch) 등을 들 수 있다. 이 책에서는 파이썬으로 사용할 수 있는 첫 세 개의 라이브러리를 사용한 예시를 제공한다. 토치는 보통 파이썬을 사용하지 않고[3], 루아라는 다른 프로그래밍 언어를 사용한다. 또 카페는 이미지 인식 분야에서만 사용한다. 여러 라이브러리를 다루면서, CPU에서 GPU로 전환시킬 수 있는 방법도 훑어볼 것이다. 그렇지만 이 책 내의 코드들은 대부분 CPU와 GPU에서 실행할 수 있기 때문에 독자들이 사용하는 하드웨어에서도 실행할 수 있다.

테아노

테아노(Theano, http://deeplearning.net/software/theano/)는 파이썬으로 작성된 오픈소스 라이브러리다. 뉴럴 네트워크 코드를 매우 쉽게 작성할 수 있도록 많은 특징을 파이썬으로 구현해 놓았다. GPU의 가속과 수행 능력을 매우 쉽게 끌어올릴 수 있는 장점을 갖고 있고, 자체의 변수와 함수들을 사용하며, 역전파를 사용해 모든 미분값을 매우 쉽게 계산할 수 있는 기능을 제공한다.

테아노는 GPU가 사용하는 기계에서도 쉽게 사용할수 있도록 해 준다. GPU에서 사용하는 데는 여러 가지 방법이 존재하지만, 가장 간단한 방법은 다음과 같이 리소스 파일(.theanorc)을 생성해 사용하는 것이다.

```
[global]
device = gpu
floatX = float32
```

테아노에 GPU가 설정됐는지는 다음과 같은 명령어를 입력해 확인할 수 있다.

```
print(theano.config.device)
```

텐서플로

텐서플로(https://www.tensorflow.org)는 테아노와 매우 비슷하게 작동하며, 텐서플로에서는 그 래프로 표현해 계산한다. 텐서플로 그래프는 해당하는 계산을 의미한다. 텐서플로 안에서 GPU의 사용 여부를 확실하게 명시할 필요는 없고, GPU를 갖고 있다면 텐서플로는 자동으로 GPU를 사용한다. 한 개 이상의 GPU를 갖고 있다면, 각각의 GPU에 계산을 할당해 줘야 한다. 그렇지 않으면 맨 처음 GPU만 사용한다. 복수의 GPU를 사용하려면 다음과 같은 명 령어만 입력하면 된다.

```
with tensorflow.device("/gpu:1"):
```

사용하는 디바이스에 따라 다음과 같이 나눌 수도 있으며, 계속 이런 식으로 입력하면 된다.

- "/cpu:0": 컴퓨터의 메인 CPU
- "/gpu:0": 컴퓨터의 첫 번째 GPU, 하나 이상 존재할 때
- "/gpu:1": 컴퓨터의 두 번째 GPU, 두 번째 GPU가 존재할 때
- "/gpu:2": 컴퓨터의 세 번째 GPU, 세 번째 GPU가 존재할 때

다시 한 번 강조하면, 텐서플로를 사용하기 위한 첫단추는 앞에서 언급한 텐서플로 문서를 읽어 보는 것이다. 이 책에서는 텐서플로를 사용해 향상된 몇몇 예시도 함께 살펴본다.

케라스

케라스는 기본적으로 텐서플로를 사용하지만, 테아노나 텐서플로 위에서 실행할 수 있는 뉴 럴 네트워크 파이썬 라이브러리다. 이와 관련한 소개는 https://keras.io/backend/에서 볼 수 있다. 케라스는 CPU나 GPU 위에서 동작할 수 있고, 테아노 위에서 동작시키려면 동작 전에 앞에서 언급했던 .theanorc 파일을 설정해 둬야 한다. 케라스는 딥 뉴럴 네트워크를 쉽게 만 들 수 있는 여러 방법을 제공한다. 모델의 메인 타입은 레이어의 선형 스택을 생성하는 순차 적인(Sequential) 모델이다. 간단하게 add 함수를 호출해 새로운 레이어를 추가할 수 있다. 이 책에서는 케라스를 사용해 몇 가지 예시들을 만들어 본다. 다음과 같이 매우 간단한 명령어 로 케라스를 쉽게 설치할 수 있다.

```
pip install Keras
```

깃 저장소를 포크(fork)해 다음과 같이 쉽게 설치할 수도 있다.

```
git clone https://github.com/fchollet/keras.git

cd keras

python setup.py install
```

좀 더 많은 정보를 원하는 독자들은 온라인 문서를 읽어 보길 바란다.

케라스를 사용한 간단한 딥 뉴럴 네트워크 코드 샘플

이번에는 가장 유명한 데이터 세트인 MNIST를 활용해서 적절한 숫자를 인식하는 케라스로 작성한 간단한 코드를 소개한다. MNIST 데이터 세트는 수많은 사람이 쓴 7만 개의 예시가 포함돼 있다. 보통 앞의 6만 개를 트레이닝 용도, 나머지 1만 개를 테스팅 용도로 사용한다.

MNIST 데이터 세트의 숫자 예시

케라스의 장점 중 하나는 데이터 세트를 직접 웹에서 내려받을 필요가 없고, 간단하게 데이터 세트를 임포트해 사용할 수 있다는 것이다(케라스가 직접 내려받아 주기까지 한다). 다음과 같이 단 한 줄의 코드로 실행할 수 있다.

```
from keras.datasets import mnist
```

케라스에서 고전의 딥 뉴럴 네트워크를 불러오기 위한 몇 가지 클래스는 다음과 같다.

```
from keras.models import Sequential
from keras.layers.core import Dense, Activation
from keras.utils import np_utils
```

이제 데이터를 불러올 준비가 끝났으므로 코드를 작성해 보자. 다음과 같이 한 줄만 입력하면 된다.

```
(X_train, Y_train), (X_test, Y_test) = mnist.load_data()
```

위 코드를 통해 트레이닝 데이터와 테스트 데이터를 불러왔다. 이 두 데이터들은 다시 두 그룹으로 나눌 수 있다. 하나는 실제 이미지, 다른 하나는 레이블을 포함한 것이다. 우리 입맛에 맞도록 데이터를 조금 바꿀 필요가 있다. X_train과 X_test 데이터는 사실 6만 개의 작은 (28, 28)픽셀 이미지로 구성돼 있지만, 이 각 예시를 (28, 28) 2차원 매트릭스 대신 784픽셀의 긴 벡터로 만들어야 한다. 다음과 같이 단 두 줄의 코드를 실행하면 된다.

```
X_train = X_train.reshape(60000, 784)
X_test = X_test.reshape(10000, 784)
```

위와 비슷하게, 레이블은 선택된 이미지의 숫자에 해당하는 값을 의미한다. 따라서 이를 0과 1로만 구성된 10개의 공간이 있는 벡터로 변환해 1은 해당하는 숫자를 의미하는 공간에 넣고, 나머지는 0으로 채우면 된다. 그렇게 하면, 숫자 4는 [0, 0, 0, 0, 1, 0, 0, 0, 0, 0]로 바뀌게 된다.

```
classes = 10
Y_train = np_utils.to_categorical(Y_train, classes)
Y_test = np_utils.to_categorical(Y_test, classes)
```

마지막으로, 메인 함수를 호출하기 전에 입력값의 크기(mnist 이미지의 크기를 의미한다)를 먼저 설정해 놓아야 한다. 각 히든 레이어에서의 히든 뉴런 개수, 네트워크에서 원하는 에포크 (epoch) 수, 훈련 중의 배치 사이즈도 다음과 같이 설정한다.

```
input_size = 784
batch_size = 100
hidden_neurons = 100
epochs = 15
```

이제 메인 함수를 작성할 준비가 됐다. 케라스는 모델을 정의하고 난 후에 동작한다. 우리는 Sequential 모델을 사용할 것이고, 그 이후에 입력값과 결괏값의 뉴런 개수를 결정지을 레이어를 추가한다(이 경우에는 흩어져 있는 레이어가 아닌 밀집된(dense) 레이어를 사용한다). 각 레이어의 뉴런에 적용할 활성화 함수도 결정한다.

```
model = Sequential()
model.add(Dense(hidden_neurons, input_dim=input_size))
model.add(Activation('sigmoid'))
model.add(Dense(classes, input_dim=hidden_neurons))
model.add(Activation('softmax'))
```

케라스는 가장 간단한 방법으로 비용 함수(손실)를 알려 주고 최소화할 수 있도록 최적화된 방법을 제공한다(학습률, 모멘텀 등). 하지만 우리는 기본으로 설정된 값을 바꾸지 않을 것이기 때문에 간단하게 넘어가자.

```
model.compile(loss='categorical_crossentropy', metrics=['accuracy'], optimizer='sgd')
```

위 예시를 최적화하는 방법은 확률적 경사 하강법인 sgd를 사용했다. 이쯤에서 네트워크를 훈련시켜 보자. scikit-learn에서 fit 함수를 호출했던 것과 비슷하다. 여기서는 다음과 같이 verbos 파라미터를 사용해 처리한다.

```
model.fit(X_train, Y_train, batch_size=batch_size, epochs=epochs,
verbose=1)
```

이제 테스트 데이터를 호출해 네트워크를 평가하는 코드를 추가해 보자. 다음과 같이 간단하게 결과에 대한 정확도를 출력할 수 있다

```
score = model.evaluate(X_test, Y_test, verbose=1)
print('Test accuracy:', score[1])
```

이것이 전부다. 이제 실행할 준비가 됐다. 좋지 않은 결과일 때 정확도는 약 94% 정도다. 그렇지만 CPU를 30초 이하로 훈련시켰으므로 정말 간단하게 향상시키는 방법이라고 할 수 있다. 그렇지만 여기에도 함께 사용할 수 있는 간단한 향상 방법들이 있다. 히든 뉴런의 값이 큰 숫자들을 선택한다거나 에포크(epochs) 값이 큰 숫자들을 선택할 수도 있다. 이 방법은 독자들이 코드에 친숙해지도록 직접 실행해 보기 바란다.

케라스는 직접 만든 웨이트 매트릭스를 살펴보는 데 도움을 준다. 다음과 같이 단 한 줄의 코드로 실행할 수 있다.

```
weights = model.layers[0].get_weights()
```

위 코드 바로 다음에 다음과 같은 코드를 추가하면, 히든 뉴런을 통해 어떤 것을 학습했는지 확인할 수 있다.

```
import matplotlib.pyplot as plt
import matplotlib.cm as cm
w = weights[0].T
for neuron in range(hidden_neurons):
    plt.imshow(numpy.reshape(w[neuron], (28, 28)),
    cmap = cm.Greys_r)
    plt.show()
```

좀 더 깔끔한 이미지를 얻기 위해 에포크를 100으로 올리면, 다음과 같은 이미지를 얻을 수 있다.

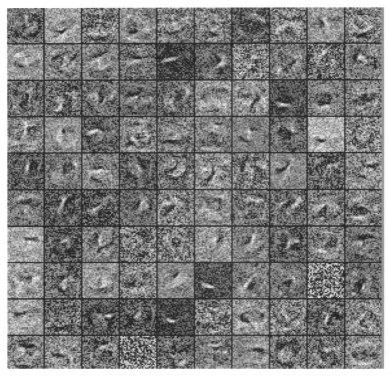

모든 히든 뉴런에서 학습한 결과물들을 합친 사진

각각의 그림 안에 있는 뉴런 이미지를 모아 보면, 모든 뉴런이 어떻게 표현하고 있는지 확인할 수 있다. 확실히 초기의 이미지는 매우 작고, 세세한 (숫자일 뿐이지만) 것들을 표현하지 못한다. 히든 뉴런이 학습한 특징들이 숫자로 확실하게 보이고 있지 않지만, 각각의 뉴런은 서로 다른 '모양'을 학습하고 있다는 것을 확인할 수 있다.

위에 있는 그림을 동시에 그리면서 바로 확인할 수 있는 방법도 있다. 다음과 같이 한 줄의 코드로 cm을 임포트해 사용할 수 있다.

```
import matplotlib.cm as cm
```

위 코드는 뉴런이 표현하는 흑백 이미지를 간단하게 보여 주고, imshow() 안에서 cmap=cm을 통과시켜 사용할 수 있다. 이 방법은 mnist 데이터가 컬러 색상 이미지가 아닌 흑백 이미지이기 때문에 가능하다.

케라스가 좋은 이유는 뉴럴 네트워크를 쉽게 만들 수 있을 뿐 아니라 테스트 데이터 세트도 쉽게 내려받을 수 있기 때문이다. 그러면 mnist 데이터 대신 cifar10 데이터를 사용해 보자. cifar10은 숫자가 아니라 열 가지 종류의 물체들에 대한 데이터로 구성돼 있다. 이 데이터에는 비행기, 자동차, 새, 고양이, 사슴, 개, 개구리, 말, 배, 트럭 등이 있다. cifar10을 불러올 때도 다음과 같이 한 줄의 코드만 입력하면 된다.

```
from keras.datasets import cifar10
```

이전에 불러왔던 코드와 비슷하다.

```
from keras.datasets import mnist
```

그리고 위에서 사용했던 데이터에 맞도록 바꾸면 된다.

```
(X_train, Y_train), (X_test, Y_test) = cifar10.load_data()
X_train = X_train.reshape(50000, 3072)
X_test = X_test.reshape(10000, 3072)
input_size = 3072
```

이렇게 바뀌게 된 이유는 cifar 데이터가 (위의 mnist 데이터 6만 개와 달리) 5만 개밖에 없고, 이미지들은 모두 32 × 32픽셀의 컬러(RGB) 이미지들이기 때문이다. 그렇기 때문에 사이즈는 3 × 32 × 32가 된다. 나머지 방법은 이전과 동일하다. 그렇지만 이 예시를 실행하고 난 후의 결과는 20% 안팎으로 수행 결과가 매우 나쁘다는 것을 알 수 있다. 데이터가 훨씬 더 복잡하기 때문에 좀 더 복잡한 뉴럴 네트워크가 필요하다. 사실, 대부분의 뉴럴 네트워크에서 이미지의 분류를 향상시킬 때는 대개 컨볼루션 레이어를 사용하지만, 이 부분은 5장, '이미지 인식'에서 다룬다.

이번에는 히든 뉴런을 3,000개로 늘리고, 두 번째 히든 레이어에 2,000개의 뉴런을 추가해 보자. 그리고 첫 번째 히든 레이어에 ReLU 활성화 함수를 사용해 보자.

이 모델을 정의하기 위해 다음과 같은 코드를 간단하게 추가한다.

```
model = Sequential()
model.add(Dense(3000, input_dim=input_size))
model.add(Activation('sigmoid'))
model.add(Dense(2000, input_dim=3000))
model.add(Activation('sigmoid'))
```

```
model.add(Dense(classes, input_dim=2000))
model.add(Activation('softmax'))
```

이 코드를 실행하고 나면, 이전의 트레이닝 때보다 시간이 훨씬 더 오래 걸리는 것을 알 수 있다. 또 학습이 끝날 무렵, 트레이닝 세트의 정확도는 60%에 이르지만, 테스트 데이터 세트에서는 50%밖에 이르지 못한다는 것을 알 수 있다. 더 간단한 mnist 데이터와 비교해 데이터가 복잡하고 네트워크가 더 크며, 훈련 시간이 더 걸린다는 것을 감안하더라도 정확도가 훨씬 낮다. 네트워크 훈련을 최적화하기 위해 다음과 같이 해당 줄을 바꿔보자.

```
model.fit(X_train, Y_train, batch_size=batch_size, np_epoch=epochs,
validation_split=0.1, verbose=1)
```

트레이닝 데이터를 90 / 10으로 나눠 정확도를 향상시켰던 과정을 통해 결괏값을 만들 수도 있다. 이 방법을 사용하면 훈련이 계속되는 도중에도 정확도가 계속 증가한다는 것을 확인할 수 있다. 검증 세트에 대한 정확도가 꾸준히 오르다가 어느 지점에서 멈추게 되는데, 이때가 바로 네트워크가 과적합된 상황이고, 몇몇 파라미터는 포화 상태가 됐다는 것을 의미한다.

이 상태는 풍부한 데이터 세트가 없기 때문에 딥 네트워크가 높은 정확도에 도달하지 못했다는 것을 보여 준다. 이는 이런 문제에서 더 나은 수행 결과를 보이려면 훨씬 더 복잡하고 많은 데이터 세트가 필요하다는 것을 의미한다.

요약

3장에서는 딥러닝이 무엇인지와 딥러닝이 어떻게 딥 뉴럴 네트워크와 연관되는지를 살펴봤다. 이미 고전적인 피드 포워드 향상법을 넘어 기존의 딥 뉴럴 네트워크가 얼마나 다양한지 살펴보고, 딥러닝이 일반적인 분류 문제에서 얼마나 성공적으로 작동하는지 살펴봤다. 또 역사적인 제품인 잭쿼드룸에서부터 이징 모델에 이르기까지 여러 예시와 함께 풍부한 개념과 아이디어를 제시했다. 이렇게 단순한 예시부터 많은 아이디어 예시까지 함께 제시함으로써 개념을 좀 더 구체화해 나갔다.

4장에서도 이 과정은 계속될 것이다. 독자들에게 이런 간단한 피드 포워드 DNN들보다 훨씬 더 진보된 딥 뉴럴 네트워크를 만드는 방법을 명료하게 설명하고, RBM과 오토인코더 등 딥 러닝에 관해 짚고만 넘어갔던 개념들을 다시 한 번 소개한다. 또 특정 뉴럴 네트워크에서 자연적으로 어떤 특징들이 발생하는지도 명료하게 알아본다. 마지막 예시에서는 cifar10과 같은 훨씬 복잡한 데이터 세트에서 고전적인 피드 포워드 DNN이 훈련시키기 어렵다는 것을 알았기 때문에 웨이트 파라미터 X를 어떻게 더 좋은 방법으로 설정해야 할지 고민해야 한다. 글로트(Glorot)와 벤지오(Y. Bengio)는 2010년 국제 인공지능 및 통계 컨퍼런스(International Conference on ArtificialIntelligence and Statistics, AISTATS'10)에서 「딥 피드 포워드 뉴럴 네트워크에서의 훈련의 어려움에 대한 이해(Understanding the difficulty of training deep feed-forward neural networks)」라는 논문을 발표했다(http://jmlr.org/proceedings/papers/v9/glorot10a/glorot10a.pdf). 이 논문에서는 무작위 웨이트를 초기화한 후 경사 하강을 이용해 딥 뉴럴 네트워크를 훈련시킬 때, 형편없는 수행 결과가 발생하면 해당 이슈를 어떻게 다뤄야 하는지를 설명했다. 딥 뉴럴 네트워크를 성공적으로 훈련시키는 새로운 알고리즘은 4장에서 소개한다.

비지도 특징 학습

전통적인 머신러닝 기법에 비해 딥 뉴럴 네트워크가 성공적인 결과를 거둘 수 있는 가장 큰 이유는 사람이 (많은) 힘을 들이지 않아도 되고, 기반 지식 없이 데이터 안의 독립체에 대한 정확한 특징을 학습하는 능력을 향상시켜 주기 때문이다.

개념상으로 뉴럴 네트워크는 원시 데이터를 직접 읽고 중간의 숨겨진 표현법을 통해 입력 레이어를 매핑시켜 원하는 결괏값이 나타나도록 할 수 있다. 전통적인 머신러닝 기법은 최종 매핑에 집중한다. 또 이미 학습을 마치고 난 것에 '특징 엔지니어링' 작업을 추가로 수행한다.

특징 엔지니어링은 데이터를 컴퓨터가 표현하도록 하는 데 필요한 기반 지식을 사용하는 과정이기 때문에 머신러닝 알고리즘으로 처리될 수 있는 것이다.

스탠포드 대학교 교수이자 머신러닝과 인공지능 분야에서 가장 저명한 연구자 중 한 명인 앤드류 얀-탁 응(Andrew Yan-Tak Ng)은 기존 머신러닝이 실생활 문제를 풀기 위해 적용될 때 부딪히는 문제에 대해 다음과 같이 설명했다.

머신러닝 시스템을 만드는 가장 어려운 문제는 올바른 특징 표현을 찾는 것이다.

적절한 특징을 선택하는 것은 매우 어렵다. 시간이 많이 걸리고, 높은 수준의 전문 지식이 필요하다. 학습 애플리케이션을 실행하기 위해 특징들을 조정하는 데도 많은 시간이 걸린다.
- 앤드류 응, 머신러닝과 뇌 시뮬레이션을 통한 인공지능, 스탠포드 대학교

예를 들어, 동물인지, 차인지를 비교하는 것과 같은 몇몇 카테고리로 그림들을 분류한다고 가정해 보자. 원시 데이터는 이미지 안 픽셀의 매트릭스가 된다. 만약 이 픽셀들을 직접 로지스틱 회귀나 결정 트리에 집어넣으면, 각각의 모든 이미지가 주어진 훈련 샘플에서 동작하도록 규칙(혹은 적절한 웨이트)을 만들어 줘야 한다. 그렇지만 같은 그림에서 매우 사소한 부분의 다른 점들을 일반화하려면 엄청나게 힘들다. 다시 생각해 보면, 우리의 결정 트리에 명도를 결정짓는 다섯 가지 중요한 픽셀이 있다고 가정해 보자(오직 흑색 톤과 백색 톤으로만 보여 준다고 가정해 보자). 그리고 트레이닝 데이터를 두 가지 동물과 차량으로만 그룹 지어 분류한다고 가정해 보자. 같은 그림 안에서조차도 잘라지고, 변형되고, 회전되고, 색깔이 바뀌면 이미 만들어 놓은 규칙들을 따르지 않는다. 그러므로 아마 모델들은 무작위로 분류된다. 이렇게 된 가장 큰 이유는 우리가 고려한 특징들이 너무 불충분하고 불안정하기 때문이다. 그렇지만 다음과 같이 자동차의 특징들을 먼저 추출해서 데이터를 전처리할 수도 있다.

- 그림 안에서 바퀴 같은 것들이 대칭 구조를 이루는가?
- 핸들 같은 것들을 갖고 있는가?
- 머리나 다리 같은 것들을 갖고 있는가?
- 얼굴에 두 개의 눈을 갖고 있는가?

이 경우에는, 다음과 같이 결정 규칙이 꽤 쉽고 덜 다듬어져 있다.

$$바퀴 \lor 핸들 \Rightarrow 차량$$

$$눈 \lor 다리 \Rightarrow 동물$$

이 적절한 특징들을 추출하려면 어떤 것들이 필요할까?

핸들바를 어떻게 탐지해야 할지 모른다면, 그림에서의 통계적인 속성을 인지하도록 미리 만들어 둔 특징으로 찾아야 한다. 예를 들면, 그림에서 서로 다른 사분면 내에 놓여진 여러 방향의 모서리들을 픽셀이 아닌 이미지를 표현할 수 있는 다른 방법을 찾아야 한다.

또 강건하고 주요한 특징들은 이전에 추출한 특징들에 대한 위계를 만들 수 있다. 첫 단계에서 모서리를 추출하고 나면 '모서리 벡터'를 생성한다. 그리고 빛, 거울, 엎어진 물과 같은 것보다 각 물체의 요소들인 눈, 코, 입 등을 인식하기 위해 생성한 모서리 벡터들을 결합시킨다. 그리고 나면, 이 물체의 부분에 대한 결과를 물체 모델에 결합시킨다. 눈 둘, 코 하나, 입 하나가 얼굴을 형성하는지, 아니면 오토바이의 두 바퀴, 의자, 핸들 바를 가진 형태인지 확인한다. 이 모든 과정의 탐지 알고리즘을 간단하게 표현하면 다음과 같다.

픽셀 ⇒ 모서리 ⇒ 두 바퀴＋좌석＋핸들 바 ⇒ 오토바이 ⇒ 차량

픽셀 ⇒ 모서리 ⇒ 두 눈＋코＋입 ⇒ 얼굴 ⇒ 동물

재귀적으로 흩어진 특징들을 적용시키면 높은 레벨의 특징들을 관리할 수 있다. 이것이 바로 더 깊은 뉴럴 네트워크 아키텍처가 필요한 이유다. 뉴럴 네트워크 하나는 요소 하나가 표현된 것과 그 요소 하나가 어떻게 연결되는지는 학습시킬 수 있지만, 이들의 정보를 서로 결합해 시작부터 끝까지의 작업 흐름을 만들지 못한다.

딥러닝의 매력은 계층 구조를 따르는 것 이외에도 많다. 훈련이 끝날 때까지 분류되지 않은 (unlabeled) 데이터만을 사용했다. 하나하나 분류한(labeled) 예시에 의존하는 게 아니라 역엔지 니어링(reverse-engineering)을 통해 숨어 있는 구조를 학습시킨다. 지도학습은 마지막 분류 단 계에서만 자동차인지, 동물인지 등을 분류한다. 이전의 모든 단계는 비지도학습 단계를 따른 것이다.

이어지는 5장, '이미지 인식'의 이미지 안에서 특정 특징들을 추출하는 방법을 마무리 지을 것이다. 4장에서는 어떤 타입의 데이터(시계열, 문자 그리고 일반적인 속성 벡터 등)에서도 대표적 인 특징들을 학습하는 일반적인 접근법에 중점을 두고 살펴본다.

이 목표를 달성하기 위해 비지도학습에서 가장 강력하고 많이 사용하는 아키텍처 중 오토인 코더와 제한적 볼츠만 머신에 대해 살펴본다.

오토인코더

오코인코더는 비지도학습에 사용되는 대칭적인 네트워크로, 결과 유닛이 다시 입력 유닛에 연결되는 네트워크다.

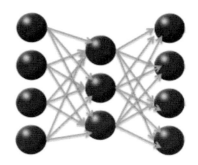

오토인코더는 H2O 트레이닝 책을 살펴보면 간단하게 표현할 수 있다.
(https://github.com/h2oai/h2o-training-book/blob/master/hands-on_training/images/autoencoder.png)

종속된 타깃값을 예측하는 것이 아니라 그 자체의 입력값을 재구성하는 것이 오토인코더의 목표이기 때문에 결과 레이어와 입력 레이어의 크기는 항상 같다.

이 네트워크의 목표는 인코딩 레이어 ϕ를 압축 필터처럼 사용하는 것이다. 즉, 입력 벡터 X를 더 압축된 표현 (코드인) c로 만들 수 있도록 해주는 인코딩 레이어 ϕ이 있고, 재구성 레이어 φ을 사용하여 X'으로 재구성해서 되살린다.

$$\phi : X \rightarrow c, \varphi : c \rightarrow X'$$

비용 함수는 재구성을 위한 에러이고, 이 에러는 네트워크에게 최소한의 정보 손실만을 갖고 트레이닝 데이터의 가장 효율적이고 간결한 표현을 찾도록 요구한다. 입력된 형태가 숫자라면, 비용 함수는 평균 제곱 오차가 된다.

$$L_{MSE} = \left\| X - X' \right\|^2$$

입력 데이터가 숫자 형태가 아니라면 다항 분포(multinomial distribution)나 여러 벡터 형태로 표현되고, 크로스 엔트로피를 사용해 재구성할 수 있다.

$$L_H = -\sum_{k=1}^{d} x_k \log\left(x'_k\right) + \left(1 - x_k\right) \log\left(1 - x'_k\right)$$

위에서 입력 벡터의 차원은 d다.

네트워크의 중앙 레이어(코드)는 데이터의 압축된 표현을 의미한다. $m < n$인 경우, 이 중앙 레이어는 효율적으로 n차원 배열을 더 작은 m차원 배열 안으로 전환할 수 있다. 이 과정은 주성분 분석(Principal Component Analysis, PCA)을 사용해서 차원 축소를 하는 과정과 비슷하다. PCA는 입력 매트릭스를 직교 행렬(컴포넌트라 불림, orthogonal axes)로 나눈다. 이 경우는 직교 행렬의 기존 점들에서 투사된 기존 매트릭스의 근삿값에서 재구성한다. 이 중요성에 따라 재구성을 마치고 다시 정렬하면, 데이터 상위 레벨의 특징들로 구성된 상위 m개의 컴포넌트로 구성된다.

예를 들어, 다변수 가우시안 분산(multivariate gaussian distribution)에서는 데이터 내의 최대 분산을 설명하는 두 개의 직교하는 좌표와 같은 구성 요소 위에 각 점의 위치들을 표현할 수 있다.

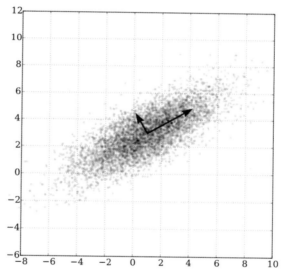

다변수(이종 변수) 가우시안 분포를 따르는 산점도로서 중심은 (1, 3)이다. 표준편차 3은 (0.866, 0.6) 방향을 따라 존재하고, 1은 직교 방향에 존재한다. 방향은 표본 집단과 연관된 기본 요소(principal components, PC)를 의미한다. 니코 구아로(Nicoguaro)의 개인 연구(위키피디아 커먼스의 CC BY 4.0) (https://creativecommons.org/licenses/by/4.0/)

PCA 분석은 데이터를 선형 변환만 시키기 때문에 비선형 등을 표현하기에는 한계가 있고, 불충분한 점들도 존재한다.

오토인코더에서 비선형 활성화 함수를 사용하면 선형으로 표현하기 어려운 것도 표현할 수 있다.

가장 유명한 예시는 1997년 미셸(MITCHELL T. M)이 쓴 『머신러닝』에서 확인할 수 있다. 이 책에서는 여덟 개의 상호 독점적인 레이블을 이진수로 인코딩한 여덟 개의 분류 객체를 갖고 있다. 네트워크는 간단한 세 개의 노드로만 압축된 표현을 학습한다.

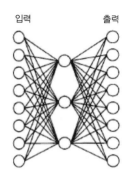

입력		숨어 있는 값			출력
10000000	→	.89	.04	.08	→	10000000
01000000	→	.15	.99	.99	→	01000000
00100000	→	.01	.97	.27	→	00100000
00010000	→	.99	.97	.71	→	00010000
00001000	→	.03	.05	.02	→	00001000
00000100	→	.01	.11	.88	→	00000100
00000010	→	.80	.01	.98	→	00000010
00000001	→	.60	.94	.01	→	00000001

미첼의 오토인코더 예시

올바른 활성화 함수에 적용하려면 학습하기 쉽고 간결한 이진 표현으로 구성된 3비트로 되어 있어야 한다.

히든 레이어 하나로는 데이터 전체의 복잡성과 분산을 대표하기에 불충분하다. 히든 레이어를 추가해 더 깊은 아키텍처를 사용하면 입력값과 히든 레이어 사이의 복잡한 연관 관계까지도 학습할 수 있다. 그러면 네트워크의 드러나지 않은 특징을 학습할 수 있고, 이 특징을 바탕으로 사소하지만 중요한 요소들까지 반영해 표현할 수 있다.

딥 오토인코더는 다섯 개 이상의 얕은 레이어로 만들어진 대칭적이고 연달아 이어지는 네트워크 두 개로 구성돼 있다.

딥 오토인코더는 새롭고, 숨어 있는 정보들을 학습할 수 있으며, 그 전에 배운 것들과 결합해 각각의 히든 레벨을 원시 데이터의 대표성을 계층적으로 압축한 것처럼 보이게 할 수도 있다. 그러면 검증된 특징으로 설명되는 입력 네트워크의 인코딩된 네트워크의 어떤 히든 레이어에서도 사용할 수 있게 된다.

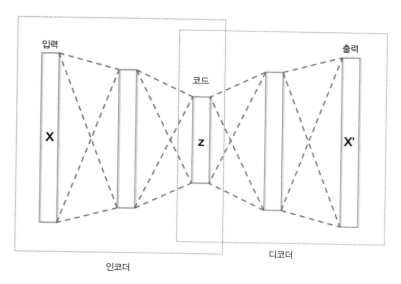

3개의 완전히 연결된 히든 레이어로 구성된 대칭 아키텍처
(https://en.wikipedia.org/wiki/Autoencoder#/media/File:Autoencoder_structure.png)

📝 네트워크 디자인

딥 뉴럴 네트워크를 만들 때 가장 많이 하는 질문은 다음과 같다.

"얼마나 많은 히든 레이어를 만들어야 하고, 레이어마다 몇 개의 뉴런을 넣어야 하는가? 또 어떤 활성화 함수와 비용 함수를 선택해야 하는가?"

이에 대한 확실한 답은 없다. 여러 번의 실험을 통해 연속적으로 실행해 보거나 일반적인 그리드 검색을 통한 경험적인 접근법이 유효할 뿐이다. 각 레이어의 깊이와 크기는 단순하게 조율된 파라미터로 정의된다. 다음과 같이 몇 가지 가이드라인을 공유하려고 한다.

오토인코더는 이런 문제들을 꽤 단순하게 표현할 수 있다. 오토인코더에서는 많은 사례가 있기 때문에 일반적인 사례를 통해 가이드라인을 정의할 수 있다. 각 변화에서는 고려해야 할 규칙들이 존재하며, 그 내용은 다음과 같다.

- 결과 레이어의 크기는 입력 레이어와 완전히 동일해야 한다.
- 네트워크는 거의 대칭적인 구조를 가진다. 비대칭적인 네트워크는 인코더와 디코더에서 다양한 복잡성을 만들어 낸다. 특별한 이유 없이 비대칭 네트워크를 사용하는 것은 별다른 이점이 없다. 그렇지만 인코딩과 디코딩 네트워크 안에서 같은 웨이트로 사

용할지, 다른 웨이트로 사용할지는 결정해야 한다.

- 히든 레이어는 인코딩 범위 내에서 입력 레이어보다 작은데, 이런 경우를 '완성되지 않은 오토인코더(undercomplete autoencoder)'라고 부른다. 여러 층의 인코더들은 점진적으로 대표성의 크기를 감소시킨다. 히든 레이어는 일반적으로 바로 직전 것의 절반 정도 크기를 갖는다. 만약 입력 레이어가 100개의 노드로 구성돼 있다면, 적절한 아키텍처는 100-40-20-40-100의 크기로 구성돼 있다. 입력 레이어보다 더 많은 개수의 노드를 갖고 있다면 압축을 하지 않게 되며, 이는 학습할 만한 흥미 있는 주제가 없다는 것을 의미한다. 다음의 '오토인코더의 정규화 테크닉' 섹션에서는 이런 제약들이 희박한 오토인코더인 경우에 꼭 필요하지 않다는 것을 설명한다.

- 중간 레이어(코드)는 중요한 역할을 한다. 효율적인 데이터 시각화를 위한 특징 감소의 경우, 두 개, 세 개, 네 개 정도로 같거나 작도록 유지시켜야 한다. 오토인코더를 쌓는 경우에는 중간 레이어들이 다음 인코더의 입력 레이어를 대표하기 때문에 중간 레이어의 개수를 증가시켜야 한다.

- 이진 입력값인 경우에는 결괏값의 활성화 함수와 크로스 엔트로피로 시그모이드를 사용해야 한다. 혹은 좀 더 확실하도록 손실 함수(loss function)로 베르누이 크로스 엔트로피(Bernoulli cross entropy)를 사용해야 한다.

- 실수 입력값의 경우에는 결괏값으로 선형 활성화 함수(ReLU나 소프트맥스)를 사용하고, 손실 함수로 **제곱 평균 오차(MSE)**를 사용해야 한다.

- 입력 데이터(x)와 결괏값 u의 데이터 타입이 다른 경우에는, 다음과 같은 단계에 따라 일반적인 접근법을 사용할 수 있다.

  1. 주어진 u, $P(x/u)$를 사용해 찾고자 하는 x에 대한 확률 변수를 찾는다.

  2. u와 히든 레이어 $h(x)$와의 관계를 찾는다.

  3. $X \rightarrow c$, $\varphi{:}c \rightarrow X'$를 찾는다.

- (하나 이상의 히든 레이어를 갖고 있는) 딥 뉴럴 네트워크의 경우, 동일한 활성화 함수로 모든 레이어에 동일한 활성화 함수를 적용해 인코더와 디코더 간의 복잡함 사이에서도 균형을 잃지 않게 만들어야 한다.

- 네트워크의 전체에 활성화 함수를 사용하면, PCA의 실행으로 근사시켜 버린다.

- 데이터가 이진이라 하더라도 (평균 0과 일정한 표준편차) 가우시안 범위로 바꾸는 것이 편리하다. 그리고 입력값들을 0과 1 사이에 전부 놓아 두는 것이 좋다. 분류 데이터는

더미 변수로 원 핫 인코딩(one-hot encoding)'을 사용해 표현할 수 있다.

- 활성화 함수는 다음과 같은 방식을 따른다.

  □ ReLU는 일반적으로 대부분의 뉴럴 네트워크에서 초기 세팅으로 사용한다. 주어진 위상에 따른 오토인코더들은 대칭적인 활성화 함수를 활용할 수 있다는 이점이 있다. 그리고 ReLU는 과적합시키는 경향이 있으므로 드롭아웃과 같은 정규화 기법을 함께 사용하게 된다.

  □ 만약 데이터가 이진이고, [0, 1] 사이에 들어가 있다면 시그모이드 함수를 사용하는 것이 좋다. 만약 입력된 분류 데이터에 원 핫 인코딩을 사용한다면 ReLU를 사용하는 것이 좋다.

  □ 경사 하강법의 경우, 최적화 계산 방법으로는 하이퍼볼릭 탄젠트 함수(tanh)가 좋다. 데이터가 0 주변의 중앙에 모이면, 그 미분값은 매우 높다. 경사 하강에서 바이어스를 줄이기 위한 또 다른 방법은 「효율적인 역전파법(Efficient back-propagation)」이라는 논문에 잘 설명돼 있다. 한번 읽어보길 바란다(http://yann.lecun.com/exdb/publis/pdf/lecun-98b.pdf).

---

1 해당하는 하나의 값을 1로 표시하고 나머지는 모두 0인 벡터. 예를 들면, [0,0,0,0,1,0,0]과 같다. - 옮긴이

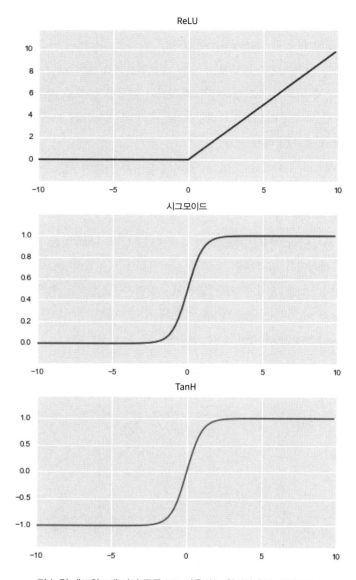

딥 뉴럴 네트워크에 따라 공통으로 사용하는 활성화 함수가 다르다.

오토인코더의 정규화 테크닉

3장에서는 다양한 정규화 형태에 대해 살펴봤다. 오토인코더에 적합하도록 만들어진 유명한
방법들을 설명한다.

지금까지는 오토인코더를 히든 레이어가 입력 레이어보다 작은, '완성되지 않은(undercomplete)' 단계로 설명했다. 히든 레이어가 입력 레이어보다 많으면 모든 정보를 압축해 통과시키기 힘들다. 히든 유닛은 입력값을 똑같이 복사한 후 결괏값과 같은 값을 복사해 반환한다.

또 더 많은 히든 유닛을 갖고 있을수록 자유도가 높아서 더 똑똑한 표현을 학습할 수 있도록 해준다. 이후에 우리는 오토인코더에서 노이즈를 제어하고, 수축시키고, 흩어지게 하는 세 가지 관점으로 접근해 이 문제들을 어떻게 풀 수 있을지 살펴본다.

■ 노이즈 제어 오토인코더

노이즈가 많은 입력 데이터에서 모델이 어떻게 재구성하는지에 관한 내용이다.

원래의 입력값은 x, 노이즈 입력값은 $\tilde{x}$, 재구성된 결괏값은 $\hat{x}$으로 표현한다.

노이즈 입력값 $\tilde{x}$은 주어진 확률 p에 의해 입력값 x에서 0까지 무작위로 할당된 부분 집합으로 생성된다. 이는 정수형 입력값인 분산 v와 등방성 가우시안 노이즈(isotropic Gaussian noise)와 함께 사용한다.

그리고 노이즈 레벨을 표현하는 조율된 새로운 하이퍼 파라미터 p와 v를 갖고 있다.

네트워크의 입력값으로 노이즈를 의미하는 $\tilde{x}$을 사용한다. 그렇지만 결괏값 $\hat{x}$와 노이즈가 없는 입력값 x 사이의 에러는 여전히 손실 함수로 존재한다. 만약 입력값의 차원이 d이고, 인코딩 함수가 f, 디코딩 함수가 g이면 손실 함수 j는 다음과 같이 적을 수 있다.

$$x_i, g\left(f\left(x_i\right)\right)$$

$$J_{denoising} = \sum_{i=1}^{d} L\left(x_i, \hat{x}_i\right)$$

보통 MSE나 크로스 엔트로피로 쓰이는 재구성 에러 L이 존재한다.

이런 변형된 값을 사용해 히든 유닛이 정확히 입력값을 복사한다 하더라도 결과 레이어에서는 이 복사한 값이 원래 값이 아닌데다 노이즈가 포함될 수 있어 100% 신뢰할 수는 없다. 데이터의 구조를 의미하는 다른 입력 유닛과의 연결 관계를 바탕으로 모델을 강제로 재구성한다.

노이즈를 추가하더라도 정확도가 향상되길 원한다면, 각각의 히든 유닛에 필터를 추가할 수 있다. 필터를 사용하면, 활성화된 오리지널 입력값의 일부를 추출해 특정 특징들을 추출할 수 있다. 노이즈가 없는 경우, 히든 유닛은 입력 데이터들의 아주 세밀한 부분만 압축시켜 손대지 않은 상태에서 버전을 다음 레이어로 넘겨 버린다. 또 유닛에 노이즈를 추가하면, 에러가 $\hat{x}$으로 재구성되지 못하도록 만들기 때문에 노이즈의 유무와 관계없이 특징들을 문맥화해 네트워크 내에 정보를 강제로 유지시킨다.

작은 백색 소음을 추가하는 것조차도 제약 조건이 없어진 웨이트를 사용하는 것과 비슷한 현상이 발생할 수 있기 때문에 조심해야 한다. 제약 조건이 없어진 기법은 자유 파라미터에 제한을 둬 각각의 트레이닝 에포크에서 하나 이하의 웨이트를 곱하는 것으로 구성한다. 확률값 p와 함께 입력값으로 0을 설정하면, 이 방법이 뉴럴 네트워크를 정규화하는 유명한 기법이라 하더라도 완전히 다른 결과가 나타난다.

더 일반적인 모델을 제공하는 높은 주파수의 필터를 반드시 가질 필요는 없다. 이 노이즈 제어 접근법은 갖고 있는 데이터 구조의 유일한 특징을 표현하고, 모두 다른 의미를 가진다.

■ 수축하는 오토인코더

수축하는 오토인코더는 노이즈 제어 접근법과 매우 비슷한 목표를 갖고 있다. 용어를 직접 추가해서 모델이 학습에 흥미를 느끼지 못하는 변수들도 학습하도록 만든다. 그리고 트레이닝 세트 내에서 이 용어들을 찾아서 해당 변수를 향상시킨다.

즉, 이 모델은 항등 함수에 최대한 근사시키고자 노력하고, 필터가 트레이닝 데이터 안에 표현되지 않은 변수들을 보여 준다. 아주 사소한 부분까지도 입력 차원을 반영해 이미 압축된 특징들의 편미분의 제곱 합으로 표현할 수 있다.

인코딩 함수 f에 의해 매핑된 차원 d_x의 입력값 x에서 크기 d_h(Frobenius)에 의해 숨겨진 표현 h는 인코더 활성의 자코비안 매트릭스(Jacobian matrix)에 따른 L2 놈(norm)에 따라 크기가 결정된다.

$$\left\| J_f\left(x\right) \right\|_F^2 = \sum_{i=1}^{d_x} \sum_{j=1}^{d_h} \left(\frac{\partial h_j\left(x\right)}{\partial x_i} \right)^2$$

손실 함수는 다음과 같이 수정된다.

$$J_{contractive} = J + \lambda \left\| J_f(x) \right\|_F^2$$

위 식에서 λ는 정규화 인자이고, 선형 인코더의 경우 자코비안의 프로베니우스 인자가 L2 웨이트를 부식시키는 것을 볼 수 있다. 선형의 경우, 주요하게 다른 점은 웨이트를 유지해가면서 축소에 완전히 다다르는 경우가 매우 적다는 것이다. 시그모이드 비선형성의 경우, 히든 유닛은 포화 지역에 집어넣는다.

그렇다면 두 가지 관점에서 분석해 보자.

(MSE나 크로스 엔트로피 등의) 에러 J는 대부분 가능한 정보들을 유지시키면서 원시 데이터값을 완전히 재구성한다.

이 에러는 X를 최소화하도록 만드는 히든 유닛 내의 모든 미분값과 같은 정보들을 모두 지워 버린다. 값이 높으면 입력 변수에 따라 매우 불안정하게 표현을 학습한다. 아주 작은 변화도 찾아서 히든 표현을 입력값으로 바꿔주고, 숨겨진 특징을 제거할 때 안정적이지 않은 것과 작은 변화에도 민감한 것부터 제거하면 좋다.

같은 데이터에 있는 입력값들이 여러 개의 변화를 갖고 있다고 가정해 보자. 이미지의 경우, 아주 작은 회전이나 같은 주제의 이미지 안에서 아주 작고 다르게 노출된 것들을 볼 수 있다. 네트워크 트래픽의 경우에는 같은 타입이라도 패키징 여부 등의 패킷 상태에 따라 패킷 헤더가 증가 혹은 감소할 수 있다.

이 모델을 차원의 관점으로 바라보면 민감도가 매우 높다. 자코비안을 사용했을 때 나타나는 높은 민감도는 단점으로 느낄 수 있지만, 재구성 에러(reconstruction error)는 낮아진다.

이 시나리오에서는 변화 방향에 따라 하나의 유닛이 매우 민감해질 수 있다. 그렇지만 전체적인 관점에서는 딱히 유용하지 않다. 그림이나 사진에서는 하나의 주제만을 담고 있다. 그래서 모든 입력값은 일관성 있게 유지될 수 있다. 트레이닝 데이터 안에서 주어진 방향을 바꾸는 정도의 변화가 관찰되지 않는 특징을 갖고 있다면, 이런 특징들은 과감히 버리는 게 좋다.

현재 H2O는 압축 오토인코더를 지원하지 않지만, 다음 링크에서 이슈를 확인할 수 있다 (https://0xdata.atlassian.net/browse/PUBDEV-1265).

■ 희박한 오토인코더

지금까지 살펴봤듯이, 히든 레이어의 개수는 입력값보다 항상 작다.

가장 중요한 이유를 다시 정리하면, 네트워크는 입력값을 정확하게 기억할 수 있는 충분한 크기를 갖고 있어야 하고, 완벽하게 재구성할 수도 있어야 한다. 네트워크의 크기를 늘리는 것은 단순히 여분을 두는 것일 뿐이다.

네트워크의 크기를 줄이기 위해 강제로 입력값의 압축된 버전으로 학습시킨다. 알고리즘은 트레이닝 데이터를 재구성하기 위한 가장 적절한 특징들을 선택한다.

압축이 잘되지 않는 경우도 있다. 먼저 모든 입력 노드가 독립적인 확률 변수 형태로 구성돼 있다고 가정해 보자. 변수들이 다른 것들과 연관 관계를 갖고 있지 않아서 유일한 압축 방법은 그들 중 전체에서 일부를 완전히 없애 버리는 것밖에 없다고 가정해 보자. PCA의 방법에 따라 효율적으로 만들 수도 있다.

이 문제를 해결하려면 히든 유닛의 희박한 제약 사항들을 설정해 둬야 한다. 결괏값의 활성화 함수가 특정 값에 접근할 때까지(시그모이드나 ReLu의 경우에는 0, tanh는 -1) 뉴런을 계속 집어넣어 활성화되지 않도록 만들어야 한다.

입력값이 $x^{(i)}$이고, 레이어 l에서 히든 유닛 j의 활성화 함수 $a_j^{(l)}\left(x^{(i)}\right)$를 호출한다면, 히든 유닛의 평균 활성은 다음과 같이 정의할 수 있다.

$$\hat{\rho}_j = \frac{1}{m}\sum_{i=1}^{m} a_j^{(l)}\left(x^{(i)}\right)$$

여기서 m은 트레이닝 데이터 세트(또는 트레이닝 데이터 배치)의 크기이다.

ρ가 [0, 1]의 범위에서 이상적으로 0에 가까운 희소 파라미터라면, 희소 제한값이 $\hat{\rho}_j = \rho$가 되도록 강제로 만들어야 한다.

원 논문(http://web.stanford.edu/class/cs294a/ sparseAutoencoder.pdf)에서는 이 파라미터를 0.05에 근접하도록 추천하고 있다.

각 히든 유닛의 평균 활성을 평균 $\hat{\rho}$인 베르누이(Bernoulli) 확률 변수를 이용해 모델로 만든다. 그리고 평균 ρ인 베르누이 확률 분포로 수렴하도록 한다.

두 확률 변수에 수렴하는 값들을 수량화한 후, 페널티 값들을 추가해야 한다. 두 개의 실제 분포값 $B(1, \hat{\rho})$와 이론적인 $B(1, \hat{\rho})$ 사이의 쿨백-라이블러(Kullback-Leibler, KL) 수렴을 통해 페널티 값을 결정지을 수 있다.

KL은 일반적으로 이산 확률 분포 P와 Q에서 정보들이 다음과 같이 정의될 수 있을 때 수렴한다.

$$D_{KL}\left(P \vee Q\right) = \sum_{x} P\left(x\right) \log_2 \frac{P\left(x\right)}{Q\left(x\right)}$$

또한 P는 Q를 반영한 완전한 연속 함수다. 이 말은 측정 가능한 값이 어떤 것이든 $Q(x) = 0$ $\Rightarrow P(x) = 0$이 성립한다는 것을 의미한다. 이를 $P << Q$와 같이 표현한다. $P(x) = 0$이면 언제나 $\lim_{x \to 0} x \log x = 0$이 성립하므로 0이 된다. 위의 경우, 유닛 j의 KL 수렴은 아래를 따른다.

$$KL\left(\rho \vee \hat{\rho}_j\right) = \rho \log_2 \frac{\rho}{\hat{\rho}_j} + 1\left(1 - \rho\right) \log_2 \frac{1 - \rho}{1 - \hat{\rho}_j}$$

이 함수의 속성은 두 평균이 같거나 단조롭게 증가하면 0이 되고, $\hat{\rho}_j$가 0이나 1에 근접하면 ∞로 발산하게 된다.

추가로 불이익을 반영한 최종 손실 함수는 다음과 같다.

$$J_{sparse} = J + \beta \sum_{j=1}^{s} KL\left(\rho \vee \hat{\rho}_j\right)$$

여기서 J는 표준 손실 함수(RMSE)고, s는 히든 유닛의 개수, β는 희소성 웨이트다.

역전파 알고리즘에서 추가한 페널티는 약간의 비효율을 만들어 낸다. 특히, 바로 위의 식에서는 각 예시에서 역전파를 계산하기 전에 모든 트레이닝 세트에서 평균 활성 $\hat{\rho}_j$를 미리 계산하는 전방 단계가 필요하다.

🏷️ 오토인코더 요약

오토인코더는 강력한 비지도학습 알고리즘이다. 정제되지 않은 입력 데이터를 그대로 사용하는 대신, 중간의 숨겨진 레이어를 통해 나온 결과를 지도 모델을 훈련시키기 위한 특징(features)으로 사용하여 변칙 탐지나 특징 엔지니어링과 같은 분야에서 많은 인기를 끌었다.

비지도는 레이블을 필요로 하지 않거나 트레이닝 기간 동안 진실이 어떤 것인지 특징 짓지 않는다. 입력 데이터가 어떤 것이든, 네트워크가 학습하기에 충분한 크기를 갖고 있는 네트워크의 고유한 관계를 바탕으로 표현한다(차원 m을 감소시키는). 이는 코드 레이어의 크기는 모두 설정할 수 있지만, 이 히든 레이어의 크기와 개수에 따라 다른 결과가 나타난다는 것을 의미한다.

오토인코더를 만들 때는 잘못된 표현이 만들어질 수 없는 견고한 상태(robustness)에 도달하고 싶어 한다. 그렇지만 동시에 입력 레이어보다 항상 다음 레이어가 작아지는 레이어에서 정보를 압축해 전달하는 네트워크의 크기를 다룰 순 없다.

노이즈 제어, 압축, 희소 오토인코더 모두 이런 문제를 푸는 좋은 방법들이다.

노이즈를 추가하는 것이 손실 함수의 복잡성을 늘리지 않는 간단한 방법이지만, 계산 횟수가 충분하지 않은 결과를 반환한다. 한편, 소음은 기울기를 만들고, 이 기울기가 샘플이 된다. 그리고 더 나은 특징들을 교환하기 위해 정보의 일부를 버리게 한다.

압축 인코더는 트레이닝 분포의 일탈을 작게 함으로써 훨씬 더 안정적인 모델을 만들 수 있다는 장점이 있다. 이는 잘못된 알람을 줄일 수 있는 매우 좋은 선택일 수 있다. 하지만 이와 동시에 민감성을 줄이기 위해 재구성 에러를 증가시켜야 하는 단점을 갖고 있다.

희소 오토인코더는 위의 대부분의 단점을 해결할 수 있는 일반적인 방법이다. 데이터양이 매우 많을 때는 적용하기 힘들지만, 기울기가 결정돼 있기 때문에 두 개의 순차적인 최적화 방법이 있는 경우에는 유용하다. 안정성과 작은 재구성 에러값과 적절히 절충한 일반적인 방법이다.

어떤 방법을 선택하더라도 정규화 기법을 잘 사용하는 것은 매우 중요하다. 이 정규화 기법은 앞으로 다룰 '볼츠만 머신' 섹션에서 어떻게 최적화해야 할지 알아본다.

지금까지 설명한 방법 외에 오토인코더를 정규화하는 궁극적인 방법인 변이(variational) 오토인코더를 추가로 소개하고자 한다. 변이 오토인코더는 생성 모델에 속한다. 트레이닝 데이터를 더 잘 설명하는 구조를 배우는 것이 아니라 잠재된 유닛의 파라미터를 학습해 최적의 가우시안 분포로 입력 데이터를 재생성하는 것을 배우는 것이다. 최종 손실 함수는 재구성 에러의 합이고, 재구성된 변이 변수와 가우시안 분포 사이에서 KL 수렴이 이뤄진다. 인코더는 평균의 벡터와 표준편차 벡터를 포함해 코드를 생성한다. 코드에서 변이 분포 파라미터를 특징 지을 수 있고, 이 분포에서 샘플을 뽑아 원래의 입력 데이터를 재구성할 수 있다.

제한적 볼츠만 머신

- 1990년대 초반, 뉴럴 네트워크는 관심사에서 멀어졌다. 대부분의 머신러닝 연구자들은 무작위 포레스트나 서포트 벡터 머신 등을 연구했지만, 뉴럴 네트워크는 당시 하나의 히든 레이어를 사용해 다른 방법들보다 수행 결과가 좋지 않았고, 딥 뉴럴 네트워크는 훈련시키기에 너무 어려웠다.

- 뉴럴 네트워크가 재기에 성공하게 된 데에는 힌턴의 역할이 컸다. 그는 2004년 '딥러닝 접근'이라 부르는 제한적 볼츠만 머신과 많은 레이어를 활용한 뉴럴 네트워크를 만들어 많은 성과를 거뒀다. 지난 10년 동안, 딥러닝은 거의 모든 인공지능 대회에서 사용될 만큼 성장했다. RBM은 성공적인 돌파구 중 한 가지 방법으로 영상과 이미지 인식 모두에서 세계 신기록을 세웠다.

- 이번에는 RBM의 동작 원리를 살펴본 후, RBM을 어떻게 향상시키고 딥 빌리프 네트워크에 결합시키는지 살펴본다.

제한적 볼츠만 머신은 뉴럴 네트워크의 레이어처럼 보인다. 즉, 입력 노드의 모임이 다른 결과 노드의 모임과 연결돼 있다.

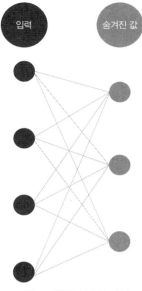

그림 1. 제한적 볼츠만 머신

여기서 결과 노드는 오토인코더와 동일한 방법으로 활성화된다. 각 입력 노드와 결과 노드 사이에는 웨이트가 존재하고, 각 입력 노드의 활성은 매핑된 웨이트 매트릭스와 곱해 바이어스 벡터에 적용한다. 그리고 각 결과 노드를 합쳐 시그모이드 함수에 집어넣는다.

제한적 볼츠만 머신과 인코더는 활성이 나타내는 것이 다르고, 생각하는 방법이 다르며, 학습시키는 방법이 다르다. RBM을 다루는 초반 부분에서는 입력과 결과 레이어가 아니라 드러난 레이어와 히든 레이어로 설명할 것이다. 트레이닝 도중에 드러난 레이어는 눈에 보이는 레이어를 표현하고, 히든 노이드는 보이는 데이터를 생성하는 어떤 변수를 표현한다. 오토인코더에서는 결과 레이어에서 아무것도 보이지 않고 정보만 통과하는 제한된 공간이었지만, 제한적 볼츠만 머신은 다르다.

제한적 볼츠만 머신의 웨이트 학습은 통계 물리학의 에너지-기반 모델(Energy-Based Model, EBM)에서 아이디어를 빌린 것이다. 이 모델에서 모든 상태는 상태가 존재할 확률과 관계되는 에너지 함수를 통해 집어넣는다. 에너지 함수가 높은 값을 반환한다면, 이 상태가 있을 가능성이 매우 희박하다고 볼 수 있다. 이와 반대로 에너지 함수의 작은 값은 상태가 안정적이며, 더욱 자주 나타날 것이다.

에너지 함수를 좀 더 직관적인 방법으로 이해하려면, 박스에 던져 넣을 때 튀어오르는 공이 엄청나게 많은 상황을 떠올려보는 것이 좋다. 먼저, 모든 공은 매우 높은 에너지를 갖고 있기 때문에 매우 높게 튕길 것이다. 상태는 특정 시점에서 모든 공의 위치와 공들이 갖고 있는 속도를 갖고 있는 하나의 순간 포착 사진으로 볼 수 있다. 이 상태는 공이 튕길 때 순간적으로 발생하는 것이기 때문에 공이 움직이면 다시 발생할 가능성이 매우 낮다. 그러다가 공이 안정되기 시작하면 에너지는 다른 것으로 전환되고 몇몇 공들이 정지하기 시작한다. 상태가 한 번 안정되면, 나머지 공들도 계속 정지한다. 마지막으로 모든 공들이 튕기는 것을 멈추면 정지하게 되고 완전히 안정적인 상태, 즉 매우 높은 확률 상태를 갖게 된다.

- 이 예시들을 제한적 볼츠만 머신에 적용시켜 보자. 나비의 이미지 그룹들을 학습시키는 과제를 생각해 보자. 이 이미지로 RBM을 학습시키면, 모든 나비 사진에 낮은 에너지 값을 할당시킨다. 이와 반대로 주어진 사진이 차와 같은 다른 것에 관련된 사진이라면 매우 높은 에너지 값을 가질 것이다. 나방, 박쥐, 새와 비슷한 분류의 동물 사진이라면 중간 에너지 값을 가질 것이다.

- 만약 에너지 함수를 정의하면 주어진 상태의 확률은 다음과 같이 정의할 수 있다.

$$p(v) = \frac{e^{-E(v)}}{Z}$$

- 여기서 v는 상태, E는 에너지 함수, Z는 분할 함수다. v의 모든 배열의 합은 다음과 같이 표현할 수 있다.

$$Z = \sum_{v} e^{E(v)}$$

홉필드 네트워크와 볼츠만 머신

- 제한적 볼츠만 머신에 대해 좀 더 자세히 알아보기 전에 간단히 홉필드 네트워크에 대해 알아보자. 홉필드 네트워크는 제한적 볼츠만 머신을 좀 더 쉽게 이해하는 데 도움을 줄 것이다. 홉필드 네트워크 또한 에너지-기반 모델이지만 제한적 볼츠만 머신과 달리, 보이는 노드만 갖고 있고, 모두 연결돼 있다. 각 노드의 활성은 모두 -1이나 1이다.

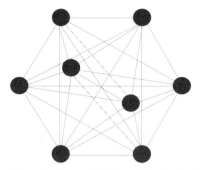

그림 2. 홉필드 네트워크. 모든 입력 노드는 서로 연결돼 있다.

- 홉필드 네트워크(혹은 RBM)의 실행에는 두 가지 옵션이 있다. 첫 번째 옵션은 보이는 모든 노드의 값을 실행할 데이터의 값으로 채우는 것이다. 이 옵션은 노드를 성공적으로 활성화시킬 수 있고, 활성화된 노드에서는 연결된 노드의 값에 따라 업데이트된 값을 가지고 있다. 두 번째 옵션은 보이는 노드들을 무작위로 초기화한 후, 활성을 촉발시켜 데이터의 무작위 예시로 트레이닝시킬 수 있다. 이것이 바로 네트워크가 꿈꾸는 것이기도 하다.

- 이 보이는 각 노드에 대한 다음 단계는 다음과 같이 정의할 수 있다.

$$a_i^{(t+1)} = \sum_j W_{ij} v_j^{(t)}$$

- 위 식에서 W는 시간 단계 t에서의 각 노드 v와의 연결 강도를 의미하는 매트릭스다. 아래의 한계 규칙은 새로운 상태 v를 가져올 때 사용한다.

$$v_i = \begin{cases} 1 & if\ a_i \geq 0 \\ -1 & if\ a_i < 0 \end{cases}$$

- 노트 사이의 웨이트 W는 양 혹은 음이 될 수 있다. 이 웨이트가 활성화되면 네트워크의 다른 노드를 쫓아내거나 따르도록 한다. 홉필드 네트워크는 연속 변이를 가지므로 한계 함수를 하이퍼볼릭 탄젠트 함수로 간단하게 바꿀 수 있다.

- 네트워크의 에너지 함수는 다음을 따른다.

$$E(v) = \frac{-1}{2} \sum_{i,j} v_i W_{ij} v_j$$

- 매트릭스 표현법으로는 다음을 따른다.

$$E(v) = \frac{-1}{2} v^T W v$$

- 식에서 $\frac{1}{2}$은 모든 짝들을 i와 j로 사용하고, 각 연결에서 두 번씩 헤아려지므로 절반으로 나눠야 한다(한 번은 i=1, j=2로 사용하고, 이후에는 i=2, j=1로 사용한다).

- 이 시점에서 '왜 각 모델은 보이는 노드들만 갖고 있을까?'라는 의문이 들 것이다. 제공한 데이터로만 활성화시키면, 몇몇 상태가 업데이트된다. 그러면 새로운 상태는 어떤 유용한 정보를 제공하는가? W의 여러 배치 방법은 상태 v와 연관된 다양한 에너지 함수를 내놓는다. 네트워크의 상태를 높은 에너지 함수로 설정하면, 불안정한 상태가 된다(공이 튀어오르는 것을 생각하면 된다). 네트워크는 성공적인 반복을 거치면서 안정적인 상태로 접어든다.

- 데이터 세트의 각 아이템을 작은 에너지 W로 학습하도록 하는 홉필드 네트워크를 훈련시키고 있다고 가정해 보자. 무작위로 입력값 몇 개를 빼 버리고, 상태를 추가하는 방식의 교환이 이뤄지면 데이터가 손상될 수 있다. 손상된 데이터는 높은 에너지를 띤다. 손상된 데이터가 원시 데이터의 일부일 가능성은 줄어들 것이다. 네트워크의 보이는 노드를 손상된 샘플로 활성화하면 에너지가 적은 상태에 도달할 때까지 몇 번 더 반복한다. 손상되지 않은 원시 데이터 패턴을 재구성하는 좋은 방법이 되는 것이다.

- 이 방법은 홉필드 네트워크를 사용해 철자를 검증할 때도 사용된다. 단어 내의 각 철자들을 통해 단어 라이브러리들을 학습시킬 수 있다. 그리고 철자가 틀리면, 원래의 단어를 찾을 수 있다. 홉필드 네트워크가 사용되는 또 다른 곳으로는 자체 주소를 가진 메모리(addressable memory)를 들 수 있다. 컴퓨터 메모리와 사람 기억의 가장 큰 차이점은 다음과 같다. 컴퓨터는 어떤 주소와 함께 저장해 기억하고, 컴퓨터가 기억을 꺼내오고 싶다면 그 기억을 저장한 정확한 장소를 알고 있어야 한다. 이와 반대로 사람의 기억은 그 기억을 여러 부분으로 분할해 한 가지로 다른 나머지를 상기시킬 수 있다. 뇌가 비밀번호를 기억해 내도록 하려면 네 개의 숫자와 같은 콘텐츠 속성에 대한 힌트만 줘도 된다.

- 홉필드 네트워크는 내용 주소화 기억 장치(content-addressable)에 저장하도록 한다. 혹자는 인간의 기억 시스템 기능은 홉필드 네트워크처럼 동작한다고(추측하며) 주장한다. 가령, 사람이 꿈을 꾸는 것은 웨이트를 학습하려고 하는 것과 비슷하다고 한다.

- 홉필드 네트워크가 사용되는 마지막 예시는 방문 판매원 문제(traveling salesman task)[2] 등의 최적화 문제를 풀 때다. 에너지 함수는 최적화할 업무의 비용으로 표현하고, 네트워크의 노드들은 최적화할 선택들이라고 볼 수 있다. 다시 한 번 말하지만, 홉필드 네트워크의 목표는 네트워크의 웨이트를 반영해 에너지 함수를 최소화하는 것이다.

볼츠만 머신

- 볼츠만 머신은 확률론적인 홉필드 네트워크로 알려져 있다. 홉필드 네트워크 안에서는 한계점이 노드의 활성에 기반을 두고 있지만, 볼츠만 머신에서는 확률에 기반을 두고 있다. 볼츠만 머신의 노드 값은 언제나 +1이나 -1이다. 상태가 +1일 때 노드의 확률은 다음과 같다.

$$p\left(x_i = 1\right) = \frac{1}{1 + e^{-2a_i}}$$

- 위 식에서 a_i는 홉필드 네트워크에서 정의한 노드의 활성이다.

볼츠만 머신이나 홉필드 네트워크에서 웨이트를 학습시키면, 각 데이터 아이템에서 나올 수 있는 데이터 요소인 주어진 W로 데이터 세트의 가능도(likelihood)를 최대화해야 한다.

$$p\left(x \mid W\right) = \prod_{n=1}^{N} p\left(x^{(n)} \vee W\right)$$

위 식에서 W는 웨이트 매트릭스고, $x^{(n)}$은 크기가 N인 데이터 세트의 n번째 샘플을 의미한다. 그렇다면 이제 볼츠만 머신을 사용해 $p\left(x^{(n)} \vee W\right)$를 바꿔 보자.

$$p\left(x \mid W\right) = \prod_{n=1}^{N} \frac{e^{\frac{1}{2}x^{(n)T}Wx^{(n)}}}{Z}$$

위의 Z는 다음과 같은 식을 따른다.

$$Z = \sum_{x' \in p(x \vee W)} e^{\frac{1}{2}x'^{T}Wx'}$$

에너지 함수와 Z의 원 정의를 살펴보려면, x'는 확률 분포 $p(x)$를 바탕으로 한 x의 가능한 모든 구성을 의미한다. 이제 모델 안에 W를 갖고 있고, 이 분포는 $p(x|W)$로 바꿀 수 있다. 매우 드물긴 하지만, 다루기 힘든 $x' \in p(x \lor W)$는 계산할 때 많은 부하가 걸리므로 가능한 W가 통과하는 x의 모든 구성을 확인해야 한다.

다루기 힘든(intractable) 확률 분포를 계산할 때는 몬테카를로 샘플링(Monte Carlo sampling) 등을 사용할 수 있다. 몬테카를로 샘플링 등은 많은 샘플을 분배한 후, 이 샘플들의 평균으로 실제 값에 근사시킨다. 더 많은 샘플을 분배하면 정확도는 더욱 올라간다. 원하는 양은 가상의 무한 샘플이고, 1은 매우 형편없는 근삿값이 된다.

확률에 의해 나온 결괏값은 매우 작기 때문에 로그 확률을 대신 사용한다. Z의 정의를 식 안에 포함시켜 보자.

$$\ln p(x|W) = \sum_{n=1}^{N} \left\{ \frac{1}{2} x^{(n)T} W x^{(n)} - \sum_{x' \in p(x \lor W)} \frac{1}{2} x'^{T} W x' \right\}$$

위 식에서 x'는 네트워크에 의해 학습된 확률 분포 $p(x|W)$에 따른 네트워크의 샘플이다. 노드 i와 j 사이의 각 웨이트를 반영한 기울기는 다음과 같다.

$$\nabla_{w_{ij}} \ln p(x) = \sum_{n=1}^{N} \left\{ x_i^{(n)} x_j^{(n)} - \sum_{x' \in p(x \lor W)} x_i'^{(n)} x_j'^{(n)} \right\}$$

위 식에서, $x_i^{(n)} x_j^{(n)}$은 N개의 샘플에서 노드 i와 j의 단순한 연관 관계다. 각각의 웨이트 i와 j가 N개의 샘플을 통과하는 것을 다른 방식으로 표현하면 다음과 같다.

$$\nabla_{w_{ij}} \ln p(x) = corr(x_i, x_j) - \frac{1}{N} \sum_{x' \in p(x \lor W)} corr(x_i', x_j') p(x \lor W)$$

즉, 위 식은 학습의 두 가지 단계인 양과 음으로 이해할 수 있다. 좀 더 비유하면 깨 있을 때와 자고 있을 때라고 볼 수 있다. 양의 모습에서는 주어진 데이터를 바탕으로 $corr(x_i, x_j)$가 웨이트를 향상시킨다. 음의 모습인 $\frac{-1}{N} \sum_{x' \in p(x|W)} corr(x_i', x_j') p(x|W)$가 현재 갖고 있는 웨이트로 모델의 샘플을 그리고 이 웨이트로 분배한다. 이 방법은 모델이 생성한 아이

템의 확률을 감소시킨다. 데이터를 최대한 반영해 모델의 선택 생성을 감소시키길 원한다. 만약 모델을 데이터와 정확히 같게 생성한다면, 각기 다른 결과에서 두 관점이 필요 없을 것이고, 균형 상태에 도달할 것이다.

볼츠만 머신과 홉필드 네트워크는 최적화나 추천 시스템에 유용하다. 두 개 모두 계산양이 엄청나다. 각 노드 사이에서 상관관계는 계속 측정돼야 하고, 모델은 각 단계별로 몬테카를로 샘플을 생성해야 한다. 그렇지만 학습할 수 있는 패턴에는 한계가 있다. 이미지에서 형태를 학습한다고 가정하면, 모양이 변하지 않는 정보는 학습할 수 없다. 나비 사진의 왼쪽 부분과 오른쪽 부분만 보면 완전히 다른 동물로 인식한다. 5장, '이미지 인식'에서는 이 문제를 해결할 수 있는 컨볼루션 뉴럴 네트워크를 다룬다.

제한적 볼츠만 머신

제한적 볼츠만 머신에서는 두 가지만 바꾸면 된다. 먼저 모든 보이는 노드들에 연결되는 히든 노드들을 추가하고, 각 히든 노드들끼리는 연결되지 않도록 한다. 두 번째는 보이는 노드들 간의 모든 연결 관계를 끊어 버리면 된다. 이 방법은 히든 레이어를 사용할 때 보이는 노드들을 조건적이고 독립적으로 보이게 하는 효과를 낸다. 그리고 보이는 노드와 히든 노드 모두에 바이어스를 추가한다. 볼츠만 머신은 노드에 바이어스를 사용해도 훈련시킬 수 있지만, 개념을 좀 더 쉽게 설명하기 위해 잠시 제쳐두자.

- 우리가 가지고 있는 주어진 데이터는 보이는 유닛으로만 구성돼 있지만, 훈련을 통해 보이는 유닛과 합쳐져서 적은 에너지 상태를 가지도록 만들어 주는 히든 유닛들의 설정값을 찾는 것이 목표다. 제한적 볼츠만 머신에서 상태 x는 보이는 노드와 히든 노드로 구성돼 있으므로 파라미터를 사용해서 에너지 함수 $E(v, h)$를 표현할 수 있다. 그렇다면 다음과 같이 표현할 수 있다.

$$E(v, h) = -a^T v - b^T h - v^T W h$$

- 위 식에서 a는 보이는 노드의 바이어스 벡터고, b는 히든 노드의 바이어스 벡터다. 그리고 W는 보이는 노드와 히든 노드 사이의 웨이트다. 그리고 위 식의 $a^T v$는 두 벡터의 곱이고, 아래의 $\Sigma_i a_i v_i$ 식과 같은 역할을 한다. 따라서 바이어스의 기울기가 필요하고 새로운 에너지 함수를 반영한 웨이트를 만들어야 한다.
- 레이어 사이의 조건적인 독립을 반영하면 다음과 같이 만들 수 있다.

□ $p(h\,|\,v,W,b)=sigmoid(vW+b)$

□ $p(v\,|\,h,W,b)=sigmoid(hW^T+a)$

■ 위 두 가지 정의는 정규화 상수 Z로 정의해 사용한다. 보이는 두 노드 사이의 관계를 반영한 후, $lnp(v)$를 수정해 다음과 같이 바꿀 수 있다.

$$\ln p\left(v\,|\,W,a,b\right)=\sum_{n=1}^{N}\left\{\left(av+\sum_{i}\log\sum_{j}e^{h_j\left(b+W_iv\right)}\right)-Z\right\}$$

■ 여기서 i는 각각의 보이는 노드, j는 히든 노드를 의미한다. 다른 파라미터로 기울기를 측정하면 최종적으로 다음과 같은 식을 따를 것이다.

$$\nabla_{w_{ij}}\ln p\left(v\right)=corr\left(v_i^{(0)},p\left(h^{(0)}\,|\,v^{(0)}\right)_j\right)-corr\left(p\left(v^{(1)}\,|\,h^{(0)}\right),p\left(h^{(1)}\vee v^{(1)}\right)\right)$$

$$\nabla_{a_i}\ln p\left(v\right)=v_i^{(0)}-p\left(v^{(1)}\,|\,h^{(0)}\right)_i$$

$$\nabla_{b_i}\ln p\left(v\right)=p\left(h^{(0)}\,|\,v^{(0)}\right)_i-p\left(h^{(1)}\vee v^{(1)}\right)_i$$

이전의 $p\left(v^{(0)}\,|\,h^{(0)}\right)$는 분포에서 몬테카를로 샘플과 근사된다. 마지막 세 개의 식은 주어진 데이터 세트의 모든 파라미터를 반복적으로 트레이닝시키는 완성본이라고 보면 된다. 이 기울기로 몇 가지 학습률을 사용해 파라미터를 업데이트시키면서 훈련한다.

다시 기본으로 돌아와서 풀어볼 좋은 시점인 것 같다. v는 학습하는 세계의 데이터인 보이는 변수들, h는 학습을 통해 생성한 보이는 변수들인 히든 변수들을 의미한다. 히든 변수는 어떤 것도 대표하고 있지 않지만, 트레이닝 중에 시스템의 에너지를 최소화하도록 한다. 우리가 찾는 분포에서 중요한 구성 요소들을 찾는 결정적인 역할을 한다. 예를 들어, 영화의 리스트들이 보이는 변수들일 경우, 사람들이 선호하는 영화가 1에 해당하는 값이라면, 선호하지 않는 영화는 0에 해당하는 값이다. 이 경우, 숨겨진 변수는 리스트 안의 영화 장르가 된다. 결국 코미디, 액션 등은 결국 사람들이 선호하는 장르가 될 것이고, 이는 사람들의 선호 성향을 인코딩하는 효율적인 방법이다.

히든 변수에서 무작위 샘플을 생성하면, 이 샘플들을 바탕으로 보이는 변수들이 활성화된다. 이것은 사람이 선호하는 영화가 어떤 것인지를 알려 준다. 영화를 무작위로 뽑는 보이는 변수를 설정해서 히든 노드와 보이는 노드가 성공적으로 활성화되면, 어떤 영화를 좋아하는지를 더 명확하게 알려준다.

텐서플로로 향상시키기

그럼 이제 수학은 끝내고, 일련의 것들을 어떻게 향상시키는지 확인해 보자. 이를 실행하기 위해 텐서플로를 사용한다. 텐서플로는 구글이 만든 수리적인 그래프 라이브러리다. 뉴럴 네트워크의 원천적인 개념들인 뉴럴 네트워크의 노드와 레이어 등은 좀 더 상위 레벨의 케라스 등에서는 지원하지만, 텐서플로에서는 지원하지 않는다. 테아노(Theano)와 가깝다고 보면 된다. 이 책에서는 텐서플로가 네트워크에서 수학 기호들을 사용하면 어떤 일이 일어나는지 사용자들이 더 쉽게 이해하는 데 도움을 준다.

텐서플로는 pip를 통해 바로 내려받을 수 있다. cpu 버전은 pip install tensorflow 명령어로, 엔비디아 GPU를 사용할 수 있는 기계라면 pip install tensorflow-gpu로 내려받으면 된다.

간단한 제한적 볼츠만 머신을 만들고, 필기체의 MNIST 컬렉션으로 훈련시켜 본다. 보이는 노드의 개수보다는 적은 수의 히든 노드를 갖고 있고, 이 히든 노드가 RBM이 입력값으로부터 학습하도록 만든다. 트레이닝의 성공은 히든 레이어를 통과하고 이미지를 재구성하는 네트워크의 능력에 따라 달라진다. 원시 데이터와 재구성하는 데이터 사이에는 평균 제곱 오차(mean squared error)를 사용한다. 완전한 예시는 깃허브 저장소(https://github.com/DanielSlater/PythonDeepLearningSamples)의 restricted_boltzmann_machine.py 파일에서 확인할 수 있다.

MNIST 데이터 세트는 워낙 많이 사용하는 데이터 세트이기 때문에 텐서플로는 편하게 내부에서 내려받아 저장할 수 있다. 다음과 같은 코드를 실행하면 된다.

```
import tensorflow as tf
from tensorflow.examples.tutorials.mnist import input_data
mnist = input_data.read_data_sets("MNIST_data/")
```

위 코드가 해당 폴더에 없다면 실행 파일과 동일한 폴더에 내려받은 MNIST 데이터를

---

3 3장에서 내려받았던 코드를 사용해도 되고, https://s3.amazonaws.com/img-datasets/mnist.npz에서 내려받아 사용해도 된다. – 옮긴이

MNIST_data 디렉터리에 집어넣는다. mnist 객체는 넘파이(Numpy) 객체에 접근하도록 하는 train과 test 두 가지 속성을 갖고 있다. MNIST 데이터 세트의 이미지들은 28 × 28이므로 각 이미지 안에 784픽셀이 있다는 것을 의미한다. 우리가 만드는 RBM에 각 픽셀별로 보이는 노드 하나를 집어넣도록 하자.

```
input_placeholder = tf.placceholder("float", shape=(None, 784))
```

텐서플로의 플레이스홀더 객체는 사용 도중 연산 그래프(computational graph)를 통과할 대표 객체들을 의미한다. 이 경우, input_placeholder는 제공된 MNIST 이미지의 값을 갖고 있다. 'float(실수)'는 연산 그래프를 통과할 타입, shape은 차원을 정의하고, 위 코드에서는 하나의 픽셀당 784개의 값이다. 그리고 None 차원은 배치에 사용된다. None은 어떤 크기도 가질 수 있게 된다. 그리고 이를 통해서 길이가 784이고 가변적인 변치를 가지고 있는 배열로 만든다.

```
weights = tf.Variable(tf.random_normal(( 784, 300), mean=0.0, stddev=1./784 ))
```

tf.variable은 연산 그래프의 변수를 의미한다. 이전의 식에서 W와 같다. 처음에 초기화할 변수의 값들이 통과시킬 인자들이다. 여기서는 784개의 보이는 노드와 300개의 히든 노드로 구성된 정규분포로 초기화한다.

```
hidden_bias = tf.Variable(tf.zeros([300]))
visible_bias = tf.Variable(tf.zeros([784]))
```

위 식은 이전의 식에서 a와 b에 해당한다. 그때는 값이 0으로 모두 초기화시켰다. 이제 네트워크의 활성을 프로그래밍해 보자.

```
hidden_activation = tf.nn.sigmoid(tf.matmul(input_placeholder,
weights) + hidden_bias)
```

위 식은 히든 노드의 활성, 즉 이전의 식에서 $p\left(h^{(0)} | v^{(0)}\right)$을 의미한다. 시그모이드 함수를 적용하고 나면 활성이 이진 분포가 돼 주어진 확률에 따라 히든 레이어의 모든 값들이 0과 1로 바뀌게 된다. 그렇지만 RBM의 트레이닝 과정을 거치면 정제되지 않은 확률이 나오지만, 다음과 같은 모델을 사용해 수정할 수 있다.

```
visible_reconstruction = tf.nn.sigmoid(tf.matmul(hidden_activation,
tf.transpose(weights))
+ visible_bias)
```

그러면 이제 보이는 레이어의 재구성된 $p\left(v^{(1)} \mid h^{(0)}\right)$을 갖고 있다. 이 식에서도 알 수 있듯이 hidden_activation을 제공해야 하므로 다음과 같이 보이는 레이어에서 샘플을 가져올 수 있다.

```
final_hidden_activation =
tf.nn.sigmoid(tf.matmul(visible_reconstruction, weights) +
hidden_bias)
```

이제 visible_reconstruction으로 히든 노드를 활성화해 최종 예시를 가져오는 일만 남았다. 이전 식에서의 $p\left(h^{(1)} \mid v^{(1)}\right)$과 동일한 것이다. 모델에서 편향되지 않은 샘플을 얻도록 히든 활성과 보이는 활성을 계속 성공적으로 반복해야 한다. 그렇지만 학습에서는 한 단계를 거친 것으로도 괜찮다.

```
positive_phase = tf.matmul (tf.transpose(input_placeholder),
hidden_activation)
negative_phase = tf.matmul(tf.transpose(visible_reconstruction),
final_hidden_activation)
```

이제 양과 음의 맥락으로 계산해야 한다. input_placeholder와 $v^{(0)}$, 첫 번째 hidden_activation, $p\left(h^{(0)} \mid v^{(0)}\right)$의 미니-배치(mini-batch)를 통과한 각 샘플의 상관관계가 첫 번째 양의 맥락으로 계산하는 부분이다. 두 번째 음의 맥락은 visible_reconstruction인 $p\left(v^{(1)} \mid h^{(0)}\right)$과 최종 활성 final_hidden_activation, $p\left(h^{(1)} \mid v^{(1)}\right)$으로 계산한다.

```
LEARNING_RATE = 0.01
weight_update = weights.assign_add(LEARNING_RATE *
(positive_phase - negative_phase))
```

weights 변수에서 assign_add를 호출해 연산을 생성하고 실행하면 주어진 변수들의 양을 추가하게 된다. 위에서는 0.01을 학습률(learning rate)로 사용했고, 이를 양과 음의 맥락에서 다음과 같이 사용한다.

```
visible_bias_update = visible_bias.assign_add(LEARNING_RATE *
tf.reduce_mean(input_placeholder - visible_reconstruction, 0))
hidden_bias_update = hidden_bias.assign_add(LEARNING_RATE *
```

```
tf.reduce_mean(hidden_activation - final_hidden_activation, 0))
```

이제 히든 바이어스와 보이는 바이어스를 조정하기 위한 연산을 만들어 보자. 여기서도 학습률의 범위를 0.01로 설정한다.

```
train_op = tf.group(weight_update, visible_bias_update, hidden_bias_update)
```

tf.group을 호출하면, 모든 연산 인자들을 실행하는 새로운 연산을 만든다. 웨이트가 언제나 조화를 이루며 업데이트되도록 하려면, 하나의 연산을 더 추가해야 한다.

```
loss_op = tf.reduce_sum(tf.square(input_placeholder - visible_reconstruction))
```

이 loss_op는 학습이 얼마나 잘됐는지 MSE를 사용해 피드백을 제공한다. 이는 신호에 따른 역전파 실행 과정 없이 순수하게 정보만을 사용한 것이다. 순수한 인코더로만 네트워크를 실행시키길 원한다면, 최적화 코드를 만들고 실행해 loss_op를 최소화해야 한다.

```
session = tf.Session()
session.run(tf.global_variables_initializer())
```

그리고 세션 객체를 만들어 연산 그래프를 실행 시에 사용한다. tf.initialize_all_variables() 를 호출하면 모든 변수가 그래프로 초기화된다. GPU에서 텐서플로를 실행할 경우, 맨 처음 하드웨어에 연결하는 부분이다. RBM을 위한 모든 단계를 생성하고 MNIST에 몇 에포크(epoch)를 추가해 성공적으로 학습됐는지 확인해 보자.

```
current_epochs = 0

for i in range(10):
    total_loss = 0
    while mnist.train.epochs_completed == current_epochs:
        batch_inputs, batch_labels = mnist.train.next_batch(100)
        _, reconstruction_loss = session.run([train_op, loss_op],
        feed_dict={input_placeholder: batch_inputs})
        total_loss += reconstruction_loss

    print ("에포크 %s 손실 % s" % (current_epochs,
    reconstruction_loss)
    current_epochs = mnist.train.epochs_completed
```

mnist.train.next_batch(100)를 호출할 때마다 mnist 데이터 세트에서 100개의 이미지를 검색한다. 각 에포크 단계의 마지막에 있는 mnist.train.epochs_completed는 1을 증가시키고, 모든 트레이닝 데이터를 다시 섞는다. 위 식을 실행하고 나면, 다음과 같이 출력되는 것을 확인할 수 있다.

```
에포크 0 손실 1554.51
에포크 1 손실 792.673
에포크 2 손실 572.276
에포크 3 손실 479.739
에포크 4 손실 466.529
에포크 5 손실 415.357
에포크 6 손실 424.25
에포크 7 손실 406.821
에포크 8 손실 354.861
에포크 9 손실 410.387
에포크 10 손실 313.583
```

mnist 데이터를 사용해 다음과 같은 명령어를 실행했을 때 재구성된 이미지를 살펴볼 차례다.

```
reconstruction = session.run(visible_reconstruction, feed_dict={input_
placeholder: [mnist.train.images[0]]})
```

아래는 300개의 히든 노드에서 재구성된 몇 가지 예시들이다.

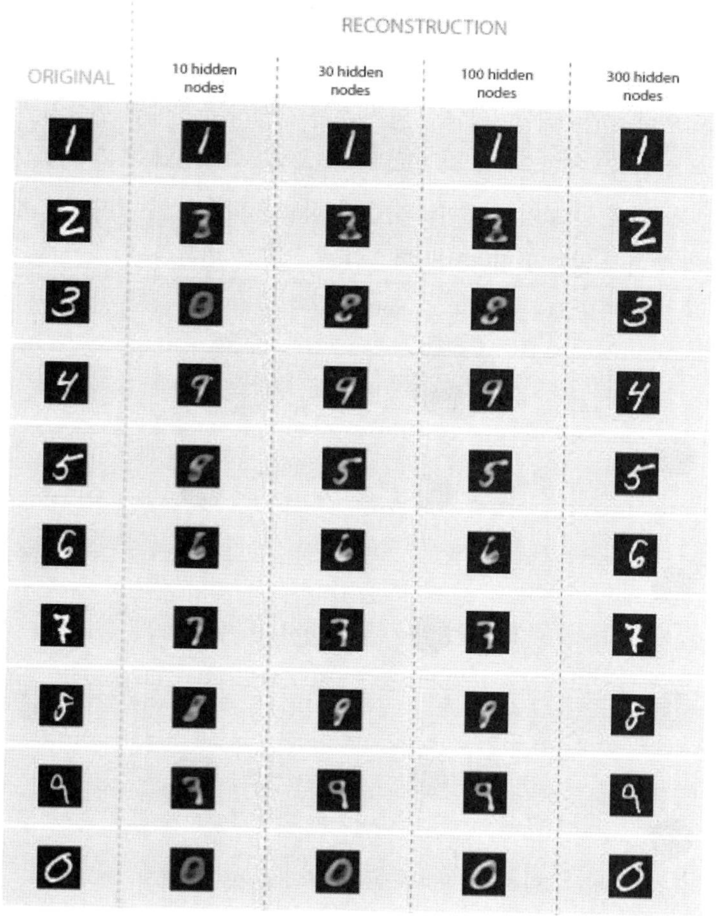

그림 3. 히든 노드의 개수에 따른 제한적 볼츠만 머신이 만든 재구성된 숫자들

위에서 살펴봤듯이 300개의 히든 노드는 이미지 픽셀의 절반 크기보다 적지만, 각 모서리에 약간 흐린 부분이 있는 것 말고는 거의 완벽하게 재구성된 이미지들을 만들어 낸다. 그러나 히든 노드의 개수를 줄이면 재구성된 이미지의 퀄리티도 떨어진다. 히든 노드의 개수를 10개 이하로 줄이면, 그림 3의 2나 3처럼 그냥 봐도 잘못된 숫자를 생성한다.

딥 빌리프 네트워크

보이는 데이터를 생성하는 잠재된 변수들의 모임까지 RBM이 학습시킬 수 있다면, 이런 궁금증이 들 수도 있다. 히든 레이어의 잠재된 변수를 생성하는 잠재된 변수의 두 번째 레이어도 학습시킬 수 있을까? 정답은 '할 수 있다'다. 트레이닝된 RBM 위에 RBM을 또 쌓아 두 번째, 세 번째, 네 번째 등 보이는 데이터의 순서 정보를 학습할 수 있다. 이 성공적인 RBM 레이어는 기저의 변하지 않는 표현마저도 학습할 수 있도록 만든다.

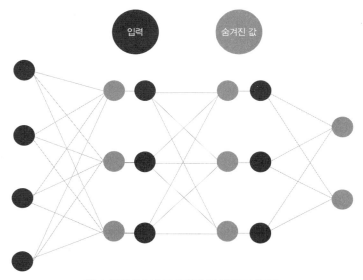

그림 4. 많은 RBM으로 구성된 딥 빌리프 네트워크

딥 빌리프 네트워크로 알려진 RBM을 쌓아올려 만든 네트워크는 제프리 힌턴이 2002년 그의 논문인 「대조 수렴 최소화를 통한 전문 트레이닝(Training Products of Experts by Minimizing Contrastive Divergence)」에서 딥 네트워크를 사용한 MNIST로 첫 번째 신기록 결과를 만들어 냈다. 데이터에서 성공적으로 RBM을 훈련시키는 유용한 방법은 레이어의 크기를 축소시키는 것이다. 훈련을 마친 레이어에서 재구성 에러는 더 이상 올라가지 않고, 웨이트는 거기서 멈춰버린다. 그리고 새로운 RBM을 맨 위에 쌓으면 에러 발생률이 수렴할 때까지 계속 학습된다. 네트워크가 완전히 학습되고 나면, 최종 지도 레이어는 마지막 RBM 히든 레이어가 데이터를 분류하도록 마지막에 넣는다. 그러면 전체 네트워크의 웨이트는 표준 딥 피드 포워드 네트워크를 구성하는 데 사용된다. 딥 빌리프 네트워크에서 먼저 계산된 역전파를 통해 업데이트한다.

초반에는 엄청난 결과를 이뤄냈지만, 시간이 지나 표준 피드 포워드 네트워크를 훈련시키는 기법들이 늘어나면서 RBM은 더 이상 음성 인식이나 이미지 인식 분야에서 최적의 방법이 아니게 되었다. RBM의 두 가지 맥락 때문에 학습 시간이 길어지는 문제를 갖고 있다. 그렇지만 아직까지도 추천 시스템이나 순수한 비지도학습에서 많이 사용하고 있다. 그리고 원론적인 관점에서 에너지-기반 모델로 딥의 대표성을 학습시키는 것은 매우 흥미로운 접근법이고, 이 가장 상위에 있는 접근법으로 만들 수 있는 여러 가지 확장법을 통해 미지의 영역을 개척할 수 있을 것이다.

요약

지금까지 실생활에서 많이 사용하는 딥러닝 향상에 사용되는 두 개의 강력한 기법인 오토인코더와 제한적 볼츠만 머신에 대해 살펴봤다. 또한 위의 두 기법에 해당하는 하나의 레이어로 구성된 얕은 예시부터 시작해 사람의 지식을 분명하게 넣어 두지 않아도 어떻게 딥 뉴럴 네트워크 형태로 쌓아 높은 레벨과 층위를 갖고 있는 특징들을 자동으로 학습할 수 있는지 살펴봤다.

비슷한 목적을 갖고 사용되지만, 중요한 차이가 있다. 오토인코더는 가장 유용한 정보를 보존하기 위해 데이터를 압축해 사용하는 압축 필터와 비슷하다. 또 결정적으로 원시 데이터의 근삿값으로 재구성한다. 오토인코더는 주요 컴포넌트 분석(Principal Component Analysis, PCA) 기법의 한계를 통해 차원 축소와 비선형 압축이라는 멋진 해결책을 제공한다. 오토인코더는 분류 과정을 위해 전처리 과정을 거친다는 장점이 있다. 히든 레이어의 결과는 나올 수 있는 데이터의 정보가 담긴 표현이거나 노이즈가 제거되거나 복원된 버전이다. 또 다른 이점은 그룹의 남은 부분에서 각 점의 부동성을 측정한 재구성 에러를 사용한다는 점이다. 이 방법은 관찰하고 싶은 연결 관계와 표현이 변함 없고 이미 결정돼 있는 변칙 탐지 문제에 많이 사용된다. 시간이 변이된 관계나 관찰 가능한 차원에 따라 적응할 수 있도록 여러 네트워크를 그룹 지어 훈련시켜야 한다. 그렇지만 훈련이 끝나고 나면 우연히 변화가 발생하더라도 네트워크의 연관 관계 예측에는 영향을 받지 않는다.

반면, RBM은 샘플에 대한 확률론적인 접근을 통해 재구성 에러를 최소화하기 위해 웨이트를 조정한다. 이 접근법의 목표는 여러 보이는 확률 변수와 숨겨진 속성들까지도 구체화시키고 이 두 가지 속성들의 집합을 연결시키는 방법까지 찾는 것이다. 영화 평점 매기기와 같은 주어진 예시에서 영화 장르와 같은 몇 가지 속성을 가질 수 있고, 평점과 리뷰 등을 관찰하기도 하고 조합하기도 하면서 임의로 데이터를 살펴볼 수 있도록 도와준다. 위상학의 관점에서 보면, 각 영화의 내재된 인기를 조정하는 방법 등으로 바이어스를 확인할 수 있다. 만약 유저에게 해리포터, 아바타, 반지의 제왕, 글레디에이터, 타이타닉 중에 좋아하는 영화로 묶으라고 한다면 네트워크는 공상 과학 영화와 아카데미 수상 영화 두 가지의 숨겨진 요소로 결과를 만들어 낸다.

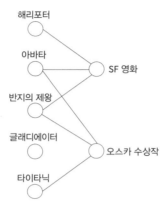

웨이트 값이 0보다 많이 클 경우만을 기준으로 연결한 RBM 예시

SF와 아카데미 수상이라는 속성은 결정돼 있는 것이지만(사실, 영화의 속성이기도 하다), 유저들의 평점은 확률적인 방법에 의해 영향을 받는다. 학습된 웨이트는 영화 평점(해리포터 영화의 경우, 별점 다섯 개)의 확률 분포를 특징화한 파라미터고, 이 파라미터를 통해 유저가 어떤 (공상 과학 영화와 같은) 장르를 좋아하는지 확인할 수 있다.

이 시나리오에서는 연결 관계가 결정돼 있지 않기 때문에 오토인코더를 사용하는 것보다 RBM을 사용하는 것이 더 낫다.

결론적으로, 비지도 특징 학습은 최소한의 정보와 사람들의 반응으로 특징 엔지니어링의 질을 높일 수 있는 매우 뛰어난 방법이다.

서로 다른 특징 학습 기법의 정확도를 측정하기 위해 2009년에 이홍락(Hong Lak Lee), 피터 팜(Peter Pham), 앤드류 응(Andrew Ng)이 몇 가지 기준을 만들었고, 2011년에 쿼크 레(Quoc Le), 조우(Zhou), 앤드류 응(Andrew Ng)이 추가로 몇 가지 기준을 더 만들었다. 그리고 그 기준들은 최근의 기술 동향을 반영해 비지도 특징 학습의 정확도를 향상시키는 경우에 사용할 수 있다.

또한 몇 가지 큰 문제도 존재한다. 만약 몇 가지 정보를 갖고 있다면 이 정보를 없애 버리지 않는 것이 좋다. 네트워크의 위상을 만들고 초기 상태를 만드는 과정을 거치는 동안 이 정보들의 우선순위를 높여 네트워크에 적용할 수도 있다.

또 뉴럴 네트워크의 내부 구조나 작동 원리를 모르는 상황에서 사용되고, 원리를 자세하게 설명하기도 어렵기 때문에 입력된 것의 특징들을 이해할 수 있는 정보만을 갖고 있더라도 많은 도움이 된다. 우리의 비지도 특징 학습에서는 원시 데이터를 바로 사용해 동작시킬 수 있지만, 모델의 동작 원리에 대해 이해하는 것은 훨씬 어려운 일이다.

이런 이슈는 이 책에서 다루지 않을 것이다. 이런 결론을 내리기에는 아직 너무 이르다. 또 더 나은 딥러닝의 발전과 해당 제품에 대해 비즈니스 관점과 사람들이 사용하는 방식에 따라 서서히 신뢰도 있는 제품이 만들어질 것이라 믿는다.

이미지 인식

시각은 인간의 가장 중요한 감각 중 하나다. 음식을 먹을 때도, 위험한 것을 피할 때도, 친구나 가족과 시간을 보내는 대부분의 생활에서도 시각을 사용한다. 또한 책을 읽고 있는 이 순간에도 책에 인쇄된 모든 글자와 기호를 인식하기 위해 시각에 의존한다. 하지만 이미지 인식은 오랜 기간 동안 컴퓨터 과학 분야가 마주한 가장 어려운 문제 중 하나로 자리매김해 왔다. 특정 물체가 어떠한 특성을 가지고 있는지 컴퓨터에게 바로 설명하는 작업은 까다롭고, 컴퓨터 프로그램이 서로 다른 물체를 인식할 수 있도록 만들기까지는 너무 어렵다. 하지만 딥러닝에서는 뉴럴 네트워크가 각각의 물체가 어떤 특성을 띠는지 스스로 학습할 수 있다. 따라서 딥러닝은 이미지 인식과 같은 분야에서 최적의 방법으로 사용되고 있다.

5장에서는 다음과 같은 주제를 다룬다.

- 인공 모델과 생물학적 모델의 유사성
- 컨볼루션 네트워크의 정의와 고찰
- 컨볼루션 레이어(Convolutional layers)
- 풀링(pooling) 레이어
- 드롭아웃(Dropout)
- 딥러닝에서의 컨볼루션 레이어

인공모델과 생물학적 모델 사이의 유사성

인간의 시각 인식 과정은 매우 복잡한 구조를 갖고 있다. 시각 기관은 망막(retina), 시상 (thalamus), 시각 피질(thalamus), 하측두 피질(Inferior Temporal cortex) 등을 통해 현실을 단계 적으로 파악해 동작한다. 망막에 들어가는 입력값은 시신경을 통해 시상으로 전달되는 색채 강도에 해당하는 이차원 배열이다. 시상은 후각 기관을 제외한 신체의 모든 감각 기관으로 부터 정보를 받아들인 후, 망막으로부터 얻어 낸 시각 정보를 선, 이동 방향 등의 기본 정보 를 추출하는 V1이라 부르는 시각 피질인 선조 피질(primary visual cortex)로 전송한다. 이후 시 각 정보는 색채 해석과 여러 조명 각도에서도 색상을 유지시키는 V2 영역과 색채를 구체화하 고 형태를 담당하는 V3, V4 영역으로 전달된다. 마지막으로 시각 정보는 물체와 안면을 인 식하기 위해 하측두(Inferior Temporal, IT)로 전달되고, 이 하측두 영역은 후하측두(posterior IT), 중간 하측두(central IT), 전하측두(anterior IT)로 세분화된다. 그리고 뇌는 여러 단계에 걸 쳐 시각 정보를 처리한다. 사람의 뇌는 각각의 단계에서 현실을 단순화해 추상화된 기호를 만들고 서로 재결합시키는 방식으로 작동하는 것처럼 보인다(J. DiCarlo, D. Zoccolan, and N. Rust, How does the brain solve visual object recognition? https://www.ncbi.nlm.nih.gov/pmc/articles/ PMC3306444에서 자세히 살펴볼 수 있다).

지금까지의 딥러닝 뉴럴 네트워크로 살펴봤던 RBM 등은 추상적인 기호를 생성해 이와 비 슷한 방식으로 작동했다. 그렇지만 감각 정보를 이해하기 위한 또 다른 중요한 부분은 '감각 으로부터 추출된 정보는 대부분 가장 밀접하게 연관된 정보에 의해 결정된다'는 것이다. 서로 인접한 픽셀들끼리는 매우 밀접한 관련을 맺고 있으며, 인접한 픽셀끼리의 집단 정보는 서로 멀리 떨어진 곳에 위치한 픽셀에서 추출할 수 있는 정보에 비해 연관성이 크다는 사실을 그 림으로 추측할 수 있다.

또 다른 예를 살펴보자. 음성을 이해하려면 앞과 뒤의 연결된 음절끼리의 관계에 관한 3음 소(tri-phones)에 관한 연구가 왜 중요한지에 대해 설명했다(3장 참조). 문자나 숫자를 인식하려 면 서로 인접한 픽셀들이 지니고 있는 의존성을 이해해야 한다. 이 의존성을 통해 0인지 1인 지, 각 요소의 모양이 어떻게 다른지를 추측해 결정해야 한다. 보통 0을 구성하고 있는 픽셀 들로부터 멀리 떨어진 곳에 위치한 픽셀은 숫자 '0'을 이해하는 데 큰 도움이 되지 않거나 전 혀 관계가 없다. 컨볼루션 네트워크는 바로 이런 문제를 해결하기 위해 만들어졌다. 컨볼루 션 네트워크는 서로 가까운 뉴런들에게 받은 정보를 멀리 떨어져 있는 뉴런으로부터 얻은 정보보다 유의미하도록 어떤 방법을 사용해서 뉴런에 적용하는 방법이다. 이를 영상 인식 분야에 적용하면 뉴런이 서로 인접한 픽셀로부터 얻은 정보는 처리하고 서로 멀리 떨어진 픽셀로부터 오는 정보는 무시하도록 할 수 있다.

직관적 이해와 정의

3장, '딥러닝의 기초'에서 이미 알렉스 크리즈헵스키, 일야 수츠케버, 제프리 힌턴이 2012년에 발표한 논문에 대해 설명했다. 컨볼루션 레이어의 기원은 1980년대까지 거슬러 올라가지만, 이것이야말로 이미지 처리와 인식 분야에서 처음으로 컨볼루션 레이어의 중요성을 강조한 논문들 중 하나다. 오늘날 이미지 인식 분야에서는 어느 정도의 컨볼루션 레이어를 사용하지 않는 곳을 찾기 힘들 정도가 됐다.

이전에 설명했듯이 고전적인 피드 포워드 신경망에서 발생하는 중요한 문제 중 하나는 특히 중간 이상의 이미지를 처리할 때 많이 발생하는 과적합이다. 이는 뉴럴 네트워크가 갖고 있는 파라미터의 양이 엄청나게 많을 때 나타나는 현상이다. 실제로 고전적인 뉴럴 네트워크에서 한 층 내의 모든 뉴런은 다른 뉴런과 연결돼 있고, 그 다음에 오는 뉴런과도 빠짐없이 연결돼 있다. 파라미터가 많아지면 과적합 문제가 발생할 가능성이 더 높아진다. 아래 그림에서 알 수 있듯이 모든 점을 연결한 후 선을 그려 데이터를 조정할 수 있다. 또 데이터와 선이 정확하게 일치하지는 않지만, 미래에 데이터가 추가돼도 예측할 가능성은 더 높아진다.

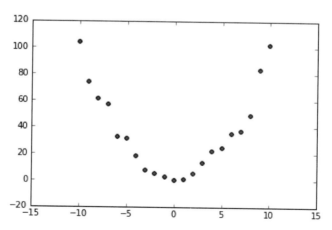

그림 1. 위 그림에서 각각의 점은 데이터 입력값들을 의미한다. 점들은 확실히 포물선의 형태를 따르는 것처럼 보이지만, 데이터에 포함된 노이즈 때문에 포물선의 모양을 정확하게 따르고 있지는 않다.

아래에 제시된 두 장의 그림 중 첫 번째는 데이터를 과적합시킨 것이고, 두 번째는 예측값이 미래의 데이터를 더 정확하게 예측할 수 있도록 예측값을 데이터와 연결시킨 것이다. 첫 번째의 경우, 곡선 ($y = ax^2 + bx + c$)를 설명하는 데 필요한 파라미터는 세 개뿐이다. 두 번째의 경우, 곡선을 의미하는 방정식을 만들기 위해서는 파라미터가 훨씬 더 많이 필요하다. 이 경우, 파라미터의 수가 많아지면 더 이상 좋다고 표현하기 힘든 과적합으로 어떻게 이어지는지를 직관적으로 보여 주고 있다. cifar10(10개의 클래스로 분류할 수 있는 6만 개의 32 × 32 이미지로 구성된 컴퓨터 비전 데이터 세트를 5장의 여러 예시에서 보게 된다) 예시에 포함된 수준의 작은 이미지를 위한 고전적인 피드 포워드 네트워크는 입력값의 크기가 3 × 32 × 32다. 이 크기는 이미 단순한 mnist 숫자 이미지의 네 배에 달하는 수치다. 3 × 64 × 64와 같은 더 큰 이미지의 경우, 연결 웨이트의 수를 곱하면 16배에 달하는 입력 뉴런의 수가 더 필요하게 된다.

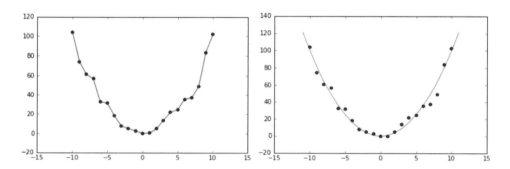

왼쪽 그림은 데이터와 정확하게 일치하는 선이 보인다. 오른쪽 그림은 각각의 데이터에 해당하는 점을 연결한 선을 근사시키는 형태를 띠는 모양을 갖고 있지만, 각각의 점과 정확히 일치하지는 않는다. 두 번째 곡선은 실제 입력값보다 정확하지는 않지만, 좌측의 곡선에 비해 미래의 데이터 점들을 더 잘 예측할 수 있다.

컨볼루션 네트워크는 피드 포워드 네트워크에 비해 필요한 파라미터의 수가 적다. 컨볼루션 네트워크에서의 뉴런은 인접한 픽셀에 해당하는 뉴런에만 연결되면 충분하고, 또 결과적으로 과적합을 방지하게 된다. 또 파라미터의 개수를 줄이기 때문에 계산 시에도 여러 장점이 있다. 뒤이어 소개하는 몇몇 컨볼루션 네트워크를 직관적으로 이해한 후 일반화된 정의로 넘어갈 것이다.

컨볼루션 레이어

컨볼루션 레이어('필터'라고 불리기도 한다)는 특정 기능을 강조하기 위해 이미지를 조작하는 독특한 형태의 신경망이다. 자세히 살펴보기 전에 몇몇 코드와 예제를 확인하면서 컨볼루션 필터에 대해 알아보자. 이를 통해 필터를 직관적으로 살펴볼수 있으며, 해당하는 개념을 좀 더 쉽게 이해할 수 있다. 아래 예시에서는 데이터를 손쉽게 불러오기 위해 케라스 데이터 세트를 사용한다.

먼저 넘파이를 불러온다. 그리고 mnist 데이터 세트와 데이터를 보여 주기 위해 matplotlib를 불러온다.'

```
import numpy
from keras.datasets import mnist
import matplotlib.pyplot as plt
import matplotlib.cm as cm
```

정수를 다룰 수 있도록 메인 함수를 정의해 보자. 데이터 세트는 mnist 이미지 데이터 세트를 사용하고, 이번 경우에 필터는 blur 필터로 정의해 사용한다.

```
def main(image, im_filter):
    im = X_train[image]
```

그런 다음, 크기가 (im.width −2, im.height −2)인 새로운 이미지 imC를 정의한다.

```
    width = im.shape[0]
    height = im.shape[1]
    imC = numpy.zeros((width-2, height-2))
```

여기서 컨볼루션을 실행하지만, 이 부분은 다음에 설명한다(실제로는 서로 다른 파라미터에 따라 여러 종류의 컨볼루션이 있지만, 지금은 기본적인 개념만 설명하고 자세한 내용은 뒤에서 다룬다).

```
    for row in range(1,width-1):
        for col in range(1,height-1):
            for i in range(len(im_filter[0])):
                for j in range(len(im_filter)):
                    imC[row-1][col-1] += im[row-1+i][col-1+j]*im_filter[i][j]
```

```
        if imC[row-1][col-1] > 255:
            imC[row-1][col-1] = 255
        elif imC[row-1][col-1] < 0:
            imC[row-1][col-1] = 0
```

이제 원래의 이미지와 새로운 이미지를 보여 줄 준비가 됐다.

```
    plt.imshow( im, cmap = cm.Greys_r )
    plt.show()
    plt.imshow( imC/255, cmap = cm.Greys_r )
    plt.show()
```

3장, '딥러닝 기초'에서 다뤘던 방법으로 케라스를 활용해 mnist 데이터 세트를 불러올 준비를 마쳤다. 그러면 딥러닝 필터도 정의해 보자. 필터는 각각 입력되는 실제 값을 정의하는 작은 영역(이 경우에는 3 × 3 에 해당하는 크기를 갖고 있다)을 의미한다. 아래 예시에서는 모두 같은 값을 가진 필터를 만든다.

```
blur = [[1./9, 1./9, 1./9], [1./9, 1./9, 1./9], [1./9, 1./9, 1./9]]
```

이제 아홉 개의 시작점을 가지고 있고, 값을 9등분으로 나누어 정규화해서 1/9로 설정한다.

데이터 세트 안의 모든 이미지(각각의 위치를 의미하는 정수로 표현된다)에서도 메인 함수를 호출할 수 있다.

```
if __name__ == '__main__':
  (X_train, Y_train), (X_test, Y_test) = mnist.load_data()
  blur = [[1./9, 1./9, 1./9], [1./9, 1./9, 1./9], [1./9, 1./9, 1./9]]
  main(3, blur)
```

지금까지 다뤘던 내용들을 살펴보자. 필터의 각각의 시작점과 원본 이미지의 시작점들을 곱하고 결괏값을 모두 더해 하나의 값을 구했다. 필터의 크기는 이미지의 크기보다 작기 때문에 필터를 1픽셀만큼 이동시키고 이미지 전체를 덮을 수 있을 때까지 이런 과정을 계속 반복했다. 필터는 모두 1/9로 같은 값을 갖기 때문에 모든 입력값을 근사시킨 값들과 평균을 낸 값을 가진다. 그리고 나면 이미지를 흐리게 보이는 효과를 만들 수 있다.

결과는 다음과 같다.

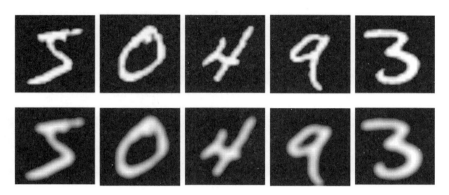

위 그림은 원본 mnist 이미지고, 아래 그림은 blur 필터를 적용한 새로운 이미지다.

필터를 선택할 때는 어떤 원하는 값이라도 사용할 수 있지만, 위의 경우 사용한 값은 모두 동일하다. 그렇지만 서로 다른 값을 사용할 수도 있다. 예를 들면, 입력값의 인접하는 값들만 바라보고, 모두 더하고 중간 입력값을 뺀 값이다. 다음과 같이 새로운 필터를 정의하고 edges 라고 부르자.

```
edges = [[1, 1, 1], [1, -8, 1], [1, 1, 1]]
```

앞서 정의한 blur 필터 대신 위 필터를 적용하면, 다음과 같은 이미지를 얻을 수 있다.

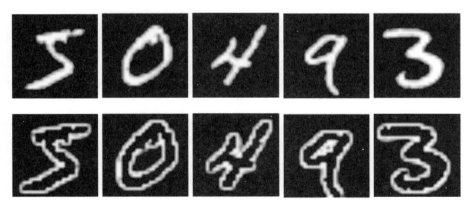

위 그림은 원본 mnist 이미지고, 아래 그림은 edges 필터를 적용한 새로운 이미지다.

따라서 필터가 이미지를 변경할 수 있으며, 이미지를 감지하고 분류할 수 있는 유용한 '특징'을 보여 주고 있는 것은 확실해 보인다. 예를 들어, 숫자를 분류할 때 테두리 내의 숫자는 중요하지 않다. edges와 같은 필터가 정확한 분류를 위해 중요한 숫자의 일반적인 모양을 확인하는 작업을 도와준다.

뉴럴 네트워크에서 생각했던 것과 동일한 방법으로 필터를 사용할 수 있다. 그리고 지금까지 정의한 필터는 웨이트로 구성된 모임이고, 모임의 마지막 값은 그다음 레이어에 있는 뉴런의 활성값을 의미한다(사실, 이런 예제들을 다루기 위해 특정 웨이트를 선택하더라도 실제로 이 웨이트는 역전파를 사용한 뉴럴 네트워크를 통해 학습된다).

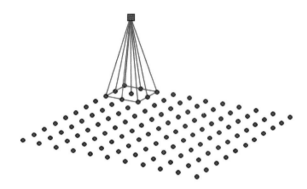

필터는 고정된 지역만을 품고 있다. 필터는 지역 안에 포함된 각각의 뉴런과 다음 레이어의 뉴런으로 연결하는 웨이트를 결정한다. 그리고 다음 레이어 내의 뉴런은 모든 연결 웨이트로 조정된 모든 입력 뉴런의 기여도를 합한 정규 활성값과 동일한 입력값을 갖고 있다.

그리고 다음 그림처럼 같은 웨이트를 사용하고 통과 필터만 이동해서 필터링 이미지만 바꾸는 새로운 뉴런 모임들을 계속 만들 수 있다.

이미지의 모든 영역을 전부 처리할 때까지 이 과정을 반복적으로 실행할 수 있다. 그리고 우리가 원하는 필터 개수만큼 이 과정을 반복하면 새로운 이미지 모임을 만들 수 있다. 각 이미지에서는 서로 다른 기능이나 특징이 강조된다. 또한 우리 예제에서는 필터에 바이어스를 사용하지 않았지만, 뉴럴 네트워크에서 바이어스를 추가할 수도 있고, 또 다른 활성화 함수를 정의할 수도 있다. 우리의 코드 예제에서는 값을 강제로 (0,255) 사이에 집어넣었고, 이 함수는 간단한 임계 함수라고도 볼 수 있다.

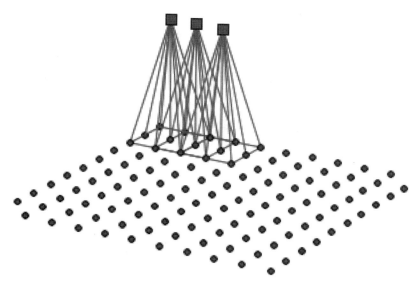

필터가 이미지를 따라 이동하면서 결과 이미지 내의 뉴런으로 새로운 활성값을 정의한다.

그러면 여러 필터를 정의하는 것을 가정해 보자. 결과물이 하나의 이미지가 아닌 여러 이미지로 구성된 이미지 집합이고, 각각의 이미지는 하나의 필터에 해당한다. 'edges'와 'blur' 필터만 사용하면 결과 레이어는 두 개의 이미지를 갖고, 각 이미지는 선택된 필터 하나에 해당한다. 그래서 결과물은 가로, 세로 외에도 선택한 필터의 개수만큼 깊이를 갖게 된다. 또 컬러 이미지를 입력값으로 넣으면 입력 레이어 또한 깊이를 가질 수 있다. 이미지는 보통 세 종류의 채널로 구성돼 있다. 이 채널은 컴퓨터 그래픽에서 RGB 형식으로 표현되는 적색, 녹색, 청색 채널을 의미한다. 우리 예시에서 필터는 이차원의 매트릭스로 표현했다(예를 들면, blur 필터는 모든 시작점이 1/9인 3 × 3 크기를 가진 매트릭스다). 그렇지만 입력 이미지가 컬러라면 필터는 또 깊이를 갖게 되고(이 경우, 깊이는 컬러 채널의 수와 동일한 3이 된다), 따라서 (컬러 채널의 수인) 세 개의 3 × 3 매트릭스로 표현된다. 그래서 일반적으로 필터는 가로, 세로, 깊이를 갖는 3차원 매트릭스로 표현되고, 이 3차원 매트릭스가 의미하는 것은 부피(volume)와 같다. 이전의 예시에서 mnist 이미지는 오직 흑백만을 갖기 때문에 필터의 깊이는 1이 된다. 따라서 깊이 d를 갖는 일반적인 필터는 가로, 세로 길이가 모두 동일한 d개의 필터로 구성된다. 여기서 각각의 d 필터는 '나누는(slice) 필터' 또는 '잎(leaf) 필터'라고 불린다.

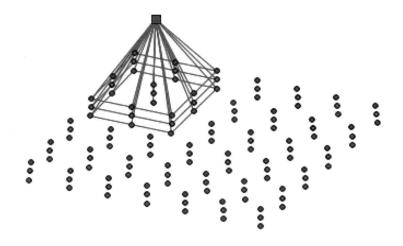

이전 예제와 마찬가지로 각각의 '잎' 또는 '나누는' 필터에서는 서브 영역 내의 각 뉴런과 연결돼 있고, 바이어스 또한 뉴런과 연결돼 있다. 그리고 필터 내의 연결된 웨이트 모임을 통해 정의된 활성값을 계산할 수 있으며, 전 영역에 걸쳐 필터가 이동한다. 이런 과정을 손쉽게 계산하기 위해 필터에 의해 정의된 웨이트 개수 × 잎의 개수(우리의 예시에서는 $3 \times 3 = 9$)에 바이어스 하나를 더한 개수와 동일한 개수만큼의 파라미터가 필요하다. 이 과정에서 입력값 내의 특정 특징이 두드러지면 이곳에서의 '특징 맵(feature map)'을 만든다. 위의 예제 코드에서는 'blur'와 'edges' 두 가지 특징 맵을 정의했다. 그러면 파라미터의 수와 특징 맵의 개수만큼 곱셈하는 일이 필요해진다. 각 필터에서의 웨이트는 정해진 값이라는 것을 유념해야 한다. 지역 내에서 필터를 이동하는 동안, 웨이트는 변하지 않는다. 그래서 크기(가로, 세로, 깊이)를 가진 레이어와 (filter_w, filter_h) 차원을 가진 필터가 있다면, 컨볼루션을 적용한 결과 레이어는 (width - filter_w + 1, height - filter_h + 1)이 된다. 새로운 레이어의 깊이는 어떤 특징 맵을 만들고 싶은지에 따라 바뀐다. 이전의 mnist 코드 예제에서 blur와 edges 필터를 모두 적용했을 때 숫자들은 흑백 스케일의 이미지로 하나의 채널밖에 없기 때문에 입력 레이어의 크기는 $(28 \times 28 \times 1)$이 된다. 그리고 우리가 정의한 필터의 차원이 (3×3)이고, 두 종류의 필터를 사용하기 때문에 결과 레이어의 차원이 $(26 \times 26 \times 2)$가 된다. 그렇다면 파라미터의 수는 18개 $(3 \times 3 \times 2)$나 바이어스를 더할 경우 20$(3 \times 3 \times 2 + 2)$개가 된다. 이는 고전적인 피드 포워드 네트워크를 이용할 때와 비교하면 엄청나게 적은 숫자다. 50개의 뉴런으로 이뤄진 단순한 히든 레이어를 가진 피드 포워드 네트워크에서도 $784 \times 50 = 39,200$개의 파라미터가 필요하고, 이에 바이어스를 더하면 필요한 파라미터의 개수는 3만 9,250개에 달한다.

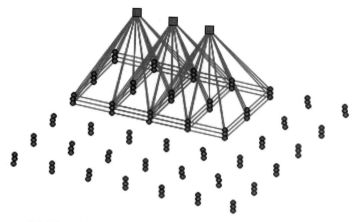

레이어를 구성하는 모든 '잎'에서 이미지 전 영역에 걸쳐 필터를 이동시킨다.

컨볼루션 레이어에서는 더 효과적으로 실행할 수도 있다. 각각의 뉴런에서의 입력값은 오직 인접하는 뉴런에서만 가져오고, 서로 멀리 떨어져 있는 뉴런에서의 입력값을 가져오는 것에는 신경 쓰지 않는다.

컨볼루션 레이어에서의 보폭과 메우기

지금까지 살펴봤던 예시들에서 그림을 통해 표현된 예제들은 필터에서 특정한 하나의 응용 사례만 다루고 있다(선택한 파라미터에 따라 여러 종류의 컨볼루션이 존재한다). 사실, 필터의 크기 뿐 아니라 필터가 이미지 내에서 이동하는 방법과 이미지 양 끝에서 수행할 액션에 따라 사용하는 방법도 다양하다. 위의 예시에서는 필터는 한 번에 1픽셀만큼 옮겼다. 필터를 이동할 때마다 건너뛰는 픽셀의 수를 보폭(stride)이라고 한다. 위의 예제에서는 보폭을 1로 했고, 보통 큰 값을 사용하지는 않지만, 2 이상의 큰 값을 사용할 수도 있다. 이 경우, 결과 레이어는 더 작은 가로와 세로를 갖게 된다.

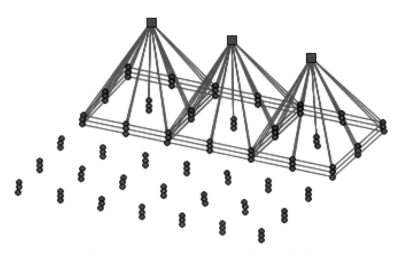

보폭을 2로 적용한 필터. 필터는 한 번에 2픽셀만큼 이동한다.

또 부분적으로 원본 사진 바깥에서 필터를 부분적으로 적용하는 것 또한 가능하며, 이 경우에 부분적으로 적용하며 놓친 뉴런의 값은 0이 된다. 이런 과정을 '메우기(padding)'라고 한다. 다시 말하면, 원 이미지 바깥 부분에 값이 0인 뉴런을 더하는 일이다. 메우는 작업은 결과 이미지가 입력 이미지와 같은 크기를 가져야 할 경우, 유용하게 사용할 수 있다. 위의 예시처럼 (width, height)의 크기를 갖는 입력 이미지와 (filter_w, filter_h)에 해당하는 차원을 갖는 필터로 메우는 값이 0일 경우, 새로운 결과 이미지의 크기를 표현하는 식은 (width-filter_w+1, height-filter_h+1)로 표현했다. 모든 이미지 영역에 메우기(P)를 사용하면 결과 이미지의 크기는 (width+2P-filter_w+1, height+2P-filter_h+1)이 된다. 요약하면, 각 차원에서(가로나 세로에서), 나눠진 입력값의 크기를 $I = (I_w, I_h)$라 하고, 필터의 크기를 $F = (F_w, F_h)$, 보폭의 크기를 $S = (S_w, S_h)$, 메우는 크기를 $P = (P_w, P_h)$와 같이 표현하면, 나눠진 출력값의 크기 $O = (O_w, O_h)$는 다음과 같이 표현할 수 있다.

$$O_w = \frac{\left(I_w + 2P_w - F_w \right)}{S_w} + 1$$

$$O_h = \frac{\left(I_h + 2P_h - F_h \right)}{S_h} + 1$$

당연히 보폭 (S)에 대해 제한을 하나 두고 있다. 가로, 세로 방향에서 $(I+2P-F)$로 모두 나눠 줘야 한다. 최종 부피의 차원은 원하는 만큼의 특징 맵의 수를 곱해 얻을 수 있다.

대신, 사용된 파라미터 W의 수는 메우는 작업과 보폭과 무관하게 결정된다. 필터의 크기(의 제곱), 입력값의 깊이(D, 나누는 개수)와 선택된 특징 맵의 개수(M)로 구성된 함수에 지나지 않는다.

$$W = \left(D * F_w F_h + 1\right) * M$$

결과 차원과 입력 차원을 동일하게 만들어 보이도록 하고 싶을 때 메우는 작업을 사용하면 유용하다(또는 이미지를 0으로 채우기 때문에 '0으로 메우기(zero-padding)'라고도 불린다). (2 × 2) 차원의 필터를 사용하면 값을 1로 메우거나 보폭을 적용하면 나누는 결과의 차원은 입력 차원과 같은 크기를 갖게 되는 것은 분명한 사실이다.

풀링 레이어

'컨볼루션 레이어' 섹션의 마지막에 컨볼루션 레이어 내의 각 부분(slice)의 크기를 구하는 공식을 구했다. 이미 설명했듯이, 컨볼루션 레이어에서는 필요한 파라미터의 숫자가 적기 때문에 수행 능력을 향상시키고 과적합을 줄일 수 있다는 장점을 갖고 있다. 컨볼루션 연산을 실행하고 나면, 풀링(pooling)이라는 연산을 실행한다. 가장 고전적인 예시 중 하나는 맥스(max) 풀링으로, 각 부분당 (2 × 2)의 그리드를 만들어 각 그리드에 최대 활성값을 갖는 뉴런을 선택하고 나머지는 버리는 방법이다. 이 연산 중에 각 셀(cell)에서 기여도가 가장 큰 뉴런들만 남기고, 뉴런들의 75%를 즉시 버린다.

컨볼루션 레이어에서 다뤘던 보폭과 메우는 파라미터처럼 각각의 풀링 레이어는 셀의 크기와 보폭이라는 파라미터를 가진다. 바로 셀의 크기와 보폭이다. 일반적으로 셀 크기를 2, 보폭을 2로 설정하지만 셀 크기를 3, 보폭을 2로 설정해 좀 겹치게 생성해도 상관없다. 하지만 셀 크기가 너무 크면, 풀링 레이어가 너무 많은 정보를 버려서 효과적이지 않다는 것을 기억해야 한다. 컨볼루션 레이어에서 공식을 도출했던 것과 비슷한 방법으로 풀링 레이어의 결괏값을 구하는 공식을 도출할 수 있다. 이전과 마찬가지로, 입력을 나눈 값의 크기를 I, 셀 크기(또는 수용 영역)를 F, 보폭의 크기를 S, 결괏값의 크기를 O로 설정한다. 보통 풀링 레이어에서 메우기는 사용하지 않는다. 각각의 차원에서 다음과 같은 공식을 구할 수 있다.

$$O_w = \frac{\left(I_w - F_w\right)}{S_w} + 1$$

$$O_h = \frac{\left(I_h - F_h\right)}{S} + 1$$

풀링 레이어는 레이어 부피의 깊이에 영향을 미치지 않는다. 또한, 입력값을 나눈 부분에서도 독립적으로 수행하기 때문에 입력의 나눈 개수와 동일한 숫자로 계속 유지된다.

또 여러 활성화 함수를 사용할 수 있는 것처럼 여러 풀링 연산을 사용할 수도 있다는 것을 알아 둬야 한다. 맥스 풀링을 가장 많이 사용하지만, 모든 값의 평균을 하거나 심지어 모두 제곱해 더한 L2 측정값을 사용하는 것도 심심찮게 볼 수 있다. 실제 사용 시에는 이미지에 적절한 구조를 갖고 있는 맥스 풀링이 더 효과적으로 작동하는 경우가 많다.

풀링 레이어는 여전히 가장 자주 사용하는 방법 중 하나지만, 때때로 단지 더 큰 보폭을 사용하는 컨볼루션 레이어를 사용해 더 나은 결과를 얻어 낼 수도 있다는 것에 주의해야 한다(J. Springerberg, A.Dosovitskiy, T. Brox, and M. Riedmiller, Striving for Simplicity: The All ConvolutionalNet,(2015), https://arxiv.org/pdf/1412.6806.pdf 참고).

하지만 풀링 레이어의 경우, 일반적으로 여러 컨볼루션 레이어의 순서(sequence) 중에서 골라 사용해야 한다.

풀링 레이어에서는 추가로 웨이트나 바이어스가 필요하지 않고 단지 값(예를 들면, 최댓값)을 빼기만 할 뿐이기 때문에 새로운 파라미터가 더 필요하지 않다는 사실은 꼭 짚고 넘어가야 한다.

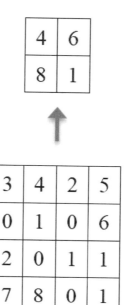

위 그림은 맥스 풀링 레이어에 대한 예시다. 2×2의 크기를 가진 매트릭스 내의 각각의 칸에서 최댓값을 계산해 새로운 레이어를 만든다.

드롭아웃

풀링 레이어 이후에 적용할 수 있는 중요한 기법이 있다. 이는 완전히 연결돼 있는 레이어에 적용해 만들 수 있는 방법으로, 일부 뉴런과 그 뉴런에 해당하는 입력값과 결괏값에 대한 연결을 무작위나 주기적으로 떨어뜨리는 것이다. 드롭아웃 레이어에서는 네트워크에서 떨어뜨리기 위해 확률 p를 상세하게 표현한다. 각 뉴런은 한 번의 트레이닝 기간 동안 네트워크에서 떨어뜨리기 위한 확률 p와 그대로 갖고 있을 확률 $(1-p)$를 갖고 있다. 그러면 다른 뉴런에 그만큼 의존하는 뉴런은 없게 된다. 또 각 뉴런이 네트워크에 유용한 '어떤 것'을 학습하게 된다. 이에는 더 작은 네트워크로 학습하기 때문에 시간이 매우 적게 걸린다는 것과 과적합을 방지한다는 장점이 있다(N.Srivastava, G. Hinton, A. Krizhevsky, I. Sutskever, and R. Salakhutdinov, Dropout: A Simple Way to Prevent Neural Networks from Overfitting, in Journal of Machine Learning Research 15 (2014), 1929-1958, http://www.jmlr.org/papers/volume15/srivastava14a.old/source/srivastava14a.pdf 참고).

하지만 드롭아웃 레이어가 반드시 컨볼루션 레이어만 사용하는 것은 아니며, 실제로 드롭아웃 레이어는 서로 다른 뉴럴 네트워크 아키텍처에서도 여러 애플리케이션에서 사용된 예시를 볼 수 있다. 드롭아웃 레이어는 과적합을 줄이기 위한 정규화 기술이라고 할 수 있다. 현재까지 다룬 것들을 코드 예제에 직접 사용해 보자.

딥러닝에서의 컨볼루션 레이어

딥러닝에 대한 몇 가지 개념들을 설명할 때 '딥(deep)'이라는 단어는 단순히 뉴럴 네트워크에서 많은 레이어를 사용할 뿐 아니라 더 깊은(deeper) 학습 과정을 갖고 있다고 했다. 더 깊은 학습 과정 뒤에는 특징을 자동으로 학습할 수 있는 능력을 갖춘 뉴럴 네트워크가 있다. '컨볼루션 레이어' 섹션에서 신경망이 특정한 특징을 도와주는 필터를 정의했지만, 사실 이것이 우리가 원하는 것은 아니다. 이미 여러 번 설명했지만, 딥러닝의 핵심은 시스템이 스스로 학습한다는 점이다. 어떤 특징이나 특성이 중요하고, 숫자의 일반적인 모양을 강조하는 edges 레이어를 적용해 숫자를 어떻게 인식해야 할지 네트워크에게 가르쳐야 한다면, 이 역할을 사람이 직접 해야 한다. 그렇다면 사람에게는 관계가 있지만 네트워크에게는 관계없는 특징들을 학습하도록 해야 한다. 조작자는 단지 레이어, 보폭, 메우는 크기와 뉴럴 네트워크가 학습해야 하는 피처 맵의 수를 설정할 뿐이다. 뉴럴 네트워크는 지도학습과 역전파를 통해 각 필터의 연결 강도를 자동적으로 설정한다.

이미 위의 컨볼루션 레이어에 대한 설명으로 훨씬 간단히 요약할 수도 있겠지만, 3장, '딥러닝의 기초'에서 이미 소개했듯이 컨볼루션 레이어는 규칙적으로 완전히 연결된 레이어라고 생각할 수도 있다. 사실, 컨볼루션 레이어의 두 가지 주요 특징은 각각의 뉴런은 오직 입력 레이어의 작은 영역과만 연결되며, 이 해당 영역이 같으면 영역 내의 서로 다른 부분도 같은 웨이트를 공유한다는 것이다. 이 두 가지 속성은 (컨볼루션 레이어의 지역 연결성 때문에 발생한) 0이 많은 희박한 매트릭스를 생성하는 정규 레이어로 렌더링될 수 있고, 연결 강도가 반복된다(여러 번의 나눔을 걸치는 동안 파라미터가 속성을 공유하기 때문이다). 희소 행렬(matrix of weights which is sparse)을 생성하는 방식으로 이뤄진다. 이런 핵심을 이해하면, 컨볼루션 레이어가 완전히 연결된 레이어에 비해 훨씬 적은 수의 파라미터의 개수를 갖는 이유를 분명히 알 수 있다. 바로 컨볼루션 레이어의 웨이트 강도를 의미하는 매트릭스의 값이 대부분 0 값의 진입점으로 구성되기 때문이다. 하지만 5장에서는 앞에서 시각적으로 제시된 예제(이미지를 흐리게 하거나 숫자 윤곽을 선명하게 하는 등)를 통해 컨볼루션 레이어가 어떤 방식으로 원본 이미지의 특징을 강조시키는지 제시해 직관적으로 이해할 수 있도록 해 준다.

또 다른 핵심 사항 중 하나는 컨볼루션 레이어는 일반적으로 32, 64, 96, 128 등과 같이 2를 반복해서 나눌 수 있는 수로만 깊이를 가진다는 점이다. 맥스 풀링 레이어와 같은 풀링 레이어를 사용할 때 결과 이미지가 정수로 이뤄진 차원을 가져야 한다. 그래서 보폭과 메우는 크기를 정의한 것과 비슷하게 풀링 레이어(만약 크기가 (2,2)이면)가 입력 레이어의 크기를 해당 크기로 분할시킨다.

테아노에서 컨볼루션 레이어 활용하기

지금까지 컨볼루션 레이어가 어떻게 동작하는지 알아봤다. 이제 테아노를 사용한 컨볼루션 레이어에 대한 간단한 예시를 살펴보면서 향상법을 살펴보자.

필요한 모듈들을 불러오는 것부터 시작하자.

```
import numpy
import theano
import matplotlib.pyplot as plt
import theano.tensor as T
from theano.tensor import nnet
import skimage.data
import matplotlib.cm as cm
```

테아노는 이미 우리가 정의해 놓은 연산의 기호로 표현한 것으로 동작한다. 또 케라스를 활용하는 예시는 그 다음에 살펴본다. 케라스는 뉴럴 네트워크를 더 쉽게 만들어 주는 훌륭한 인터페이스를 제공하지만, 테아노(또는 텐서플로)를 바로 사용하는 경우에 비해 유연하게 사용하기 힘들다.

피처 맵의 수(컨볼루션 레이어의 깊이)와 필터의 크기를 결정해 네트워크 연산에 필요한 변수들을 정의할 수 있으며, 테아노의 텐서 클래스(Theano tensor class)를 이용해 입력값을 기호로 정의할 수 있다. 테아노는 이미지 채널을 분리된 차원으로 다루기 때문에 입력값을 tensor4로 정의한다. 다음으로 -0.2에서 +0.2 사이의 값을 갖는 무작위 분포(random distribution)를 사용해 연결 웨이트 값을 초기화한다. 마지막으로 테아노 컨볼루션 레이어 작업을 불러왔고, 결괏값에 로지스틱 시그모이드 함수를 적용할 준비가 끝났다.

```
depth = 4
filter_shape = (3, 3)

input = T.tensor4(name='input')

w_shape = (depth, 3, filter_shape[0], filter_shape[1])
dist = numpy.random.uniform(-0.2, 0.2, size=w_shape)
W = theano.shared(numpy.asarray(dist, dtype=input.dtype),name = 'W')
conv_output = nnet.conv2d(input, W)
output = T.nnet.sigmoid(conv_output)
f = theano.function([input], output)
```

임포트한 skimage 모듈은 이미지를 로딩하는 데 사용할 수 있다. 우주인 이미지를 불러와 이미 정의한 테아노 함수에 맞게 이미지 모양을 수정하고, 테아노 함수에 적용한다. 여기서 테아노 함수를 불러올 수도 있다.

```
astronaut = skimage.data.astronaut()
img = numpy.asarray(astronaut, dtype='float32') / 255
filtered_img = f(img.transpose(2, 0, 1).reshape(1, 3, 512, 512))
```

이것이 끝이다. 이제 다음과 같은 간단한 코드를 활용해 원본 이미지와 필터링된 이미지를 출력할 수 있다.

```
plt.axis('off')
plt.imshow(img)
plt.show()
for img in range(depth):
  fig = plt.figure()
  plt.axis( 'off')
  plt.imshow(filtered_img[0, img, :, :, ], cmap = cm.gray)
  plt.show()
  filename = "astro" + str(img)
  fig.savefig(filename, bbox_inches='tight')
```

만약 테아노에서 사용된 웨이트를 시각적으로 살펴보고 싶다면 print W.get_value()를 통해 값을 출력할 수 있다.

이 코드에 대한 결과는 다음과 같다. 무작위 시드(random seed)를 고정하지 않았기 때문에 웨이트를 무작위로 초기화하면, 독자들은 조금 다른 이미지를 얻을 수 있다.

원본 이미지와 필터링된 이미지

케라스를 활용한 숫자 인식 컨볼루션 레이어 예제

3장에서는 케라스를 이용해 숫자를 분류하는 간단한 뉴럴 네트워크에 대해 소개했고, 이때 얻었던 결괏값은 94%였다. 5장에서는 컨볼루션 레이어를 사용해 99%까지 올려본다. 실제로는 초기화 때의 변동성 때문에 약간의 차이가 발생할 수도 있다.

우선, 400개의 히든 뉴런을 사용해 정의한 뉴럴 네트워크를 30 에포크만큼 작동시킨다. 이를 통해 정확도를 96.5%까지 끌어올릴 수 있다.

```
hidden_neurons = 400
epochs = 30
```

다음에는 입력값을 스케일링하는 작업을 한다. 이미지는 픽셀로 이뤄져 있으며, 각각의 픽셀은 0에서 255 사이의 정수값을 갖고 있다. 아래의 코드 네 줄을 활용해 값을 유리수로 변환하고 0에서 1 사이로 스케일링할 수 있다.

```
X_train = X_train.astype('float32')
X_test = X_test.astype('float32')
X_train /= 255
X_test /= 255
```

위의 뉴럴 네트워크를 실행하면 정확도가 더 낮아져 92%를 간신히 넘기지만, 걱정할 필요는 없다. 다시 스케일링해(rescaling) 함수의 기울기 값을 바꿨고, 결과적으로 훨씬 더 완만히 수렴하게 되는 결과를 만들었지만, 더 쉬운 해결책이 있다. 위 코드에서 model.compile 함수 안에는 'sgd'와 동일한 옵티마이저(optimizer) 함수가 정의돼 있다. 'sgd'는 표준의 확률론적인 경사 하강법(stochastic gradient descent)으로 최솟값으로 수렴하는 기울기를 활용한다. 하지만 케라스는 다른 방법도 제공한다. 특히, 아다델타(adadelta)는 자동으로 모멘텀을 사용해 학습률을 경사도에 따라 조절한다. 학습률은 경사도에 반비례하지만, 뉴럴 네트워크가 지나치게 느린 속도로 학습하거나 지나치게 빠른 속도로 학습해 최솟값을 건너뛰는 것을 방지할 수 있다. 아다델타를 사용하면 시간이 지날 때마다 동적으로 파라미터를 조절할 수 있다 (Matthew D. Zeiler, Adadelta: An Adaptive Learning Rate Method, arXiv:1212.5701v1(https://arxiv. org/pdf/1212.5701v1.Pdf 참고).

메인 함수 안에서 다음의 컴파일 함수를 변경하고 사용한다.

```
model.compile(loss='categorical_crossentropy',
              metrics=['accuracy'], optimizer='adadelta')
```

알고리즘을 다시 실행하면 98.25%에 해당하는 정확도가 나타난다. 먼저 정의했던 빡빡한 (완전히 연결된) 레이어를 수정하고, 시그모이드 함수를 대신해 ReLU 활성화 함수를 사용해 보자.

```
model.add(Activation('relu'))
```

이제 대략 98.4% 정도의 정확도를 얻었다. 그렇지만 문제는 고전적인 피드 포워드 아키텍처를 활용해 뭔가를 더 하더라도 정확도를 향상시키기는 매우 어렵다는 것이다. 에포크의 숫자를 늘리거나 히든 뉴런의 개수를 조정하더라도 뉴럴 네트워크에서 데이터가 적절하게 일반화되지 않고, 데이터가 과적합되기 때문에 다른 이점을 기대하기 어렵다. 따라서 아래 예시에서 컨볼루션 네트워크를 사용해 소개하고자 한다.

이 컨볼루션 레이어를 사용하는 방법을 소개하려면 입력값이 0과 1 사이의 값을 갖도록 범위를 조정해야 한다. 컨볼루션 레이어에서 사용할 수 있도록 데이터를 크기 (28, 28, 1)=(이미지 가로, 이미지 세로, 채널 개수)로 재조정하고, 히든 뉴런의 개수를 200개 이하로 줄였지만, 여기서는 시작 레이어에 보폭이 1이고 메우는 것이 없는(no padding) 3×3 필터로 시작해 보자. 그 다음 레이어에서는 보폭이 2, 크기가 2인 맥스 풀링 레이어를 붙인다. 그런 다음, 부피 (컨볼루션 레이어가 가로, 세로, 깊이로 이루어져 있으므로 부피 그 자체다)를 납작하게 만들어서 100개의 히든 뉴런으로 만든 규칙적이고 빡빡한 레이어로 전달해야 한다. 코드는 다음과 같다.

```
from keras.layers import Convolution2D, MaxPooling2D, Flatten
hidden_neurons = 200
X_train = X_train.reshape(60000, 28, 28, 1)
```

```
X_test = X_test.reshape(10000, 28, 28, 1)
model.add(Convolution2D(32, (3, 3), input_shape=(28, 28, 1)))
model.add(Activation('relu'))
model.add(MaxPooling2D(pool_size=(2, 2)))
model.add(Flatten())
```

또한 에포크의 개수를 8까지 줄일 수 있으면, 대략 98.55%의 정확도를 얻을 수 있다. 보통 짝으로 이뤄진 컨볼루션 레이어를 사용하기 때문에 위 코드와 비슷한 두 번째 코드를 풀링 레이어 앞에 추가시켜야 한다.

```
model.add(Convolution2D(32, (3, 3)))
model.add(Activation('relu'))
```

자, 이제 98.9% 의 정확도를 얻었다.

정확도를 99%까지 올리기 위해 앞서 다룬 드롭아웃 레이어를 추가한다. 어떤 새로운 파라미터도 추가하지 않고, 과적합을 방지하는 데 도움을 준다. 드롭아웃 레이어를 납작해진 (flatten) 레이어 바로 앞에 추가한다.

```
from keras.layers import Dropout
model.add(Dropout(0.25))
```

이번 예시에서는 드롭아웃율을 25% 정도로 사용한다. 그래서 각각의 뉴런은 네 번마다 무작위로 드롭된다.

드롭아웃을 추가하면 99% 이상으로 끌어올릴 수 있다. 더 향상시키고 싶다면 (정확도는 초기화에 따라 조금 달라질 수도 있다) 드롭아웃 레이어를 히든 레이어 다음에 더 추가하고, 에포크의 수를 늘릴 수도 있다. 이 작업은 빡빡해진 최종 레이어가 과적합될 가능성이 높기 때문에 강제로 무작위로 드롭아웃시키도록 만든다. 최종 코드는 다음과 같다.

```
import numpy as np
np.random.seed(0) #for reproducibility
from keras.datasets import mnist
from keras.models import Sequential
from keras.layers import Dense, Activation, Convolution2D,
MaxPooling2D, Flatten, Dropout
from keras.utils import np_utils
```

```
input_size = 784
batch_size = 100
hidden_neurons = 200
classes = 10
epochs = 8

(X_train, Y_train), (X_test, Y_test) = mnist.load_data()
X_train = X_train.reshape(60000, 28, 28, 1)
X_test = X_test.reshape(10000, 28, 28, 1)
X_train = X_train.astype('float32')
X_test = X_test.astype('float32')
X_train /= 255
X_test /= 255
Y_train = np_utils.to_categorical(Y_train, classes)
Y_test = np_utils.to_categorical(Y_test, classes)
model = Sequential()
model.add(Convolution2D(32, (3, 3), input_shape=(28, 28, 1)))
model.add(Activation('relu'))
model.add(Convolution2D(32, (3, 3)))
model.add(Activation('relu'))
model.add(MaxPooling2D(pool_size=(2, 2)))
model.add(Dropout(0.25))
model.add(Flatten())
model.add(Dense(hidden_neurons))
model.add(Activation('relu'))
model.add(Dense(classes))
model.add(Activation('softmax'))
model.compile(loss='categorical_crossentropy',
metrics=['accuracy'], optimizer='adadelta')
model.fit(X_train, Y_train, batch_size=batch_size,
        epochs=epochs, validation_split = 0.1, verbose=1)
score = model.evaluate(X_train, Y_train, verbose=1)
print('트레이닝 정확도:', score[1])
score = model.evaluate(X_test, Y_test, verbose=1)
print('테스트 정확도:', score[1])
```

이 뉴럴 네트워크를 더 최적화할 수도 있지만, 여기서의 핵심은 대회에서 우승할 정도의 성능을 뽑아 내기보다는 성능을 향상시키기 위해 지금까지 밟아왔던 과정을 이해하는 것이다. 또한 사실 지금까지 컨볼루션 레이어를 사용해 더 작은 개수의 파라미터를 사용함으로써 뉴럴 네트워크의 과적합을 방지했던 사실을 이해하는 것 또한 매우 중요하다.

케라스를 활용한 cifar10 컨볼루션 레이어 예제

드디어 **cifar10** 데이터 세트상에서 동일한 뉴럴 네트워크를 시도해 볼 수 있게 됐다. 3장, '딥러닝의 기초'에서는 테스트 데이터를 갖고 50% 정도의 낮은 정확도를 얻었다. mnist 데이터 세트에서 사용했던 코드를 갖고 새로운 네트워크에서 테스트하려면 코드를 조금 수정하면 된다. 그러면 **cifar10** 데이터부터 불러와 보자(모양을 다시 수정하지 않고, 해당하는 줄을 삭제한다).

```
(X_train, Y_train), (X_test, Y_test) = cifar10.load_data()
```

그런 다음, 첫 번째 컨볼루션 레이어에 대한 입력값을 수정해 보자.

```
model.add(Convolution2D(32, (3, 3), input_shape=(32, 32, 3)))
```

이 네트워크를 5 에포크만큼 작동시키면 대략 60% 정도의 정확도를 얻을 수 있다(50%보다는 상향된 것이다). 10 에포크만큼 작동시키면 66%의 정확도를 얻을 수 있지만, 이때부터 뉴럴 네트워크에서 과적합이 발생하고, 수행 능력이 더 이상 향상되지 않는다.

물론 **cifar10** 이미지는 $28 \times 28 = 784$픽셀이 아닌 $32 \times 32 \times 3 = 3072$픽셀로 구성돼 있어서 처음 두 컨볼루션 레이어에 몇 개의 컨볼루션 레이어를 추가해야 한다.

```
model.add(Convolution2D(64, (3, 3)))
model.add(Activation('relu'))
model.add(Convolution2D(64, (3, 3)))
model.add(Activation('relu'))
model.add(MaxPooling2D(pool_size=(2, 2)))
model.add(Dropout(0.25))
```

일반적으로 큰 컨볼루션 레이어는 작은 크기로 분할하는 것이 바람직하다. 예를 들어, 두 개의 연속되는 (3×3) 컨볼루션 레이어가 있다면, 첫 번째 레이어는 입력 이미지의 (3×3) 뷰, 두 번째 레이어는 각 픽셀에 대해 (5×5)의 뷰를 갖게 된다. 그렇지만 각 레이어는 계속 쌓이는 비선형적인 특징을 갖기 때문에 (5×5)의 단일 필터만을 생성했을 때보다 더 복잡하고 흥미로운 입력 특징들을 만들 수 있게 된다.

이런 네트워크를 3 에포크로 작동하면 정확도도 60% 안팎으로 상회하지만, 20 에포크로 개수를 올려 작동하면 간단한 네트워크를 사용해도 정확도는 75%까지 올릴 수 있다. 최신 기술의 컨볼루션 네트워크에서는 90%의 정확도를 자랑하지만, 훨씬 더 오래 걸리고 복잡하다. 바로 다음에 소개할 중요한 컨볼루션 네트워크 중 하나인 VGG-16은 중요한 컨볼루션 뉴럴 네트워크 중 하나다. 다음에서 해당 아키텍처를 그림으로 설명하고 유저가 케라스, 테아노, 텐서플로 등의 언어를 사용해 실행해 본다(이 네트워크는 원래 카페(Caffe: 버클리에서 개발한 중요한 딥러닝 플레임워크, http://caffe.berkeleyvision.org 참고)를 통해 만들어졌다).

뉴럴 네트워크를 다룰 때는 뉴럴 네트워크가 학습한 웨이트를 '볼' 수 있어야 한다. 네트워크가 학습하는 특징들을 이해할 수 있도록 만들어 주고, 더 나은 조정(tuning)을 할 수 있도록 도와준다. 아래의 간단한 코드를 활용하면 각 레이어에 대한 모든 웨이트를 출력할 수 있다.

```
index = 0
numpy.set_printoptions(threshold='nan')
for layer in model.layers:
  filename = "conv_layer_" + str(index)
  f1 = open(filename, 'w+')
  f1.write(repr(layer.get_weights()))
  f1.close()
  print (filename = " has been opened and closed")
index = index+1
```

예를 들어, 첫 번째 컨볼루션 레이어인 레이어 0의 연결 강도에 관심이 있다면, 이 웨이트를 이미지에 적용해 네트워크가 어떤 특징을 강조하는지 확인해 볼 수 있다. 이 필터들을 우주인 이미지에 적용하면 다음과 같은 결과를 얻을 수 있다.

각각의 필터가 어떻게 서로 다른 특징을 두드러지게 하는지 확인할 수 있다.

사전 학습

이미 살펴봤듯이 뉴럴 네트워크와 특히 컨볼루션 네트워크에서는 복잡한 방정식에서 구체적인 입력값이 주어졌을 때 정확한 출력값을 얻어 내기 위한 상관계수처럼 네트워크 내의 웨이트를 조정할 수도 있다. 이 조절 작용은 역전파를 통해 움직이며, 선택한 뉴럴 네트워크 아키텍처하에서 가장 최적의 해결책에 근접하도록 만들어 준다. 케라스와 같은 라이브러리는 자동으로 이런 과정을 수행한다. 그렇지만 이 시점에서 다뤄야 할 중요한 것이다.

제한된 볼츠만 머신은 입력값을 목표로 하는 결괏값으로 사용해 네트워크가 자동으로 입력값의 대표성을 학습하고, 이에 따라 웨이트를 조절해 사전 학습을 하도록 한다. 이 주제는 4장, '비지도 특징 학습'에서 다뤘다.

또한 좋은 결괏값을 만들기 위한 여러 종류의 사전 훈련된 뉴럴 네트워크가 있다. 이미 살펴봤듯이 컨볼루션 레이어에 대해 많은 연구가 활발히 이뤄지고 있고, 괄목할 만한 성과를 거두고 있다. 네트워크를 사용해서 이미 학습된 웨이트를 재사용해 다른 프로젝트에 적용하면 시간을 절약할 수도 있다.

시모니언(K. Simonyan)과 지저만(A. Zisserman)의 논문 「매우 큰 스케일의 영상 인식을 위한 매우 깊은 딥 컨볼루션 네트워크(Very Deep Convolutional Networks for Large-Scale Image Recognition(arXiv:1409.1556, http://arxiv.org/pdf/1409.1556v6.pdf))」에서 사용된 VGG-16 모델은 이미지 인식을 위한 주요 모델 중 하나다. VGG-16 모델의 입력값은 고정된 224 × 224 RGB 값 이미지이며, 여기서 유일한 사전 처리(pre-processing)는 트레이닝 세트에서 이미 계산된 RGB 값의 평균을 빼 버리는 것이다. 이 네트워크 아키텍처의 개요는 다음 그림에 나타나 있다. 사용자는 이런 네트워크를 스스로 향상시키는 여러 가지 방법을 시도해 볼 수는 있지만, 실행 과정에서 계산에 많은 과부하가 걸릴 수 있다. 네트워크의 아키텍처는 다음과 같다.

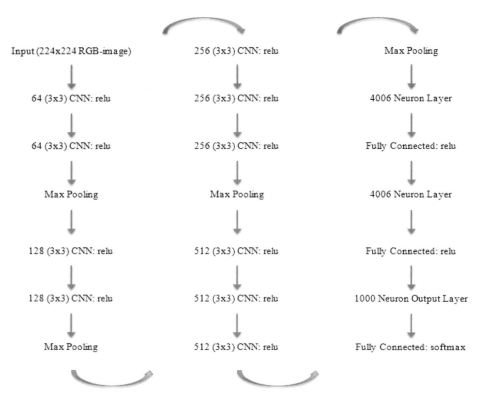

시모니언과 지저만의 VGG-16 컨볼루션 레이아키텍처

흥미 있는 또 다른 예제는 바로 알렉스넷(AlexNet) 네트워크다. 이는 알렉스 크리체브키(Alex Krizhevsky), 일야 슈츠케버(Ilya Sutskever), 제프리 힌턴의 논문인 「딥 컨볼루션 뉴럴 네트워크를 사용한 이미지넷 분류(ImageNet Classification with Deep Convolutional Networks, in Advances in Neural Information Processing Systems 25 (NIPS 2012), https://papers.nips.cc/paper/4824-imagenet-classification-with-deep-convolutional-neural-networks)」에 포함됐던 내용이다. 이 책에서는 다루지 않지만, 관심 있는 사람은 한번 읽어보기 바란다. 또한 https://github.com/fchollet/deep-learning-models에서 VGG-16과 다른 네트워크를 위한 코드 예시들을 확인할 수 있다.

컨볼루션 레이어를 위해 따라야 하는 일반적인 아키텍처는 없다는 사실은 어느 정도 확실해 졌다. 그렇지만 일반적으로 제시하는 가이드라인은 있다. 보통의 풀링 레이어는 컨볼루션 레이어를 따라가고, 흔히 일반적으로 두 개 이상의 연속된 컨볼루션 레이어를 쌓아 복잡한 특징들을 찾는다(바로 직전의 VGG-16 네트워크 예시와 마찬가지 방식이다). 컨볼루션 레이어는 매우 강력하다. 하지만 많은 자원(예를 들어, 위의 VGG-16의 경우는 꽤 복잡하다)과 긴 학습 시간이 필요하다. 그렇기 때문에 GPU를 사용하면 성능을 향상시킬 수 있다. 컨볼루션 네트워크의 강점은 전체 이미지에 초점을 두지 않고, 서로 다른 입력값 사이의 구별 인자(discriminating factor)를 찾아 내기 위한 더 작은 세부 영역에 초점을 둬 이미지를 구성하는 특징을 찾아 내려고 한다. 컨볼루션 레이어는 엄청난 양의 자원이 필요하기 때문에 풀링 레이어를 도입해 어떤 복잡성도 추가하지 않고 파라미터의 수를 줄이도록 한다. 이와 동시에 드롭아웃 레이어를 사용해 어떤 뉴런도 다른 뉴런에 지나치게 의존하지 않도록 함으로써 결과적으로 각 네트워크의 요소들이 학습에 기여할 수 있게 됐다.

5장은 시각 피질의 작동 방식과 비유하면서 시작했다. 그 후 컨볼루션 레이어에 대해 소개하고, 컨볼루션 레이어가 어떤 원리로 작동하는지에 관해 직관적으로 이해할 수 있도록 했다. 또 필터를 소개하고, 필터가 어떻게 서로 다른 크기와 메우는 크기를 가질 수 있는지 살펴봤고, 메우기를 0으로 설정했을 때 출력된 이미지가 원본 이미지와 동일한 크기를 갖도록 하는지 살펴봤다. 또한, 풀링 레이어는 복잡성을 줄이고, 드롭아웃 레이어는 뉴럴 네트워크가 훨씬 더 효과적으로 패턴과 특성을 인식하는 데 도움을 준다. 특히, 과적합을 줄일 때 많은 도움이 된다.

주어진 예제 중 특히 mnist 예제에서 뉴럴 네트워크의 컨볼루션 레이어가 어떤 원리로 동작하는지 코드를 통해 살펴봤다. 파라미터의 수에 제한을 두고, 모델의 과적합을 방지해 정규 딥 뉴럴 네트워크의 결과보다 훨씬 더 높은 99% 이상의 정확도를 얻게 됐다. 6장에서는 음성 인식에 대해 다루고, 그 다음에는 보드 게임을 위한 딥러닝과 비디오 게임을 위한 딥러닝을 소개한다. 7, 8장에서는 지도학습이나 비지도학습이 아닌 강화학습(reinforcement learning)을 사용한 모델들의 예시를 살펴본다.

## CHAPTER 6

순환 뉴럴 네트워크와 언어 모델

5장에서 다뤘던 뉴럴 네트워크 아키텍처에서는 고정된 크기의 입력값과 결괏값만을 사용했다. 이미지 인식(5장, '이미지 인식')의 컨볼루션 네트워크에서 고정된 크기의 결과 벡터를 사용했다. 6장에서는 순환 뉴럴 네트워크(Recurrent Neural Networks, RNNs)를 소개하고, 이 문제를 풀어본다. RNN은 변수들의 이름 대신 그 자체의 시퀀스를 통한 순환 관계에 의해 정의된 변수 길이를 사용한다.

입력된 값에서 임의적인 시퀀스를 처리하기 위한 방법은 RNN이 음성 모델링이나 음성 인식('언어 모델링' 섹션)과 같은 분야에서 빛을 발한다. 이론상으로 RNN은 튜링 완성(Turing Complete)[1]이 증명된 어떤 문제에도 적용할 수 있다. 이 말은 이론상으로 컴퓨터가 계산할 수 없는 어떤 문제라도 시뮬레이션이 가능하다는 것이다. 예를 들면, 구글 딥마인드가 공개한 '뉴럴 튜링 머신(Neural Turing Machines)' 모델에서는 정렬과 같은 간단한 알고리즘을 실행하는 방법을 학습한다.[2]

6장에서는 다음과 같은 주제들을 다룬다.

- 토이 문제들을 풀어 보면서 간단한 RNN을 훈련시키고 만들어 본다.
- RNN 훈련 도중 기울기가 사라지거나(vanishing) 폭발하는 (exploding) 문제에 대해 살펴보고, 이 문제를 해결하는 방법에 대해 다룬다.
- LSTM 모델을 위한 장기 메모리 학습(long-term memory learning)을 다룬다.

- 언어 모델과 RNN을 이 문제에 적용하는 방법을 다룬다.
- 음성 인식을 딥러닝에 적용하기 위한 간단한 방법을 소개한다.

순환 뉴럴 네트워크

RNN은 같은 함수를 시퀀스에 따라 주기적으로 적용한다는 것에서 유래했다. RNN은 다음의 함수를 정의함으로써 순환 관계를 나타낼 수 있다.

$$S_t = f(S_{t-1}, X_t)$$

S_t — 단계 t에서의 상태 —는 함수 f에 이전 단계 $t-1$의 상태와 현재 상태의 입력값 X_t로 계산한 것이다. 이 순환 관계는 시퀀스에 따라 각 단계별로 상태를 이끌어 내는 방법을 정의한다. 아래의 그림에서 알 수 있는 것처럼 이전 상태를 반영한 피드백을 계속 반복한다.

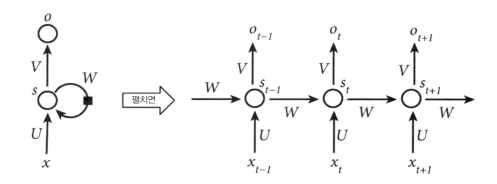

[3] 왼쪽: RNN의 순환 관계를 시각적으로 설명한 것. $S_t = S_{t-1} * W + X_t * U$. 결괏값은 $o_t = V*S_t$
오른쪽: RNN을 t-1, t, t+1 시퀀스대로 반복적으로 펼쳐 설명한 것. 파라미터 U, V, W는 모든 단계에서 동일한
파라미터로 공유한다.

다음의 함수 f는 어떤 미분 가능한 함수도 될 수 있다. 예를 들면, 간단한 RNN은 다음과 같은 순환 관계를 따르도록 정의한다.

$$S_t = tanh(S_{t-1} * W + X_t * U)$$

위에서 W는 상태 간의 선형 변환, U는 입력에서 상태까지의 선형 변환을 정의한다. *tanh* 함수는 로지스틱 함수나 *tanh*, ReLU 등 다른 변환 함수로 바꿔 사용해도 상관 없다. 이 관계는 위 그림에서 네트워크에서 생성하는 결과인 O_t로 설명할 수 있다.

예를 들면, 단어-단위의 언어 모델링에서 입력값 X는 입력 벡터(X_1 ... X_t ...)로 인코딩된 단어의 시퀀스다. 상태 S는 상태 벡터들의 시퀀스고, (S_1 ... S_t ...) 결과 O는 시퀀스에서 다음 단어가 나올 확률 벡터 (O_1 ... O_t ...)의 시퀀스다.

RNN 안에서의 각 상태들은 순환 관계에 따른 이전 계산을 바탕으로 한다. 이 말은즉슨, 상태 S가 이전 단계에서 나온 정보를 갖고 있어서 RNN은 시간에 따른 정보를 저장하는 메모리를 갖는다. RNN은 이론상으로 매우 긴 시간의 정보를 기억할 수 있지만, 현실상으로는 몇 단계 이전만 기억할 수 있다. 이에 관해서는 기울기의 사라짐과 폭발(Vanishing and exploding gradients)에서 좀 더 자세히 다룬다.

RNN은 처리하는 입력값의 크기에 제한을 두고 있지 않기 때문에 서로 다른 길이의 시퀀스나 다양한 크기의 뉴럴 네트워크를 계산할 수 있는 확률을 확장시킬 수 있다. 다음 그림은 만들 수 있는 시퀀스들의 몇 가지 조합을 시각적으로 보여 준다. 그 전에 그 조합에 대해 간단히 짚고 넘어가자.

- 일-대-일(One-to-one): 피드 포워드 뉴럴 네트워크가 컨볼루션 뉴럴 네트워크와 같은 비순차적인 처리 방법이다. 피드 포워드 네트워크와 RNN을 시간 단위 하나에 적용하는 것과는 크게 다르지 않다. 해당하는 예로는 5장, '이미지 인식'에서 설명한 일-대-일 처리를 들 수 있다.

- 일-대-다(One-to-many): 하나의 입력값에 따른 시퀀스를 만든다. 예로는 이미지의 캡션을 만드는 것을 들 수 있다.[4]

- 다-대-일(Many-to-one): 시퀀스에 따른 하나의 결괏값을 만든다. 대표적인 예로는 텍스트 내의 감정 표현을 들 수 있다.

- 간접적인 다-대-다(Many-to-many indirect): 상태 벡터 내에 넣는 인코딩된 시퀀스를 만든다. 이 상태 벡터는 이후에 새로운 시퀀스로 넣을 때 디코딩된다. 대표적인 예로는 언어 번역을 들 수 있다.[5], [6]

- 직접적인 다-대-다: 각 입력 단계에서의 결괏값을 만든다. 대표적인 예로는 음성 인식 내의 명성 음운(fame phoneme)을 분류하는 작업을 들 수 있다('음성 인식' 섹션에서 다룬다).

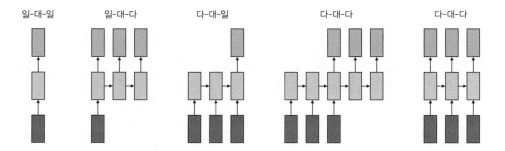

一-대-일   일-대-다   다-대-일   다-대-다   다-대-다

[7] Andrej Karpathy (2015). (RNN의 엄청난 효율성에 대하여) "The Unreasonable Effectiveness of Recurrent Neural Networks". URL: http://karpathy.github.io/2015/05/21/rnneffective
RNN은 뉴럴 네트워크로 계산할 수 있는 확률을 더 확장할 수 있다.
빨간색: 입력 X, 녹색: 상태 S, 파란색: 결괏값 O

📗 RNN — 향상 방법과 훈련 방법

이전의 '순환 뉴럴 네트워크' 섹션에서는 RNN이 무엇인지 설명하고 어떤 문제를 풀 수 있는지 간단하게 살펴봤다. 이제 RNN을 자세하게 다뤄 보자. 아주 간단한 토이 예시인 '시퀀스 내에 있는 것을 한 번씩 헤아리기'에서 훈련시키는 방법을 알아보자.

이 문제에서는 입력에서 시퀀스의 끝에 도달해 결괏값을 내놓기까지 기본적인 RNN이 몇 개의 숫자 1이 있는지 헤아리는 방법에 대해 다룬다. 파이썬과 넘파이를 활용해 향상시키는 것을 보여 줄 것이다. 입력과 결과에 대한 예시는 다음과 같다.

```
In: (0, 0, 0, 0, 1, 0, 1, 0, 1, 0)
Out: 3
```

우리가 훈련시킬 네트워크는 매우 기본적인 것이고, 그 모습은 아래 그림과 같이 설명할 수 있다.

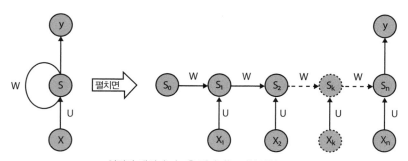

입력값 내의 숫자 1을 헤아리는 기본적인 RNN

네트워크는 단 두 개의 파라미터, 즉 입력 웨이트 U와 순환 웨이트 W를 갖고 있다. 결과 웨이트 V는 1로 설정하기 때문에 마지막 상태를 결과 y로 읽는다. 순환 관계는 다음의 네트워크 $S_t = S_t - 1 * W + X_t * U$에 따라 정의된다. 이 모델이 선형 모델이라는 것을 기억해야 한다. 이 식에 비선형 함수를 적용하지는 않았다. 이 함수는 다음과 같이 코드로 적을 수 있다.

```
def step(s, x, U, W):
  return x * U = s * W
```

1이 세 개 있기 때문에 우리가 원하는 값은 세 개가 나오는 것이고, 이 문제의 해답은 이 모든 입력의 시퀀스를 통과하며 나온 1의 개수의 합일 것이다. 만약 $U = 1$이라고 설정하면, 어떤 입력값을 받든 완전한 입력값을 받게 되고 $W = 1$이라고 설정하면, 값은 계속 쌓이고 없어지지 않을 것이다. 따라서 이번 예시에서는 원하는 결괏값인 3을 얻게 된다.

6장의 나머지에서 다룰 뉴럴 네트워크의 향상법과 훈련 과정은 흥미로울 것이다. 그러면 역전파를 통해 어떤 결과를 얻을 수 있는지 살펴보자.

■ 시간에 따른 역전파

시간에 따른 역전파 알고리즘은 순환 네트워크를 훈련시킬 때 사용하는 일반적인 알고리즘이다.[8] 이 이름은 2장, '뉴럴 네트워크'에서 다뤘던 역전파 알고리즘 자체에서 의미를 갖고 있다.

일반적인 역전파법을 이해했다면, 시간에 따른 역전파법을 이해하는 것도 별로 어렵지 않을 것이다. 가장 큰 차이점은 순환 네트워크에서는 각 시간 단계별 특정 숫자에 따라 펼쳐 놓아야 한다는 것이다. 이전 그림(입력값 내의 숫자를 한 번씩 헤아리는 간단한 RNN)에서 펼쳐진다는 의미를 설명했다. 펼쳐지는 것이 끝나면, 모델은 보통의 여러 레이어를 갖고 있는 피드 포워드 네트워크와 비슷해진다. 유일하게 다른 점은 각 레이어가 여러 개의 입력값을 갖고 있고 (즉, $S_t - 1$인 이전의 상태), 현재 입력값 (X_t)와 파라미터(여기서는 U와 W)가 각 레이어 사이를 공유한다는 것이다.

전방 통과는 시퀀스를 따르는 RNN을 풀어 버리고 각 단계에 따른 활동의 스택을 만든다. 입력 시퀀스 배치(batch)를 활용한 전방 단계는 다음과 같이 향상될 수 있다.

```
def forward(X, U, W):
  # 시퀀스를 따르는 각각의 예시를 위해 상태 활성을 초기화한다.
  S = np.zeros((number_of_samples, sequence_length+1))
  # 시퀀스들의 상태를 업데이트한다.
```

```
for t in range(0, sequence_length):
  S[:,t+1] = step(S[:,t], X[:,t], U, W)  # step function
return S
```

이 전방 단계가 끝나면 배치 내의 각 샘플과 각 단계의 S로 표현되는 결과 활성을 갖고 있다. 왜냐하면 연속적인 결과의 증감에 따른 결과를 원하기 때문이다(1이 나온 횟수의 합). 그리고 타깃 값과 결괏값 y를 반영한 결과 비용을 제곱 평균 오차 함수를 사용해 다음과 같이 정의한다.

```
cost = np.sum((targets - y)**2)
```

이제 전방 단계와 비용 함수를 갖고 있다. 그러면 기울기가 역으로 전파할 방법을 정의할 수 있다. 먼저, 비용 함수($\partial \xi / \partial y$)를 반영한 결과 y의 기울기를 도출할 수 있다.

기울기를 만들고 나면, 전방 방향으로 쌓아올렸던 활동을 바탕으로 역방향으로도 전파할 수 있다. 각 시간 단계별로 에러 미분값을 쌓은 스택에서 활성들을 하나씩 꺼낸다. 네트워크를 통해 이 기울기를 전파하는 순환 관계는 다음과 같이 표현할 수 있다.

$$\frac{\partial \xi}{\partial S_{t-1}} = \frac{\partial \xi}{\partial S_t} \frac{\partial S_t}{\partial S_{t-1}} = \frac{\partial \xi}{\partial S_t} W$$

파라미터의 기울기는 다음과 같은 방법으로 쌓아올릴 수 있다.

$$\frac{\partial \xi}{\partial U} = \sum_{t=0}^{n} \frac{\partial \xi}{\partial S_t} x_t$$

$$\frac{\partial \xi}{\partial W} = \sum_{t=1}^{n} \frac{\partial \xi}{\partial S_t} S_{t-1}$$

다음과 같은 향상법에 따라 각각 역방향의 단계를 거쳐 gU와 gW를 통해 U와 W의 기울기를 쌓는다.

```
def backward(X, S, targets, W):
    # 결괏값의 기울기를 계산한다.
    y = S[:,-1]    # 결괏값 `y`는 이 시퀀스에서 마지막 정렬값이다.
    # 기울기 w.r.t.의 비용 함수는 마지막 상태다.
```

```
    gS = 2.0 * (y - targets)
    # 기울기를 반대 방향으로 쌓아올린다.
    gU, gW = 0, 0 기울기 쌓은 개수를 0으로 설정한다.
    for k in range(sequence_len, 0, -1):
        # 파라미터 기울기를 계산하고 결괏값을 쌓아올린다.
        gU += np.sum(gS * X[:,k-1])
        gW += np.sum(gS * S[:,k-1])
        # 이전 레이어의 결과로 기울기를 계산한다.
        gS = gS * W
    return gU, gW
```

경사 하강법을 활용해 네트워크를 최적화해 보자.

```
learning_rate = 0.0005
# 초기 파라미터를 설정한다.
parameters = (-2, 0) # (U, W)
# 경사 하강법을 반복적으로 수행한다.
for i in range(number_iterations):
    # 기울기를 갖기 위해 피드 포워드와 역전파 모두 실행한다.
    S = forward(X, parameters(0), parameters(1))
    gradients = backward(X, S, targets, parameters(1))
    # p = p - (기울기 * 학습률)을 통해 각각의 파라미터 `p`를 업데이트한다.
    # 파라미터 `p`의 기울기는 `gp`이다.
parameters = ((p - gp * learning_rate)
              for p, gp in zip(parameters, gradients))
```

아직까지 문제는 남아 있다. 위 코드를 실행하면 최종 파라미터 U와 W의 결과는 Not a Number(NaN)로 나올 가능성이 높다. 다음 그림에서처럼, 에러 표면에서 파라미터를 업데이트 할 때 어떤 일이 발생하는지 확인해 보자. 파라미터는 최적의 파라미터($U=W=1$) 쪽으로 조금씩 움직이다가 최적의 값을 넘어서면 폭발적으로 증가한다($U=W=1.5$). 이 지점에서 기울기값이 폭발해 파라미터 값을 그림 바깥의 파라미터 값으로 만든다. 이것이 '기울기 폭발'이라고 알려진 문제다. '기울기 사라짐과 폭발' 섹션에서 이 문제가 왜 발생하고 어떻게 해결할 수 있을지 알아본다.

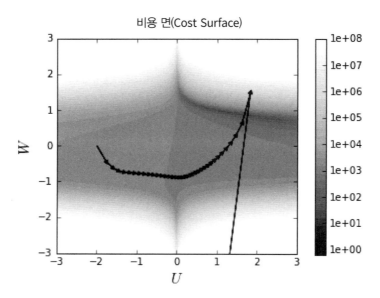

비용 면(Cost Surface)

파라미터는 그림에서처럼 에러 표면에서 경사 하강을 통해 업데이트한다.
에러 표면은 로그(logarithmic) 스케일에 따라 다른 색깔로 보인다.

■ 기울기 사라짐과 폭발

RNN은 피드 포워드나 컨볼루션 네트워크보다 훈련시키기가 어렵다. 몇몇 문제들은 RNN 그 자체에서 모든 상태들을 업데이트할 때마다 같은 웨이트 매트릭스들을 사용하면서 나오는 것이다.[9], [10]

'시간에 따른 역전파' 섹션의 마지막 그림은 기울기가 폭발하는 현상을 표현했다. RNN은 긴 시간의 컴포넌트로 보내기 때문에 RNN 트레이닝을 불안정한 상태로 만든다. 게다가 기울기가 사라지는 문제의 반대에 해당하는 문제도 존재한다. 긴 시간을 갖는 문제는 기하급수적으로 0으로 수렴하고, 모델은 매우 짧은 순간의 이벤트에서 학습할 수 없다. 이번에는 위 두 문제에 대해 자세히 설명하고, 어떻게 다룰지 확인해 보자.

시계열 형태의 모양의 시퀀스를 통해 기울기를 역으로 전파하는 순환 관계를 통해 기울기 사라짐 현상과 폭발 현상이 일어난다.

$$\frac{\partial S_t}{\partial S_{t-m}} = \frac{\dfrac{\partial S_t}{\partial S_{t-1}} * \cdots * \partial S_{t-m+1}}{\partial S_{t-m}} = W^m$$

위의 간단한 선형 RNN에서 $|W| > 1$이 되면 기울기가 기하급수적으로 증가한다. 이것이 바로 '기울기 폭발 현상'이라고 알려진 현상이다(예를 들어, W=1.5이면 50배 가까이 증가한다. $W^{50} = 1.5^{50} \approx 6 * 10^8$) 기울기가 $|W| < 1$일 경우에는 기울기가 기하급수적으로 줄어든다. 이것이 바로 '기울기 수축 현상'이라고 알려진 현상이다(예를 들면, W=0.6은 20배 떨어진다. $W_{20} = 0.6^{20} \approx 3 * 10^{-5}$). 웨이트 파라미터 W가 스컬러가 아닌 매트릭스라면, 기울기가 사라지거나 폭발하는 것은 W의 최대 아이겐벨류 값(ρ)(스펙트럼의 지름으로도 알려져 있다)에 달려 있다. $\rho < 1$로 값이 충분하면 기울기는 사라지고, $\rho > 1$로 값이 더 필요하면 폭발한다.

아래는 기울기 폭발 현상의 개념을 그림으로 설명한 것이다. 훈련하는 비용 표면은 매우 불안정하다. 작은 단계들을 활용하면, 기울기가 낮은 비용 함수의 안정된 부분으로 넘어갈 수 있다. 또 엄청난 값의 기울기를 만나면 비용이 갑작스럽게 오른다. 기울기가 엄청나게 크기 때문에 파라미터에도 엄청난 영향을 미친다. 원시 데이터가 있던 곳에서 멀어져 비용 표면에 도달하면 영향은 끝나게 된다. 이 경우 경사 하강을 사용한 학습이 불안정해지고, 어떤 경우에는 학습 자체를 불가능하게 만든다.

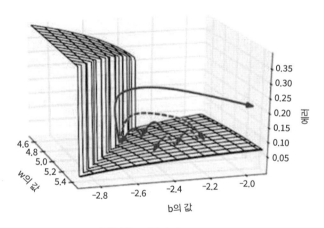

폭발하는 기울기에 대한 설명

기울기의 크기를 더 키우는 등 기울기가 폭발하는 현상에 대처할 수 있다. 몇 가지 방법은 다음과 같다.

- 기울기 고정하기. 한계점을 기울기가 가질 수 있는 최댓값으로 미리 설정한다.[11]
- 2차 최적화(Second order optimization, 뉴턴 메서드), 비용 함수의 곡률로 모델을 만든다. 곡률로 모델을 만들면, 낮은 곡률이 있는 경우에는 높은 단계를 통과하고, 높은 곡률

이 있는 경우에는 낮은 단계를 통과한다. 보통 계산적인 이유로, 두 번째 순서의 기울기 최적화만 사용한다.[12]

- 모멘텀(momentum)[13]과 같은 최적화 방법이나 지역 기울기보다 작은 것에 따라 변하는 RmsProp를 사용한다.[14]

예를 들어, 수렴할 수 없었던 네트워크(이전 그림의 폭발하는 기울기에 대한 설명 참고)를 Rprop와 함께[15] 다시 훈련시킬 수도 있다. Rprop은 모멘텀과 비슷한 방법으로 모멘텀 파라미터만을 업데이트할 때 기울기를 사용한다. 그래서 폭발하는 기울기에 영향을 받지 않는다. Rprop 최적화 기법을 사용하면 아래 그림과 같이 훈련에서 수렴한다는 것을 알 수 있다. 가파른 경사를 갖고 있는 지역에서 훈련을 시작한다는 것을 명심해야 한다(U=-1.5, W=2). 그리고 적절한 최적값(U=W=1)을 찾을 때까지 가파르게 수렴한다.

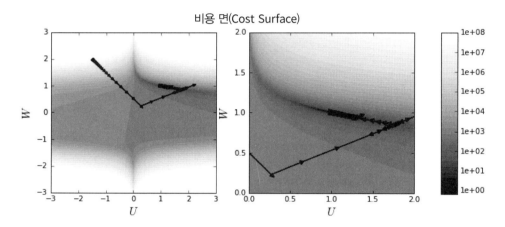

에러 표면에서 Rprop을 통한 파라미터 업데이트를 표현한 그림. 에러 표면은 로그 스케일을 따른다.

기울기가 사라지는 현상은 기울기가 폭발하는 현상과 반대다. 기울기가 몇 단계에 걸쳐 기하급수적으로 사라진다. 초기 상태의 기울기는 매우 작아지고, 이 상태를 기록하는 능력도 사라진다. 최근 시간 단계의 더 큰 기울기와 초기 시간 단계의 기울기는 비교 대상조차 되지 않는다. 호하이터(Hochreiter)와 슈미드후버(schmidhuber)[16]는 이 문제에 대해 다음과 같이 설명했다. *시간에 따른 역전파는 너무 민감해 흩어짐을 막기 힘들다.*

이 문제에서 (기울기 사라짐 현상과는 달리) 네트워크는 계속 학습 중인데다 계속 뭔가를 결과로 내놓기 때문에 감지하기가 더 어렵다. 그렇기 때문에 장기간 학습하는 것은 불가능하다. 이 문제를 해결하기 위해 많은 사람이 기울기 폭발에서 사용했던 방법과 비슷한 방법인 근삿값 시퀀스 최적화나 모멘텀과 같은 방법으로 해결책을 찾기 위해 시도했다. 이 해결책은 완전한 해결책과는 거리가 멀었고, 장기간으로 학습하는 간단한 RNN을 만들기는 매우 어려웠다. 운 좋게도, 기울기가 사라지는 문제에 대해 특별한 아키텍처로 메모리 셀을 만들어 사용하는 기발한 해결책이 나오게 됐다. 아래의 '장단기 메모리' 섹션에서 이 아키텍처에 대해 자세히 설명한다.

📰 장단기 메모리

이론상으로 간단한 RNN은 장기간의 학습이 불가능하다. 그렇지만 실제 학습 시에는 기울기가 사라지는 문제 때문에 단기간의 학습만 가능한 것처럼 보일 수 있다. 호하이터와 슈미드후버는 이 문제에 광범위하게 접근해 장기간 메모리(Long Short Term Memory, LSTM)라 부르는 해결책을 생각해 냈다.[16] LSTM은 특별히 만들어진 메모리셀을 사용해 장기간 학습을 할 수 있다. 최근의 다양한 문제에서 대부분의 성공적인 RNN 학습은 LSTM을 사용해 문제를 해결했다. 이번 섹션에서는 이 메모리 셀이 어떻게 사용되는지와 기울기가 사라지는 문제를 어떻게 해결할 수 있는지 알아본다.

LSTM의 주요 아이디어는 셀 상태다. 정보는 명시적으로만 써지거나 삭제되기 때문에 셀 상태는 셀 밖의 간섭을 받지 않고 일관되게 유지된다. 시간 t에 따른 셀 상태를 ct로 표현한 그림은 다음과 같다.

LSTM 셀 상태는 정보를 통과시키는 특정 게이트가 열리는 경우에만 바뀔 수 있다. 게이트는 로지스틱 시그모이드 함수와 요소별 곱셈으로 구성돼 있다. 로지스틱 함수는 0과 1의 결과만 갖고 있고, 요소별 곱셈은 문을 통과하면서 값을 낮출 수 있다. 보통의 LSTM은 망각 게이트, 입력 게이트, 결과 게이트를 갖고 있다. 각각의 문은 망각 게이트는 f, 입력 게이트는 i, 결과 게이트는 o로 표현한다. 셀 상태에서의 입력과 결과 모두 벡터라는 것을 기억해 둬야 한다. LSTM 각각의 시간 단계에 따라 서로 다른 정보 블록의 조합으로 구성할 수 있다. 이어지는 내용에서는 각각의 게이트에 대해 자세하게 설명한다.

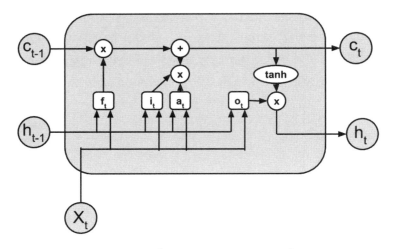

$$f_t = \sigma\left(W_f h_{t-1} + U_f x_t + b_f\right)$$
$$i_t = \sigma\left(W_i h_{t-1} + U_i x_t + b_i\right)$$
$$a_t = \tanh\left(W_c h_{t-1} + U_c x_t + b_c\right)$$
$$o_t = \sigma\left(W_o h_{t-1} + U_o x_t + b_o\right)$$
$$c_t = f_t * c_{t-1} + i_t * a_t$$
$$h_t = o_t * \tanh\left(c_t\right)$$

LSTM 셀

x_t, c_t, h_t는 각각의 t에 대한 입력값, 셀 상태, LSTM 결괏값이다.

LSTM의 첫 번째는 망각 게이트다. 셀 상태를 지울 것인지 결정하는 게이트기 때문에 이렇게 명명됐다. 망각 게이트는 호하이터가 제안한 원래의 LSTM에는 포함돼 있지 않지만, 거(Ger)와 다른 사람들이 제안했다.[17] 망각 게이트는 이전의 결괏값 h_{t-1}과 현재 입력값 x_t를 기반으로 결정한다. 이 정보들을 취합하고 로지스틱 함수로 정제해 셀 벡터들의 각 블록에서 0과 1 사이의 숫자로 결괏값을 내놓는다. 셀끼리의 벡터곱에서 결괏값이 0이면 해당하는 특정 셀은 완전히 지워 버리고, 결괏값이 1이면 해당 셀을 봉쇄해 모든 정보를 그대로 둔다. 이 방법은 LSTM이 셀 상태 벡터의 관계없는 정보들을 제거하는 데 도움을 준다.

$$f_t = \sigma\left(W_f h_{t-1} + U_f x_t + b_f\right)$$

이 게이트는 새로운 정보를 메모리셀에 어떤 방법으로 추가할지를 결정한다. 크게 두 부분으로 나누어 결정할 수 있다. 첫 번째 부분은 정보를 추가할지의 여부를 결정한다. 입력 게이트 안에서 h_{t-1}과 x_t를 바탕으로 결정하고, 로지스틱 함수에서 나온 셀 벡터의 각 셀 블록이 0과 1의 결괏값을 통해 내놓는다. 그 결과, LSTM은 셀 상태 벡터의 안의 특정 정보만을 저장할 수 있게 된다.

$$i_t = \sigma\left(W_i h_{t-1} + U_i x_t + b_i\right)$$

직전의 결괏값(h_{t-1})과 현재 입력값(x_t)이 $tanh$ 함수로 변환되면, 입력값 a_t가 추가된다.

$$a_t = \tanh\left(W_c h_{t-1} + U_c x_t + b_c\right)$$

망각 게이트와 입력 게이트는 원래의 셀 상태에 새로운 정보를 추가해 완전히 새로운 셀을 만든다.

$$c_t = f_t * c_{t-1} + i_t * a_t$$

마지막 게이트는 어떤 결과가 나올지를 결정하는 게이트다. 결과 게이트는 입력값으로 h_{t-1}과 x_t를 받아 로지스틱 함수를 통해 각각의 셀 블록 메모리에 들어갈 0과 1 사이의 값을 결괏값으로 내놓는다. 결괏값이 0이라면 셀 블록은 결과로 아무런 정보를 내놓지 않는다는 것이고, 결괏값이 1이라면 셀 블록 메모리가 가득 차 있어서 셀의 결과가 뒤바뀐다는 뜻이다. LSTM은 셀 상태의 벡터에서 정보에 대한 특정 결과 블록을 만들 수 있다.

$$o_t = \sigma\left(W_o h_{t-1} + U_o x_t + b_o\right)$$

최종 결괏값은 $tanh$ 함수가 변환한 셀 메모리 값이다.

$$h_t = o_t * \tanh\left(c_t\right)$$

이 모든 식들을 유도할 수 있기 때문에 '순환 뉴럴 네트워크' 섹션에서 RNN 상태들을 묶었던 것처럼 LSTM 셀들을 서로 묶어 시간에 따른 역전파를 통해 네트워크를 훈련시킬 수 있다. 시간에 따른 역전파를 통해 네트워크를 훈련시킬 수 있다.

그렇다면 LSTM은 어떻게 기울기 사라짐 현상을 방지할까? 단계를 거칠 때마다 기억 게이트가 1, 입력 게이트가 0이면 셀 상태는 완전히 동일하게 복사된다는 것을 알아 둬야 한다. 망각 게이트만이 셀 메모리를 완전히 지울 수 있다. 그래서 메모리는 긴 시간이 지나도 바뀌지 않는 상태로 남아 있을 수 있다. 또 *tanh* 활성을 통한 입력이 현재 셀 메모리에 추가되기 때문에 셀 메모리는 폭발하지 않고, 안정적인 상태를 유지한다.

아래 그림은 LSTM이 어떻게 실제 사용 시에 풀리는지 설명한다.

먼저, 이 네트워크에 입력값으로 4.2의 값이 주어졌다. 그리고 입력 게이트는 1로 설정돼 있어서 완전한 값들을 저장한다. 그리고 다음 두 개의 시간 단위가 지나면, 망각 게이트가 1로 설정돼 있고, 모든 정보는 이 단계에서 유지되며, 입력 게이트가 0으로 설정돼 있어서 어떤 정보도 추가되지 않는다. 그리고 마지막으로 결과 게이트가 1로 설정돼 있으므로 4.2가 결괏값으로 나오고, 값은 변하지 않고 그대로 유지된다.

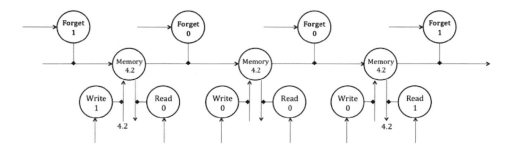

시간에 따라 LSTM을 풀어 낸 모습[18]

이전 그림에서 설명된 LSTM 네트워크가 애플리케이션에서 일반적으로 사용되는 것이라면, 많은 게이트를 서로 다른 순서 등으로 조합한 수많은 LSTM 네트워크들이 존재한다. 이 수많은 아키텍처를 이 책에서 설명하기에는 너무 많으므로 생략한다.

언어 모델링

언어 모델의 목표는 단어의 시퀀스에 대한 확률을 계산하는 것이다. 음성 인식, 광학 문자 인식(optical character recognition), 기계 번역, 철자 확인 등 많은 애플리케이션에서 가장 중요한 부분이다. 예를 들어, 영어에서는 렉커나이스 비치(wreck a nice, 멋진 해변가의 난파선)와 렉커나이즈 스피치(recognize speech, 음성 인식)의 발음이 매우 비슷하지만, 의미하는 바는 서로 다르다. 좋은 언어 모델은 대화의 맥락 속에서 어떤 문장이 더 적절한지 구별해 낸다. 이 섹션에서는 단어와 철자 단위의 언어 모델에 대해 살펴보고, RNN을 사용해서 어떻게 만드는지 확인해 본다.

🔖 단어 모델링

단어-기반의 언어 모델은 단어의 시퀀스에 따라 분포될 확률을 정의한다. 길이 m인 단어의 시퀀스가 주어져 있다면, 확률 $P(w_1, \ldots, w_m)$가 단어 시퀀스 전체에 할당된다. 이 확률의 애플리케이션은 두 배가 된다. 그런 다음, 그 단어를 자연 언어 애플리케이션 안에서 다른 문장에 사용할 때 나올 가능성을 측정할 수 있다. 혹은 새로운 텍스트를 만들 때도 사용할 수 있다.

■ 엔-그램

긴 시퀀스의 확률을 추론하는 것은 $w_1, \ldots, w_m$을 일반적인 방식으로는 구할 수 없기 때문이다. 아래의 체인 룰에 적용하면 $P(w_1, \ldots, w_m)$의 동시 확률(joint probability)을 계산할 수 있다.

$$P\left(w_1, \ldots, w_m\right) = P\left(w_1\right) P\left(w_2 \mid w_1\right) P\left(w_3 \mid w_2, w_1\right) \cdot \ldots \cdot P\left(w_m \mid w_1, \ldots, w_{m-1}\right)$$

기존의 주어진 단어들을 바탕으로 이어질 단어가 어떤 것인지 나올 확률을 측정하는 것은 어려운 일이다. 그래서 동시 확률은 j번째 단어는 n-1번째의 단어에만 종속적이라는 독립 가정하에 근사된다. n개의 순차적인 단어들의 조건부 확률을 모델링해서 '엔-그램(n-grams)'이라 한다. 엔-그램은 n개의 철자 등 길이 n의 다른 시퀀스를 갖고 와서 사용한다는 것을 기억해야 한다.

엔-그램 모델을 사용해 결합할 분포를 추론하는 것은 여러 개의 독립인 부분에서 결합 분포를 나눠 근사시키는 것이다. 엔-그램은 n개의 시퀀스로 정렬된 단어들이 여러 시퀀스로 조합된 것이다. 예를 들어, '그 재빠른 붉은여우(the quick brown fox)'라는 구 안에서는 다음과 같은 엔-그램이 존재한다.

- 1-그램: '그', '재빠른', '붉은', '여우'('유니그램'이라고도 한다).
- 2-그램: '그 재빠른', '재빠른 붉은' 그리고 '붉은 여우'('바이그램'이라고도 한다).
- 3-그램: '그 재빠른 붉은'과 '재빠른 붉은 여우'('트라이그램'이라고도 한다).
- 4-그램: '그 재빠른 붉은 여우'

엄청난 양의 텍스트 말뭉치를 갖고 있다면, 특정 (보통 2에서 4 사이의) n에 도달할 때까지 모든 엔-그램을 확인하고 이 말뭉치 안에 해당하는 엔-그램이 얼마나 많은지 헤아린다. 이 헤아린 개수를 활용해 직전의 n-1 단어들로 각 엔-그램의 마지막 단어가 나올 확률을 계산한다.

- 1-그램: $P(\text{단어}) = \dfrac{\text{개수}(\text{단어})}{\text{텍스트 말뭉치에 존재하는 개수}}$

- 3-그램: $P(w_i \mid w_{i-1}) = \dfrac{(w_{i-1}, w_i)\text{의 개수}}{(w_{i-1})\text{의 개수}}$

- 엔-그램: $P(w_{n+i} \mid w_n, \dots w_{n+i-1}) = \dfrac{(w_n, \dots w_{n+i-1}, w_{n+i})\text{의 개수}}{(w_n, \dots w_{n+i-1})\text{의 개수}}$

독립 가정은 i번째 단어는 바로 직전의 n-1 단어에 종속적이고, 결합 분포(joint distribution)를 측정할 때 사용한다.

예를 들어, 유니그램일 경우에는 다음과 같이 같이 결합 분포를 구할 수 있다.

$$P(w_1, \dots, w_m) = P(w_1) P(w_2) P(w_3) \cdot \dots \cdot P(w_m)$$

트라이그램일 경우, 결합 분포는 다음과 같다.

$$P(w_1, \dots, w_m) = P(w_1) P(w_2 \mid w_1) P(w_3 \mid w_2, w_1) \cdot \dots \cdot P(w_m \mid w_{m-2}, w_{m-1})$$

엔-그램은 어휘의 개수를 바탕으로 만들기 때문에 엔-그램의 개수는 n에 따라 기하급수적으로 커진다. 예를 들어, 100개의 단어를 갖고 있는 작은 어휘 덩어리들을 갖고 있다고 가정하면, 5-그램이 될 수 있는 확률의 개수는 100^5 = 10,000,000,000의 서로 다른 5-그램이 나온다. 또 셰익스피어 전집은 3만 개의 서로 다른 단어를 갖고 있으므로 충분히 큰 n개의 엔-그램은 설명이 불가능할 정도로 크다. 이 모든 확률을 저장하는 문제뿐 아니라 n에 관해 충분히 큰 값을 측정할 확률을 측정하려면 엄청난 양의 텍스트 말뭉치가 필요하다. 이 문제가 바로 '차원의 저주'로 알려져 있는 문제다. 가능한 입력 변수(단어)의 개수가 증가하면, 이 입력 변수들을 서로 조합하는 방법도 기하급수적으로 증가한다. 차원의 저주는 n-그램 안에서 학습 알고리즘이 적절한 값의 조합에 최소 하나 이상의 예시가 필요할 때 나타난다. 충분히 큰 n에서는 원래의 분포를 근사할 수 있고, 엔-그램 확률을 더 정확하게 측정하려면 훨씬 더 많은 양의 데이터가 필요하다.

■ 뉴럴 언어 모델

이전의 '엔 그램' 섹션에서는 엔-그램을 사용해 텍스트를 모델링할 때 나타나는 차원의 저주에 대해 설명했다. 엔-그램의 수는 어휘집의 단어 개수 n이 증가함에 따라 기하급수적으로 증가한다. 이 저주를 해결할 수 있는 방법은 단어를 분산 표현해 낮은 차원에서 학습하는 것이다. 내장된 함수를 통해 생성된 것으로 단어가 속한 공간들을 내장된 단어의 더 낮은 차원의 공간에서 다음과 같은 방법으로 집어넣는 것을 '분산된 표현(distributed representation)'이라고 한다.

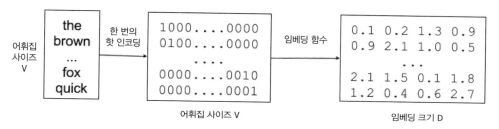

어휘집의 단어 V-단어들은 벡터의 크기가 V고, 벡터 내에서 값을 의미하는 한 개를 제외하고 전부 0인 원 핫 인코딩 벡터로 변환된다. 임베딩 함수는 V차원 공간을 사이즈 D인 분산된 표현으로 바꾼다(위 그림에서 D=4다).

학습하는 임베딩 함수의 주요 아이디어는 단어에 대한 의미론적인 정보를 학습한다. 어휘집 안의 각 단어는 연속적인 값을 가진 벡터로 표현된다. 즉, 단어 임베딩 작업이다. 각각의 단어는 단어들의 문법적인 부분이나 의미론적인 부분에 따라 임베딩 공간 내의 서로 다른 차원에 있는 포인트에 연결된다. 이 임베딩 작업의 목표는 비슷한 의미가 함께 묶여 있는 임베딩 공간 내에서 단어들이 서로 가깝게 있도록 만드는 것이다. 이 방법을 사용하면, 언어 모델을 통해 여러 단어의 정보가 의미론적으로 비슷하게 연결돼 있을 수 있다. 예를 들면, '여우'와 '고양이'는 의미론적으로 연결돼 있어서 '재빠른 붉은 여우'와 '재빠른 붉은 고양이'는 유효한 문장이라 할 수 있다. 단어의 시퀀스들은 해당 단어의 특징을 이끌어 내는 임베딩 벡터의 시퀀스 내로 변환돼 들어갈 수 있게 된다.

뉴럴 네트워크를 사용해 언어 모델을 모델링하는 것은 가능하며, 드러내지 않고 임베딩 함수를 학습한다. 주어진 시퀀스 n-$1(w_{t-n+1}, ..., w_{t-1})$ 단어들로 다음에 나올 단어 w_t의 확률 분포를 결과로 내놓도록 뉴럴 네트워크를 학습시킬 수 있다. 이 네트워크는 서로 다른 부분으로 만들어져 있다.

임베딩 레이어에서 단어 w_i의 원 핫 표현법(one-hot representation)을 사용하고, 임베딩 매트릭스 c를 곱한 후 임베딩시켜 변환시킨다. 룩업 테이블(table lookup)을 사용하면 계산을 효율적으로 향상시킬 수 있다. 임베딩 매트릭스 C는 모든 단어에 공유되고, 이 모든 단어는 동일한 임베딩 함수에 사용된다. C는 어휘집의 크기 V와 임베딩 크기 D로 구성된 $V * D$ 매트릭스로 표현된다. 그 결과, 임베딩은 히든 레이어 안으로 연결되고, 이 연결이 끝나면, 바이어스 b와 $tanh$와 같은 비선형 함수를 적용시킬 수 있게 된다. 히든 레이어의 결과는 함수 $z = tanh(concat(w_{t-n+1}, ..., w_{t-1}) + b)$로 표현된다. 히든 레이어에 따르면, 다음 단어인 w_t를 히든 레이어 U와 곱해 확률 분포를 결과로 내놓을 수 있다. 이 결과 분포는 히든 레이어에서 단어 공간 내로 매핑시켜 바이어스 b와 확률 분포를 얻기 위한 소프트맥스 함수를 적용할 수 있다. 그리고 마지막 결과 레이어는 $softmax(z*U + b)$를 계산한다. 네트워크는 아래 그림과 같이 계산된다.

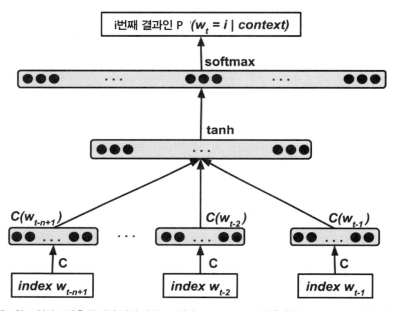

뉴럴 네트워크 언어 모델은 주어진 여러 단어 w_t에서 $w_{t-1} \cdots w_{t-n+1}$이 나올 확률 분포고, C는 임베딩 매트릭스다.

이 모델은 어휘집 안의 모든 단어를 임베딩과 단어들의 시퀀스에 대한 확률 함수 모델을 동시에 학습한다. 이런 분산된 표현 덕분에 학습 기간 동안 보지 못했던 단어들의 시퀀스로 확률 함수를 일반화할 수 있다. 테스트 세트 내의 특정 조합은 트레이닝 세트 내에서는 볼 수 없고, 비슷하게 임베딩된 시퀀스들은 훈련 기간 동안 더 많이 보일 가능성이 높다.

다음 그림은 몇 가지 단어들의 임베딩을 2D 화면으로 표현해 본 것이다. 의미가 비슷한 단어들이 임베딩 공간 내에서도 가깝게 위치한다.

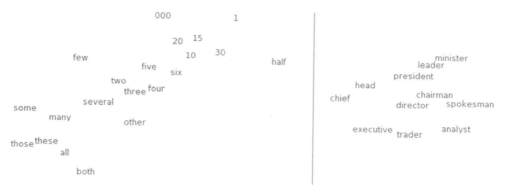

2차원의 임베딩 공간에서 연관된 단어들은 서로 가까이 붙어 있다.[21]

단어 임베딩은 텍스트 데이터의 엄청난 코퍼스를 사용해 비지도학습으로 학습시킬 수 있다. 이 방법을 사용하면 단어들 사이의 의미론적인 일반 정보를 알아낼 수 있고, 임베딩된 결과는 아직 분류되지 않은 많은 데이터에 대한 학습 수행 능력을 향상시키는 데 사용한다. 예를 들면, 분류기는 기사를 세분화해 분류하는 것을 원 핫 인코딩 벡터 대신, 기존에 학습된 언어 임베딩을 사용해 훈련시킬 수 있다. 이 방법 덕분에 감정 분류에 단어들의 의미론적인 정보를 손쉽게 사용할 수 있게 됐다. 이 때문에 단어 시퀀스를 넘어서는 확률 함수를 만드는 것에 중점을 두기보다 더 나은 단어 임베딩을 할 수 있는 방법을 만들어 냈다. 예를 들면, 단어 엠베딩 모델 중 인기 있는 모델이 바로 word2vec이다.[22], [23]

놀라운 것은 단어 임베딩은 단어들 사이의 유사성을 알 수 있다는 점이다. 예를 들어, '여성'과 '남성'으로 임베딩된 것에서 이 차이점을 인식하고, 성(gender)으로 인코딩하면 '여왕'이나 '왕'과 같은 성과 관련된 단어에서도 차이점을 동일하게 인식한다.

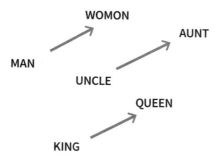

단어 임베딩은 단어 간의 의미론적으로 다른 부분들을 구별해 낼 수 있다.[24]
(여성)으로 임베딩 – (남성)으로 임베딩 ≃(이모)로 임베딩 –(삼촌)으로 임베딩
(여성)으로 임베딩 – (남성)으로 임베딩 ≃(여왕)으로 임베딩 –(왕)으로 임베딩

직전의 피드 포워드 네트워크 언어 모델은 모델링을 위해 엄청난 양의 어휘집 입력값이 입력되더라도 차원의 저주를 극복할 수 있지만, 정해진 길이의 단어 시퀀스들을 모델링하는 곳에만 사용할 수 있다는 단점을 갖고 있다. 이 문제를 해결하기 위해 RNN을 사용해 고정된 크기의 단어 시퀀스에 영향을 받지 않는 RNN 언어 모델을 만들 수 있다.[25] 이 RNN에 기반을 둔 모델은 입력된 임베딩에서 비슷한 단어들을 묶을 뿐 아니라 순환 상태 벡터(recurrent state vector) 안의 비슷한 기록을 바탕으로도 구분할 수 있다.

단어-기반 모델의 또 다른 문제는 어휘집 내의 각각의 단어에 대한 결과 확률 $P(w_i \mid context)$를 계산할 때 발생한다. 모든 단어 활성에 대해 소프트맥스를 사용해 결과 확률을 구한다. 5만 개의 단어를 갖고 있는 어휘집이 있다고 가정하면, 어휘집 크기 $|V|$와 상태의 크기 $|S|$에 해당하는 $|S| * |V|$ 결과 매트릭스가 필요하다. 이 매트릭스는 매우 크고, 어휘집의 단어 개수를 늘릴수록 이 결괏값은 엄청나게 증가한다. 그리고 각 단어를 소프트맥스 정규화하려면 모든 다른 활성을 조합해야 하기 때문에 각각의 단어에 대한 결과 확률을 얻기 위해서는 각각의 활성을 계산해야 한다. 엄청난 양의 단어를 더해서 소프트맥스를 계산하기 위해 소프트맥스 계산 이전에 모델 내의 많은 파라미터를 선형 변환시켜 놓고, 소프트맥스는 집약적으로 계산할 수 있도록 만들어야 한다.

예를 들어, 이 문제를 해결하기 위해 이진 트리로 소프트맥스 함수를 선택해 모델링하려면, 하나의 단어에 대한 최종 결과 확률을 계산하기 전에 $log(|V|)$만큼의 계산이 반드시 필요하다.[26]

이 부분을 상세히 짚고 넘어가기 전에 많은 어휘집에서 발생하는 이슈에 영향을 받지 않는 또 다른 모델도 살펴보고 넘어가자.

📄 철자-기반 모델

대부분의 언어 모델링은 어휘집 단어들의 정해진 크기 |V|에 해당하는 분포에서 단어 단위로 이뤄진다. 음성 인식 등이 사용되는 언어 모델과 같은 실생활에 사용되는 곳에서는 10만 개 이상의 단어가 사용된다. 이런 엄청나게 큰 차원은 결과 분포를 모델링할 때 많은 어려움에 부딪힌다. 또 이 단어 단위 모델들은 단어가 아닌 것으로 인식되는 여러 숫자가 포함되거나 트레이닝 데이터에 포함돼 있지 않은 경우도 있어서 텍스트 데이터를 모델링할 때 제약 조건이 존재한다.

이 문제를 해결할 수 있도록 만들어진 모델의 종류를 철자-기반 언어 모델(character-level

language model)이라고 한다. 이 모델링은 단어 이상으로 철자들의 시퀀스에 대한 분포를 모델링해 훨씬 더 작은 양의 어휘집의 확률도 계산할 수 있도록 해 준다. 이 어휘집 내 말뭉치의 모든 철자를 이해한다. 그렇지만 이것이 바로 모델의 성능 저하를 만들어 낸다. 단어가 아니라 철자 단위로 모델링하면 시퀀스의 길이가 훨씬 더 길어지도록 모델을 만들어야 하고, 시간에 따른 동일한 정보도 꺼내야 한다. 매우 긴 시간 동안 정보를 추출해 내기 위해 RNN 언어 모델을 사용해 보자.

이번에는 레오 톨스토이(Leo Tolstoy)의 〈전쟁과 평화〉라는 철자-기반의 LSTM 모델을 텐서플로로 향상시켜 보면서 훈련시키는 방법을 알아본다. 이 LSTM은 이전의 철자를 바탕으로 다음 철자에 대한 확률을 모델링한다. $P(c_t \mid c_{t-1} \dots c_{t-n})$

시간을 통한 역전파법을 사용한 네트워크로 훈련 시기에는 총 텍스트의 양이 너무 길어 여러 가지 상황에 따라 배치된(나뉜, batched) 역전파법을 사용한다. 이 방법에서는 트레이닝 데이터를 정해진 크기를 가진 시퀀스의 배치에 넣고, 네트워크를 배치 단위로 훈련시킨다. 각 배치들은 서로의 배치를 따라 연결되기 때문에 마지막 배치 상태를 다음 배치의 초기 상태로 사용할 수 있다. 이 방법을 사용해 정보를 상태 내에 저장하는 참신한 아이디어를 사용해 모든 입력 텍스트를 통과시키는 전체 역전파법을 사용할 필요가 없어진 것이다. 다음에는 이 배치들을 어떻게 읽고, 네트워크에 전달하는지 알아본다.

■ 데이터 전처리와 데이터 읽기

좋은 모델로 훈련시키기 위해서는 엄청난 양의 데이터가 필요하다. 아래 예시에서는 레오 톨스토이의 〈전쟁과 평화〉를 영어로 번역한 버전을 바탕으로 모델에게 학습시킬 것이다. 이 책은 50만 개가 넘는 단어들로 구성돼 있으므로 우리가 살펴볼 간단한 예시에 맞게 사용할 수 있다. 저작권에서 자유로운 구텐베르그 프로젝트(Project Gutenberg)에서 소설의 텍스트를 무료로 내려받을 수 있다. 전처리 과정에서 구텐베르그 라이선스와 책 정보, 차례 등을 지울 것이다. 그리고 문장 중간의 새로운 줄을 잘라 내 새로운 줄의 연속적인 부분에서 최대로 허용하는 것은 두 개로 제한한다.

이 네트워크에 데이터를 전달하려면, 이 데이터를 먼저 숫자 형태로 변환해야 한다. 각 글자는 상응하는 숫자를 갖고 있다. 예시에 있는 말뭉치에서는 98개의 서로 다른 철자들이 존재한다. 그리고 다음에는 입력값과 타깃으로 사용할 것들을 뽑아 낸다. 각각의 입력 철자는 다음 철자들을 예측할 때 사용한다. 잘게 분리된 역전파법을 사용하기 때문에 시퀀스의 연속성을 유지하기 위해 배치들끼리 연결되도록 만들었다. 데이터를 변환하는 과정에서 입력의 배치들 안에 분리시키고 숫자와 연동시켜 리스트에 집어넣는다. 타깃은 다음과 같은 그림으로 설명할 수 있다.

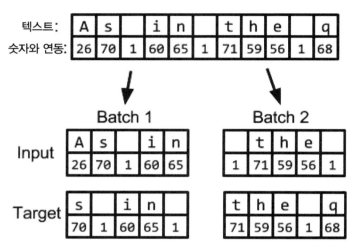

길이 5의 숫자 레이블로 구성된 입력과 타깃 배치로 텍스트를 변환시킨다.
배치는 반드시 연결돼 있다는 것을 반드시 명심해야 한다.

■ LSTM 네트워크

우리는 레이어 한 개에 512개의 셀을 갖고 있는 두 개의 레이어를 가진 LSTM 네트워크로 훈련시킬 것이다. 각 네트워크를 잘린 역전파법으로 훈련시키고, 이 잘린 네트워크 사이에 상태를 저장해야 한다. 먼저 입력과 타깃에 대한 플레이스홀더(placeholder)를 정의해 둬야 한다.

처음의 입력과 타깃의 차원은 모두 배치 사이즈이고, 예시에 해당하는 수만큼 병렬로 처리된다. 두 번째 차원은 텍스트 시퀀스에 따라 차원이 바뀌게 된다. 입력과 결과 배치 모두 인덱스로 표현되는 철자들의 시퀀스 배치들을 다루게 된다.

```
inputs = tf.placeholder(tf.int32, (batch_size, sequence_length))
targets = tf.placeholder(tf.int32, (batch_size, sequence_length))
```

철자를 네트워크에 전달하려면 철자를 벡터로 변환해야 한다. 즉, 원 핫 인코딩에 집어넣어 변환시킨다. 각 글자는 데이터 내 다른 철자의 개수에 해당하는 크기와 동일한 길이의 벡터로 변환된다. 셀에서 그 자체의 인덱스를 가리키는 벡터만 1이고, 나머지는 전부 0이다. 텐서플로에서는 다음의 코드 한 줄을 사용해서 매우 쉽게 원 핫 인코딩을 실행할 수 있다.

```
one_hot_inputs = tf.one_hot(inputs, depth=number_of_characters)
```

그 다음에는 여러 레이어를 가진 LSTM 아키텍처를 결정해야 한다. 먼저 각 레이어의 LSTM 셀 개수를 결정해야 한다(lstm_sizes는 각 레이어의 크기 리스트고, 이 예시에서는 (512, 512)를 사용한다).

```
cell_list = (tf.nn.rnn_cell.LSTMCell (lstm_size) for lstm_size in lstm_sizes)
```

그런 다음, 아래 명령을 이용해 하나의 멀티-레이어 RNN 셀 안에서 이 셀들을 감싼다.

```
multi_cell_lstm = tf.nn.rnn_cell.MultiRNNCell(cell_list)
```

이 배치들 간의 상태를 저장하기 위해 네트워크의 초기 상태를 구하고, 저장될 변수로 이 상태값을 감싸 줘야 한다. 계산적인 이유로, 텐서플로는 LSTM 상태를 두 개의 서로 다른 텐서의 튜플로 저장한다('장단기 메모리' 섹션에서 살펴봤던 셀(c)과 결과(h) 참고). 이 중첩된 데이터 구조를 단순하게 만들기 위해 flatten 메서드를 사용해 각 텐서를 변수로 감싸고, 원래 데이터 구조로 pack_sequence_as 메서드를 사용해 다시 감싼다.

```
initial_state = self.multi_cell_lstm.zero_state(batch_size, tf.float32)
# 변수들을 변환해서 배치 간의 상태를 저장할 수 있도록 만든다.
state_variables = tf.python.util.nest.pack_sequence_as(
    self.initial_state,
    (tf.Variable(var, trainable=False)
    for var in tf.python.util.nest.flatten(initial_state)))
```

초기 상태를 정의한 변수를 갖고 있으므로 네트워크를 시간에 따라 펼칠 준비가 됐다. 텐서플로는 입력된 값의 시퀀스 길이에 따라 동적으로 풀 수 있도록 dynamic_rnn 메서드를 제공한다. 이 메서드는 LSTM의 결과와 최종 상태를 표현하는 텐서로 이뤄진 튜플을 반환한다.

```
lstm_output, final_state = tf.nn.dynamic_rnn(
    cell=mutl_cell_lstm, inputs=one_hot_inputs, initial_state=state_variable)
```

다음에는, 다음 배치의 초기 상태를 위해 최종 상태를 저장해야 한다. assign 메서드로 오른쪽 항의 초기 상태 변수에 최종 상태를 저장한다. control_dependencies 메서드는 LSTM 결과를 반환하기 직전에 상태를 강제로 업데이트할 때 사용한다.

```
store_states = (
    state_variable.assign(new_state)
    for (state_variable, new_state) in zip(
    tf.python.util.nest.flatten(self.state_variables),
    tf.python.util.nest.flatten(final_state)))
    with tf.control_dependencies(store_states):
        lstm_output  = tf.identity(lstm_output)
```

최종 LSTM 결과에서 로그 결괏값을 얻어 내고 나면, 결괏값 선형 변환을 통해 바꿔 줘야
한다. 그러면 배치 크기, 시퀀스 길이(sequence length), 심벌의 개수를 곱한 값을 결괏값으로
가진다. 선형 변환을 적용하기 전에 결과의 개수와 결과 특징의 개수를 곱한 값으로 결과 매
트릭스 크기를 조정한다.

```
output_flat = tf.reshape(lstm_output, (-1, lstm_sizes[-1] ))
```

그런 다음, 선형 변환을 정의하고 로그값이 웨이트 매트릭스 W와 바이어스 b로 나오도록 적
용한다. 소프트맥스 함수를 적용한 후 텐서의 크기를 배치 크기 * 시퀀스 크기 * 철자들의
개수로 바꿔준다.

```
# 결과 레이어를 정의한다.
logit_weights = tf.Variable(
    tf.truncated_noraml((lstm_sizes[-1], number_of_charactes),
stddev=0.01))
logit_bias = tf.Variable(tf.zeros((number_of_characters)))
# 마지막 레이어에 선형 변환을 적용한다.
logits_flat = tf.matmul(output_flat, self.logit_weights) = self.logit_bias

probabilities_flat = tf.nn.softmax(logits_flat)
# 원 배치와 시퀀스 길이를 수정한다.
probabilites = tf.reshape(
    probabilities_flat, (batch_size, -1, number_of_characters))
```

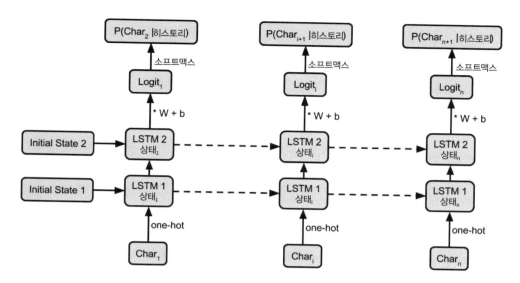

LSTM 철자 언어 모델을 펼쳐 본 모습

■ 트레이닝

입력과 타깃을 정의했고, 네트워크의 아키텍처도 결정했으므로 이제 트레이닝 방법을 정의해 보자. 트레이닝의 첫 단계에서 작업량을 최소화할 수 있도록 손실 함수를 정의한다. 이 손실 함수는 주어진 입력과 타깃을 비교해 틀린 철자들의 시퀀스 비용을 결과로 내놓는다. 이전 의 철자를 기준으로 다음 철자를 예측하기 때문에 분류 문제로 풀 수 있고, 크로스 엔트로피 손실을 사용한다. 텐서플로에서는 sparse_softmax_cross_entropy_with_logits를 통해 적용한다. 이 함수는 네트워크의 로그 결괏값을 갖고 입력과 타깃에 대한 (소프트맥스 적용 전에) 레이블을 분류하고, 타깃을 반영해 각각의 결과에 대한 크로스 엔트로피 손실을 계산한다. 전체 시퀀스와 전체 배치의 손실을 줄이기 위해 전체의 평균값을 사용한다.

먼저 타깃을 1차원 벡터로 만들어 이미 조정해 둔 네트워크의 로그 결괏값과 함께 계산할 수 있도록 만든다.

```
# 조정된 로그 값과 함께 계산할 수 있도록 타깃을 1차원 벡터로 조정한다.
targets_flat = tf.reshape(targets, (-1, ))
# 모든 결괏값에 대한 손실을 구한다.
loss = tf.nn.sparse_softmax_cross_entropy_with_logits(
    logits_flat, targets_flat)
# 모든 결과에 대한 손실을 하나의 값으로 바꾼다.
loss = tf.reduce_mean(loss)
```

손실 함수는 이미 정의했으므로 입력과 타깃 배치의 네트워크를 최적화할 수 있도록 트레이닝 연산을 정의할 준비가 됐다. 여기서는 최적화 기법을 실행하기 위해 아담 옵티마이저(Adam optimizer)를 사용해 실행한다. 아담 옵티마이저는 기울기를 안정적으로 업데이트하는데 도움을 준다. 아담 옵티마이저는 경사 하강을 쉽게 조작할 수 있도록 만드는 특별한 방법이다. 그 전에 기울기 폭발을 막기 위해 기울기를 잡아 줘야 한다.

```python
# 최적화가 필요한 모든 변수를 가져온다.
trainable_variables = tf.trainable_variables()
# 기울기를 계산하고 고정시킨다.
gradients = tf.gradients(loss, trainable_variables)
gradients, _ = tf.clip_by_global_norm(gradients, 5)
# 최적화가 필요한 모든 변수와 기울기를 아담 옵티마이저 알고리즘에 적용한다.
optimizer = tf.train.AdamOptimizer(learning_rate=2e-3)
train_op = optimizer.apply_gradients(zip(gradients, trainable_variables))
```

트레이닝을 시작하려면 모든 텐서플로 연산을 정의해 놓아야 한다. 미니 배치 안의 최적화 방법으로 시작해 보자. data_feeder가 생성자(generator)일 경우, 입력과 타깃의 연이은 배치를 반환한다고 가정해 보자. 그리고 입력과 타깃 배치 안에서 계속 전달하며, 이 배치들을 훈련시킬 수 있다. 100개의 미니 배치마다 상태를 초기화해 순서의 시작점에서 초기 상태를 어떻게 다루는지 네트워크가 학습하도록 해 준다. 이 모델은 이후의 샘플링 때 다시 불러오기 위해 텐서플로 저장소에 저장할 수 있다.

```python
with tf.Session() as session:
    session.run(tf.initialize_all_variables())
    for i in range(minibatch_iterations):
      input_batch, target_batch = next(data_feeder)
      loss, _ = session.run(
          (loss, train_op),
          feed_dect = { input: input_batch, targets:
          target_batch})
# 미니 배치 100개마다 상태 초기화하기
      if i % 100 == 0 and i != 0:
        for state in tf.python.util.nest.flatten(
            state_variables):
          session.run(state.initializer)
```

■ 샘플링

모델을 훈련시킨 후에는 모델이 텍스트를 생성할 수 있도록 이 시퀀스에서 샘플링을 하고 싶을 것이다. 샘플링 아키텍처를 초기화해 같은 코드로 모델을 훈련시키도록 하려면 batch_size를 1, sequence_length를 0으로 설정해 둬야 한다. 이 방법을 사용하면 각기 다른 길이를 가진 샘플 시퀀스와 스트링들을 생성할 수 있다. 그런 다음, 훈련이 끝나면서 파라미터를 저장하고 모델의 파라미터를 초기화할 수 있다. 샘플링을 시작하면 제일 먼저 네트워크의 상태를 우선순위 스트링(prime_string)으로 초기화해야 한다. 네트워크에 우선순위의 상태를 입력하고 나면, 소프트맥스 함수의 결과 분포에 따라 그 다음의 글자들을 샘플링해 줘야 한다. 그리고 샘플링된 글자들을 또 넣어 주고 그 다음 것으로 결과 분포를 얻는다. 이 과정은 특정 크기의 글자가 만들어지기 전까지 몇 단계에 걸쳐 반복된다.

```python
# 우선순위 스트링으로 상태를 초기화하기
for charter in prime_string:
  character_idx = label_map(character)
  # 그 다음에 나오는 글자에 대한 결과 분포 구하기
  output_distribution = session.run(
        probabilities,
        feed_dict={inputs: np.asarray(((character_idx)))})
# sample_lengths 단계를 위한 샘플링 시작하기
for _ in range(sample_length):
  # 결과 분포에 따라 다음 글자 샘플링하기
  sample_label = np.random.choice(
        labels, size=(1), p=output_distribution(0, 0))
  output_sample += sample_label
  # 그 다음 나오는 글자에 대한 결과 분포 구하기
  output_distribution = session.run(
    probabilities,
    feed_dict={inputs: np.asarray((label_map(character)))}
```

■ 트레이닝 예시

이제 트레이닝 샘플링을 위한 코드 준비가 끝났다. 레오 톨스토이의 《전쟁과 평화》를 이용해 네트워크를 훈련할 준비가 끝났다. 수백 번의 배치 반복을 거치며 네트워크가 어떤 것을 학습할지 알게 된다. 그러면 먼저 네트워크에 '그녀는 그 해에 태어났다(She was born in the year)'라는 문장을 집어넣은 후, 훈련 기간 동안 어떻게 바뀌는지 살펴보자. 500번의 배치가 끝나면, 다음과 같은 결과를 얻는다.

그녀는 그 해에 태어났다. 그렇지만 토핀 페일은 의ㅅ를 찾아가서 바임을 ㅇ고 ㄸㅆ다.[1]

---

1 500번의 배치만 끝났기 때문에 네트워크가 거의 훈련되지 않은 상황이다. 문장이나 단어가 의미를 지니기 이전의 자음과 모음 체계도 학습하지 못한 단계다. – 옮긴이

네트워크는 이 시점에 몇 가지 단어의 형태를 띈 것들이 몇 개씩 보이기도 한다.

5,000번의 배치가 끝나면 네트워크는 꽤 많은 단어와 이름을 선택하기에 이른다.

"그녀는 그 해에 태어났다. 그의 이름은 대부분 세퍼 자이트(Seffer Zsites)로 그리고 그는 이제 크로니 - 파괴가 됐고 발펀했다, 또 베카르프로의 늑대는 자라났고, 축보을 느꼈다. 그렇지만 처음에는 응답하지 않았다."[2]

그래도 '발펀', '축보'와 같이 단어라 칭할 수 있는 것들을 만들어 냈다.

5만 번의 배치가 끝나면 네트워크의 결과는 다음과 같다.

"그녀는 1813년 그 해에 태어났다. 모스크바 집에서의 하늘은 드리워졌고 로스토프(Rostóvs) 통과하는 엄청난 기회가 오기 시작했다."

네트워크는 이제 연도의 숫자까지 생각할 정도에 이르렀고, 먼저 제시한 스트링에 연결할 적절한 단어라는 것도 연상해 냈다. 단어의 짧은 스트링은 거의 말이 되는 상황까지 도달했지만, 문장은 여전히 문법에 맞지 않다.

50만 번의 배치가 끝나면, 다음과 같은 네트워크 결과와 함께 종료된다.

"그녀는 1806년에 태어났다. 그는 불현듯 그의 이름이 떠올랐다. 그 공동체는 그를 희생하지는 않을 것이다. "이것이 무엇인가요?" 나타샤가 물었다. "기억 나시나요?"

네트워크가 어떻게 문장을 만드는지 살펴봤지만, 문장들은 여전히 일관성이 없다. 그렇지만 모델이 작은 대화에서부터 작은 따옴표나 구두법까지 맞춘 완전한 문장에 도달했다.

완벽하진 않지만, RNN 모델이 텍스트를 활용해 논리정연한 문장을 만드는 것은 정말 대단한 일이다. 독자들은 LSTM의 크기를 올려보거나 세 번째 LSTM 레이어를 집어넣는 등 다른 아키텍처를 활용해 여러 가지 실험을 해보기 바란다. 또 인터넷에서 더 많은 데이터를 내려받아 현재 모델을 향상시켜 보자.

지금까지 살펴봤던 언어 모델은 여러 개의 애플리케이션에도 사용할 수 있다. 음성 인식에서부터 사람과 직접 대화할 수 있는 인공지능 챗봇에 이르기까지 많은 곳에서 활용할 수 있다. '음

2　아직 여기서도 완전한 문장이 생성되지 않은 단계다. 자음과 모음 체계는 어느 정도 학습했지만, 주술 관계와 단어가 틀린 경우가 많다. - 옮긴이

성 인식' 섹션에서는 간단히 언어 모델에서 중요한 부분을 차지하는 딥러닝 음성 인식 모델을 다룬다.

음성 인식

이전의 '장단기 메모리' 섹션에서는 RNN이 서로 다른 시간 순서에 따라 패턴을 어떻게 학습하는지 살펴봤다. 이번 섹션에는 이 모델들이 어떻게 음성을 인식하고 이해해 문제를 해결하는지 살펴본다. 음성 인식의 정보 전달 경로들을 전반적으로 살펴보고, 뉴럴 네트워크를 사용해 각 파이프라인의 상위 관점에서 어떻게 제공되는지도 알아본다. '음성 인식' 섹션에서 다룰 방법들을 자세히 살펴보기 전에 몇 가지 레퍼런스들을 짚고 넘어가자.

음성 인식 전달 경로

음성 인식은 주어진 소리를 탐지하고 분석해 가능한 음향 순서에 대한 음성 녹취록을 찾고자 한다. 음성 녹취록은 다음과 같은 방법으로 표현할 수 있다.

$$필사본 = argmax(P(단어 | 음성\ 특징))^3$$

확률 함수는 보통 서로 다른 부분에서 모델로 만들어진다(일반화된 관점 P(음성 특징)는 보통 무시된다는 것을 알아 둬야 한다).

$$P\ (단어\ |\ 음성\ 특징) = P\ (음성\ 특징\ |단어) * P\ (단어)$$
$$= P\ (음성\ 특징\ |\ 음소) * P\ (음소\ |\ 단어) * P\ (단어)$$

음소란 무엇인가?

음소는 단어의 발음을 결정짓는 소리의 가장 작은 단위 요소다. 예를 들면, 단어 "bat"(박쥐)의 경우, 세 가지 음소 /b/, /ae/, /t/로 구성돼 있다. 각각의 음소는 모두 특정 소리에 엮여 있다. 영어의 발화는 44개의 음소로 구성돼 있다.

---

3 조건부 확률값을 argmax 함수에 입력값으로 넣은 것이다. 즉, argmax의 입력값은 어떤 음성 특징이 발생했을 때 해당 단어가 나올 확률을 의미한다. – 옮긴이

각기 다른 확률 함수는 인식 시스템의 서로 다른 부분에서 모델화된다. 일반적인 음성 인식 파이프라인은 소리 신호를 입력해 전처리 과정과 특징 추출을 수행한다. 그런 다음, 이 특징들이 음향 모델 안에서 사용되고, 서로 다른 소리와 음소들을 비교하면서 구별해 내는 것을 학습한다. 즉, P (소리 특징 | 음소)와 같이 표현할 수 있다. 이 음소는 단어 사전의 도움을 받아 철자나 단어 하나와 매칭된다. 즉, P(음소 | 단어)가 된다. 소리 신호로부터 추출된 단어의 확률은 언어 모델의 확률 P(words)와 결합된다. 가능한 시퀀스는 디코딩 검색 단계를 거치며 찾게 된다('디코딩' 섹션 참고). 음성의 상위 레벨에 대한 소리 인식을 그림으로 표현하면 다음과 같다.

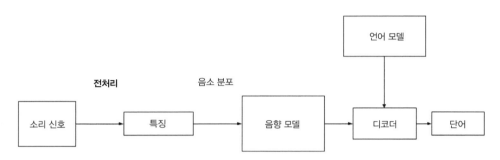

일반적인 음성 인식 파이프라인을 간략히 표현한 그림

실제 사용된 단어 음성 인식 파이프 라인은 동일한 파이프 라인을 기본으로 한다. 그렇지만 각 단계별로 여러 경험을 통해 조금씩 수정한 방법들을 함께 사용해 문제를 다루기 쉽도록 만들어 준다. 여기에 해당하는 부분은 이 책에서 다루는 범위를 넘어서지만, 가능하게 하는 오픈소스인 칼디(Kaldi)[29]가 있다. 칼디는 음성 인식 시스템을 좀 더 응용된 파이프라인으로 학습시킬 수 있도록 해 준다.

다음에 이어질 내용에서는 표준 파이프라인의 단계를 간략하게 소개하고, 딥러닝을 활용해 어떻게 향상시킬 수 있을지를 알아본다.

음성 데이터 입력하기

음성은 일반적으로 소리로 전달하는 정보에 해당한다. 공기와 같은 매질을 통해 진동을 전파시킨다. 만약 20Hz와 20kHz 사이에서 진동이 일어나면 사람이 들을 수 있다. 이 진동을 포착해 디지털 신호로 전환하면 컴퓨터를 통해 음성 신호 처리에 사용할 수 있다. 보통 마이크 등을 통해 신호를 포착한 후에 연속적인 신호에서 분리된 샘플로 뽑아 낼 수 있다. 일반적인 샘플 신호는 44.1kHz고, 이는 들어올 음성 신호의 진폭이 1초에 4만 4,100번 진동한다는 의미다. 추가로 말하면, 이 소리 신호는 사람들이 들을 수 있는 최대 가역폭의 2배 정도다. 누군가 "hello world"라고 말한 녹음 샘플을 그림으로 보면 다음과 같다.

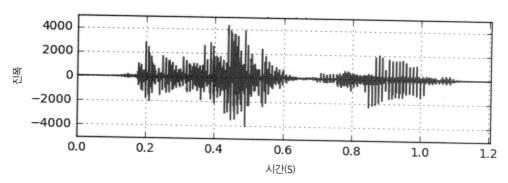

특정 시간 범위 내에서 "hello world"라고 말했을 때의 음성 신호

📝 전처리

이전 그림의 녹음된 소리 신호는 1.2초 동안 녹음됐다. 소리를 디지털화하려면, 1초에 4만 4,100번의 표본을 만들어야 한다(44.1kHz). 1.2초 동안의 음성 신호 안에서 5만 개의 표본이 존재한다는 의미다.

작은 예시뿐 아니라 시간 차원에 다른 포인트들도 많다. 입력 데이터의 크기를 줄이기 위해 보통은 음성 인식 알고리즘에 전달하기 전에 시간 단계를 줄이는 전처리 단계를 거친다. 신호에서 스펙트럼으로 전환시키는 일반적인 전환 방법으로 아래 그림처럼 시간에 지날 때마다 어떻게 각기 신호의 주파수가 변했는지 보여준다.

이 스펙트럼 정보는 시간 신호에 따라 나뉘어 있고, 실행 기간에 덧씌워 각각의 실행 기간에 푸리에 변환을 취한 것이다. 푸리에 변환은 주파수에 대한 시간에 따른 신호로 나눠 신호로 만든다.[30] 그리고 이 결과 주파수는 고정된 주파수 막대로 압축해 반환한다. 주파수 막대기의 배열은 필터 은행(lter bank)으로 알려져 있다. 필터 은행은 여러 주파수 대역에 대한 신호로 구분 지은 필터들을 모아놓은 곳이다.

바로 이전의 "hello world"를 25ms의 창(window)과 10ms의 보폭으로 나눈다고 가정해 보자. 실행 기간의 결과물은 주파수 공간으로 전환시켜 창에 대한 푸리에 변환을 활용한다. 이는 각 시간 단계의 진폭 정보는 각 주파수의 진폭 정보로 전환되는 것을 의미한다. 마지막 주파수는 멜 스케일(Mel scale)이라고 알려진 로그 스케일에 따라 40 주파수 막대기에 매핑됐다. 필터 은행의 스펙트럼은 다음 그림과 같다. 전환된 결과는 시간 차원을 5만 개에서 115개의 샘플로 줄였고, 각각의 샘플은 크기가 40인 벡터다.

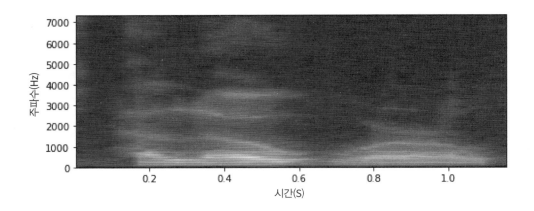

오래된 음성 인식 시스템의 멜 스케일 여과 은행에서는 선형 의존 관계를 없애기 위해 상관없는 것도 처리했다. 일반적으로는 여과 은행의 로그 함수인 이산적인 코사인 변환(discrete cosine transformation, DCT)을 처리하고 나서야 끝난다. 이 DCT는 푸리에 변환을 조금 수정한 것이다. 이 신호 변환은 MFCC라고도 불린다.

최근에는 컨볼루션 뉴럴 네트워크와 같은 딥러닝 방법도 이런 처리 과정을 학습한다.[31], [32]

🚩 음향 모델

음향 모델에서 발화한 것을 텍스트 형태로 표현해야 한다. 이전의 '전처리 과정' 섹션에서 언급했던 것처럼 소리 특징의 순서 내에서 만들어진 시간-기반의 모델을 통해 학습하고, 발화한 소리에 연상되는 단어를 나열한 분포를 학습한 후에 내놓는다. 이를 '음향 모델'이라 한다.

음향 모델은 음소나 단어들의 시퀀스로 생성된 소리의 특징을 모델로 만들려고 한다.

$$P\,(음성\ 특징\ |\ 단어) = P\,(음성\ 특징\ |\ 음소) * P\,(음소\ |\ 단어)$$

딥러닝 열풍이 불기 이전의 일반적인 소리 모델에서는 히든 마르코프 모델(HMM)을 사용해 음성 신호들의 시간적인 가변성을 모델로 만들어 사용했다.[33], [34]. 각각의 HMM 상태는 모델에서 음성 신호의 스펙트럼 특징들과 가우시안을 합쳐 내놓았다. 이 가우시안 형태의 결괏값을 가우시안 혼합 모델(GMM)이라 부르고, 매우 짧은 순간의 소리 특징이 표현된 어쿠스틱 창과 각각의 HMM 상태가 얼마나 적합한지 판단한다. HMM은 데이터의 순차적인 구조의 모델을 사용했고, GMM은 신호의 지역 구조를 사용했다.

HMM은 HMM 내의 히든 상태가 주어진 것이 독립적일 경우, 성공적인 프레임이라고 가정한다. 강력한 조건부 독립가정 때문에 소리 특징들은 서로 연결 관계를 갖지 않게 되기 때문이다.

■ 딥 빌리프 네트워크

음성 인식에서 딥러닝을 사용하기 위한 첫 번째 단계는 GMM을 딥 뉴럴 네트워크로 바꾸는 것이다. DNN은 특징 벡터의 실행 기간을 입력값으로 받아 HMM 상태 뒤의 확률을 결괏값으로 내놓는다.

$$P(HMM\ state\ |\ audio\ features).$$

이 단계에서는 네트워크를 주로 사용하며, 사전에 스펙트럼 특징들의 창에서 일반적인 모델로 훈련시킨다. 보통 딥 빌리프 네트워크는 이런 네트워크를 훈련시킬 때 사용한다. 사전의 생성 훈련 과정은 증가하는 복잡성에서 특징을 탐지하는 많은 레이어를 만든다. 이 생성 과정이 끝나면 네트워크는 스펙트럼 특징들을 반영해 올바른 HMM 상태로 분류되도록 적절히 조율된다. 이 하이브리드 모델 내의 HMM은 DNN이 제공하는 부분 분류 방법을 사용해 전체 시퀀스를 순간적인 부분으로 구분한다. 이런 DNN-HMM 모델은 GMM-HMM 모델보다 나은 음성 인식 결과를 가져다 주는 것을 확인했다.[36]

■ 순환 뉴럴 네트워크

이번에는 순차적인 데이터 모델을 RNN이 어떻게 사용하는지 살펴본다. 음성 인식 분야에서 RNN을 적용하면 항상 트레이닝 데이터의 레이블이 정확하게 입력값과 동일하게 정렬되어 있어야 한다는 문제를 안고 있다. 만약 데이터가 나란히 나열돼 있지 않다면 입력값에서 네트워크가 그 어떤 것이든 모두 학습하면서 결괏값에 노이즈가 너무 많이 쌓인다. 일찍이 하이브리드 RNN-HMM 모델을 사용해 음향 특징들의 순차적인 컨텍스트를 모델링화하려는 시도가 있었지만, RNN은 DBN과 같은 방법으로 HMM 모델이 내놓는 확률을 모델화한다.

그 이후에는 LSTM('장단기 메모리' 섹션 참고)을 훈련시키면서 주어진 프레임 내에서 음소의 뒤

이은 확률을 결과로 내놓도록 시도한다.[38]

음성 인식 분야에서 풀리지 않은 문제는 나란히 분류된 데이터나 하이브리드 HMM모델이 꼭 필요하지 않도록 만드는 것이다.

■ CTC

표준 RNN 목적 함수는 독립적으로 각각 시퀀스 단계를 정의하고, 각각의 단계는 독립적인 레이블을 결과로 내놓는다. 트레이닝 데이터는 타깃 레이블들과 나란히 정렬된다. 하지만 전역 목적 함수는 고안할 수 있는 정확한 레이블 확률을 최대화하려고 한다. 이 아이디어는 네트워크를 주어진 입력 시퀀스들 내에서 가능한 모든 레이블링 시퀀스들을 다뤄 조건부 확률 분포로 해석한다. 네트워크는 주어진 입력 시퀀스에서 레이블링에 가장 적합한 것을 분류기로 사용할 수 있다.

연결주의(Connectionist, CTC)는 모든 결과 시퀀스들의 전반적인 나열에 대한 분포를 정의한 목적 함수다.[39] 결과 시퀀스와 타깃 시퀀스 간의 총체적인 수정 거리(edit distance)를 최적화하려고 시도한 것이다. 수정 거리는 교차 개수, 빼는 것, 삭제 등을 최소화한 것으로, 결과 레이블링을 타깃 레이블링으로 바꿀 필요가 있다.

연결주의 네트워크는 각 단계별로 소프트맥스 결과 레이어를 갖고 있다. 소프트맥스 함수는 각각의 가능한 레이블에 추가 공집합(∅)을 더한 레이블 분포를 결과로 내놓는다. 이 추가된 공집합은 어떤 시간 단계에서도 전혀 연관성이 없다는 것을 의미한다. 연결주의 네트워크는 입력 시퀀스 내의 어떤 점에서라도 레이블 예측을 결과로 내놓을 수 있다. 그리고 결괏값은 경로 내의 반복되는 레이블들과 모든 공백을 삭제한 후 시퀀스로 바뀐다. 네트워크가 레이블이 없는 것에서 레이블을 예측하거나 하나의 레이블에서 다른 것을 예측하도록 바꿔주는 새로운 레이블을 결과로 내놓는다. 예를 들면, "∅aa∅ab∅∅"는 "aab"로 바꿔준다. 레이블들의 전체 시퀀스가 올바르게 되는 것에만 영향을 미치기 때문에 데이터들을 삭제해 주어야 한다.

이는 다수의 결과 시퀀스들이 같은 결과를 가진 레이블링으로 축소될 수 있다는 것을 의미한다. 가장 적합한 결과 레이블링을 찾으면, 그 레이블링에 따라 모든 경로를 추가한다. 가장 적합한 결과를 찾으려면 레이블링을 모든 경로에 추가한다. 가장 적합한 레이블링을 찾는 작업은 '디코딩'으로, 다음 페이지의 디코딩 섹션에서 다룬다.

음성 인식 내의 이런 레이블링 예시는 주어진 음향 특징 시퀀스를 입력값으로 받아서 음소의 시퀀스를 결과로 내놓는다. 연결주의는 LSTM의 최상층에 구축되어 최신 기술 동향을 반영

하고, 시간적인 가변성을 모델링하기 위해 HMM을 사용할 필요가 없다.[40], [41]

■ 흥미-기반 모델

CTC 시퀀스를 사용하는 것 대신 모델 시퀀스를 흥미-기반 모델(attention-based model)을 나열해 사용할 수도 있다. 이 흥미 모델은 입력 시퀀스의 각 부분에 흥미를 가진다. 입력 신호들을 분명하게 나누는 대신, 적절한 부분을 자동으로 검색해 적합한 음소를 예측한다.

이 흥미-기반 시퀀스 모델은 입력된 표현을 레이블의 시퀀스, 즉 음소에 집어넣으며 코드를 푸는 RNN을 활용한 모델로 만들어진다. 예시로는 입력 시퀀스를 적절한 표현으로 만들도록 코드를 만드는 모델이 생성한 입력 표현을 사용한다. 첫 번째 네트워크는 디코더 네트워크, 두 번째 네트워크는 인코더 네트워크라 부른다.[43]

흥미 모델로 설명하는 디코더는 디코딩하는 각 단계에서 실행 기간 내의 입력값 외의 정보에 흥미를 가진다. 흥미-기반 모델은 (어떤 것에 집중하게 될) 컨텍스트의 조합으로 만들어지거나 (어디에 집중하게 될) 지역-기반 정보에 초점을 맞춘다. 디코더는 이전의 정보와 실행 기간 동안의 흥미에 대한 정보를 바탕으로 결과를 내놓을 수 있게 된다.

📝 디코딩

음향 모델과 함께 음소 분포를 모델화한 후, 언어 모델을 훈련시키고 나면('언어 모델' 섹션 참고), 발음 사전에 있는 것들과 조합해 소리 특징에 대한 단어의 확률 함수를 구할 수 있다.

$$P\,(단어\mid 소리\,특징) = P\,(소리\,특징\mid 음소) * P\,(음소\mid 단어) * P\,(단어)$$

이 확률 함수는 아직 음성을 글로 옮긴 최종 필사본을 제공하지 않는다. 여전히 가장 가능성 높은 필사본을 찾고, 단어 시퀀스의 분포를 넘는 검색도 실행해야 한다. 이 검색 과정을 '디코딩'이라 부른다. 디코딩 가능한 모든 경로들은 다음과 같은 격자 모양의 데이터 구조로 표현할 수 있다.

단어 격자들을 가지친 모습

주어진 음성 특징으로 가능한 모든 단어 시퀀스를 검색해 가장 가능성 높은 모델 시퀀스를 찾는다.[33] 가장 인기 있는 검색 알고리즘은 가장 적합한 시퀀스가 비터비 알고리즘(Viterbi algorithm)인 동적 프로그래밍을 기반으로 한다. 이 알고리즘은 HMM 안에서 가장 가능성 높은 상태의 시퀀스와 가장 연관되는 그래프 넓이 우선 탐색 알고리즘(breadth-first search algorithm)이다.

매우 많은 양의 어휘집을 음성 인식시킬 때는 비터비 알고리즘을 사용하기 힘들다. 그래서 실제로는 빔 검색(beam search)과 같은 발견 검색 알고리즘(heuristic search algorithms)을 사용해 더 가능성 높은 시퀀스들을 찾을 때 사용한다. 발견 빔 검색 알고리즘은 검색 중에서는 n-개의 최적 솔루션만 유지하고, 나머지는 시퀀스가 되지 못하도록 만든다.

디코딩 알고리즘의 종류도 많고, 확률 함수에서 최적의 표기법을 찾는 등의 문제도 있는 등 아직 풀어야 할 문제가 많다.

🏳 엔드-투-엔드 모델

6장은 엔드-투-엔드 모델을 소개하면서 마무리 지으려고 한다. 연결주의와 홍미-기반 모델[47] 등의 딥러닝 방법들은[48], [49] 엔드-투-엔드 유행 내에서의 완전한 음성 인식을 학습하는 데 도움을 준다. 음소 모델링을 직접 해 줄 필요가 없어지는 것이다. 이 말은 엔드-투-엔드 모델이 하나의 모델 내에서 음향 및 언어 모델을 학습해 직접 단어의 분포를 결과로 내놓는다는 것을 의미한다. 이 모델은 하나의 모델 내에서 모든 것을 결합하는 딥러닝의 힘을 보여 준다. 또 이 모델은 개념적으로도 이해하기 쉽다. 향후 몇 년 이내에 여러 음성 인식 문제를 해결하며 더 유명해질 것이라 생각한다.

요약

6장에서는 RNN에 대해 학습하고, RNN을 어떻게 훈련시키는지 설명했다. 또 훈련 중에 어떤 문제가 발생하는지 살펴보고, 이 문제를 해결하는 방법에 대해 다뤘다. 언어 모델링의 문제에 대해 설명하고, RNN이 어떻게 언어 모델링의 어려움을 해결하는 데 도움을 주는지 살펴봤다. '철자-기반 모델'에서는 이 정보들을 합친 후 실생활 예시로 만들어 레오 톨스토이의 〈전쟁과 평화〉를 바탕으로 한 철자 단위의 모델을 통해 훈련시켜 텍스트를 어떻게 생성하는지를 살펴봤다. 마지막으로 딥러닝을 어떻게 적용할 수 있는지 간략히 살펴봤다. 특히, RNN이 음성 인식의 문제에 어떻게 적용될 수 있는지를 살펴봤다.

6장에서는 RNN이 언어 모델링과 음성 인식 등과 같은 많은 분야에서 매우 강력한 방법이라는 것을 살펴봤다. RNN은 시퀀스들의 패턴을 찾는 정렬 문제를 모델링할 때 빛을 발한다.

참고 문헌

[1] Siegelmann, H.T(1995). "Computation Beyond the Turing Limit". Science.238(28): 632–637. URL: http://binds.cs.umass.edu/papers/1995_Siegelmann_Science.pdf

[2] Alex Graves and Greg Wayne and Ivo Danihelka(2014). "Neural TuringMachines". CoRR URL: https://arxiv.org/pdf/1410.5401v2.pdf

[3] Yann LeCun, Yoshua Bengio & Geoffrey Hinton(2015). "Deep Learning". Nature 521. URL: http://www.nature.com/nature/journal/v521/n7553/full/nature14539.html

[4] Oriol Vinyals and Alexander Toshev and Samy Bengio and Dumitru Erhan(2014). "Show and Tell: {A} Neural Image Caption Generator". CoRR. URL: https://arxiv.org/pdf/1411.4555v2.pdf

[5] Kyunghyun Cho et al(2014). "Learning Phrase Representations using RNN Encoder-Decoder for Statistical Machine Translation". CoRR. URL: https://arxiv.org/pdf/1406.1078v3.pdf

[6] Ilya Sutskever et al(2014). "Sequence to Sequence Learning with Neural Networks".

NIPS'14. URL: http://papers.nips.cc/paper/5346-sequence-to-sequence-learning-with-neural-networks.pdf

[7] Andrej Karpathy(2015). "The Unreasonable Effectiveness of Recurrent Neural Networks". URL: http://karpathy.github.io/2015/05/21/rnneffectiveness/

[8] Paul J. Werbos(1990). "Backpropagation Through Time: What It Does and How to Do It" Proceedings of the IEEE. URL: http://axon.cs.byu.edu/~martinez/classes/678/Papers/Werbos_BPTT.pdf

[9] Razvan Pascanu and Tomas Mikolov and Yoshua Bengio(2012). "Understanding the exploding gradient problem". URL: http://proceedings.mlr.press/v28/pascanu13.pdf

[10] Yoshua Bengio et al(1994). "Learning long-term dependencies with gradient descent is difficult". URL: http://proceedings.mlr.press/v28/pascanu13.pdf

[11] Razvan Pascanu and Tomas Mikolov and Yoshua Bengio(2012). "Understanding the exploding gradient problem". URL: http://proceedings.mlr.press/v28/pascanu13.pdf

[12] James Martens, Ilya Sutskever(2011). "Learning Recurrent Neural Networks with Hessian-Free Optimization". URL: http://www.icml-2011.org/papers/532_icmlpaper.pdf

[13] Ilya Sutskever et al(2013). "On the importance of initialization and momentum in deep learning". URL: http://proceedings.mlr.press/v28/sutskever13.pdf

[14] Geoffrey Hinton & Tijmen Tieleman(2014) "Neural Networks for Machine Learning - Lecture 6a - Overview of mini-batch gradient descent". URL: http://www.cs.toronto.edu/~tijmen/csc321/slides/lecture_slides_lec6.pdf

[15] Martin Riedmiller und Heinrich Braun(1992). "Rprop - A Fast Adaptive Learning Algorithm" URL: http://axon.cs.byu.edu/~martinez/classes/678/Papers/riedmiller92rprop.pdf

[16] Sepp Hochreiter and Jurgen Schmidhuber(1997). "Long Short-Term Memory". URL: http://www.bioinf.jku.at/publications/older/2604.pdf

[17] Gers et al(2000) "Learning to Forget: Continual Prediction with LSTM" URL: https://pdfs.semanticscholar.org/1154/0131eae85b2e11d53df7f1360eeb6476e7f4.pdf

[18] Nikhil Buduma(2015) "A Deep Dive into Recurrent Neural Nets" URL: http://nikhilbuduma.com/2015/01/11/a-deep-dive-into-recurrentneural-networks/

[19] Klaus Greff et al(2015). "LSTM: A Search Space Odyssey". URL: https://arxiv.org/pdf/1503.04069v1.pdf

[20] Yoshua Bengio et al(2003). "A Neural Probabilistic Language Model". URL: https://papers.nips.cc/paper/1839-a-neural-probabilisticlanguage-model.pdf

[21] Christopher Olah(2014) "Deep Learning, NLP, and Representations". URL: http://colah.github.io/posts/2014-07-NLP-RNNs-Representations/

[22] Tomas Mikolov et al(2013) "Distributed Representations of Words and Phrases and their Compositionality". URL: http://papers.nips.cc/paper/5021-distributed representations-of-words-and-phrases-andtheircompositionality.pdf

[23] Tomas Mikolov et al(2013). "Efficient Estimation of Word Representations in Vector Space". URL: https://arxiv.org/pdf/1301.3781.pdf

[24] Tomas Mikolov et al(2013). "Linguistic Regularities in Continuous Space Word Representations". URL: https://www.microsoft.com/en-us/research/wp-content/uploads/2016/02/rvecs.pdf

[25] Thomas Mikolov et al(2010) "Recurrent neural network based language model". URL: http://www.fit.vutbr.cz/research/groups/speech/publi/2010/mikolov_interspeech2010_IS100722.pdf

[26] Frederic Morin and Yoshua Bengio(2005). "Hierarchical probabilistic neural network language model". URL: http://www.iro.umontreal.ca/~lisa/pointeurs/hierarchical-nnlm-aistats05.pdf

[27] Alex Graves(2013). "Generating Sequences With Recurrent Neural Networks". URL: https://arxiv.org/pdf/1308.0850.pdf

[28] Diederik P. Kingma and Jimmy Ba(2014). "Adam: A Method for Stochastic Optimization". URL: https://arxiv.org/pdf/1412.6980.pdf

[29] Daniel Povey et al(2011) "The Kaldi Speech Recognition Toolkit". URL: http://kaldi-asr.org/

[30] Hagit Shatkay(1995). "The Fourier Transform - A Primer". URL: https://pdfs.semanticscholar.org/fe79/085198a13f7bd7ee95393dcb8 2e715537add.pdf

[31] Dimitri Palaz et al(2015). "Analysis of CNN-based Speech Recognition System using Raw Speech as Input". URL: https://ronan.collobert.com/pub/matos/2015_cnnspeech_interspeech

[32] Yedid Hoshen et al(2015) "Speech Acoustic Modeling from Raw Multichannel Waveforms". URL: https://static.googleusercontent.com/media/research.google.com/en//pubs/archive/43290.pdf

[33] Mark Gales and Steve Young(2007). "The Application of Hidden Markov Models in Speech Recognition". URL: http://mi.eng.cam.ac.uk/~mjfg/mjfg_NOW.pdf

[34] L.R. Rabiner(1989). "A tutorial on hidden Markov models and selected applications in speech recognition". URL: http://www.cs.ubc.ca/~murphyk/Bayes/rabiner.pdf

[35] Abdel-rahman Mohamed et al(2011). "Acoustic Modeling Using Deep Belief Networks". URL: http://www.cs.toronto.edu/~asamir/papers/speechDBN_jrnl.pdf

[36] Geoffrey Hinton et al(2012) "Deep Neural Networks for Acoustic Modeling in Speech Recognition". URL: https://www.microsoft.com/en-us/research/wp-content/uploads/2016/02/HintonDengYuEtAl-SPM2012.pdf

[37] Tony Robinson et al(1996) "The Use of Recurrent Neural Networks in Continuous Speech Recognition". URL: http://www.cstr.ed.ac.uk/downloads/publications/1996/rnn4csr96.pdf

[38] Graves A, Schmidhuber J(2005) "Framewise phoneme classification with bidirectional LSTM and other neural network architectures.". URL: https://www.cs.toronto.

edu/~graves/nn_2005.pdf

[39] Alex Graves et al(2006). "Connectionist Temporal Classification:Labelling Unsegmented Sequence Data with Recurrent Neural Networks". URL: http://www.cs.toronto.edu/~graves/icml_2006.pdf

[40] Alex Graves et al(2013) "Speech Recognition with Deep Recurrent Neural Networks". URL: https://arxiv.org/pdf/1303.5778.pdf

[41] Dario Amodei et al(2015). "Deep Speech 2: End-to-End Speech Recognition in English and Mandarin". URL: https://arxiv.org/pdf/1512.02595.pdf

[42] Jan Chorowski et al(2015). "Attention-Based Models for Speech Recognition", URL: https://arxiv.org/pdf/1506.07503.pdf

[43] Dzmitry Bahdanau et al(2015) "Neural Machine Translation by Jointly Learning to Align and Translate" URL: https://arxiv.org/pdf/1409.0473.pdf

[44] The Institute for Signal and Information Processing. "Lattice tools". URL: https://www.isip.piconepress.com/projects/speech/software/legacy/lattice_tools/

[45] G.D. Forney(1973). "The viterbi algorithm". URL: http://www.systems.caltech.edu/EE/Courses/EE127/EE127A/handout/ForneyViterbi.pdf

[46] Xavier L. Aubert(2002). "An overview of decoding techniques for large vocabulary continuous speech recognition". URL: http://www.cs.cmu.edu/afs/cs/user/tbergkir/www/11711fa16/aubert_asr_decoding.pdf

[47] William Chan(2015). "Listen, Attend and Spell" URL: https://arxiv.org/pdf/1508.01211.pdf

[48] Alex Graves and Navdeep Jaitly(2014). "Towards End-To-End SpeechRecognition with Recurrent Neural Networks" URL: http://proceedings.mlr.press/v32/graves14.pdf

[49] Awni Hannun(2014) "Deep Speech: Scaling up end-to-end speech recognition". URL: https://arxiv.org/pdf/1412.5567.pdf

보드 게임에서의 딥러닝

누구나 한 번쯤 접했을 법한 1950~1960년대의 공상 과학 소설들은 21세기에 대한 여러 가지 상상들로 가득 차 있다. 그 당시의 소설에는 개인 제트팩을 매고 다니는 사람들, 수중 도시, 은하를 넘나드는 여행, 날아다니는 자동차 그리고 독립적인 사고가 가능한 완전한 지능을 가진 로봇을 상상했다. 21세기는 이미 지나고 있지만 유감스럽게도 날아다니는 자동차는 존재하지 않는다. 그렇지만 딥러닝 덕분에 이런 로봇이 가능해졌다.

이런 로봇이 과연 보드 게임을 위한 딥러닝과 어떤 관련이 있을까? 7, 8장에서는 게임 환경을 학습할 수 있는 인공지능을 어떻게 설계하는지를 살펴본다. 현실 속에는 수많은 가능성이 존재한다. 로봇 팔을 이용해 물체를 집는 일과 같이 간단한 작업조차도 방대한 양의 감각 데이터와 팔의 동작을 위한 수많은 연속된 응답 변수에 대한 분석이 필요하다.

게임은 여러 가지 목적의 일반적인 학습 알고리즘을 실험하기 위한 훌륭한 경기장이라 할 수 있다. 엄청나게 많은 환경이 존재하지만, 각각의 환경에서 발생하는 확률을 조작할 수 있다. 그뿐 아니라 컴퓨터 게임의 경우, 우리는 이미 '인간은 단지 화면상에 보이는 픽셀과 최소한의 명령만으로도 게임 플레이를 학습할 수 있다'는 사실을 알고 있다. 동일한 픽셀과 목표를 컴퓨터 에이전트에 입력하고, 게임을 할 수 있는(해당 문제를 풀 수 있는) 알고리즘만 갖고 있다면 이를 해결할 수 있다. 사실 컴퓨터는 이런 문제를 손쉽게 해결할 수 있다. 사람은 직접 화면상의 물체를 보고 판단하는 데 반해, 컴퓨터는 그 자체의 시각 영역인 게임 픽셀을 직접 읽으면서 식별하기 때문이다. 바로 이런 이유로 수많은 연구자는 게임을 인간으로부터 독립적으로 사고할 수 있는 학습 머신인 진정한 인공지능을 개발하기 위한 좋은 영역으로 여긴다. 게다가 독자가 게임을 좋아한다면, 인공지능으로 게임을 한다는 것에 많은 흥미를 느낄 수도 있을 것이다.

7장에서는 체커나 체스와 같은 보드 게임을 하는 데 사용하는 다양한 종류의 도구를 다룬다. 마지막에는 가장 뛰어난 바둑기사를 쓰러뜨린 인공지능인 알파고(AlphaGo)를 설계할 때 사용한 각종 딥러닝 솔루션을 이해하고, 실행할 수 있는 수준의 충분한 지식을 쌓을 수 있다. 그리고 여러 딥러닝 기법을 사용해 볼 것이다. 8장에서는 이 지식들을 활용해 퐁 게임과 벽돌 깨기 게임 등을 플레이할 때 딥러닝이 어떻게 사용되는지 살펴본다.

7, 8장에서는 다음과 같은 주제를 다룬다.

- 최소-최대 알고리즘(The min-max algorithm)
- 몬테카를로 트리 탐색(Monte-Carlo Tree Search)
- 강화학습(Reinforcement learning)
- 정책 기울기(Policy gradients)
- Q-러닝(Q-learning)
- 배우-비평가(Actor-Critic)

각 주제의 해결책을 설명하기 위해 여러 가지 접근법을 사용한다. 몇몇은 정의에 관한 것이다. 강화학습 환경의 예시로 간단한 미로 게임을 사용해 본다. 미로 게임은 각 장소들을 연결하는 경로들로 구성된 집합이다. 미로에는 어떤 장소에서 다른 장소로 옮길 때 사용할 수 있는 상태가 존재한다. 어떤 장소는 리워드와 직접적으로 연관된 정보를 갖고 있다. 상태의 목표는 최대한 많은 리워드를 받을 수 있는 방법으로 미로를 통과하는 것이다.

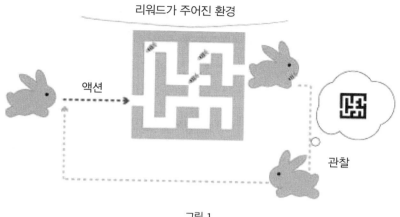

리워드가 주어진 환경

액션

관찰

그림 1

- **에이전트(agent)**는 액션을 학습시키고자 하는 주체를 의미한다. 이 게임에서 상태는 미로를 통과하고자 하는 플레이어를 의미한다.

- **환경(environment)**은 상태가 작동하는 세계, 차원, 게임 등을 의미하며, 이 게임에서는 미로를 뜻한다.

- **리워드(reward)**는 상태가 환경 내에서 획득하는 피드백이다. 미로 게임에서 상태가 획득하고자 하는 대상은 그림에 표시된 탈출구나 당근 등을 의미한다. 어떤 미로에서는 상태가 피해야 할 부정적인 리워드를 주는 함정들을 갖고 있을 수도 있다.

- **상태(state)**는 상태가 현재의 환경에 접근할 수 있는 모든 정보를 의미한다. 미로에서는 간단하게 상태의 위치를 의미한다.

- **액션(action)**은 상태가 수행할 반응 또는 일련의 반응을 의미한다. 미로(미궁) 게임에서는 어떤 상태에서 다른 상태로 이동할 수 있는 잠재적인 경로를 의미한다.

- **제어 정책(control policy)**은 상태가 어떠한 액션을 취할 것인지를 결정한다. 이는 딥러닝 부문에서 우리가 학습시키려는 신경망을 의미한다. 다른 정책은 무작위로 액션을 선택하거나 프로그래머가 작성한 코드에 따라 액션을 선택할 수도 있다.

7장에서는 코드의 양이 매우 많기 때문에 책에서 모든 예제를 복사해 사용하기보다 깃허브 저장소에서 풀 버전의 코드를 찾아보길 권장한다(https://github.com/DanielSlater/PythonDeepLearningSamples). 7, 8장의 모든 예제는 텐서플로로 작성했지만, 일련의 개념은 다른 딥러닝 프레임워크로 번역해 사용할 수도 있다.

인공지능으로 게임을 하기 위한 초기 과정

게임을 플레이하는 인공지능 설계는 1950년대 체커와 체스를 플레이하는 프로그램을 설계하던 연구자들 사이에서 시작됐다. 이 두 게임에는 몇 가지 공통된 특징이 있다.

- 두 가지는 모두 제로섬 게임이다. 한 플레이어가 받는 리워드는 나머지 플레이어의 손실을 의미하며, 그 반대의 경우 또한 마찬가지다. 즉, 한 플레이어가 승리하면 나머지 플레이어는 패배하며, 협력 가능성은 없다. '죄수의 딜레마'와 같은 게임의 경우, 두 플레이어는 서로 협력하고 합의할 수 있으며 양쪽 모두 (혼자 리워드를 독식할 때에 비해) 작은 리워드를 획득할 수 있다.

- 두 가지 게임에서 정보는 모두 완전하게 공개된다. 포커와 같이 상대가 갖고 있는 패를 정확하게 알 수 없는 게임과 달리, 두 플레이어는 모두 게임의 상태를 언제나 알 수 있다. 이 사실은 인공지능이 처리해야 하는 복잡성을 감소시킨다. 이는 최선의 움직임을 결정할 때 단지 현재의 게임 상황만 보고 판단하면 된다는 사실을 의미한다. 포커 게임에서 어떤 패를 낼 것인지에 대한 최선의 선택은 현재 자신의 손에 있지 않은 패에 관련된 정보와 각각의 플레이어가 사용할 수 있는 배팅 금액을 알아야 할 뿐 아니라 상대방의 플레이 스타일과 상대가 이전 위치에서 어떤 것을 배팅하는지에 대한 정보 또한 필요하다.

- 두 게임은 모두 결정적이다. 둘 중 어떤 플레이어라도 위치를 옮기면, 바로 정확히 다음 상태로 이어진다. 어떤 경우에는 주사위를 굴리거나 카드 패에서 무작위로 카드 한 장을 뽑는 방식으로 게임이 진행되기도 한다. 이런 경우에는 다음의 상태에 대한 경우의 수가 많아진다.

완전한 정보 공개와 게임의 결정성은 체커와 체스를 플레이할 때 현재 상황이 주어지면 다음이 어떻게 전개될지 정확하게 파악할 수 있도록 도움을 준다. 또한 이런 특성은 어떤 주어진 상황에서 움직임을 취할 경우, 새로운 상태로 옮겨간다는 것을 의미하기도 한다. 이런 새로운 상태에서 플레이어는 다시 한 번 움직임을 취해 원하는 만큼 계속 새로운 단계로 이동할 수 있다.

보드 게임을 완전히 이해하기 위한 몇 가지 접근법을 시험해 보기 위해 파이썬을 통해 향상시킨 틱-택-토라는 게임을 예제로 제시하고자 한다. OX 게임(noughts and crosses)라는 이름으로도 알려진 이 단순한 게임에서는 3 × 3 격자 속에 차례로 마킹하면서 먼저 연이어 세 개를 마킹하는 사람이 승리한다. 틱-택-토는 또 다른 결정형이자 제로섬이고, 정보가 완전히 공개된 게임이다. 여기서 틱-택-토 게임을 선택한 이유는 체스에 비해 파이썬으로 실행하는 것이 훨씬 간단하기 때문이다. 사실 게임을 위한 모든 코드를 작성하더라도 한 페이지를 넘어가지는 않지만, 이 책에서는 7장의 뒷부분에서 다룬다.

게임 상황을 평가하기 위한 최소-최대 알고리즘

제로섬, 즉 결정형이고 정보가 완전히 공개되는 게임에서 최선의 선택을 하고 싶다고 가정해 보자. 어떤 방법으로 이런 선택을 할 수 있을까? 먼저 정보를 완전히 알고 있다면 선택 가능한 옵션이 어떤 것인지 정확하게 파악할 수 있다. 게임이 결정형이라면, 각각의 움직임으로 인해 게임이 어떻게 변할지도 정확하게 파악할 수 있다. 상대방이 취할 수 있는 선택에는 정확히 무엇이 있으며, 게임의 상황이 상대의 선택에 따라 어떻게 움직일지도 알 수 있다.

최선의 움직임을 찾기 위한 방법 중 한 가지는 각각의 플레이어가 게임이 끝날 때까지의 각 단계에서 취할 수 있는 모든 움직임을 완전한 트리로 표현하는 것이다. 게임이 끝나는 상태는 종료(terminal) 상태라고도 알려져 있다. 이런 종료 상태에는 값을 부여할 수 있는데, 승리했을 경우에는 1, 비겼을 경우에는 0, 패배했을 경우에는 -1이다. 플레이어는 비기기보다는 승리하는 것을 선호하고, 패배하기보다는 비기기를 선호한다. 이에 대한 예시는 그림 2와 같다.

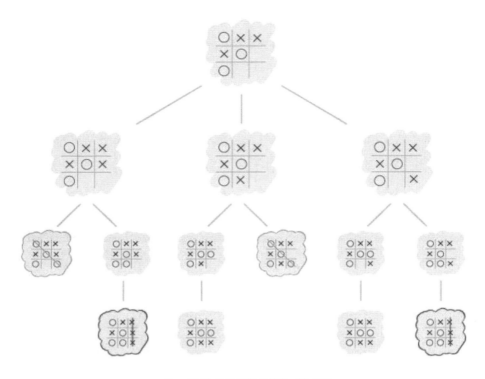

그림 2. 틱-택-토의 모든 상황에 대한 트리

종료 상태에서 플레이어가 종료 상태로 연결되도록 만드는 이동하기 바로 직전의 단계로 회귀할 수 있다. 플레이어의 목표는 최선의 움직임을 찾는 것이므로 자신의 액션을 통해 얻을 수 있는 값이 정확히 무엇인지, 어떤 액션이 종료 상태로 이끌게 하는지 알고 있다. 플레이어는 자신에게 최고의 값을 가져다 주는 움직임을 선택하려고 한다. 플레이어가 종료 상태에서 승리로 이어지는 움직임과 패배로 이어지는 움직임을 선택할 수 있다면, 승리로 이어지는 움직임을 선택한다.

종료 상태가 선택된 상태에서의 값은 플레이어가 실행할 수 있는 최선의 액션에 대한 값으로 매겨진다. 그래서 이 상태에 있는 플레이어는 값을 갖게 된다. 그러나 게임에서는 플레이어가 두 명이기 때문에 한 상태 이전의 단계로 되돌리고 싶을 경우, 다른 플레이어가 움직이려는 상태로 돌아가게 된다. 상대 플레이어가 이 상태에서 어떤 액션을 갖는지에 대한 값은 그래프 내에 가지고 있다.

틱-택-토-는 제로섬 게임이기 때문에 상대방이 최악의 플레이를 하기를 바라며, 따라서 상대방이 가장 낮은 값을 갖게 되는 상태로 이어지는 동작을 선택하게 된다. 얻을 수 있는 최고의 상태값을 표시하면서 상태 그래프를 찾아 올라가면, 현재 상태에서 얻을 수 있는 최선의 액션이 어떤 것인지 정확하게 알 수 있다.

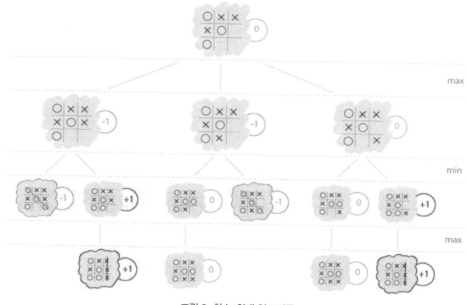

그림 3. 최소-최대 알고리즘

이와 같은 방법을 사용하면 게임에 대한 완전한 트리를 작성해 현재 상태에서 선택할 수 있는 최선의 움직임을 알 수 있다. 이런 접근법을 최소-최대 알고리즘이라 부르며, 초기 연구자들은 이를 체커와 체스 연구에 사용했다.

비록 이런 접근법이 제로섬이고 결정형이며, 정보가 완전히 공개된 모든 게임에 있어 최선의 움직임을 알려 주지만, 엄청난 문제점이 하나 있다. 체스는 평균적으로 한 턴당 대략 30가지의 움직임이 있으며, 평균적으로 40턴 안에 게임이 종료된다. 따라서 첫 번째 상태부터 모든 종료 상태까지의 도표를 작성한다면 대략 30^{40} 가지 경우의 수가 필요하다. 경우의 수가 이보다 많을 경우에는 세계 최고의 하드웨어에서나 이를 계산할 수 있다. 게임 분야를 다룰 때, 플레이어가 한 턴당 취할 수 있는 움직임의 수를 폭(breadth)라 하며, 게임에서 한 턴당 실행할 수 있는 움직임을 깊이(depth)라고 한다.

최소-최대 알고리즘으로 체스 게임을 쉽게 다루기 위해서는 탐색 과정의 깊이를 상당 부분 줄여야 한다. 게임 종료 시점까지의 모든 트리를 계산하기보다는 현재부터 6번의 움직임까지만 포함한 고정된 깊이를 구성해 계산하는 것이 효율적이다. 각각의 잎은 실제 종료 상태이므로 그 상태에서 플레이가 이길 수 있도록 만드는 평가 함수를 예측해 사용할 수 있다.

체스 게임에서의 좋은 평가 함수는 플레이어가 가지고 있는 말의 개수와 중요도를 함께 평가해서 계산한다. 따라서 폰에는 1포인트, 비숍이나 나이트에는 3포인트, 룩에는 5포인트, 퀸에는 8포인트를 부여하게 된다. 만약 내가 세 개의 폰과 한 개의 나이트를 갖고 있다면 6포인트고, 동일한 방법으로 상대가 두 개의 폰과 한 개의 룩을 갖고 있다면 7포인트다. 상대방이 1포인트 앞선 셈이다. 보통 더 많은 체스 말을 갖고 있는 플레이어가 승리한다. 그러나 상대의 교환 희생(exchange sacrifice)이 더 많은 체스 말이 남은 플레이어가 보통 체스에서 승리한다. 그러나 상대의 교환 희생 전략에 맞선 경험이 있는 노련한 체스 플레이어라면 알고 있듯이, 이런 평가 함수는 많은 제약을 갖고 있다.[1]

파이썬으로 틱-택-토 게임 실행하기

기본적인 틱-택-토 실행을 설계해 최소-최대 알고리즘의 실행이 어떻게 나타나는지 확인해 보자. 이 코드를 일일이 복사해 사용하고 싶지 않다면, 깃허브 저장소 파일에서 전체 코드를 찾을 수 있다(https://github.com/PacktPublishing/Python-Deep-Learning/blob/master/Chapter%2007/tic_tac_toe.py).

게임 보드는 3 × 3 정수형의 튜플로 표현된다. 튜플을 리스트 대신 사용하는 이유는 대응되는 보드 상태가 정확하게 동일하다는 것을 보장할 수 있기 때문이다. 이 경우, 0은 한 번도 말이 위치한 적이 없는 보드 칸을 의미한다. 두 명의 플레이어는 1과 -1으로 표시한다. 플레이어가 칸에서 움직였다면 바로 그 칸은 플레이어의 숫자로 표시된다. 자, 이제 아래의 코드를 살펴보자.

```
def new_board():
    return ((0,0,0),
            (0,0,0),
            (0,0,0))
```

new_board 함수는 시작 보드(fresh board)를 위해 게임 시작 전에 실행되며, 플레이어가 그 움직임을 결정하기 이전의 단계다.

```
def apply_move(board_state, move, side):
    move_x, move_y = move
    state_list = list(list(s) for s in board_state)
    state_list[move_x][move_y] = side
    return tuple(tuple(s) for s in state_list)
```

apply_move 함수는 board_state를 위한 3×3 튜플 가운데 하나를 갖고, 주어진 사이드가 적용된 움직임과 함께 새로운 board_state를 출력한다. 하나의 움직임은 길이 2의 튜플이며, 두 정수만큼 움직이고자 하는 좌표 평면을 포함하고 있다. 사이드는 움직임을 결정하는 플레이어를 표현하는 정수이며, 1 또는 -1이다.

```
import itertools

def available_moves(board_state):
    for x, y in itertools.product(range(3), range(3)):
        if board_state[x][y] == 0:
            yield (x, y)
```

이 함수는 주어진 3×3 board_state에서 규칙에 맞는 움직임, 즉 간단히 말하면 0이 아닌 모든 칸인 리스트다. 이제 플레이어가 한 줄에 연속된 세 개의 승리 마크를 획득했는지 판별해 주는 메서드만 있으면 된다.

```
def has_3_in_a_line(line):
    return all(x==-1 for x in line) | all(x==1 for x in line)
```

has_3_in_a_line은 보드에서 연속되는 세 칸을 가진다. 모든 칸이 1 또는 -1이라면 이는 두 명의 플레이어 가운데 한 명이 연속되는 세 칸을 차지해 승리하게 된다. 그 다음에는 이 함수를 틱-택-토 보드에서 각각의 선을 실행해 플레이어가 승리했는지 패배했는지를 판별해야 한다.

```
def has_winner(board_state):
    # 각 줄을 확인한다.
    for x in range(3):
        if has_3_in_a_line (board_state[x]):
            return board_state[x][0]
    # 각 열을 확인한다.
    for y in range(3):
        if has_3_in_a_line([i[y] for i in board_state]):
            return board_state[0][y]
```

```
# 각 대각선을 확인한다.
if has_3_in_a_line([board_state[i][i] for i in range(3)]):
    return board_state[0][0]
if has_3_in_a_line([board_state[2 - i][i] for i in range(3)]):
    return board_state[0][2]
return 0 # no one has won
```

이런 몇 가지 함수를 활용해 이제 틱-택-토 게임을 플레이할 준비가 끝났다. 단순하게 새로운 보드를 만드는 작업에서부터 그 다음 플레이어들이 연속적으로 움직임을 선택하도록 하는 작업에 이르기까지 움직임을 board_state에 적용한다. 움직임이 더 이상 존재하지 않을 경우, 비겼다고 판단한다. 만약 has_winner가 1이나 –1을 출력한다면 플레이어 중 한 명이 승리했다는 것을 의미한다. 우리와 맞붙을 상대 AI 플레이어를 제어할 수 있는 정책으로 결정된 방법을 통해 틱-택-토 게임을 실행하기 위한 간단한 함수를 만들어 보자.

```
def play_game(plus_player_func, minus_player_func):
    board_state = new_board()
    player_turn = 1
```

함수를 선언하고 나면 각 플레이어가 액션을 선택하도록 하는 함수로 넘어간다. 각 player_func는 두 개의 인자(argument)를 갖고, 첫 번째 인자는 현재의 board_state이며, 두 번째 인자는 플레이어가 플레이하고 있는 상대편, 즉 1 또는 –1이다. player_turn 변수가 계속 추적하게 된다.

```
while True:
    _available_moves = list(available_moves(board_state))
    if len(_available_moves) == 0:
        print("no moves left, game ended a draw")
        return 0.
```

이 부분이 바로 코드의 가장 주요한 루프다. 먼저, board_state에 남아 있는 움직임을 확인해야 한다. 만약 있을 경우, 게임은 끝나지 않고 비긴 상태로 유지된다.

```
if player_turn > 0:
    move = plus_player_func(board_state, 1)
else:
    move = minus_player_func(board_state, -1)
```

해당 플레이어의 턴에서 움직임 결정과 연관된 함수를 실행한다.

```
if move not in _avialable_moves:
    # 플레이어가 더 이상 움직일 게 없을 때 상대편이 이기게 된다.
    print("illegal move ", move)
return -player_turn
```

만약 어떤 플레이어에서 규칙에 부합하지 않는 움직임이 일어나면 자동으로 패배한다. 에이전트는 이런 사실에 대해 잘 알고 있어야 한다.

```
board_state = apply_move(board_state, move, player_turn)
print(board_state)
winner = has_winner(board_state)
if winner != 0:
    print("승리가 결정됨. 승자는 : %s" % player_turn)
    return winner
player_turn = -player_turn
```

움직임을 board_state에 적용해 승자가 결정됐다. 승자가 있을 경우 게임은 종료되고, 그렇지 않을 경우, 상대 플레이어로 player_turn을 전환해 루프백(loop back)한다. 아래는 규칙에 맞는 움직임들 가운데서 완전히 무작위로 동작을 선택하는 제어 정책을 작성하기 위한 메서드다.

```
def random_player(board_state, side):
    moves = list(available_moves(board_state))
    return random.choice(moves)
```

무작위로 선택한 두 플레이어를 서로 겨루게 하고, 결괏값이 다음과 같은지 확인해 본다.

```
play_game(random_player, random_player)

((0, 0, 0), (0, 0, 0), [1, 0, 0])
([0, -1, 0], (0, 0, 0), [1, 0, 0])
([0, -1, 0], [0, 1, 0], [1, 0, 0])
([0, -1, 0], [0, 1, 0], [1, -1, 0])
([0, -1, 0], [0, 1, 1], [1, -1, 0])
([0, -1, 0], [0, 1, 1], [1, -1, -1])
([0, -1, 1], [0, 1, 1], [1, -1, -1])

승리가 결정됨, 승자는: 1
```

이제 보드 게임을 위한 여러 제어 정책을 시도해 볼 좋은 방법을 알고 있기 때문에 여기서 한 걸음 더 나아가보자. 최소-최대 함수를 시도하면 이번에 우리가 작성한 무작위 플레이어에 비해 훨씬 더 높은 수준으로 게임을 플레이할 수 있다. 최소-최대 함수를 위한 완전한 코드는 깃허브 저장소의 min_max.py 파일에서도 확인할 수 있다.

틱-택-토는 경우의 수가 적은 게임이기 때문에 시작 위치부터 모든 플레이어에게 가능한 모든 움직임을 검토할 때까지의 전체 게임에 대한 최소-최대 함수를 간단히 실행해 볼 수 있다. 그러나 우리가 플레이하게 될 여러 게임의 경우는 틱-택-토와 다르기 때문에 평가 함수를 사용하는 것도 훌륭한 연습 방법이라 할 수 있다. 여기서 평가 함수는 세 번째 칸이 비어 있고, 한 줄에 두 개의 표시를 가졌을 경우 1포인트를 부여하며, 반대로 상대방이 이와 같은 경우에도 1포인트를 부여한다. 먼저 우리가 만들게 되는 각각의 선에 점수를 매길 방법이 필요하다. score_line은 길이가 3인 시퀀스를 가지며, 여기에 점수를 매긴다.

```python
def score_line(line):
    minus_count = line.count(-1)
    plus_count = line.count(1)
    if plus_count == 2 and minus_count == 0:
        return 1
    elif minus_count == 2 and plus_count == 0:
        return -1
    return 0
```

그런 다음, evaluate 함수가 틱-택-토 보드 내의 한 줄마다 evaluate 함수를 실행하고, 결괏값을 더한다.

```python
def evaluate(board_state):
    score = 0
    for x in range(3):
        score += score_line(board_state[x])
    for y in range(3):
        score += score_line([i[y] for i in board_state])
    # diagonals (대각선 쪽도 추가)
    score += score_line([board_state[i][i] for i in range(3)])
    score += score_line([board_state[2-i][i] for i in range(3)])

    return score
```

이제, 본격적인 최소-최대 알고리즘 함수에 도달할 수 있다.

```
def min_max(board_state, side, max_depth):
    best_score = None
    best_score_move = None
```

메서드의 처음 두 인자는 익숙한 board_state와 side지만, max_depth는 새로운 인자다. 최소-최대 알고리즘은 회귀 알고리즘, max_depth는 트리를 따라 내려가기까지 회귀 실행에 대한 최대 개수며, 결과를 평가한다. 실행할 때마다 min_max를 회귀적으로 호출하고 max_depth를 1로 축소시켜 0에 도달했을 때 평가를 멈추게 한다.

```
moves = list(available_moves(board_state))
if not moves:
    return 0, None
```

더 이상 실행할 움직임이 없다면 더 이상의 평가도 없으므로 게임도 비긴 셈이어서 점수도 0을 출력시킨다.

```
for move in moves:
    new_board_state = apply_move(board_state, move, side)
```

이제 각각의 규칙에 맞는 움직임을 검토해 보고, 이런 움직임이 적용된 new_board_state를 생성한다.

```
winner = has_winner(new_board_state)
if winner != 0:
    return winner * 10000, move
```

이 new_board_state에서 게임이 이미 승리한 상황인지 확인한다. 게임이 이미 승리로 끝난 상황이면, 더 이상의 회귀 실행이 일어날 필요가 없다. 여기서 승자의 점수에 1,000을 곱한다. 이 점수는 단순히 무작위로 선택된 큰 점수로서 실제의 승리와 패배 시에 evaluate를 실행했을 때 가장 극단적인 결괏값보다 높으면 무조건 승리하고, 낮으면 무조건 지는 것으로 표현되도록 만든다.

```
else:
    if max_depth <= 1:
        score = evaluate(new_board_state)
    else:
        score, _ = min_max(new_board_state, -side, max_depth -1)
```

승리할 수 있는 자리에 위치하고 있지 못할 경우, 비로소 알고리즘의 진가가 발휘된다. max_depth에 도달했다면, 이제 현재의 board_state를 평가해서 현재 위치가 첫 번째 플레이어에게 얼마나 유리한지 확인해야 한다. max_depth에 도달하지 못했다면, 더 낮은 max_depth 값으로 min_max를 더 이상 실행할 필요가 없을 때까지 회귀적으로 실행해야 한다.

```
    if side > 0:
        if best_score is None or score > best_score:
            best_score = score
            best_score_move = move
    else:
        if best_score is None or score < best_score:
            best_score = score
            best_score_move = move
return best_score, best_score_move
```

이제 new_board_state의 점수에 대한 평가를 완료했기 때문에 우리가 어느 쪽에 있는지에 따라 가장 높은 점수 또는 낮은 점수를 얻는 위치를 알아보려고 한다. 어떤 움직임이 어떤 결과로 이어지는지는 best_score_move 변수에서 추적할 수 있고, 이는 함수의 끝부분에서 점수와 함께 출력된다.

앞서 다뤘던 play_game 함수로 이동하기 위해 min_max_player 함수를 생성할 수 있다.

```
def min_max_player(board_state, side):
    return min_max(board_state, side, 5)[1]
```

게임에서 random_player와 min_max_player를 대결시키면 min_max_player가 거의 매번 승리한다는 사실을 확인할 수 있다.

최소-최대 알고리즘을 이해하는 것도 중요하지만, 실제 실행 과정에서는 절대 사용되지 않는다. 그 이유는 '알파베타 프루닝(가지치기)을 사용한 최소-최대 알고리즘'이라는 더 나은 버전이 존재하기 때문이다. 트리의 특정 브랜치를 무시하거나 잘라 낼 수도 있고, 모든 가지를 평가할 필요도 없다. 알파베타 프루닝은 최소-최대와 같은 결과를 만들어 낼 뿐 아니라 탐색 시간을 절반 정도로 줄일 수도 있다.

알파베타 프루닝에 적용된 아이디어를 설명하기 위해 최소-최대 트리를 작성하는 과정에서 노드(node)의 절반은 점수를 최대화하는 결정을 내리는 경향이 있고, 절반은 점수를 최소화하는 결정을 내리고자 하는 경향이 있다고 가정해 보자. 트리의 잎 중 일부를 평가하기 시작하면서 최소-최대를 만드는 결정 모두 적합한 결괏값을 갖도록 한다. 특정 경로를 따라간다고 생각하고, 이 점수가 -6이라고 가정해 보자. 이 가지를 계속 따라가면, 최소 브랜치는 -6이라는 점수를 얻는다는 것을 알고 있다. 결정은 반드시 내려야 하기 때문에 이 점수를 사용하면 멈춰야 한다. 그리고 최소 노드에 적합한 잎을 선택할 수 없도록 해야 한다.

그러나 더 많은 수의 잎을 평가한다면 어떤 리프는 +5의 점수를 가지며, 최대 노드에 적합하게 된다. 최대 노드는 이 값보다 부적절한 결과물을 결코 선택하지 않는다. 하지만 우리는 이미 최소 노드와 최대 노드의 점수를 모두 알고 있기 때문에 가장 최적의 최솟값이 -6보다 낮거나 가장 최적의 최댓값이 +5보다 높은 트리를 거슬러 내려가면 어느 것도 이 가지를 선택하지 않으며, 따라서 이 가지에 대한 전체 평가를 저장할 수 있다.

알파베타 프루닝에서 알파는 최대 결정이 획득할 수 있는 최고의 결괏값을 저장하며, 베타는 최소 결정이 획득할 수 있는 가장 낮은 점수를 저장한다. 알파가 한 번이라도 베타 이상이 된다면 현재 위치하고 있는 브랜치에 대한 더 이상의 평가를 생략할 수 있다. 그 이유는 두 결정이 모두 이미 더 나은 선택지를 보유하고 있기 때문이다.

그림 4는 이에 관한 예시를 보여 준다. 가장 첫 번째 리프부터 살펴보면 알파 값을 0으로 설정할 수 있는데, 이는 바로 최대 플레이어가 브랜치에서 0인 점수를 발견할 경우, 결코 더 낮은 점수를 선택할 필요가 없기 때문이다. 세 번째 리프에서는 점수가 다시 0이기 때문에 최소 플레이어는 자신의 베타 점수를 0으로 설정할 수 있다. '브랜치를 무시하라'라는 정보를 주는 브랜치를 더 평가할 필요가 없는 이유는 알파와 베타의 값이 모두 0이기 때문이다.

이를 이해하기 위해 브랜치를 평가했을 때 얻을 수 있는 모든 결괏값을 검토해 보자. 만약 점수가 +1이라 가정하면 최소 플레이어는 단순히 이미 존재하는 0점을 기록한 브랜치를 고르기만 하면 된다. 점수가 -1이라면 최대 플레이어는 단순히 사진상의 가장 좌측에 위치한 브랜치(0의 값을 얻을 수 있다)를 선택하면 된다. 마지막으로 점수가 0이라는 것은 어느 플레이어도 진전이 없었다는 것을 의미하기 때문에 위치에 대한 평가는 그대로 유지된다. 가지에 대해 평가한다고 해서 해당 위치에 대한 전체 평가가 변하는 일은 절대 발생하지 않는다. 아래는 알파베타 프루닝을 수정하기 위해 사용된 최소-최대 메서드에 관한 예제다.

```python
import sys

def min_max_alpha_beta(board_state, side, max_depth,
alpha=-sys.float_info.max, beta=sys.float_info.max):
```

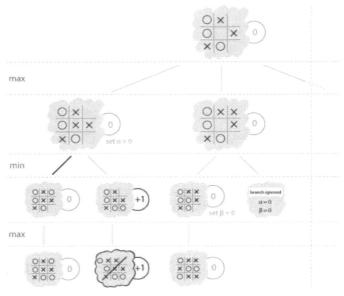

그림 4. 알파베타 프루닝(가지치기)을 통한 최소-최대 메서드

이제 알파와 베타 모두 파라미터로 전달할 수 있다. 또 알파보다 작거나 베타보다 큰 브랜치에 대한 탐색은 중단한다.

```
best_score_move = None
moves = list(available_moves(board_state))
if not moves:
    return 0, None

for move in moves:
    new_board_state = apply_move(board_state, move, side)
    winner = has_winner(new_board_state)
    if winner != 0:
        return winner * 10000, move
    else:
        if max_depth <= 1:
            score = evaluate(new_board_state)
        else:
            score, _ = min_max_alpha_beta(new_board_state,
            -side, max_depth - 1, alpha, beta)
```

min_max_alpha_beta를 회기적으로 호출하면 새로운 알파 값과 베타 값을 전달하고, 탐색 과정의 일부분으로 업데이트된다.

```
if side > 0:
    if score > alpha:
        alpha = score
        best_score_move = move
```

side > 0은 점수를 최대화하는 방법을 찾고 있다는 것을 의미한다. 따라서 점수가 현재의 알파 값보다 크면 알파 변수에 이 값을 저장한다.

```
else:
    if score < beta:
        beta = score
        best_score_move = move
```

side < 0은 점수를 최소화하는 방법을 찾고 있다는 것을 의미한다. 따라서 베타 변수에 가장 낮은 점수를 저장한다.

```
if alpha >= beta:
    break
```

알파가 베타보다 크면 브랜치가 현재 점수를 더 이상 점수를 향상시키지 못하기 때문에 탐색을 중단한다.

```
return alpha if side > 0 else beta, best_score_move
```

1997년 IBM은 체스 프로그램인 딥블루(Deep Blue)를 개발했다. 딥블루는 체스를 제패한 세계 챔피언인 게리 카스파로프(Garry Kasparov)에게 패배를 안긴 최초의 컴퓨터 프로그램이다. 하지만 딥블루가 사고력을 갖췄다고 보기는 힘들다. 딥블루가 막대한 컴퓨팅 능력이 있음에도 기저에 위치한 알고리즘은 1950년대의 최소-최대 알고리즘과 같은 수준에 불과했다. 딥블루가 가진 주요한 차이점이 하나 있다면 체스의 오프닝 이론(the opening theory)이 가져다 주는 이점을 활용했다는 것이다.

오프닝 이론은 체스에서의 일련의 움직임에 관한 것으로, 이런 움직임은 시작 위치에서부터 우세하거나 불리한 위치로 이어진다. 예를 들면, 흰색이 폰 e4(킹 앞에 위치한 폰은 앞으로 두 칸 이동한다)를 움직임으로써 첫 수를 두면 검은색은 폰 c5로 대응하는데, 이는 시실리안 방어(Sicilian defense)라고 알려져 있다. 이런 위치로부터 파생될 수 있는 다양한 플레이는 많은 책에서 다루고 있다. 딥블루는 단지 이런 오프닝 이론을 다룬 책에서 권장하는 최선의 움직임을 따르도록 프로그래밍됐고, 게임 중 오프닝 라인이 끝에 도달하면 최적의 최대-최소 움직임을 계산하기 시작한다. 이런 방식을 사용하면 컴퓨팅 시간을 절약할 수 있을 뿐 아니라 체스의 오프닝 단계에서 사람들이 최적의 위치에 관해 모아 둔 방대한 양의 연구 자료를 활용할 수도 있다.

가치 함수 학습하기

최소-최대 알고리즘이 도대체 얼마나 많은 계산을 해야 하는지 좀 더 살펴보자. 폭이 b고, 깊이가 d인 게임에서 전체 게임을 최소-최대 알고리즘으로 평가하려면, 궁극적으로 d^b 만큼의 잎을 가진 트리를 만들어야 한다. 최대 깊이가 n인 평가 함수를 사용하면 트리의 크기를 n^b 까지 줄일 수 있다. 그러나 평가 함수는 기하급수적인 방정식이므로 n이 4, b가 20에 불과하더라도 1,099,511,627,776가지 경우의 수를 평가해야 한다. 여기서 핵심은 n이 작아질수록 평가 함수는 더 얕은 레벨로 평가한다는 것이다. 즉, 예상한 위치의 퀄리티가 훨씬 더 좋지 않은 위치의 예상된 특징보다 훨씬 더 좋지 않게 실행된다. 평가 함수가 단지 보드상에 남은 말의 수를 헤아리기만 했던 체스 게임을 떠올려 보자. 얕은 지점에서 멈추면, 다음 번 움직임에서 퀸을 상대에게 내주는 자리에 위치하게 되는 기회를 놓친다. 깊이가 커질수록 평가의 정확도는 항상 높아진다.

인공지능에게 바둑 학습시키기

체스의 경우의 수는 비록 방대하지만, 강력한 컴퓨터가 있다면 세계 챔피언을 상대로 충분히 승리할 수 있다. 그렇지만 바둑의 역사는 5,500년 전 중국으로 거슬러 올라가며 체스에 비해 훨씬 더 복잡하다. 바둑의 돌은 19 × 19 크기의 판에서 어디에든 위치할 수 있다. 먼저, 바둑에는 361가지의 움직임이 존재한다. 따라서 k번째 움직임을 탐색하려면 361k가지의 경우의 수를 고려해야 한다. 게다가 체스에서는 남은 말의 개수에 근거해 해당 위치가 얼마나 유리한지를 정확하게 평가할 수 있지만, 바둑에서는 그런 평가 함수가 아직 발견되지 않았다. 현재 위치가 얼마나 유리한 위치에 있는지 평가하려면, 게임이 종료될 때까지의 모든 상태를 탐색해야 한다. 그러면 200회 이상의 움직임이 이뤄진 이후가 될 수도 있는 것이다. 이렇게 엄청나게 복잡하기 때문에 최소-최대 알고리즘으로 바둑을 수준 높게 플레이하기란 불가능하다.

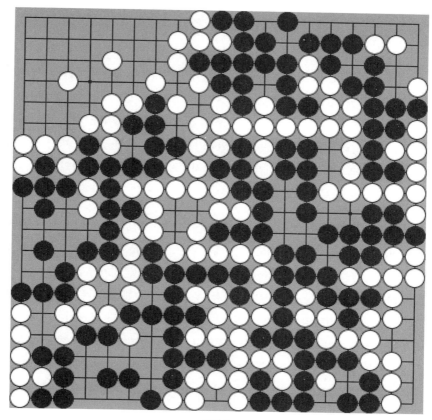

그림 5

바둑의 복잡성을 더 잘 이해하기 위해서는 바둑과 체스를 비교하고, 어떤 방식으로 학습하는
지에 대해 생각해 볼 필요가 있다. 체스에 입문한 초보자는 말을 상대 플레이어의 진영을 향
해 움직인다. 어떤 순간이 되면 초보자는 상대방에게 잡히기 쉬운 곳으로 말을 움직인다. 그
러면 상대방은 아주 쉽게 말을 가져가 버린다. 바로 이 순간 체스 초보자는 즉시 자신의 마지
막 움직임이 좋지 못했고, 다음에 더 좋은 결과를 얻으려면 동일한 실수를 반복하면 안 된다
는 것을 깨닫게 된다. 실력을 쌓기 위해서는 수많은 연습 과정이 필요하지만, 플레이어는 어
렵지 않게 자신의 실수를 파악할 수 있다.

이와 달리, 바둑에 갓 입문한 초보자는 보드 위에서 무작위로 벌어지는 움직임으로 보일 것이
다. 어떤 특정 시점에서 두 플레이어가 둘 수 있는 수가 바닥나면 누가 승리했는지 확인하
기 위해 위치를 역으로 계산한다. 초보자는 자신이 졌다는 것을 알지만, 보드 위에 펼쳐진
수많은 바둑돌을 보며 정확히 어디서부터 잘못됐는지를 알기 어렵다. 사람이 바둑을 두는

것 자체가 극도로 난해한 게임이며, 언제부터 문제가 생겼는지 이해하려면 높은 수준의 경험과 기술이 필요하다.

또한 바둑은 체스와 달리, 오프닝 이론을 정리한 책이 존재하지 않는다. 바둑의 오프닝 이론은 컴퓨터가 모방할 수 있는 연속된 움직임보다는 시도해 볼 만한 좋은 모양이나 보드에서 코너를 차지하는 방법 등과 같이 일반론적인 여러 원칙에 관한 것이다. 물론 바둑에서도 '정석'과 같이, 게임을 유리하게 만들어 주는 차별적인 움직임에 관해 연구된 바가 있다. 그러나 이런 연구는 모두 플레이어가 어떤 배열이 가능한지를 알아차렸을 때 게임의 진행 상황에 따라 적용될 수 있을 뿐, 맹목적으로 모방할 수는 없다.

바둑과 같이 평가하기가 매우 까다로운 게임을 풀 수 있는 방법 중 하나가 바로 **몬테카를로 트리 탐색(Monte Carlo Tree Search, MCTS)**이다. 베이지안(Bayesian) 확률에 대해 학습한 적이 있다면, 몬테카를로 샘플링에 대해 들어본 적이 있을 것이다. 몬테카를로 샘플링은 아주 다루기 힘든 값에 대한 근삿값을 얻기 위해 확률 분포 내에서 샘플링하는 과정을 갖고 있다. MCTS 또한 비슷하다. 하나의 샘플은 종료 상태에 이를 때까지 각 플레이어가 무작위로 동작을 선택한다. 각 샘플에 대한 통계치를 수집하고 난 후, 현재 상태에서 가장 높은 성공률을 보장하는 움직임을 선택할 수 있도록 한다. 아래는 틱-택-토 게임에 관한 MCTS 예제다. 위와 마찬가지로, 전체 코드는 깃허브 저장소의 monte_carlo.py 파일에서 확인할 수 있다.

```python
import collections

def monte_carlo_sample(board_state, side):
    result = has_winner(board_state)
    if result != 0:
        return result, None
    moves = list(available_moves(board_state))
    if not moves:
        return 0, None
```

아래의 monte_carlo_sample 함수는 주어진 위치에서 하나의 샘플을 만든다. 또한 board_state와 side를 인자로 가진 함수를 갖게 된다. 이 메서드는 종료 상태에 이를 때까지 계속 회귀적으로 실행한다. 그래서 더 이상 실행할 새로운 움직임이 없으면 게임에서 비기게 되거나 한 플레이어가 승리한다.

```
# 무작위적인 움직임을 선택한다.
move = random.choice(moves)
result, next_move = monte_carlo_sample(apply_move(board_state,
move, side), -side)
return result, move
```

포지션 안에서의 적합한 움직임 중 하나를 무작위로 선택하고, 이런 샘플 메서드를 계속 회귀적으로 실행한다.

```
def monte_carlo_tree_search(board_state, side, number_of_samples):
    results_per_move = collections.defaultdict(lambda: [0, 0])
    for _ in range(number_of_samples):
        result, move=monte_carlo_sample(board_state, side)
        results_per_move[move][0] += result
        results_per_move[move][1] += 1
```

다음과 같이 보드 상태로부터 몬테카를로 샘플을 통해 결괏값을 업데이트한다.

```
move = max(results_per_move,
    key=lambda x: results_per_move.get(x)[0] /
            results_per_move[move][1])
```

가장 좋은 평균적인 결괏값을 가진 움직임을 가져온다.

```
return results_per_move[move][0] / results_per_move[move][1], move
```

위가 바로 모든 것을 합칠 수 있는 함수다. monte_carlo_sample 함수를 number_of_samples 횟수만큼 실행하고, 각각 실행의 결괏값을 추적한다. 그런 다음, 평균적인 결과가 가장 뛰어난 움직임을 출력한다.

MCTS를 통해 얻은 결괏값과 최소-최대 알고리즘을 통해 얻은 결괏값이 얼마나 다른지에 대해 생각해 볼 필요가 있다. 다시 체스로 돌아가보면, 아래 그림에 표현한 것처럼 흰색이 우위를 점하고 있고, 룩을 백 랭크(back rank)인 c8에 위치하도록 해 체크메이트(킹을 잡아서 게임을 종료하기 바로 직전의 상태) 상태로 만든다. 최소-최대 알고리즘을 활용하면 흰색이 승리할 수 있는 위치를 점유했다고 평가할 수 있다. 하지만 MCTS를 활용하면 나머지 다른 모든 동작이 검은색을 승리로 이끌 가능성이 있기 때문에 검은색에게 유리하다는 평가를 내리게 된다. 바로 이런 이유로 인해 MCTS는 체스를 평가하기에는 아주 부적합하며, 최소-최대 알고리즘을 사용할 수 없는 경우에만 사용돼야 한다. 체스와는 다른 종목에 속하는 바둑에서는 전통적으로 MCTS를 이용해 최고의 인공지능 수행 결과를 얻는다.

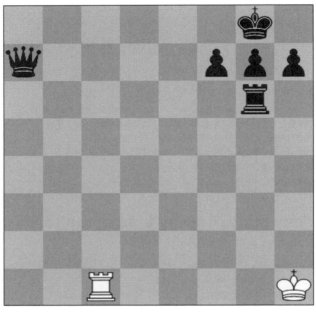

그림 6. 몬테카를로 샘플링은 위의 체스 포지션에 부적절한 평가를 내렸다. 흰색이 움직이면 승기를 점하게 되지만, 샘플들을 무작위로 움직이면 검은색이 승리할 기회를 잡을 수도 있다.

트리에 상한 신뢰 구간 적용하기

지금까지의 내용을 정리하면, 최소-최대 알고리즘은 정보가 완벽하게 주어졌을 경우, 해당 위치에서 가장 좋은 움직임을 알려 준다. 반면, MCTS는 최소-최대 알고리즘으로는 평가할 수 없는 훨씬 더 큰 상태 공간을 다룰 수 있게 해 주지만, 전체의 평균값만을 제공해 준다. 충분한 평가가 이뤄진다면 MCTS를 최소-최대 알고리즘이 수렴하는 만큼 향상시킬 수 있을까? 상한 신뢰구간(UCT)을 적용시킨 몬테카를로 트리 탐색(MCTS)이 이런 역할을 수행하는 데 도움을 준다. UCT는 바로 MCTS를 멀티 암드 밴딧(multi-armed bandit) 문제로 취급한다. 멀티 암드 밴딧 문제에서는 외팔이 밴딧(one armed bendits)인 슬롯머신으로 구성된 그룹이 주어지고, 각 머신에서는 매 플레이마다 평균적인 액수의 금액을 받고, 무작위적인 금액을 내보낸다. 슬롯 머신에서 나가는 금액은 무작위고, 나가는 평균 금액 또한 매우 다양하다. 이런 경우, 어떤 슬롯머신으로 게임을 플레이해야 하는지는 어떻게 결정할 수 있을까?

슬롯머신을 선택할 때는 두 가지를 고려해야 한다. 첫 번째는 당연히 착취값(exploitative value)으로, 선택한 슬롯머신이 출력할 것으로 예상되는 결괏값이다. 이 금액을 최대화하려면 가장 높은 기대 수익을 보여 주는 머신을 선택해야 한다. 두 번째는 탐색값(explorative value)으로, 플레이어는 다른 머신에서 얻을 수 있는 기대 수익에 대한 정보 또한 강화하고자 한다.

A 머신을 3회 플레이한다면 13, 10, 7의 배당금을 획득하고, 평균 배당금은 10이다. 한편, B 머신에서는 1회 플레이됐으며 9의 배당금을 획득했다고 가정해 보자. 이런 경우, 비록 평균 배당금은 A 머신과 비교했을 때 10 : 9로 B가 낮지만, B 머신으로 플레이하는 것이 유리하다. B 머신을 단 한 번만 플레이했기 때문에 낮은 배당금이 나오더라도 단 한 번의 불운에 지나지 않는다. B 머신을 다시 플레이해 배당금 13을 획득했다면 평균 배당금은 11이다. 따라서 최대의 수익을 올리기 위해서는 B를 선택해야 한다.

멀티 암드 밴딧 문제는 수학 분야에서 광범위하게 연구돼 온 주제다. 만약 MCTS 평가 방법을 멀티 암드 밴딧 문제와 유사하도록 재구성할 수 있다면 연구가 충분히 이뤄진 이론들의 강점을 잘 살릴 수 있다. 이런 문제점에 접근하는 방법 중 하나는 리워드를 극대화하는 것이 아니라 리그렛(regret)을 최소화하는 것에 초점을 맞추는 것이다. 여기서 리그렛이란, 플레이어가 머신에서 실제로 플레이를 하면서 얻은 리워드와 처음 게임을 시작할 때 얻을 수 있는 최대한의 기대 리워드와의 차이를 말한다. 이 정책에 따르면, $\pi(a)$는 각 시간 단계마다 리워드를 얻게 되는 액션을 선택한다. 가능한 최선의 동작의 결과를 통해 얻은 리워드(r^*)가 주어졌을 경우, 플레이 횟수(t)에 따른 리그렛은 다음과 같다.

$$regret_t = E\left[\sum_{t-1}^{t} r - \pi(a) \right]$$

만약 가장 높은 리워드를 주는 머신을 선택하는 정책을 항상 선택한다 하더라도 이것이 가장 최고의 머신을 선택한 것을 의미하는 것은 아니다. 그래서 리그렛은 각 플레이를 실행할 때마다 선형으로 증가한다. 이와 마찬가지로, 최고의 머신을 탐색하는 정책을 항상 선택한다 하더라도 리그렛은 선형적으로 증가한다. 여기서 우리는 시간에 따라 비선형적으로 증가하는 $\pi(a)$를 위한 정책이 필요하다.

이론적으로 최선의 해결책은 신뢰 구간에 기반을 둔 탐색을 실행한다. 여기서 신뢰 구간이란, 확률적으로 실제 평균을 얻을 수 있으리라 기대할 수 있는 범위를 말한다. 불확실성을 맞닥뜨려도 잘 대처하길 원한다. 또한 뭔가를 알지 못한다면 답을 알고 싶어 한다. 신뢰 구간은 주어진 난수(random variable)의 실제 평균에 관한 불확실성을 의미한다. 표본 평균과 신뢰 구간을 바탕으로 선택하면, 같은 시간 동안 확률 공간을 탐색할 때 훨씬 더 수월하다.

범위가 0에서 1 사이이며, n개가 넘는 샘플을 가진 독립 동일 분포(Independent and Identically Distributed, IID)에서 난수 x, 실제 평균이 표본 평균($\overline{x}_n$과 상수 u의 합)보다 클 확률은 훼프딩(Hoeffding)의 부정식을 통해 주어진다(Hoeffding Wassily, 1963, 범위 내의 난수의 합의 확률 부정식, 미국 통계 협회 저널)

$$P\left[E\{x\} > \overline{x}_n + u\right] \leq e^{-2nu^2}$$

이런 방정식을 이용하면 각 머신의 상한 신뢰 구간을 찾을 수 있다. $E\{x\}$, x, n은 이미 주어진 통계치의 일부다. 이 방정식을 활용해 원래 목적인 u 값을 찾아야 한다. 이를 위해 방정식의 좌항을 p로 두고, 우항을 p에 관한 식으로 정리하면, 왼쪽과 동일하게 만들어 준다.

$$p = e^{-2nu^2}$$

이를 재배열하면 u를 n과 p를 통해 정의할 수 있다.

$$\ln p = -2nu^2$$

$$\frac{-\ln p}{2n} = u^2$$

$$u = \sqrt{\frac{-\ln p}{2n}}$$

이제 p에 대한 값을 선택해 시간이 지남에 따라 정확성이 향상될 수 있도록 만들어야 한다.

$p = n^{-4}$로 설정하면, n은 무한대로 발산하고, 리그렛은 0으로 수렴한다. p를 n^{-4}로 바꿔 대입하면 다음과 같다.

$$u = \sqrt{\frac{-2\ln n}{n}}$$

상한 신뢰 구간은 평균에 u를 합한 것이며, 따라서 UCB1(Upper Confidence Bounds) 알고리즘을 얻기 위해 사용할 수 있다. 우리가 얻은 값을 앞서 다룬 멀티 암드 밴딧 문제에서 얻은 값으로 대체할 수 있다. 여기서 r_i는 머신 i에서 받을 수 있는 리워드의 합, n_i는 머신 i를 플레이한 횟수, n은 모든 머신에서 실행한 플레이 수의 합이 된다.

$$\frac{r_i}{n_i} + \sqrt{\frac{2\ln n}{n_i}}$$

우리는 항상 이 방정식에 가장 높은 점수를 주는 머신을 선택한다. 리그렛은 플레이 횟수에 따라 크기가 대수적으로 변하기 때문에 이론적으로 최선의 선택을 하는 것일 수도 있다. 이 방정식을 액션을 선택할 때 사용하면 머신들이 일찍부터 더 많은 시도를 할 것이다. 만약 하나의 머신이 아닌 더 많은 머신으로 시도하면, 다른 머신에도 이와 같은 과정을 적용해 볼 수 있다.

또한 이 연속적인 방정식의 앞부분에서 내린 가정에서 초기의 x(멀티 암드 밴딧 문제에 적용했을 때는 r)의 범위가 0과 1 사이였다는 것을 기억해 둬야 한다. 만약 작업을 이 범위로 실행하지 않는다면, 입력값의 범위를 조절할 필요가 있다. 아직 분포의 형태에 관한 그 어떤 결정도 내린 상황은 아니지만, 가우시안 분포, 이항 분포 등의 형태로 나타낼 수 있다.

이제 알려지지 않은 분포의 집합에서 샘플링할 때 발생하는 문제에 대한 최적의 해결책을 찾았다. 이번에는 어떻게 MCTS에 적용할 것인지에 대해 생각해 보자. 가장 간단한 방법은 현재 보드 상태에서의 첫 번째 움직임을 밴딧이나 슬롯머신으로 간주하는 것이다. 초기 단계에서는 이 방법이 추정치를 아주 조금 개선시켜 주기는 하지만, 기저에 깔린 모든 움직임은 완전히 무작위고, r_i에 대한 추정은 매우 부정확하다는 것을 의미한다.

한편, 트리 내 브랜치의 모든 움직임을 멀티 암드 밴딧 문제로 간주할 수도 있다. 여기서 비롯되는 문제는 트리의 깊이가 깊다면, 즉 평가가 '깊이' 진행된다면 이제까지 접하지 못한 위치에 도달하기 때문에 선택해야 할 움직임의 범위를 벗어난다는 것이다. 위치의 모든 범위가 포함된 막대한 통계치를 가지지만, 이런 통계치의 대부분은 사용되지 않는다.

이번에는 '트리를 위한 신뢰 상한 구간'이라고 알려진 해결책에 대해 알아보자. 우선 현재의 보드 상태에서 연속적인 롤아웃(rollout)을 실행한다. 선택할 수 있는 여러 액션의 범위를 가진 트리의 각 브랜치에서 모든 움직임에 사전의 샘플 통계치를 알고 있다면 UCB1 알고리즘으로 롤아웃하기 위해 어떤 액션을 선택해야 할지를 결정할 수 있다. 모든 움직임에 관한 샘플 통계치를 알지 못하는 경우에는 움직임을 무작위로 선택해야 한다.

어떤 샘플 통계치를 활용할 것인지는 어떻게 결정해야 할까? 각각의 롤아웃에서 우리는 첫 번째로 진입하는 위치, 즉 우리가 미리 통계치를 알 수 없는 위치에 관한 새로운 통계치를 저장한다. 롤아웃이 끝나면, 우리가 기록하고 있는 모든 위치의 통계를 업데이트한다. 이런 방법으로 롤아웃보다 깊은 수준의 위치를 모두 무시할 수 있다. 평가 x가 완료되면 트리의 정확한 x 노드 개수를 알게 된다. 그리고 롤아웃을 한 번 시행할 때마다 1씩 증가한다. 게다가 검토해야 하는 노드는 가장 빈번하게 사용하는 경로(path)의 주변에 위치해 있을 가능성이 크기 때문에 트리를 따라 내려가면서 우리가 평가하는 움직임의 정확도를 증가시키거나 최상단에서의 평가 정확도가 향상되도록 할 수 있다.

각 단계는 다음과 같다.

1. 현재 보드 상태에서 롤아웃을 시작한다. 다음과 같은 방법을 참고해 움직임을 선택한다.

   • 현재 위치에서 모든 움직임에 대한 통계치를 알고 있다면 UCB1 알고리즘을 이용해 움직임을 선택한다.

   • 만약 그렇지 않은 경우에는 움직임을 무작위로 선택한다. 위치를 무작위로 뽑았을 때, 처음으로 선택된 위치일 경우, 이 위치들의 리스트에 통계치를 저장한다.

2. 롤아웃의 결과를 출력하는 종료 상태에 도달할 때까지 롤아웃을 실행한다.

3. 통계치를 저장하고자 하는 모든 위치에 관한 통계치를 업데이트하고, 롤아웃에 대한 실행에 어떤 과정을 거쳤는지를 나타내도록 한다.

4. 롤아웃의 최댓값을 얻을 때까지 이런 과정을 반복한다. 각 위치에서의 통계인 상한 신뢰 구간이 적용된 통계는 다음 그림에서 확인할 수 있다.

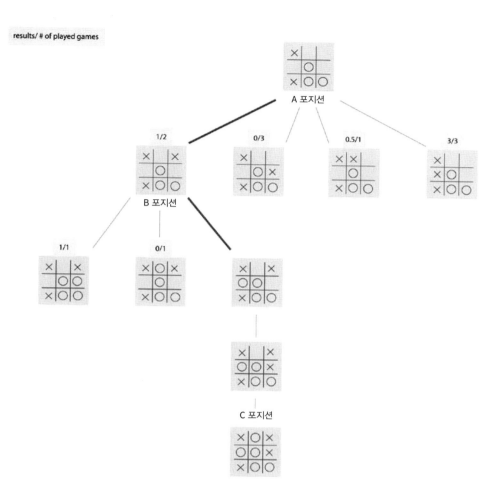

5. 위 그림은 어떤 일이 일어났는지 보여 준다. *A* 포지션에서는 가능한 네 가지 움직임을 위한 통계가 모두 수집된다. 그렇기 때문에 UCB1 알고리즘을 활용해 최적의 움직임을 선택할 수 있으며, 착취값을 조절할 수 있다. 위 그림에서는 가장 왼쪽에 있는 움직임이 선택됐다. 그러면 *B* 포지션으로 이어진다. 여기서 가능한 움직임은 세 가지 중에 두 가지뿐이며, 이에 관한 통계치만 수집된다. 그래서 이 롤아웃을 위해 필요한 움직임은 무작위로 선택된다. 가끔 가장 오른쪽의 움직임이 선택되기도 하며, 나머지 움직임들은 최종적으로 (동그라미가 승리하게 되는 위치) *C*에 도달할 때까지 무작위로 선택된다. 이 정보들은 모두 그래프에 적용되며, 다음과 같은 그림으로 표현할 수 있다.

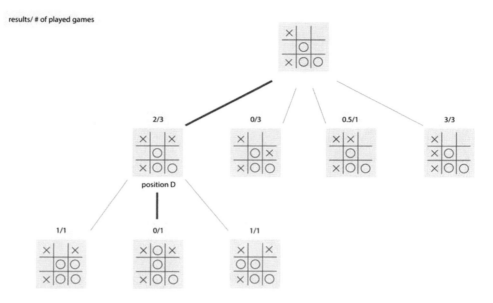

results/ # of played games

6. 이미 통계치를 갖고 있는 모든 위치에 또 다른 통계치를 추가하기 때문에 첫 번째 그림의 1/2는 이제 2/3이 된다. 또한 처음 도착해 기존의 통계치가 없더라도 첫 통계치를 추가한다. 위 그림에서는 두 번째 줄에서 가장 오른쪽에 위치한 것이다. 그리고 마지막에 동그라미가 승리하기 때문에 1/1라는 점수를 얻게 된다. 이런 브랜치를 다시 선택하고, 위치 D를 얻었다면, UCB1 알고리즘을 활용해 움직임을 선택할 수 있다.

7. 틱-택-토 게임을 위한 알고리즘을 파이썬으로 표현하면 다음과 같다.

```
def upper_confidence_bounds(payout, samples_for_this_machine, log_
total_samples):
    return payout / samples_for_this_machine
            = math.sqrt((2 * log_total_samples)
                      / samples_for_this_machine)
```

먼저, UCB1을 계산하는 함수와 파이썬으로 표현한 UCB1 방정식이 필요하다. 차이점이 하나 있다면, 여기서는 이후의 세부적인 최적화가 가능하도록 log_total_samples를 입력값으로 활용한다는 점이다.

```
def monte_carlo_tree_search_uct(board_state, side, number_of_rollouts):
    state_results = collections.defaultdict(float)
    state_samples = collections.defaultdict(float)
```

함수와 두 개의 사전형(dictionaries)인 state_results와 state_samples를 선언한다. 이를 통해 롤 아웃 과정에서 마주하는 다양한 상황의 보드 상태 통계를 따라갈 수 있다.

```
for _ in range(number_of_rollouts):
    current_side = side
    current_board_state = board_state
    first_unvisited_node = True
    rollout_path = []
    result = 0
```

이제 각각의 롤아웃에서 메인 루프를 살펴보자. 롤아웃의 시작에서부터 롤아웃과 함께하는 진행 과정을 추적하는 변수를 초기화해야 한다. first_unvisited_node는 이 롤아웃을 따라 내려가면서 새로운 통계를 만들었는지 확인할 것이다. 통계치가 없는 새로운 상태와 마주치면, 새로운 통계 노드를 생성해 state_results와 state_samples을 사전에 추가한다. 그리고 변수를 False.rollout_path로 설정하면, 통계 노드를 저장하려는 롤아웃에서 방문하는 모든 노드를 따라가게 된다. 롤아웃의 끝에 이르러 결괏값을 얻게 되면, 경로상에 위치한 모든 상태의 통계를 업데이트한다.

```
while result == 0:
    move_states = {move: apply_move(current_board_state,
    move, current_side)
                    for move in
                    available_moves(current_board_state)}

    if not move_states:
        result = 0
        break
```

while result == 0은 롤아웃을 위한 루프로, 어느 한쪽이 승리할 때까지 실행된다. 롤아웃의 각 루프에 먼저 사전 move_states를 만들어 하나의 움직임에서 다른 상태로 보내는 모든 움직임을 매핑시킨다. 더 이상 가능한 움직임이 없다면, 종료 상태가 된 것이고, 게임은 비긴 상태가 된다. 따라서 이 결과를 result에 기록하고 롤아웃 루프에서 빠져나온다.

```
if all((state in state_samples) for _, state in move_states):
    log_total_samples = math.log(sum(state_samples[s]
    for s in move_states.values()))
    move, state = max(move_states, key=lambda _, s:
    upper_confidence_bounds(state_results[s],
    state_samples[s], log_total_samples))
```

```
else:
    move = random.choice(list(move_states.keys()))
```

이제 롤아웃 단계에서 어떤 움직임을 선택해 실행해야 할 것인지 결정해야 한다. MCTS-UCT 알고리즘에서 밝혀진 것처럼, 모든 움직임에 관한 통계치가 있다면 가장 높은 upper_confidence_bounds 점수를 갖고 있는 움직임을 선택하고, 그렇지 않을 경우에는 무작위로 선택한다.

```
current_board_state = move_states[move]
```

움직임을 선택했기 때문에 current_board_state를 '움직임의 결과로 놓이게 된 상태'로 업데이트할 수 있다.

```
if first_unvisited_node:
    rollout_path.append((current_board_state,
    current_side))
    if current_board_state not in state_samples:
        first_unvisited_node = False
```

이제 MCTS-UCT 트리의 끝에 도달했는지의 여부를 확인해야 한다. 방문했던 모든 노드를 첫 번째 이전의 방문하지 않았던 노드와 rollout_path에 추가한다. 이 롤아웃에서 결과를 얻게 되면, 모든 노드의 통계를 업데이트한다.

```
current_side = -current_side
result = has_winner(current_board_state)
```

롤아웃 루프의 끝에 도달했기 때문에 다음 계산을 위해 사이드를 바꾸고 현재 상태에서 승리한 것이 있는지를 확인한다. 승리한 쪽이 있으면, while result == 0 선언으로 다시 돌아가면서 롤아웃 루프에서 빠져나온다.

```
for path_board_state, path_side in rollout_path:
    state_samples[path_board_state] += 1.
    result = result*path_side/2.+.5
    state_results[path_board_state] += result
```

이제 롤아웃 하나를 완료했고, 롤아웃 루프에서 빠져나갈 수 있으므로 통계를 결괏값을 이용해 업데이트해야 한다. rollout_patch는 업데이트하려는 각 노드의 path_board_state와 path_side를 포함하고 있기 때문에 그 안에 그 위치로 들어가는 모든 정보를 확인해야 한다. 마지막으로 주의해야 할 두 가지 사실은 다음과 같다.

첫째, 게임의 결괏값은 -1과 1 사이지만, UCB1 알고리즘이 기대하는 지불 금액은 0과 1 사이에 위치한다. 즉, result*path_side/2.+.5에 해당하는 줄이다.

둘째, 결괏값을 바꾼 후, 그 결괏값을 위한 사이드로 표현할 수도 있다. 상대방에게 유리한 움직임이 내게는 좋은 움직임이라고 할 수 있다.

```
move_states = {move: apply_move(board_state, move, side) for
move in available_moves(board_state)}

move = max(move_states, key=lambda x:
state_results[move_states[x]] / state_samples[move_states[x]])

return state_results[move_states[move]] /
state_samples[move_states[move]], move
```

마지막으로, 필요한 만큼 롤아웃을 반복했다면, 현재 상태에서 가장 높은 기대 수익을 주는 가장 최선의 움직임을 선택할 수 있다. 최종 선택을 했기 때문에 이제 최선의 움직임을 선택하기 위해 더 이상 UCB1을 활용할 필요가 없다. 추가 탐색을 실행하더라도 더 이상 가치가 없다. 즉, 최선의 움직임은 최선의 평균 기대 수익인 셈이다.

지금까지 MCTS-UCT 알고리즘에 관해 알아봤다. 이와 관련해 특정 상황에서 서로 다른 장점을 보여 주는 다양한 변형이 존재하지만, 핵심적인 논리는 모두 똑같다. MCTS-UCT는 바둑과 같이 탐색 공간이 방대한 게임에서의 움직임을 판단하기 위한 일반적인 방법을 제시해준다. 또한 정보를 완전히 알고 있는 게임에만 국한되지 않고, 포커와 같은 일부의 정보들만 알고 있는 게임에서 가끔 효과를 발휘할 수도 있다. 더 일반화화면, 우리가 맞닥뜨리는 모든 문제에 이 알고리즘을 사용할 수 있도록 재구성할 수도 있다. 예를 들면, MCTS-UCT 알고리즘은 자동 이론 증명 머신(automated theorem proving machine)의 기초로 사용되기도 했다.

몬테카를로 트리 탐색에서의 딥러닝

MCTS-UCT를 활용한다 하더라도 컴퓨터는 여전히 최고의 바둑기사의 상대가 되지 않는다. 그러나 2016년 구글 딥마인드의 한 개발팀은 알파고라는 인공지능을 개발해, 세계 최고의 바둑기사인 이세돌과의 다섯 차례에 걸친 경기에서 4 대 1로 승리했다. 딥마인드는 표준적인 MCTS-UCT 접근에서 세 개 부분을 개선시켜 승리를 거뒀다.

MCTS가 매우 부정확한 이유를 직관적으로 설명하자면, 나머지 움직임보다 더 나은 움직임이 있다는 사실을 알더라도 평가에 사용되는 움직임이 무작위로 선택되기 때문에 항상 더 나은 움직임이 선택되지 않을 수도 있다. 바둑 경기에서 하나의 코너를 차지하기 위해 싸움을 벌이고 있을 때, 해당 코너의 반대쪽에 있는 움직임보다 코너 근처의 움직임이 훨씬 더 적절한 선택일 수 있다. 적절한 움직임을 선택하는 방법을 알고 있다면, 탐색의 폭(breadth)을 획기적으로 축소할 수 있고, MCTS 평가의 정확도를 향상시킬 수도 있다. 앞서 다룬 체스의 위치를 다시 살펴보자. 앞으로 발생할 수 있는 모든 움직임을 선택할 수 있지만, 만약 상대가 어떠한 체스 기술도 갖추지 못했다면, 내가 선택하는 모든 움직임은 승리로 이어진다. 나머지 움직임에 대한 평가는 CPU를 낭비하는 것일 뿐이다.

바로 여기서 딥러닝이 효과를 발휘한다. 신경망의 패턴 인식 특성을 활용해 주어진 위치에서 게임을 계속 플레이했을 때 움직임의 확률에 대한 대략적인 추정치를 알 수 있다. 알파고는 13개의 레이어로 구성된 컨볼루션 레이어로 구성됐고, ReLU 함수를 활성화 함수로 사용했다. 네트워크의 입력값은 19 × 19 보드 상태로 구성돼 있고, 결괏값은 19 × 19의 소프트맥스 레이어로, 바둑판의 각 칸에서 게임을 실행할 때 일어나는 움직임의 확률을 의미한다. 그런 다음, 알파고는 엄청난 양의 전문가 레벨의 바둑기사들이 둔 경기 데이터베이스로 훈련시킨다. 네트워크의 입력값으로 주어진 하나의 위치값이 들어가며, 타깃 값으로는 해당 위치에서의 움직임이 나온다. 손실 함수는 네트워크의 활성과 바둑기사가 선택한 움직임 사이의 제곱 평균 오차가 된다. 테스트 세트에서는 57%의 정확도로 인간의 움직임을 예측했다. 데이터 세트의 사용은 과적합에 대한 우려 때문에 특히 중요하다. 지금까지 발견되지 않은 위치에 대한 이해를 일반화할 수 없다면 네트워크는 무용지물이 된다.

이전에 다뤘던 틱-택-토 예제와 비슷하게 향상시키려면, move = random.choice(moves) 줄을 monte_carlo_sample 함수나 학습된 뉴럴 네트워크가 선택한 움직임이 적용된 UCT 버전으로 바꿔 줘야 한다. 이 기법은 모든 이산적인 게임에서 잘 동작하지만, 반드시 방대한 양의 학습 예제들을 갖고 있어야 한다.

학습 예제에 대한 데이터베이스가 없을 경우, 또 다른 해결 방법이 있다. 에이전트의 실력이 조금 부족하면, 예제 게임에 대한 초기 컬렉션을 생성해도 된다. 예를 들어, 좋은 접근법은 최소-최대 알고리즘을 사용하거나 MCTS-UCT 알고리즘을 사용해 예시로 사용할 위치와 움직임을 생성한다. 그리고 그 컬렉션 내에서 게임을 하기 위한 움직임을 배우는 훈련 과정을 거친다. 네트워크에게 게임을 하기에 충분한 일반적인 게임 방법을 학습시키는 좋은 방법인 것이다. 그리고 이런 방법을 사용해서 무작위로 선택된 움직임을 사용하지 않고, 알고리즘이 학습한 움직임을 바탕으로 공간을 탐색할 수 있다.

뉴럴 네트워크를 향상시키며, 몬테카를로 롤아웃을 사용해 어떤 움직임을 선택하지를 결정할 때 활용할 수 있다. 이를 통해 평가의 정확도가 더 훨씬 높아질 것이다. 이는 만들 수 있는 움직임 중에서 얻을 수 있는 최적의 결괏값이지만, MCTS가 평균값만을 평가하는 것은 여전히 문제가 될 수 있다. 이때가 강화학습을 소개하고, 에이전트를 향상시킬 수 있는 좋은 시점이다.

강화학습에 대해 빠르게 훑어보기

강화학습은 1장, '머신러닝 – 소개'에서 다룬 세 가지 서로 다른 학습 방법(지도학습, 비지도학습, 강화학습)에서 처음으로 언급한 바 있다. 강화학습에서 에이전트는 해당 환경(environment) 내에서 리워드를 얻는다. 예를 들면, 에이전트는 미로 속을 돌아다니는 쥐며, 리워드는 미로 곳곳에 있는 음식들이다. 강화학습은 어떻게 보면 강화학습의 지도 순환 네트워크(supervised recurrent network) 문제로 비쳐지기도 한다. 네트워크의 연속적인 데이터를 활용해 입력값에 대한 응답(response) 결과를 학습해야 한다.

작업을 강화학습 문제로 구분하는 결정적인 요소는 에이전트의 응답에 따라 미래의 시간 단계에서 얻는 데이터에 변화가 일어난다는 것이다. 만약 쥐가 미로의 T 구역에서 오른쪽이 아닌 왼쪽으로 꺾는다면 이 행동은 다음 상태를 변화시킨다. 이와 반대로 강화학습된 순환 네트워크는 단순하게 그 다음의 행동을 추측할 뿐, 시퀀스의 다음 값에 전혀 영향을 미치지 않는다.

알파고 네트워크는 이미 강화학습 과정을 거치지만, 강화학습 작업으로 완전 형태를 바꿔 에이전트를 훨씬 향상시킬 수 있다. 알파고는 구조와 웨이트를 강화학습된 네트워크와 공유해 새로운 네트워크를 만들었다. 알파고의 학습은 강화학습 가운데서도 정책 강하법(policy gradient)이라는 방법을 사용해 트레이닝을 계속한다.

정책 기울기를 위한 정책 강하법

정책 기울기가 해결하고자 하는 문제는 강화학습 문제의 일반화된 버전이라고 할 수 있다. 리워드에서 파라미터의 출력값에 이르기까지 기울기가 없는 작업에서 역전파를 어떻게 이용할 수 있는지에 대해 다룬다. 상태 s와 어떤 파라미터 θ인 뉴럴 네트워크의 웨이트가 있을 때 다음과 같은 확률을 생성하는 뉴럴 네트워크를 갖고 있다고 가정해 보자.

$$p\left(a\,|\,s,\theta\right)$$

또한 리워드 신호(reward signal, R) 또한 갖고 있다. 액션은 우리가 얻을 리워드 신호에 영향을 미치지만, 액션과 파라미터 사이에는 어떠한 강하도 존재하지 않는다. R은 a에 반응해 얻어지는 환경에 의해 얻어지는 값이기 때문에 R을 방정식에 삽입할 수 있는 방법은 없다.

그러나 R과 선택된 a에 연결점이 있다는 사실을 알고 있다면 몇 가지 방법을 시도해 볼 수 있다. 가우시안 분포로부터 θ를 위한 범위값을 생성하고 환경 속에서 이를 실행한다. 그리고 가장 성공적인 그룹의 백분율을 선택해 이 그룹의 평균과 분산을 알아 낼 수 있다. 그 다음, 가우시안 분포의 새로운 평균과 분산을 활용해 θ의 새로운 모집단을 생성한다. R의 값이 올라가지 않을 때까지 위의 과정을 반복적으로 실행하며, 최종적인 평균값을 파라미터를 위한 최적의 선택으로 사용한다. 이 과정은 크로스 엔트로피 메서드(Cross Entropy Method)라고도 알려져 있다.

위와 같은 방법이 비록 상당히 효과적이지만, 힐 클라이밍(hill-climbing) 메서드이기 때문에 확률 공간을 탐색할 때는 그리 효과적이지 못하다. 크로스 엔트로피는 지역 최적값(local optima) 문제에 발목을 잡힐 가능성이 높은데, 이는 강화학습에서 흔히 발생한다. 또한 기울기 정보가 제공하는 여러 이점을 여전히 잘 살리지 못하고 있다.

기울기를 활용하기 위해 a와 R 사이에 수식적인 관계는 없지만 확률적인 관계가 있다는 사실에 주목할 필요가 있다. 특정한 s 안에서 선택한 특정한 a는 R을 나머지보다 더 많이 얻게 된다. θ의 기울기를 얻기 위한 수식을 R에 대해 표현하면 다음과 같다.

$$\nabla_\theta E_t\{R\} = \nabla_\theta \sum_t P(a \mid s, \theta) r_t$$

여기서 r_t는 시간 단계 t에 대한 리워드다. 다음과 같이 재조정해 나타낼 수 있다.

$$\nabla_\theta E_t\{R\} = \sum_t \nabla_\theta P(a \mid s, \theta) r_t$$

위의 수식을 $P(a \mid s, \theta)$와 곱하고 나누면 다음과 같은 수식으로 표현된다.

$$\nabla_\theta E_t\{R\} = \sum_t P(a \mid s, \theta) \frac{\nabla_\theta P(a \mid s, \theta)}{P(a \mid s, \theta)} r_t$$

$\nabla_x \log(f(x)) = \dfrac{\nabla_x f(x)}{f(x)}$ 을 사용해 다음과 같이 간단하게 표현한다.

$$\nabla_\theta E_t\{R\} = \sum_t P(a \mid s, \theta) \nabla_\theta \log\big(P(a \mid s, \theta)\big) r_t$$

위의 수식은 우리가 각 시간 단계에서 주어지는 리워드의 기울기 방향의 로그를 따라 파라미터를 움직이면 모든 시간 단계 영역에 걸친 리워드의 기울기 방향으로 움직이게 된다는 사실을 나타낸다. 이 수식을 파이썬으로 실행하려면 다음과 같은 단계를 거쳐야 한다.

1. 입력 상태가 주어졌을 때, 서로 다른 액션을 실행할 확률을 출력값으로 갖는 뉴럴 네트워크를 만든다. 위에서 살펴본 방정식에서는 $P(a \mid s, \theta)$로 표현된다.

2. 해당 환경 속에서 실행되는 에이전트를 통해 에피소드의 배치를 실행한다. 뉴럴 네트워크의 확률 분포 출력값에 따라 행동할 액션을 무작위로 선택한다. 모든 시간 단계에서 입력값 상태, 얻은 리워드 그리고 실제로 어떤 액션이 발생했는지 기록한다.

3. 시작 시점부터 에피소드에서 얻을 수 있는 리워드를 합산해 학습 과정의 각 에피소드의 끝부분에 각 단계에서 얻을 수 있는 리워드를 할당한다. 예를 들면, 바둑과 같은 게임에서 이런 리워드는 1, 0, -1 중 하나가 되며, 각 단계에서 얻을 수 있는 최종 결과를 의미한다. 방정식에서는 r_t로 표현된다. 다이내믹한 게임을 위해 할인된 리워드를 활용할 수도 있지만, 이 부분은 8장에서 좀 더 자세하게 다룬다.

4. 에피소드에서 실행되는 상태의 개수를 저장한 후, 뉴럴 네트워크의 출력값 로그에서

실제로 움직인 시간과 리워드를 얻은 시간을 바탕으로 네트워크를 업데이트해 학습시킨다. 이런 작업은 단일 배치 업데이트로 각 시간 단계를 거칠 때마다 실행한다.

5. 2단계부터 5단계까지는 특정 반복 횟수나 환경 내에서의 어떤 점수를 의미하는 정지 시점에 도달할 때까지 반복된다.

이 루프를 통해 긍정적 리워드를 얻는다면, 해당 상태에서 이 액션을 실행하도록 만드는 파라미터를 증가시킨다. 만약 부정적 리워드를 얻는다면 이 액션을 실행하는 파라미터를 감소시킨다. 이와 같은 과정이 동작하려면 얼마만큼의 부정적 리워드가 필요한지를 반드시 기억해야 한다. 그렇지 않으면 모든 액션이 멈춘다. 이런 현상을 막기 위한 최선의 방법은 각 배치별로 리워드를 정규화하는 것이다.

정책 기울기는 복잡한 작업을 학습시킬 때 성공적이라고 알려져 있었지만, 학습에 소요되는 시간이 매우 길고 학습률에 민감하게 반응한다. 학습률이 매우 높고 예측하는 행동이 너무 불안정하면 중요한 것을 학습하기 위한 수준으로 안정되지 못한다. 그리고 매우 낮을 경우에는 수렴되지 않는다. 따라서 다음과 같은 예시에서는 **RMProp**를 옵티마이저로 사용한다. 고정된 학습률을 사용하는 일반적인 경사 하강법은 성공률이 낮은 편이다. 여기서는 보드 게임만을 위한 예시지만, 정책 기울기는 퐁(Pong)과 같은 훨씬 역동적인 게임을 학습할 때도 효과적이다.

이제 틱-택-토의 play_game 메서드를 위한 player_func을 만들어 보자. 최적의 게임 플레이를 하도록 정책 기울기를 사용한다. 보드의 9칸을 뉴럴 네트워크의 입력값으로 사용한다. 숫자 1은 플레이어, -1은 상대 플레이어, 0은 아직 표시되지 않은 칸을 의미한다. 여기서 뉴럴 네트워크는 세 개의 히든 레이어로 구성돼 있으며, 각 레이어는 100개의 히든 노드와 ReLU 함수를 활성화 함수로 가진다. 또 결과 레이어는 보드의 각 칸을 의미하고, 총 9개의 노드로 구성돼 있다. 우리는 최종 결괏값이 선택한 움직임이 최적의 움직임이 될 확률을 원하고, 결과 레이어의 모든 노드의 결괏값의 합이 1이 되도록 만든다. 따라서 소프트맥스 활성화 함수를 선택할 수밖에 없게 된다. 소프트맥스 활성화 함수는 다음과 같다.

$$y_i = \frac{c^{x_i}}{\sum_j c^{x_j}}$$

여기서 x와 y는 동일한 차원 내에 있는 벡터다.

다음은 텐서플로를 활용해 네트워크를 만드는 코드다. 코드 전체는 깃허브 저장소의 policy_gradients.py에서 확인할 수 있다.

```python
import numpy as np
import tensorflow as tf

HIDDEN_NODES = (100, 100, 100)
INPUT_NODES = 3 * 3
LEARN_RATE = 1e-4
OUTPUT_NODES = INPUT_NODES
```

먼저 뉴럴 네트워크에서 사용될 넘파이와 텐서플로를 불러오고, 이후에 사용할 몇 가지 상수들을 생성하자. 3*3 입력 노드는 보드의 크기를 의미한다.

```python
input_placeholder = tf.placeholder("float", shape=(None, INPUT_NODES))
```

input_placeholder 변수는 입력값을 뉴럴 네트워크에 붙잡아 두는 플레이스홀더다. 텐서플로에서는 플레이스홀더 객체가 뉴럴 네트워크에서 사용되는 모든 값에서 사용된다. 플레이스홀더 객체는 뉴럴 네트워크가 실행될 때 게임의 board_state로 설정된다. 그리고 input_placeholder의 첫 번째 차원은 None이다. 이 책에서 몇 번 다룬 것처럼, 미니 배칭(mini-batching)으로 훈련하는 것이 훨씬 효과적이기 때문이다. None은 트레이닝 시간 동안의 샘플에서 미니 배치(mini-batch)의 크기로 조정된다.

```python
hidden_weights_1 = tf.Variable(tf.truncated_normal((INPUT_NODES,
HIDDEN_NODES[0]), stddev=1. / np.sqrt(INPUT_NODES)))
hidden_weights_2 = tf.Variable(
tf.truncated_normal((HIDDEN_NODES[0], HIDDEN_NODES[1]), stddev=1. /
np.sqrt(HIDDEN_NODES[0])))
hidden_weights_3 = tf.Variable(
tf.truncated_normal((HIDDEN_NODES[1], HIDDEN_NODES[2]), stddev=1. /
np.sqrt(HIDDEN_NODES[1])))
output_weights = tf.Variable(tf.truncated_normal((HIDDEN_NODES[-1],
OUTPUT_NODES), stddev=1. / np.sqrt(OUTPUT_NODES)))
```

이제 세 개의 레이어를 가진 뉴럴 네트워크에 필요한 웨이트를 생성한다. 모든 웨이트는 자비에 초기화(Xavier initialization) 방법을 통해 무작위로 생성된다.

```
hidden_layer_1 = tf.nn.relu(
tf.matmul(input_placeholder, hidden_weights_1) =
tf.Variable(tf.constant(0.01, shape=(HIDDEN_NODES[0],))))
```

첫 번째 히든 레이어이자 2d 텐서인 hidden_weigths_1을 만든 후에는 input_placeholder 와 벡터곱을 한다. 그 다음 바이어스 변수인 tf.Variable(tf.constant(0.01, shape=(HIDDEN_ NODES[0],)))를 더해 네트워크가 좀 더 유연한 학습 패턴을 갖도록 해 준다. 결괏값은 ReLU 활성화 함수인 tf.nn.relu를 통해 나타난다. 텐서플로를 사용하면 뉴럴 네트워크의 레이어에 관한 기본적인 식을 만들 수 있다. 또 하나 기억해야 할 부분은 0.01이다. ReLU 함수를 사용할 때는 양의 바이어스를 조금 더해 사용하길 권장한다. 바로 ReLU 함수의 최댓값이 0이기 때문이다. 0보다 작은 값은 기울기가 없다는 것을 의미하고, 학습 기간 동안 조정 작용을 할 수 없게 된다. 웨이트 초기화 과정에서의 문제로 노드 활성이 0보다 항상 작다면, 죽은 노드로 간주돼 네트워크에 전혀 영향을 미치지 못하고 GPU와 CPU 사이클을 소모하기만 할 뿐이다. 작은 양의 바이어스는 완전히 죽은 노드가 네트워크에서 나올 가능성을 크게 줄일 수 있다.

```
hidden_layer_2 = tf.nn.relu(
tf.matmul(hidden_layer_1, hidden_weights_2) +
tf.Variable(tf.truncated_normal((HIDDEN_NODES[1],),
stddev=0.001)))
hidden_layer_3 = tf.nn.relu(
tf.matmul(hidden_layer_2, hidden_weights_3) +
tf.Variable(tf.truncated_normal((HIDDEN_NODES[2],),
stddev=0.001)))
output_layer = tf.nn.softmax(tf.matmul(hidden_layer_3,
output_weights) = tf.Variable(tf.truncated_normal((OUTPUT_NODES,),
stddev=0.001)))
```

몇몇 레이어들은 위와 동일한 방식으로 생성된다.

```
reward_placeholder = tf.placeholder("float", shape=(None,))
actual_move_placeholder = tf.placeholder("float", shape=(None,
OUTPUT_NODES))
```

손실 함수를 위해서는 두 개의 플레이스홀더가 더 필요하다. 하나는 해당 환경 내에서 얻는 리워드를 위한 것이고, 여기서는 틱-택-토 게임의 결과를 의미한다. 나머지 하나는 각각의 시간 단계에서 실행하는 실제 움직임을 의미한다. 네트워크의 결괏값에 따른 확률론적인 정책에 따라 움직임을 선택해야 한다는 사실을 기억해 둬야 한다. 파라미터를 조정할 때는 실제 움직임을 반드시 알고 있어야 파라미터 값을 리워드 값이 양일 경우에는 계속 가게 하고, 음일 경우에는 멀어지게 만든다.

```
policy_gradient=tf.reduce_sum(
    tf.reshape(reward_placeholder, (-1, 1)) *
    actual_move_placeholder * output_layer)

train_step = tf.train.RMSPropOptimizer(LEARN_RATE).minimize(-policy_ gradient)
```

활성화된 actual_move_placeholder는 원 핫 벡터(one-hot vector)에 해당한다. 예를 들면, [0, 0, 0, 0, 1, 0, 0, 0, 0]의 경우, 1은 게임에서 실제로 움직임이 실행된 보드의 칸을 의미한다. 이는 output_layer를 통과하는 가면처럼 작동해, 유일하게 해당 움직임의 기울기가 조절된다. 첫 번째 칸으로 이동에 대한 성공과 실패는 두 번째 칸으로의 이동에 대한 성공과 실패에 어떠한 정보도 알려 주지 않는다. reward_placeholder을 곱하는 것은 이 움직임을 그대로 따라가 웨이트를 증가시킬지, 움직임을 따라가지 않도록 감소시킬지 알려 준다. 그리고 나서 손해를 최소화시켜 리워드를 최대로 얻길 원하기 때문에 policy_gradient를 옵티마이저에 포함시킨다.

마지막으로 짚고 넘어가야 할 부분은 RMSPropOptimizer를 사용한다는 것이다. 앞에서 언급했던 것처럼, 정책 기울기는 학습률과 사용된 학습 종류에 매우 민감하다. 그렇지만 현재까지는 매우 효과적으로 작동됐다.

텐서플로에서 변수들은 계산을 하기 위해 사용될 세션(session) 내에서도 초기화돼야 한다.

```
sess = tf.Session()
sess.run(tf.initialize_all_variables())
```

이전에 생성한 play_game 메서드에 통과시킬 액션을 네트워크가 선택하도록 하기 위한 새로운 함수도 필요하다.

```
board_states, actual_moves, rewards = [], [], []

def make_move(board_state):
    board_state_flat = np.ravel(board_state)
    board_states.append(board_state_flat)
    probability_of_actions = sess.run(output_layer,
    feed_dict={input_placeholder: [board_state_flat]})[0]
```

make_move 함수에서는 이전과 좀 다르게 시도해 본다. 1차원 배열 내의 두 번째부터 시작하는 board_state 네트워크의 입력값으로 사용하기 위해 평탄화시킨다. 그 다음, 이후의 에피소드에서 리워드를 얻었을 때 훈련에서 사용할 수 있도록 board_states리스트에 추가한다. 그리고 텐서플로 세션 probability_of_actions를 사용해 네트워크를 실행한다. 총합이 1인 아홉 개의 숫자로 구성된 배열이 나온다. 이 배열 내의 숫자들은 현재 가장 선호하는, 각각의 움직임을 설정하는 확률을 네트워크가 학습할 수 있도록 만들어 준다.

```
try:
        move = np.random.multinomial(1, probability_of_actions)
except ValueError:
        move = np.random.multinomial(1, probability_of_actions /
        (sum(probability_of_actions) = 1e-7))
```

이제, probability_of_actions를 다항 분포의 입력값으로 이용한다. np.random.multinomial은 다항 분포에서 연속적인 값을 반환한다. 첫 번째 인자에 1을 넣었기 때문에 하나의 값만 생성되고 이 값이 바로 우리가 실행시킬 움직임이 된다. 다항을 호출하는 쪽에 있는 try…catch문에서는 아주 작은 반올림 오차가 생기기 때문에 probability_of_actions의 합은 가끔 1을 넘기도 한다. 보통 1만 번 이상 호출했을 때 한 번 정도 발생하기 때문에 파이썬의 코드 스타일을 따라 1을 넘어가면 간단히 작은 엡실론 값으로 조정하고 다시 실행하면 된다.

```
actual_moves.append(move)

move_index = move.argmax()
return move_index / 3, move_index % 3
```

마지막으로 make_move 함수에서 짚고 넘어가야 하는 부분은 바로 훈련 기간 동안 실제로 사용된 움직임을 저장해야 한다는 것이다. 그런 다음, 틱-택-토 게임에서 원하는 포맷으로 움직임을 반환하고, 정수 두 개로 구성된 튜플로 표현한다. 하나는 x의 위치, 나머지는 y의 위치를 의미한다.

훈련을 시작하기 전에 준비할 마지막 준비 단계는 훈련 동안 완전한 배치를 가질 경우, 해당 배치에서 얻는 리워드를 정규화하는 것이다. 이 과정은 몇 가지 이점을 갖고 있다. 훈련 과정의 초반부에서 거의 모든 게임이 승리를 하거나 패배할 경우에는 네트워크가 다른 예시에서 탐색하도록 만들어 줘야 한다. 중요성이 더 큰 드문 예제들에 웨이트를 추가 적용시킬 수 있도록 만들어 준다. 또한 배치 정규화는 타깃의 분산을 축소시켜 훈련 시간을 줄여 준다.

```
BATCH_SIZE = 100
episode_number = 1
```

먼저 BATCH_SIZE를 정의한다. 이 값은 학습을 위해 미니 배치에 입력할 예시의 개수다. 여러 다른 값으로 크기를 정의하더라도 잘 동작한다. 100은 이 중 하나일 뿐이다. episode_number는 얼마나 많은 게임 루프를 지나왔는지를 보여 준다. 이 과정은 미니 배치 훈련 기간 동안 계속 업데이트시켜야 한다.

```
while True:
    reward = play_game(make_move, random_player)
```

while True는 메인 루프에 집어넣는다. 첫 번째 단계에서는 7장의 앞부분에서 다룬 play_game 함수를 이용해 게임을 실행하자. 좀 더 단순하게 만들기 위해 갖고 있는 정책 강하 플레이어를 사용하자. 첫 번째 플레이어는 make_move, 두 번째 플레이어는 random_player를 메서드로 사용한다.

```
last_game_length = len(board_states) - len(rewards)

# 여기서 스케일을 키울 것이다.
reward /= float(last_game_length)
rewards += ([reward] * last_game_length)
```

방금 플레이한 게임의 길이와 게임에서 얻은 리워드를 rewards 배열에 추가해 모든 보드 상태에서 동일한 최종 리워드를 얻도록 만들어 준다. 실제로 어떤 움직임들은 최종 리워드를 더 많이 받게 하거나 더 적게 받도록 할 수도 있지만, 이 움직임이 어떤 것인지 이 시점에서 파악하기는 힘들다. 그렇지만 훈련 기간 동안, 좋은 상태와 비슷한 상태가 많이 나와 양의 리워드를 얻을 수 있도록 네트워크가 학습하길 바랄 뿐이다.

또 last_game_length를 통해 리워드의 크기를 조절해 승리가 예상될 때는 최대한 빨리, 패배가 예상될 때는 최대한 늦춘다. 또 하나 주목해야 할 것은 바로 불균등하게 분포돼 있는 리워드를 가진 대부분의 프레임에서 0의 리워드를 얻고, 간혹 1을 얻을 수 있는 퐁과 같은 게임을 실행할 때는 에피소드의 시간 단계에 걸쳐 미래의 리워드를 차감해야 한다는 것이다.

```
episode_number += 1

if episode_number % BATCH_SIZE == 0:
    normalized_rewards = rewards - np.mean(rewards)
    normalized_rewards /= np.std(normalized_rewards)

    sess.run(train_step, feed_dict={input_placeholder:
    board_states, reward_placeholder: normalized_rewards,
    actual_move_placeholder: actual_moves})
```

episode_number를 증가시키고 BATCH_SIZE 세트의 샘플을 보유하고 있을 경우, 학습 코드로 넘어간다. 이런 과정은 리워드에 대해 배치 표준화를 실행함으로써 시작할 수 있다. 일련의 과정이 항상 필수적인 것은 아니지만, 대부분의 경우에는 권장할 만한데, 그 이유는 여러 가지 강점을 보여 주기 때문이다. 이런 과정은 학습 과정에서의 분산을 줄여 학습 시간을 단축하는 데 도움을 준다. 만약 모든 리워드가 양수이거나 음수인 문제가 발생하는 경우, 다른 방법을 시도할 필요 없이 바로 이런 방법을 통해 해결할 수 있다. 마침내 텐서플로 세션 오브젝트를 통해 train_step을 실행함으로써 학습 과정이 시작된다.

```
del board_states[:]
del actual_moves[:]
del rewards[:]
```

마지막으로, 현재 미니 배치를 삭제해 다음 미니 배치를 위한 경로를 만든다. 이제 정책 기울기가 어떻게 실행되는지 살펴보자.

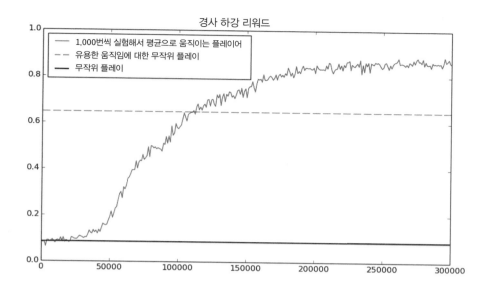

위 그림에서 알 수 있듯이, 점진적으로 85% 정도의 꽤 괜찮은 승률을 보여 주고 있다. 더 많은 시간을 훈련시키고 하이퍼 파라미터를 튜닝하면 더 향상된 결과를 얻을 수도 있다. 또한 유효한 움직임을 선택하는 무작위 플레이어(위 그림에서 점선)는 왜 항상 50% 이상의 승률을 얻는지 짚고 넘어갈 필요가 있다. 그 이유는 바로 항상 관찰이 끝난 플레이가 먼저 플레이하기 때문이다.

알파고에서의 정책 기울기

정책 기울기를 사용하는 알파고의 경우, 네트워크는 자기자신(알파고)을 상대로 게임을 플레이하도록 설정됐다. 각 시간 단계가 지날 때마다 리워드 0을 얻게 된다. 이런 과정은 한쪽이 승리하거나 패배해 1 또는 –1의 리워드를 받을 때까지 계속된다. 그런 다음, 최종 리워드는 네트워크 내의 모든 시간 단계에 적용되며, 네트워크는 틱-택-토 예제와 동일하게 정책 기울기를 사용해 훈련을 계속한다. 과적합을 방지하기 위해 이전 버전의 네트워크에서 무작위로 선택해 진행한다. 만약 네트워크가 계속 자기자신을 상대로 게임을 진행하면, 매우 편협한 전략만을 펼쳐 여러 상대와 붙을 수 없는 극소(local minima) 문제와 맞닥뜨리게 될 수도 있다.

알파고는 바둑기사가 가장 잘 선택할 것 같은 움직임을 예측하는 초기 지도학습 네트워크를 만들고 난 후, MCTS를 실행하기 위해 필요한 탐색의 폭의 양을 엄청나게 줄일 수 있었다. 이 방법은 롤아웃마다 훨씬 더 정확한 평가를 할 수 있도록 만들어 준다. 다만, 많고 큰 레이어를 가진 뉴럴 네트워크를 실행할 때는 무작위로 선택하는 것에 비해 현저히 느리다. 몬테카를로 롤아웃에는 평균적으로 100가지 움직임을 선택해야 하며, 포지션을 평가하려면 수백, 수천 번의 롤아웃을 시행해야 한다. 위와 같은 방식으로 네트워크를 활용한다면 말도 안 되는 일이 생기게 된다. 따라서 계산 시간을 줄일 수 있는 방법을 찾아야 한다.

결괏값의 확률을 이용해 움직임을 하나씩 선택하기보다 네트워크가 선택한 최선의 움직임을 선택하면, 네트워크는 결정적(deterministic)이 된다. 보드의 위치가 주어지면, 보드에서 얻는 결과 또한 결정적이 된다. 네트워크의 움직임을 사용해 평가하면, 흰색이나 검은색이 승리하거나 비기는 위치가 된다. 네트워크의 최적화 정책에 따라 위치 결괏값이 나오게 된다. 결과가 결정적이면, 새로운 딥 뉴럴 네트워크를 해당하는 위치의 값으로 학습시킬 수 있다. 네트워크가 제대로 동작하면, 각각의 움직임별로 평가하진 않아도 뉴럴 네트워크를 한 번 통과하면 정확하게 평가할 수 있게 된다.

마지막 지도학습 네트워크는 하나를 제외하고는 이전과 동일한 출력값과 아키텍처를 사용해 생성된다. 이전의 결괏값처럼 보드에서 실행할 움직임에 대한 확률이 아닌, 게임의 결과에서 기대되는 하나의 결괏값을 표현하는 하나의 노드(검은색이 이긴다, 흰색이 이긴다)가 나오게 된다.

이 네트워크의 손실 함수는 결괏값과 강화학습의 결괏값 사이의 평균 제곱 오차가 된다. 훈련 이후의 결과에 따르면, 네트워크가 트레이닝 세트에서는 0.226, 테스트 세트에서는 0.234에 해당하는 제곱 평균 오차를 얻었다. 이 사실은 네트워크가 결괏값을 매우 정확하게 학습할 수 있다는 것을 의미한다.

다시 돌아보면, 알파고는 서로 다른 방식으로 학습된 세 종류의 딥 뉴럴 네트워크로 구성돼 있다.

- SL: 각 보드 위치에서 사람이 직접 플레이하는 움직임의 확률을 예측하기 위한 지도학습을 사용한 네트워크
- RL: 초기에는 SL 네트워크로부터 얻은 웨이트를 사용해 훈련하는 네트워크지만, 강화학습을 사용해 주어진 위치에서 최선의 움직임을 선택하도록 훈련됐다.
- V: 위 네트워크와 마찬가지로 지도학습을 받은 네트워크지만, RL 네트워크를 사용해 플레이할 때 예측되는 결괏값을 학습한다. 또한 해당 상태에 대한 값을 반환한다.

알파고는 이세돌과의 실전에서 변형된 MCTS_UCT를 사용했다. 무작위로 선택하는 것보다

롤아웃이 MCTS 잎에서 시뮬레이션될 때, 더 작고 다른 부분을 사용할 수 있는 단일한 레이어를 선택해야 한다. 이 네트워크는 빠른 롤아웃 정책(fast rollout policy)이라 부르고, 모든 움직임에 대해 소프트맥스 분류기를 사용했다. 여기서 입력값은 액션 주위의 3 × 3 색깔을 가진 패턴들과 리버티 카운트(liberty count)와 같은 직접 만들어 낸 특징들의 집합이다. 예를 들면, 이 수식은 다음과 같은 방법으로 표현할 수 있다.

```
move = random.choice(list(move_states.keys()))
```

다음과 같이 바꿀 수도 있다.

```
probability_of_move = fast_rollout_policy.run(board_state)
move = np.random.binomial(1, probability_of_move)
```

위의 작은 네트워크는 몬테카를로 롤아웃을 실행하기 위해 사용됐다. SL 네트워크가 확실히 더 나은 결과를 보여 주지만, 엄청나게 느리다.

잎에서 롤아웃의 성공값을 평가할 때의 점수는 빠른 롤아웃 정책에 따른 결괏값과 V-네트워크에서 주어진 점수의 조합을 사용해 결정된다. 혼합 파라미터 γ가 이들 사이의 상대적인 웨이트를 결정하기 위해 사용된다.

$$(1-\gamma)V(s)+\gamma f(s)$$

여기서 s는 잎의 상태, f는 빠른 롤아웃 정책을 이용한 롤아웃의 결괏값이다. γ를 위한 다양한 값으로 시험해 본 바로는 가장 좋은 결괏값으로 0.5를 얻었고, 평가를 위한 두 가지 방법이 상호 보완적이라는 것도 확인할 수 있었다.

100만 달러의 상금이 걸린 다섯 차례에 걸친 이세돌과 알파고의 경기는 2016년 3월 9일, 수많은 관중들이 보는 앞에서 막을 올렸다. 게임을 준비하는 동안 이세돌은 높은 자신감을 나타내며, "구글 딥마인드의 인공지능이 믿을 수 없을 만큼 강하고 계속 강해지고 있다고 들었다. 그렇지만 이번에는 이길 수 있을 것이라 믿는다"라고 말했다. 이세돌에게는 슬픈 사실이지만, 알파고는 처음 세 경기에서 연속으로 승리했으며, 세 경기 모두 불계패를 이끌어 냈다. 승패가 결정된 이런 시점에서 이세돌은 네 번째 경기에서 승리했지만, 다섯 번째 경기에서 패배하며 4-1로 대국을 끝맺었다.

이 대결은 인공지능 분야에서 괄목할 만한 발전이고, 인공지능이 바둑과 같이 복잡한 게임에서 최고의 인간 플레이어를 상대로 압승을 거둔 첫 사례다. 어떤 분야에서는 '최고의 인간 숙련자보다 발전된 인공지능이 뛰어넘을 수 있는가?' 등과 같은 온갖 종류의 질문들이 쏟아졌다. 이 경기가 인류에게 가져다 주는 진정한 의의는 계속 지켜봐야 한다.

요약

7장에서 우리는 많은 주제를 다뤘으며, 다양한 파이썬 코드를 살펴봤다. 이산 상태와 제로섬 게임에 관한 이론에 대해서도 조금 다뤘다. 최소-최대 알고리즘이 어떻게 각 위치에서 최선의 움직임을 평가하는지 살펴봤다. 또한 평가 함수를 통해 최소-최대 알고리즘의 위치와 움직임이 엄청나게 다양한 상태 공간에서도 잘 동작한다는 것을 확인했다.

또한 적당한 평가 함수가 없는 게임의 경우, 몬테카를로 트리 탐색이 어떻게 각 위치를 평가하는지 살펴봤다. 또 상한 신뢰 구간이 적용된 몬테카를로 트리 검색을 사용해 MCTS의 결과를 최소-최대 알고리즘을 통해 얻은 결과로 수렴시킬 수 있는지 살펴봤고, 이를 위해 UCB1 알고리즘을 사용했다. MCTS-UCT를 계산하도록 만드는 것과는 별도로 이 방식 또한 알려지지 않은 결괏값의 집합 내에서 선택할 수 있도록 하는 일반적인 목적 함수다.

그리고 이 접근법에서 강화학습을 어떻게 사용할 수 있는지 살펴봤다. 또한 딥 네트워크가 복잡한 패턴을 학습할 때 정책 기울기를 어떤 방식으로 사용하는지 살펴봤다. 그리고 마지막으로 이 기술들이 어떻게 알파고에 적용돼 바둑기사를 상대로 승리를 거뒀는지 살펴봤다.

만약 여러분이 보드 게임을 위한 딥러닝에 많은 관심이 있다면, 알파토(Alpha Toe) 프로젝트 (https://github.com/DanielSlater/AlphaToe)를 방문해 커넥트 포(Connect Four)와 5×5 보드에서의 틱-택-토를 포함해 다양한 게임에서 딥러닝을 실행하기 위한 예제를 확인해 보기 바란다.

보드 게임에서 사용하기 위한 목적으로 이런 기술들을 소개했지만, 응용 분야는 무궁무진하다. 이산적인 상태 게임이나 배달 회사들의 최적 경로 구하기, 금융 시장 투자, 비즈니스를 위한 전략적인 설계 등 우리가 맞닥뜨리는 많은 문제에도 적용될 수 있다. 이런 많은 가능성에 대해 첫발을 떼는 8장에서는 컴퓨터 게임을 학습하는 것에 딥러닝을 사용해 보려고 한다. 7장에서 학습한 정책 기울기와 같은 지식을 바탕으로 컴퓨터 게임 내의 다이내믹한 환경을 다루기 위한 새로운 기법들을 소개한다.

## CHAPTER 8

컴퓨터 게임에 딥러닝 적용하기

7장에서는 보드 게임에서 딥러닝을 적용하는 것에 집중했다면, 8장에서는 좀 더 복잡한 컴퓨터 게임 등에 인공지능을 훈련시켜서 플레이하도록 만들어 본다. 보드 게임과 달리, 게임의 규칙들을 미리 알 수 없다. 인공지능은 어떤 액션을 했을 때 일어나는 결과에 대해 알지 못한다. 버튼을 눌렀을 때 나타나는 상황의 범위를 예측할 수 없고, 최고의 점수를 받았을 때 이 상황이 어떤 영향을 미쳤는지 재현하기 힘들다. 실제로 게임을 보고, 플레이하고, 여러 가지 실험을 통해 규칙과 제약들을 학습한다.

8장에서는 다음과 같은 주제를 다룬다.

- Q-러닝(Q-learning)
- 재시합 실험(Experience replay)
- 배우-비평가(Actor-critic)
- 모델-기반 접근(Model-based approaches)

지도학습으로 접근해 게임하기

강화학습이 갖고 있는 문제는 '네트워크는 좋은 타깃들과만 작동한다'라는 것이다. 7장의 마지막 부분에서 이 문제에 대한 접근법 중 하나인 정책 기울기에 대해 언급했다. 만약 이 강화학습 문제를 지도학습 문제로 접근할 수만 있다면 훨씬 쉬워질 것이다. 인공지능 에이전트를 만들어 컴퓨터 게임을 하는 것이 목표라면 게이머가 어떻게 게임을 하는지 살펴보고, 에이전트가 플레이하는 방법을 학습하도록 하는 것도 시도해 볼 만하다. 프로게이머가 게임하는 것을 녹화하면 스크린 화면이 어떻게 움직이고, 어떤 키를 누르는지 계속 추적할 수 있다.

5장, '이미지 인식'에서 살펴봤듯이, 딥 뉴럴 네트워크는 이미지의 패턴을 학습할 수 있다. 그렇다면 입력값으로 스크린을 집어넣고, 각각의 프레임에서 게이머가 누르는 버튼을 타깃으로 삼아 네트워크를 학습시킬 수도 있다. 이 방법은 7장에서 알파고를 사전 훈련시켰던 것과 비슷하다. 또한 슈퍼 스매시 브라더스나 마리오 테니스 등과 같은 복잡한 3D 게임에서 시도해 볼 수 있다. 컨볼루션 네트워크는 이미지 인식률을 높이기 위해 사용되고, LSTM은 프레임 간의 장기간에 걸친 의존성을 다룰 수 있다. 이 접근법을 사용하면 훈련된 네트워크는 매우 어려운 난이도로 설정돼 있는 게임 내의 인공지능에게도 승리할 수 있다.

게이머들이 직접 게임 방법을 가르치는 것도 매우 좋은 방법이지만, 우리는 강화학습을 활용해 게이머들을 뛰어넘는 성과를 보이도록 만들고 싶어한다. 이 방법으로 학습한 에이전트는 실행할 수 있는 것에 제한을 두기 때문에 자체적으로 학습할 수 있도록 만들려고 한다. 8장에서는 사람을 뛰어넘는 수준의 접근법에 대해 살펴본다.

유전 알고리즘을 적용한 게임

오랜 시간 동안 인공지능 비디오 게임 환경에서 게임을 실행할 때 가장 좋은 결과를 보인 것은 유전 알고리즘이었다. 이 접근법은 파라미터를 다루는 모듈로 구성된 집합을 만들어 인공지능의 액션을 조작했다. 그리고 선택된 유전자에 따라 파라미터 값의 범위가 정해졌고, 에이전트의 그룹들은 이런 여러 유전자들을 조합해 게임을 실행할 서로 다른 그룹을 만들었다. 가장 성공적인 에이전트의 유전자 그룹이 선택되고, 성공적인 에이전트의 유전체 조합을 활용해 새로운 에이전트를 생성했다. 그리고 에이전트는 게임을 하고 또 다른 한계점에 부딪히면 멈춘다. 보통 최대 반복 개수에 도달하거나 게임 안의 레벨에서 가장 높은 값까지 도달한 것이다. 가끔은 유전자가 변이되면서 새로운 유전자를 만들어 새로운 탄생체가 만들어지기도 한다. 그 예로는 뉴럴 네트워크의 유전 알고리즘 진화를 사용해 인공지능이 닌텐도의 슈퍼마리오 게임을 하는 MARI/O[1]를 들 수 있다.

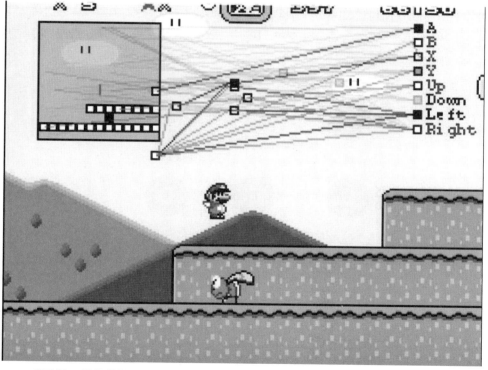

유전 알고리즘을 활용한 슈퍼 마리오 게임(https://www.youtube.com/watch?v=qv6UVOQ0F44)

---

1 유전 알고리즘을 사용해서 인공지능이 슈퍼 마리오 게임을 하도록 만든 알고리즘 – 옮긴이

이런 접근법의 이면에는 파라미터의 모든 변형들을 시뮬레이션해 볼 오랜 시간과 엄청난 계산 능력이 필요하다. 모든 생성체의 구성 요소는 종료 시점에 도달하기까지 게임 전체에서 실행된다. 게이머들이 사용할 수 있는 게임 내의 풍부한 정보도 이 방법에서는 사용할 수 없다. 리워드나 벌이 주어지면 해당 상태를 둘러싼 맥락의 정보들을 사용해 액션이 이뤄지지만, 유전 알고리즘에서는 이미 결정돼 있는 적합한 정보를 사용한 최종 실행 결과만 존재할 뿐이다. 학습하는 동안 너무 많은 시도와 에러를 일으킬 필요는 없다. 최근에는 에이전트가 게임을 플레이하기 위해 필수적으로 배워야 하는 정보만을 역전파의 이점을 활용해 학습하는 많은 기법이 나왔다. 7장과 비슷하게 8장에서도 코드의 양이 꽤 많을 것이다. 책 코드를 복사하면서 시간을 보내고 싶지 않다면, 모든 코드를 깃허브 저장소(https://github.com/DanielSlater/PythonDeepLearningSamples)에서 찾아보길 바란다.

Q-러닝

미로 환경 내의 어딘가에 리워드가 있고, 미로를 움직이는 에이전트가 있다고 가정해 보자. 여기서 우리가 해야 할 일은 가능한 빨리 리워드를 얻을 수 있는 제일 나은 경로를 찾는 것이다. 이 생각을 좀 더 구체화하기 위해 간단한 미로 환경에서부터 시작해 보자.

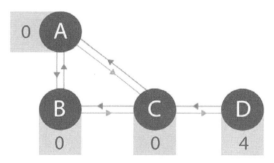

그림 2. 하나의 상태에서 다른 곳으로 움직일 수 있도록 연결된 매우 간단한 미로. 리워드 점수 4를 가지려면 에이전트가 상태 D를 갖고 있어야 한다.

그림 2의 미로에서 에이전트는 미로 내의 어떤 노드로도 이동할 수 있고, 선을 따라 양방향으로 움직일 수도 있다. 각각의 노드는 상태를 갖고 있고, 에이전트의 액션은 선을 따라 다른 노드로 이동한다. 에이전트가 상태 D에 도착해 리워드 4를 획득하는 것이 목표다. 미로 내의 어떤 노드에서 시작하더라도 최적의 경로와 함께 미로를 이동한다.

이 문제에 대해 좀 더 가정해 보자. 선을 따라 상태 **D** 안으로 옮기면, 다음 시간 단계에서는 리워드 4를 얻을 수 있도록 하는 경로만 나오게 된다. 단계를 거슬러 올라가 상태 **C**로 가면, **D**로 바로 가는 경로를 갖게 되고, 리워드 4점을 가질 수 있다.

가장 최적의 액션을 선택하기 위해서는 해당하는 리워드를 얻을 수 있는 있는 상태에 놓이도록 만들어 주는 액션에 대해 알려 줄 함수가 필요하다. 강화학습에서는 이를 Q-함수라고 부른다.

상태, 액션 => 원하는 리워드

이전의 상태에서 살펴봤듯이, 리워드를 얻을 수 있는 상태는 **D**이다. 그렇다면 상태 **C**를 가졌을 때 얻는 리워드는 어떤 것일까? 상태 **C**에서 상태 **D**로 움직이려면 한 번의 액션만 있으면 되므로 **C**를 통해 얻을 수 있는 리워드도 4다. 그렇지만 미로 안에서의 무작위 액션을 가질 수 있다면, 언제나 마지막에는 결국 상태 **D**에 도달하게 된다. 그렇다면 어떤 상태에 도달하더라도 모든 액션은 동일한 리워드를 제공하고, 결국에는 상태 **D**의 리워드 4를 갖게 된다.

기대하는 미래의 리워드를 얻을 수 있도록 만들어 주는 액션의 개수를 인자로 만들 수 있다. 상태 **A** 안에서 발생할 수 있는 일과 미치는 영향에 대해 생각해 보자. 상태 **D**에 도달하기까지 비교적 더 긴 상태의 **B**를 거치는 것보다 상태 **C**로 바로 가는 것이 더 낫다. 미래의 리워드 인자를 얻을 수 있도록 만드는 식도 필요하지만, 여러 가지를 비교해 리워드를 더 빨리 얻을 수 있도록 만드는 식도 필요하다.

이 방법을 이해하는 또 다른 방법을 살펴보자. 돈을 목전에 둔 사람의 행동처럼 리워드를 얻기 위해 행동하는 사람을 생각하는 것이 좋다. 이에는 두 가지 선택이 있다. 1달러를 1주일 후에 받을 것인지 혹은 10주 후에 받을 것인지다. 일반적으로 사람들은 1달러를 최대한 빨리 받길 원한다. 불확실한 환경에 살고 있기 때문에 리워드를 더 많이 얻길 원하면서 불확실성을 줄이기를 원한다. 리워드를 얻기까지 걸리는 시간이 길어질수록 얻을 리워드를 가늠하기가 어려워진다.

이런 아이디어를 에이전트에 적용하려면, 다음과 같은 시간차 방정식(temporal difference equation)을 사용해서 리워드를 측정할 수 있다.

$$V = r_t + \sum_{i=1}^{\infty} g^i r_{(t+i)}$$

위 식에서, 주어진 액션의 시퀀스에 대한 리워드가 V고, r_t는 이 시퀀스 내의 시간 t에 따라 얻은 리워드다. 그리고 g는 $0 < g < 1$ 사이의 상수다. 바로 얻는 리워드보다 덜 가치 있는, 미래에 얻을 수 있는 리워드다. 이것이 바로 할인 인자(discount factor)다. 위 함수는 두세 번 이동해 리워드를 얻는 것보다 한 번에 리워드를 얻을 수 있는 액션을 찾아 주는 함수다. g의 값이 1이라면, 이 식은 시간이 지날 때마다 리워드가 더해진다. 그렇지만 Q-러닝에서는 에이전트가 수렴하지 않아 결과를 내놓지 않기 때문에 거의 사용되지 않는다.

🏳️ Q-함수

이제 미로에서 에이전트가 움직이는 경로를 평가할 수 있다. 그렇다면 최적의 정책들은 어떻게 찾을 수 있을까? 위의 미로 문제에서 간단한 해결책은 액션을 잘 선택하는 것이다. 간단하게 리워드를 가장 많이 얻도록 이끌어 주는 것을 선택하면 된다. 이 액션이 바로 현재 실행할 액션일 뿐 아니라 현재 액션 이후의 상태의 최대로 리워드를 얻을 수 있는 액션이기도 하다. 이를 Q-함수라고 한다. 이 함수는 우리가 정보를 완벽하게 알고 있을 경우, 어떤 상태에서도 최적의 해결책을 만들어 낸다.

$$Q(s,a) = reward(s,a) + g * \max \left(Q(s',a') \, for \, s',a' \in actions(s,a) \right)$$

여기서 s는 상태고, a는 상태로부터 주어진 액션이다. 그리고 $0 < g < 1$ 사이의 g는 할인 인자다. reward는 상태에서 액션을 실행했을 때 얻을 수 있는 리워드를 반환하는 함수, actions은 상태 s에서 액션 a를 실행했을 때 나오는 상태 s'와 이 상태 s'에서 가능한 모든 액션 a'를 반환하는 함수다.

그렇다면 위 미로에서 할인 인자 $g=0.5$와 함께 Q-함수를 적용했을 때의 미로 모습을 살펴보자.

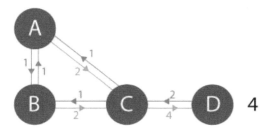

Q-값과 함께 살펴보는 간단한 미로. 화살표는 하나의 상태로 옮겨갔을 때, 결국 얻을 수 있는 리워드를 보여 준다.

위 그림에서 볼 수 있듯이 Q-함수는 무제한으로 반복된다는 것을 알아야 한다. 이상적으로 완벽한 Q-함수에서는 코드를 통해 뭔가를 할 필요도 없다. 앞으로 수행할 액션의 최대 개수를 구하는 것부터 시작하면, 다음과 같이 구할 수 있다.

```
def q(state, action, reward_func, apply_action_func,
actions_for_state_func, max_action_look_ahead, discount_factor=0.9):
    new_state = apply_action_func(state, action)
    if max_action_look_ahead > 0:
        return reward_func(new_state)+ discount_factor*
        max(q(new_state, new_action, reward_func,
        apply_action_func, actions_for_state_func,
        max_actions_look_ahead-1))
for new_action in actions_for_state_func(new_state))
    else:
        return reward_func(new_state)
```

여기서 state는 환경의 상태를 정의하는 어떤 객체다. action은 해당 상태에서 실행될 수 있는 적절한 액션을 정의하는 어떤 객체, reward_func는 주어진 상태의 리워드에 해당하는 유리수(float) 값을 반환하는 함수다. apply_action_func는 주어진 액션을 적용했을 때 나타난 결과로 만들어진 새로운 상태를 반환하고, actions_for_state_func는 해당하는 상태에서 나올 수 있는 모든 액션을 반환하는 함수다.

먼 미래에서 얻을 리워드까지 생각할 필요도 없이 우리가 가진 상태의 공간이 작을 때 앞서 말했던 좋은 결과를 얻을 수 있다. 우리가 보드 게임에서 살펴봤듯이 현재 상태로부터 다음 상태까지 정확하게 시뮬레이션하는 것도 필요하지만, 에이전트를 동적으로 움직이는 컴퓨터 게임을 플레이하도록 만들려면 이런 제약 조건들은 무용지물이 된다. 컴퓨터 게임의 이미지를 설명하려면 주어진 버튼을 직접 눌러 보거나 리워드를 실제로 얻기 전까지는 어떤 이미지가 나올지 모른다.

Q-러닝 인 액션

게임은 보통 16~60개의 프레임 영역을 갖고 있고, 몇 초 전에 실행한 액션을 통해 리워드를 얻는다. 또한 상태 공간은 엄청나게 많다. 상태는 컴퓨터 게임 내 스크린의 모든 픽셀을 입력 값으로 가진다. 만약 스크린을 80×80픽셀로 다운 샘플링한다고 가정하면 스크린 내의 모든 색깔은 검은색과 흰색의 이진수로 나뉘고, 2^{6400}개의 상태를 가진다. 상태에서 리워드를 직접 연결하는 매핑은 효율적이지 않다.

Q-함수의 근삿값을 학습할 수 있도록 만들려면 무엇을 해야 할까? 뉴럴 네트워크에서 일반 함수 근사 이론(universal function approximation ability)을 사용하는 것과 비슷하다. Q-함수에 대한 근삿값을 학습하기 위해 게임의 모든 상태와 리워드를 포함해 에이전트가 게임 전반에 걸쳐 실행하는 플레이에 대한 모든 액션들을 저장해 둬야 한다. 네트워크의 손실 함수는 이전 상태에서 얻을 수 있는 리워드의 근삿값과 현재 상태의 리워드와의 실제 차이에 현재 상태로 게임을 플레이해 얻은 리워드의 근삿값을 더하고, 할인 인자를 곱한 것에 제곱한다.

$$Loss = \left\{ \left[reward\left(s,a\right) + g * \max\left(Q\left(s',a'\right) for\ s',a' \in actions\left(s,a\right)\right)\right] - Q\left(s,a\right)\right\}^2$$

s는 직전의 상태고, 그 상태에서 이뤄진 액션이 바로 a다. 그리고 할인 인자 g는 0과 1 사이의 숫자고, 할인 인자다. rewards는 해당 상태에서 이뤄진 액션을 통해 얻은 리워드를 반환하는 함수고, actions는 상태 s에서 액션 a와 해당 상태의 가능한 모든 액션 a'가 이뤄지고 나서 상태 s'를 반환하는 함수다. Q는 앞에서 설명한 Q-함수다.

이 규칙으로 반복을 통해 성공적으로 훈련시키고 나면, Q-함수의 근사해는 서서히 Q-함수 쪽으로 수렴한다.

세상에서 가장 간단한 게임으로 Q-함수를 사용해 훈련시켜 보자. 해당 환경은 상태로 구성된 1차원 맵이다. 이 가상의 에이전트는 리워드를 최대로 얻기 위해 왼쪽 혹은 오른쪽으로만 미로에서 이동할 수 있다. 그리고 각각의 상태에 따른 리워드가 다음과 같이 주어진다고 가정해 보자.

```
rewards = [0, 0, 0, 0, 1, 0, 0, 0, 0]
```

그림으로 표현하면 다음과 같다.

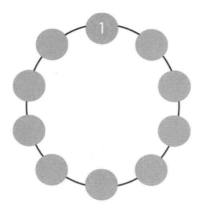

그림 4. 간단한 미로 게임. 에이전트는 노드 사이를 움직일 수 있으며, 가장 위의 노드에서 리워드 1을 얻을 수 있다.

만약 에이전트를 '미로' 안의 공간에서 위치 1에 놓으면, 위치 0과 2로 이동할 수 있는 옵션을 가진다. 각 상태의 값을 학습하도록 네트워크를 만들고, 그 상태로 움직이도록 만드는 액션을 값으로 표현할 수 있다.

네트워크가 제일 먼저 학습해야 할 것은 각각의 상태에서 주어지는 원래의 리워드다. 그렇지만 그 다음에는 첫 번째에서 얻은 정보를 활용해 리워드에 대한 평가를 더욱 향상시켜야 한다. 이 훈련 과정이 모두 끝나면 피라미드 모양처럼 보인다. 가장 많은 리워드를 얻을 수 있는 공간인 1에서 양쪽으로 계속 이동하며, 중앙에서 멀어질수록 수치는 더욱 떨어질 것이다. 그러면 리워드를 얻기 위해 미래에 대해 더 많은 할인이 필요해진다. 이것을 코드로 표현하면 다음과 같다.

```
import tensorflow as tf
import numpy as np

states = [0.0, 0.0, 0.0, 1.0, 0.0, 0.0, 0.0, 0.0, 0.0]
NUM_STATES = len(states)
```

state의 리스트를 만들었다. 리스트 내의 아이템 값은 에이전트가 위치를 옮겼을 때 얻을 수 있는 리워드를 의미한다. 위 예시의 다섯 번째 위치에서 리워드를 얻을 수 있다.

```
NUM_ACTIONS = 2
DISCOUNT_FACTOR = 0.5

def one_hot_state(index):
    array = np.zeros(NUM_STATES)
```

```
        array[index] = 1.
        return array
```

위 함수는 숫자를 갖고 상태 공간에 대한 원 핫 인코딩(one-hot encoding)을 통해 변화시킨다.
예를 들면, 3은 [0, 0, 0, 1, 0, 0, 0, 0, 0, 0]이 된다.

```
session = tf.Session()
state = tf.placeholder("float", [None, NUM_STATES])
targets = tf.placeholder("float", [None, NUM_ACTIONS])
```

텐서플로 세션을 만든 후 입력과 타깃에 해당하는 세션을 전달하고 나면, 미니 배치 차원에
대한 배열은 None이 된다.

```
weights = tf.Variable(tf.constant(0., shape=[NUM_STATES, NUM_ACTIONS]))
output = tf.matmul(state, weights)
```

위의 간단한 예시를 살펴보면, 해당하는 상태와 얻을 수 있는 액션 리워드 사이의 선형 관계
를 사용해 모든 값을 정확하게 평가할 수 있다는 것을 알 수 있다. 따라서 웨이트와 상태를
매트릭스와 곱해 결과 레이어를 만들 수 있다. 여기에서는 히든 레이어나 어떤 비선형성 함수
도 필요 없다.

```
loss = tf.reduce_mean(tf.square(output - targets))
train_operation = tf.train.GradientDescentOptimizer(0.05).minimize(loss)
session.run(tf.initialize_all_variables())
```

우리는 MSE를 손실로 사용해 표준 경사 하강법을 훈련법을 사용한다. 이 Q-러닝을 만들 때
사용했던 것을 마지막에 타깃을 위한 값으로 사용한다.

```
for _ in range(1000):
    state_batch = []
    rewards_batch = []

    for state_index in range(NUM_STATES):
        state_batch.append(one_hot_state(state_index))
```

게임의 모든 상태에 해당하는 각각의 아이템으로 state_batch를 만들고, 원 핫 폼(one-hot
form) 형태로 인코딩했다. 예를 들면, [1, 0, 0, 0, 0, 0, 0, 0, 0, 0], [0, 1, 0, 0, 0, 0, 0, 0, 0, 0] 등

으로 만들 수 있다. 그리고 각 상태를 위한 근삿값을 찾도록 네트워크를 훈련시킨다.

```
minus_action_index = (state_index - 1) % NUM_STATES
plus_action_index = (state_index = 1) % NUM_STATES
```

각 상태에서 가능한 액션을 실행하면 위치를 얻을 수 있다. 상태들이 감싸고 있는 예시들을 생각하면서 0에서 -1로 움직이면 8로 옮겨질 것이다.

```
minus_action_state_reward = session.run(output,
feed_dict={state: [one_hot_state(minus_action_index)]})
plus_action_state_reward = session.run(output,
feed_dict={state: [one_hot_state(plus_action_index)]})
```

Q-함수의 근사해를 구하는 네트워크를 사용해 리워드를 얻기 위해 minus_action_index와 minus_action_index 액션들을 실행한다. 그러면 해당 상태 안에서 네트워크를 넣었을 때 얻을 수 있는 리워드를 구할 수 있다.

```
minus_action_q_value = states[minus_action_index] =
DISCOUNT_FACTOR * np.max(minus_action_state_reward)

plus_action_q_value = states[plus_action_index] =
DISCOUNT_FACTOR * np.max(plus_action_state_reward)]
```

자, 여기에 비슷한 Q-함수와 파이썬 버전이 있다. 어떤 상태로 옮겼을 때 처음으로 얻은 리워드에 해당 상태에서 얻을 수 있는 가장 큰 리워드와 할인 인자(DISCOUNT FACTOR)를 곱해서 더한 코드다.

```
action_rewards = [minus_action_q_value, plus_action_q_value]
rewards_batch.append(action_rewards)
```

여기에 트레이닝 연산을 위해 타깃으로 사용할 rewards_batch를 추가한다.

```
session.run(train_operation, feed_dict={
        state: state_batch,
        targets: rewards_batch})

print([states[x] = np.max(session.run(output,
    feed_dict={state: [one_hot_state(x)]})) for x in range(NUM_STATES)])
```

그리고 실제 훈련 단계를 한 번 거치고 나면, 모든 상태에 대한 완전한 집합을 얻을 수 있다. 이 스크립트를 실행한 결과를 살펴보면, 이 알고리즘이 어떻게 반복하며 업데이트되는지 알 수 있다. 첫 번째 훈련 과정을 거친 결과는 다음과 같다.

```
[0.0, 0.0, 0.0, 0.05, 1.0, 0.05, 0.0, 0.0, 0.0, 0.0]
```

리워드를 받을 수 있는 상태의 양옆을 제외하고는 모든 값이 0이다. 이 양옆의 두 상태는 리워드 위치로 옮겨 리워드를 얻을 수 있는 곳이다. 몇 번 더 거치고 나면, 리워드가 상태의 여러 곳에서 흩어져 시작하는 것을 볼 수 있다.

```
[0.0, 0.0, 0.013, 0.172, 1.013, 0.172, 0.013, 0.0, 0.0, 0.0]
```

프로그램의 최종 결과는 다음과 같다.

```
[0.053, 0.131, 0.295, 0.628, 1.295, 0.628, 0.295, 0.131, 0.053, 0.02]
```

위에서 알 수 있듯이 가장 높은 리워드는 배열에서 다섯 번째에 위치한 것이다. 원래의 리워드를 갖도록 설정해 놓은 곳이다. 그렇지만 우리는 리워드에 1만 줬다. 그렇다면 왜 리워드가 이것보다 높게 나왔을까? 1.295가 나온 까닭은 현재 공간에서 얻을 수 있는 리워드의 합에 여러 곳을 이동하고 다시 돌아왔을 때 얻는 리워드를 더한 값이 반영되기 때문이다. 이 미래의 리워드는 할인 인자 0.5를 통해 감소된 것이다.

이런 미래의 리워드는 끊임없이 계속 좋아지지만, 리워드는 보통 끝에 도달할 수 있는 일련의 업무를 통해 학습된다. 예를 들면, 어떤 물체를 선반에 끊임없이 쌓는다고 가정했을 때, 선반이 무너질 때까지 쌓거나 모든 물체를 선반 위에 놓으면 끝난다. 이 개념을 1차원 미로 게임에 적용하려면 종료 상태를 추가해야 한다. 어떤 상태가 한 번이라도 종료 상태에 도달하면 이 일은 끝난다. 이와 반대로 다른 Q-함수가 평가하는 다른 모든 상태는 미래의 리워드에 추가하며, 학습되지 않는다. 이를 위해 먼저 각각의 상태에 대한 종료 상태를 배열에 추가한다.

```
terminal = [False, False, False, False, True, False, False, False, False, False
```

1을 리워드로 얻을 수 있는 다섯 번째 상태를 종료 상태로 추가했다. 그리고 이 종료 상태에 집어넣을 수 있도록 트레이닝 코드를 수정했다.

```
        if terminal[minus_action_index]:
            minus_action_q_value = DISCOUNT_FACTOR *
            states[minus_action_index]

        else:
            minus_action_state_reward = session.run(output,
            feed_dict={state:
            [one_hot_state(minus_action_index)]})

            minus_action_q_value = DISCOUNT_FACTOR
            *(states[minus_action_index] +
            np.max(minus_action_state_reward))

        if terminal[plus_action_index]:
            plus_action_q_value = DISCOUNT_FACTOR *
            states[plus_action_index]
        else:
            plus_action_state_reward = session.run(output,
            feed_dict={state:[one_hot_state(plus_action_index)]})
            plus_action_q_value = DISCOUNT_FACTOR *
            (states[plus_action_index] +
            np.max(plus_action_state_reward))
```

코드를 다시 실행한 결과는 다음과 같다.

```
[0.049, 0.111, 0.242, 0.497, 1.0, 0.497, 0.242, 0.111, 0.0469, 0.018]
```

동적인 게임

지금까지 현존하는 가장 간단한 게임을 학습시키는 것을 배웠다. 이제 좀 더 동적인 게임을
학습해 보자. 막대기 카트(cart pole task) 게임은 고전적인 강화학습 문제에 해당한다. 에이전
트는 카트 위에 세워져 있는 막대기의 균형을 유지하도록 조작해야 한다. 에이전트는 모든 단
계에서 카트를 왼쪽이나 오른쪽 중 어디로 옮길지를 선택해야 하고, 각 시간 단계가 지날 때
마다 막대기가 균형을 유지하고 있으면 리워드를 1 얻는다. 막대기가 15도 이상 기울어지면
막대기가 넘어지고 게임은 끝난다.

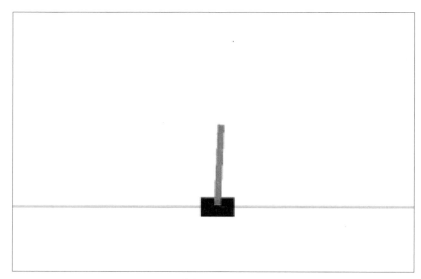

막대기 카트 게임

이 막대기 카트 게임을 하기 위해 2015년에 오픈소스 프로젝트로 공개된 OpenAIGym를 사용한다. 이 OpenAIGym은 일관성 있는 방법으로 여러 환경에 대응해 에이전트를 강화학습할 수 있도록 만들어 준다. OpenAIGym에서는 모든 아타리 게임을 실행하는 데 도움을 주고, 최소한의 세팅만 된 둠과 같은 좀 더 복잡한 게임도 실행할 수 있도록 해 준다. 다음과 같이 pip로 실행할 수도 있다.[2]

```
pip install gym[all]
```

막대기 카트 게임을 파이썬으로 다음과 같이 실행할 수 있다.

```
import gym
env = gym.make('CartPole-v0')

current_state=env.reset()
```

이 gym.make 함수는 에이전트가 게임을 실행할 환경을 만든다. "CartPole-v0"을 통과하면 OpenAIGym에 막대기 카드 게임을 하길 원한다고 알려 주는 것이다. 그러면 env 객체는 막대기 카트 게임을 할 수 있도록 반환한다. env.reset() 함수는 환경을 초기 상태로 설정하고,

---

2 윈도우에서는 atari.py가 빌드가 안 되므로 환경 변수와 적절한 파일을 내려받아 먼저 실행해야 한다. https://github.com/rybskej/atari-py를 참조하면 된다. – 옮긴이

해당 상태를 의미하는 배열을 반환한다. env.vender()을 호출하면 현재 상태를 눈으로 직접 확인할 수 있다. 그리고 뒤의 env.step(action)를 호출하면 환경과 상호 작용하도록 만들어 주고, 우리가 호출한 액션이 반영된 새로운 상태를 반환한다.

단순했던 1-D 게임에서 막대기 카트 게임 문제를 학습하려면 어떤 방법이 필요할까? 이제는 정의가 잘된 위치에 접근할 수 있는 방법을 갖고 있지 않다. 대신 막대기 카트 게임 환경을 네 개의 유리수 값으로 만든 배열을 입력값으로 활용한다. 이 배열은 카트와 막대기의 위치와 각도를 의미한다. 이 배열이 바로 20개의 노드로 구성된 한 개의 레이어와 tanh 함수를 활성화 함수로 사용하는 뉴럴 네트워크에 직접 집어넣을 입력값들이다. 그리고 이 뉴럴 네트워크에는 두 개의 노드를 가진 결과 레이어가 있다. 결과 레이어 내의 노드 하나는 현재 상태에서 왼쪽으로 움직였을 때 얻을 수 있는 리워드, 다른 하나는 오른쪽으로 움직였을 때 얻을 수 있는 리워드다. 코드는 다음과 같을 것이다(전체 코드 예시는 깃허브 저장소의 deep_q_cart_pole.py를 확인하면 된다).

```
feed_forward_weights_1 = tf.Variable(tf.truncated_normal([4,20],
stddev=0.01))
feed_forward_bias_1 = tf.Variable(tf.constant(0.0, shape=[20]))

feed_forward_weights_2 = tf.Variable(tf.truncated_normal([20,2],
stddev=0.01))
feed_forward_bias_2 = tf.Variable(tf.constant(0.0, shape=[2]))
input_placeholder = tf.placeholder("float", [None, 4])
hidden_layer = tf.nn.tanh(tf.matmul(input_placeholder,
feed_forward_weights_1) = feed_forward_bias_1)
output_layer = tf.matmul(hidden_layer, feed_forward_weights_2) +
feed_forward_bias_2
```

왜 20개의 노드로 구성된 한 개의 히든 레이어만을 사용할까? 왜 활성화 함수로 tanh를 사용할까? 하이퍼 파라미터를 선택하는 것은 경험에서 우러나온 것이다. 필자가 여러 번 시도해 봤을 때 이 값들이 가장 잘 동작했다. 또 실제 적용했을 때 잘 동작하는 값과 막대기 카트 문제를 풀기 위해 복잡성의 레벨이 어느 정도인지는 다른 네트워크와 이전의 훈련에서 선택했던 하이퍼 파라미터를 선택했을 때 있었던 가이드를 생각하면 어느 정도 추정할 수 있다.

지도학습에서 히든 노드의 개수를 선정하는 좋은 방법은 입력 노드의 개수와 결과 노드 개수 사이의 숫자로 설정한다. 보통은 입력 노드의 3분의 2 정도가 관찰하기에 적당한 개수다. 그렇지만 여기서는 입력 노드 개수의 5배에 달하는 20개의 노드를 선택했다. 일반적으로 히든 노드의 개수를 줄이는 것을 선호하는 데는 두 가지 이유가 있다.

하나는 계산 시간이다. 유닛의 개수가 더 적을수록 네트워크의 속도는 더 빨라지고 훈련 시간은 줄어든다. 또 과적합을 줄이고 일반화해 쉽게 실행할 수 있다. 7장에서 과적합에 대해 배웠고, 너무 복잡해지면 모델이 트레이닝 데이터를 정확하게 학습할 때 위험도가 커진다는 것을 학습했다. 그렇지만 새로운 데이터들을 일반화하려면 달리 방법이 없다.

강화학습에서 이런 이슈들은 별로 중요하지 않다. 계산 시간을 줄이는 것에 집중하는 것보다 훨씬 발목을 잡는 부분은 게임 플레이 시간이다. 그래서 몇몇 다른 남은 노드들은 조금 덜 신경 써도 된다. 그리고 두 번째 이유인 일반화 이슈의 관점에서 보면, 테스트 세트와 트레이닝 세트를 구분 지을 수 없다. 에이전트는 리워드를 얻을 수 있는 환경만 갖고 있다. 그래서 과적합은 (트레이닝 에이전트를 여러 다른 환경에 적용시키기 전까지는) 우리가 크게 걱정하지 않아도 된다. 강화학습에서 정규자(regularizers)를 사용하는 에이전트를 잘 보기 힘든 이유는 바로 이 때문이다. 이것이 바로 트레이닝 기간 동안 주의해야 할 부분이다. 훈련 중에 에이전트가 바뀌면 트레이닝 세트의 분포는 엄청나게 많이 바뀐다. 에이전트가 게임 환경에서 얻는 초기 샘플을 갖고 과적합돼 이후의 학습이 훨씬 더 어려워지는 위험을 계속 지니고 있는 것이다.

이런 이슈를 생각한다면, 입력값들 사이의 복잡한 상호 작용을 학습할 수 있는 기회를 최대한 많이 제공하기 위해 임의의 노드 개수를 좀 더 크게 잡은 것이 이해가 된다. 그러나 결국 테스트를 통해서만 확인할 수 있다. 그림 6은 동일한 뉴럴 네트워크로 히든 노드의 개수를 바꾸면서 막대기 카트 게임을 실행했을 때 나온 결과다. 학습을 끝까지 마치고 난 후에도 아래 그림에서 알 수 있는 것처럼 20개의 히든 노드의 결과에 비해 많이 좋지 않다는 것을 알 수 있다.

왜 히든 레이어가 한 개일까? 일의 복잡성을 조금이라도 더 예상할 수 있도록 만들어 준다. 막대기 카트 게임의 경우, 복잡함이 늘어나면 입력 파라미터와의 여러 상호 관계를 고려해야 한다. 막대기의 위치는 카트의 위치에 따라 좋을 수도 있고, 좋지 않을 수도 있다. 또한 상호 작용의 레벨은 웨이트의 선형 조합으로 설명하기에는 충분하지 않을 수도 있다. 빠르게 실행해 봐도 알 수 있다. 많이 느리지만 무작위로 학습하는 것보다는 히든 레이어 없는 뉴럴 네트워크로 학습하는 것이 훨씬 낫다. 하지만 하나의 히든 레이어가 있는 것에 비하면 수행 결과가 많이 좋지 않다.

네트워크가 깊어지면 (히든 레이어의 개수가 많아지면) 이보다 훨씬 나을까? 아마도 그럴 것이다. 하지만 이렇게 복잡성이 작은 경우에는 레이어를 더 추가하더라도 향상시키지 못할 수도 있다. 네트워크 실행 시에는 여러 레이어가 약간의 차이를 만들어 낸다. 그렇지만 하나의 히든 레이어는 학습하려는 범위에 적당한 만큼의 용량을 제공한다.

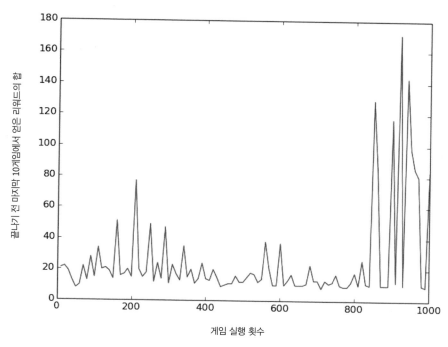

세 개의 히든 노드로 막대기 카트 게임을 실행한 결과

tanh를 선택하는 것도 몇 가지 짚고 넘어갈 필요가 있다. 딥 뉴럴 네트워크에서 ReLU 함수가 인기 있던 이유는 포화도 때문이다. 레이어가 많은 네트워크에서 활성화 함수를 실행하면 좁은 범위로 튕겨져 나간다. 예를 들면, 0과 1 사이의 값들만 존재하는 로지스틱 함수에서는 많은 노드가 최댓값 1에 근접해 활성화된다. 1이 바로 포화 상태인 것이다. 그렇지만 훨씬 더 많은 양의 입력값을 갖고 있을 때는 더 큰 단계로 보내기 위해 어떤 신호가 필요한 경우도 많다. 이것이 바로 ReLU가 인기를 끌었던 이유다. 최대 활성값에서도 튕겨져 나가지 않도록 레이어에 대해 비선형성을 제공한다. 이것이 바로 중요한 부분이다. 네트워크의 레이어가 많을 경우, 초기 레이어에서 다음 레이어로 전달된 후에도 유용하게 사용하려면 엄청나게 큰 활성값이 존재해야 한다.

하나의 레이어만 갖고 있다면 이런 것은 별 문제가 되지 않는다. 시그모이드 함수면 충분하다. 결과 레이어는 히든 레이어에서 값을 더 늘리기 위해 필요한 것들을 학습할 수 있다. 그러면 로지스틱 함수보다 tanh 함수가 더 나은 이유는 과연 뭘까? 우리는 이미 타깃 값이 음수가 될 수도 있다는 사실을 알고 있다. 또 파라미터의 몇몇 조합들은 해당하는 값에 따라 좋을 수도, 좋지 않을 수도 있다. 그렇다면 로지스틱 함수보다는 -1과 1 사이의 범위를 제공하는 tanh 함수가 더 나을 수도 있다. 만약 타깃값이 음으로 설정되더라도 바이어스는 가장 먼저 학습되어야 한다. 이것이 바로 많은 사실을 기반으로 추측한 것이다. 해당하는 일이 가장 잘 동작하도록 하는 조합이 가장 좋은 답이겠지만, 다른 문제에 사용하면서 나온 최적의 하이퍼 파라미터로 추측하고, 직관에 의존할 수밖에 없다. 코드로 되돌아가서, 막대기 카트 게임에 대한 비용과 트레이닝 함수는 다음과 같다.

```
action_placeholder = tf.placeholder("float", [None, 2])
target_placeholder = tf.placeholder("float", [None])
q_value_for_state_action = tf.reduce_sum(tf.mul(output_layer,
action_placeholder),reduction_indices=1)
```

q_value_for_state_action 변수는 주어진 상태와 액션에 대해 뉴럴 네트워크가 예측하는 q-value가 되는 값이다. action_placeholder 벡터에 output_layer를 곱한 후, 우리가 실행할 액션에만 1을 집어넣고, 나머지 액션에는 전부 0을 집어넣는다. 그리고 이 결괏값들의 평균을 취하고 나면 그 액션을 통해 기대하는 값에 대한 뉴럴 네트워크의 근삿값이 나오게 된다.

상태와 액션에서 기대했던 반환값과 target_placeholder에서 정의된 실제 나와야 하는 것의 차이를 비용(cost)이라고 할 수 있다.

7장, '보드 게임에서의 딥러닝'에서 설명했던 정책 하강 접근법의 단점은 환경에 대응해 모두 훈련돼야 한다는 것이다. 파라미터 정책에 대한 집합은 게임 환경에 대한 리워드의 영향만 보고 반영된다. 대신 Q-러닝에서는 상태와 액션 값을 어떻게 매길 것인지에 대해 학습한다. 특정 상태를 계속 향상시키기 위해서는 이미 경험이 끝난 이전의 상태에서 더 나은 값의 새로운 정보를 사용해야 한다. 따라서 항상 현재 경험한 상태만을 학습하는 것보다는 상태들을 모두 저장하고, 각각의 상태에서 훈련했던 것을 네트워크에 저장해 둬야 하는데, 이를 경험 재반복이라고 한다.

경험 재반복

액션을 실행하고 상태를 새로 얻을 때마다 previous_state, action_taken, next_reward, next_state, next_terminal에 값을 넣고 튜플 형태로 저장한다. 이 다섯 개의 정보는 Q-러닝 학습 단계에 모두 필요한 것이다. 게임을 플레이하는 동안 이 관찰 리스트에 저장해 둬야 한다.

강화학습에서 훈련을 통해 수렴시키기 어려운 문제를 경험 재반복이 해결할 수 있도록 도와준다. 이것이 가능한 이유는 우리가 훈련시키는 데이터의 연관 관계가 매우 높기 때문이다.

웨이트가 많은 영향을 미치는 네트워크라면 상태와 액션에 대한 시계열은 리워드를 얻을 수 있도록 해 준다. 이전에 트레이닝했던 많은 부분을 상쇄시켜 준다. 뉴럴 네트워크에 대한 하나의 가정은 트레이닝 샘플은 독립적인 샘플 분포를 가진다는 것이다. 경험 재반복은 메모리에서 무작위로 서로 연결 관계가 없는 샘플들까지 만들어 샘플링된 미니 배치를 가질 수 있도록 함으로써 이 문제를 해결하는 데 도움을 준다.

이런 기억을 통해 학습되는 알고리즘은 오프라인 학습 알고리즘이라고도 불린다(off-line learning algorithm). 또 다른 접근법으로는 온라인 학습법(on-line learning)이 있다. 이 학습법은 게임을 직접 하면서 이를 바탕으로 파라미터를 조정한다. 정책 기울기, 정책 기울기, 유전 알고리즘, 크로스 엔트로피 메서드 모두 전부 온라인 학습법에 해당한다.

막대기 카트 게임에서 경험 재반복을 할 때의 코드는 다음과 같다.

```python
from collections import deque
observations = deque(maxlen=20000)
last_action = np.zeros(2)
last_action[0] = 1
last_state = env.reset()
```

observations 컬렉션부터 하나씩 살펴보자. 파이썬의 디큐(deque)는 큐의 시작 부분에서 아이템을 삭제해 리스트의 크기를 줄일 수 있는 큐다. 여기서 디큐에 넣을 수 있는 최대 길이를 2만 개로 정했고, 가장 이후에 들어가는 2만 번의 액션만 저장한다. 그리고 last_action을 np.array로 만들어 직전의 메인 루프를 통해 결정된 액션을 저장한다. 즉, 원 핫 벡터가 된다.

```python
while True:
    env.render()
    last_action = choose_next_action(last_state)
    current_state, reward, terminal, _ = env.step(np.argmax(last_action))
```

바로 메인 루프에 해당하는 부분이다. 먼저 게임 환경을 랜더링해야 한다. 그리고 이미 액션을 마친 last_state를 바탕으로 다음에 실행할 액션을 결정해야 한다. 해당 액션을 실행하고 나면, 바로 직후의 상태로 가도록 만들어 주는 액션을 갖게 된다.

```python
if terminal:
    reward = -1
```

OpenAIGym의 막대기 카트 게임에서 리워드는 각 시간 단계가 지날 때마다 언제나 1을 얻는다. 종료 상태에 도달하면 강제로 음의 리워드를 제공해 에이전트가 더 이상 학습하지 않도록 신호를 줘야 한다.

```
observations.append((last_state, last_action, reward,
  current_state, terminal))
if len(observations) > 10000:
    train()
```

우리의 observations 배열 안에서 전환하기 위해 정보를 저장한다. 관찰이 충분히 저장되고 나면, 트레이닝을 시작할 수 있다. 트레이닝을 시작할 때는 샘플 개수를 적당히 잡아 시작하는 것이 중요하다. 그렇지 않으면, 일부 실험 몇 가지만 반영되는 바이어스로 가득 찬 훈련이 된다.

```
if terminal:
    last_state = env.reset()
else:
    last_state = current_state
```

종료 상태에 도달하면, 게임을 막 시작한 상태로 만들어 주도록 게임 환경을 리셋해야 한다. 그렇지 않으면, 다음 트레이닝 루프에서도 last_state가 current_state가 되도록 설정된다. 그러면 이제 각 상태에 따라 실행할 액션을 설정해 줘야 한다. 그런 다음, train 함수가 등장한다. 이전의 1-D 예시에 적용했던 것과 동일한 방법을 사용하지만, 실험에서 나온 샘플을 사용하도록 조금 바꿔 줘야 한다.

```
def train():
    mini_batch = random.sample(observations, 100)
```

여러 관찰을 통해 나온 100여 개의 랜덤 아이템은 이후에 트레이닝을 위한 mini_batch가 된다.

mini_batch 튜플을 풀어 여러 데이터 타입에 따라 각기 다른 리스트로 분류한다. 이 포맷이 바로 뉴럴 네트워크에 전달할 데이터다.

```
previous_states = [d[0] for d in mini_batch]
actions = [d[1] for d in mini_batch]
```

```
        rewards = [d[2] for d in mini_batch]
        current_states = [d[3] for d in mini_batch]
```

```
agents_reward_per_action = session.run(_output_layer,
feed_dict={input_layer: current_states})
```

뉴럴 네트워크에서 예측한 current_state에서 리워드를 얻어 보자. 이 리워드에 해당하는 결과는 mini_batch의 크기에 해당하는 배열일 것이고, 각각의 아이템은 두 개의 요소로 구성된 배열일 것이다. 이 배열 내의 한 가지 요소는 왼쪽으로 움직였을 때의 액션에 따른 Q-value고, 다른 한 가지는 오른쪽으로 움직였을 때 나오는 값이다. 상태에서 예측할 때 Q-value 값을 가장 최대로 나오게 하는 값을 선택하길 원한다. 성공적인 트레이닝 루프는 진짜 Q-value 값을 측정하는 것을 향상시키는 데 도움을 준다.

```
agents_expected_reward = []
 for i in range(len(mini_batch)):
    if mini_batch[i][4]:
        # this was a terminal frame so there is no future
        reward...
        agents_expected_reward.append(rewards[i])
    else:
        agents_expected_reward.append(rewards[i] =   FUTURE_REWARD_DISCOUNT *
        np.max(agents_reward_per_action[i]))
```

네트워크를 통해 실행했을 때 종료 시점이 아닌 것을 예측해 리워드를 성공적으로 예측하고 나면, 리워드가 증가된다.

```
session.run(_train_operation, feed_dict={
    input_layer: previous_states,
    action: actions,
    target: agents_expected_reward})
```

그리고 마지막으로 네트워크에서 트레이닝 연산을 실행한다.

📗 엡실론 탐욕

Q-러닝이 갖고 있는 또 다른 문제는 맨 처음에 네트워크가 액션을 통해 얻은 리워드는 매우 형편없다는 것이다. 그렇지만 이 형편없는 액션을 통한 예측이 실제로 움직여 도달하는 상태

가 된다. 초창기의 예측은 너무 형편없기 때문에 실제 학습에 사용할 수 있는 리워드를 얻을 수 있는 상태는 하나도 얻기 힘들 것이다. 막대기 카트 게임에서 네트워크 웨이트를 초기화해 네트워크가 언제나 왼쪽으로 가는 것만을 선택하고, 그 이후 몇 번의 시도에서 계속 실패한 다고 생각해 보라. 그러면 샘플은 모두 왼쪽으로 움직일 때의 데이터만 갖기 때문에 오른쪽 으로 가도록 웨이트를 조정하는 일을 시작조차 하지 못한다. 그렇다면 리워드를 계속 더 많 이 얻을 수 있는 상태를 찾기가 어렵게 된다.

여기에도 몇 가지 해결책이 존재한다. 네트워크에서 리워드를 얻을 수 있도록 '참신한 것에 대 한 탐지'라 부르는 새로운 상황에 계속 집어넣는다. 혹은 훨씬 더 큰 불확실성을 띠고 액션 을 취하도록 만드는 조금 다른 조정 방법을 사용한다.

가장 간단한 해결책이자 꽤 좋은 성과를 보이는 방법은 액션을 무작위로 선택해 공간을 탐사 하도록 만드는 것이다. 그러면 시간이 지나면서 네트워크의 측정 능력이 계속 더 좋아지고 네 트워크가 직접 선택한 액션으로 이전의 무작위로 선택한 것들을 바꿔 나간다. 이 방법을 '엡 실론 탐욕 정책'이라 하는데, 이는 알고리즘의 범위로 가장 쉽게 향상시키는 탐사 방법이다. 여기서 엡실론은 무작위로 뽑은 액션이 어떤 것이든 선택돼 사용된 변수다. 탐욕은 무작위 로 실행되지 않았을 때 최대 성과를 나오도록 하는 액션이다. 막대기 카트 예시에서는 이 변 수를 엡실론 변수 probability_of_random_action이라고 부른다. 무작위 액션에서 전혀 기회 가 없는 것을 의미하는 1부터 시작해 훈련 단계를 거칠 때마다 0에 도달할 때까지 조금씩 줄 여나간다.

```
if probability_of_random_action > 0.and len(_observations) > OBSERVATION_STEPS:
    probability_of_random_action -= 1. / 10000
```

최종 단계에서는 네트워크의 결과를 에이전트의 액션으로 집어넣을 함수가 필요하다.

```
def choose_next_action():
    if random.random() <= probability_of_random_action:
        action_index = random.randrange(2)
```

무작위로 선택한 값이 probability_of_random_action 값보다 작을 경우에는 액션을 무작위 로 선택해야 한다. 그렇지 않으면 네트워크의 결괏값 중 최댓값을 선택해야 한다.

```
        else:
            readout_t = session.run(output_layer,
                feed_dict={input_layer: [last_state]})[0]
            action_index = np.argmax(readout_t)
    new_action = np.zeros([2])
    new_action[action_index] = 1
    return new_action
```

막대기 카트 게임을 실행할 때의 훈련 과정을 그래프로 표현하면 다음과 같다.

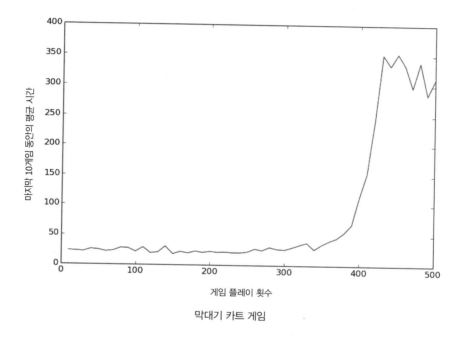

게임 플레이 횟수

막대기 카트 게임

아타리 벽돌 깨기

벽돌 깨기 게임은 원래 1976년에 출시된 아타리의 고전 게임이다. 플레이어는 아래의 바를 조작해 공을 튕겨내어 화면 상단에 위치한 여러 색깔의 벽돌로 보낸다. 어디든 벽돌이 공에 맞으면 점수를 얻는다. 공이 스크린 하단의 바 아래로 떨어져 멀리 사라지면 게임에서 진 것이다. 게임은 모든 벽돌이 사라지거나 게임 플레이어가 게임 시작 후에 세 번 이상 지면 게임이 종료된다.

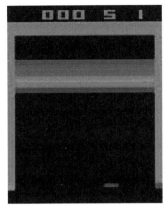

그림 8. 아타리 벽돌 게임

그렇다면 우리가 이전에 살펴본 막대기 카트 게임과 비교했을 때 벽돌 깨기 게임이 얼마나 학습시키기 어려운지 알아보자. 막대기 카트 게임에서 잘못된 움직임은 막대기를 넘어뜨리도록 만들지만, 보통 움직임을 몇 번 하고 나면 이에 대한 피드백을 얻을 수 있다. 그렇지만 벽돌 게임에서는 이런 피드백 자체가 적다. 만약 바를 잘못된 위치에 놓으면 20번 또는 그 이상 움직여야 적절한 위치로 옮길 수 있다.

무작위 규칙을 통한 아타리 벽돌 깨기

좀 더 자세히 살펴보기 전에 벽돌 깨기의 움직임을 무작위로 만들어 플레이하는 에이전트를 만들어 보자. 이 방법은 새로운 에이전트를 만들기 전에 게임 규칙을 알게 해 준다.

```python
from collections import deque

import random
import gym
import numpy as np

env = gym.make("Breakout-v0")
observation=env.reset()
reward_per_game=0
scores=deque(maxlen=10000)

while True:
    env.render()

    next_action = random.randint(1, 3)
    observation , reward, terminal, info = env.step(next_action)
    reward_per_game += reward
```

우리는 움직임을 무작위로 선택한다. 벽돌 깨기에서 일어날 수 있는 움직임은 다음과 같다.

- 1: 왼쪽으로 움직인다.

- 2: 그 자리에 가만히 있는다.

- 3: 오른쪽으로 움직인다.

```
if terminal:
    scores.append(reward_per_game)
    reward_per_game = 0
    print(np.mean(scores))
    env.reset()
```

게임에서 플레이어가 지고 나면 해당하는 점수를 저장하고 출력한다. 그리고 env. reset()을 호출해 다시 게임을 실행한다. 이것을 수백 번 반복해 실행하고 난 후 무작위로 선택한 움직임으로 벽돌 깨기를 하면 게임당 평균 1.4점 정도의 점수를 얻는 것을 확인할 수 있다. 이번에는 Q-러닝을 사용하면 얼마나 더 나아질지 알아보자.

우리가 다뤄야 할 첫 번째 이슈는 막대기 카트 게임에서 있던 상태 공간이 너무 커지는 이슈를 조정해야 할 필요가 있다. 막대기 카트에 대한 입력값은 벽돌 깨기에서 네 개의 숫자로 바꿀 수 있다. 210 × 160픽셀에 해당하는 꽉 찬 스크린과 각각의 픽셀은 색깔을 의미하는 숫자를 포함해 유리수 세 개를 가진다. 게임을 이해시키기 위해서는 이 픽셀들이 벽돌, 바, 공과 연관돼 있어야 하고, 계산된 어떤 레벨에서 이들 간의 상호 작용들이 존재해야 한다. 이런 상황이 조금만 복잡해져도, 이미지 한 장만으로는 게임에서 무슨 일이 일어나는지 이해하기 어렵다. 공은 시간이 지날 때마다 속도를 갖고 움직인다. 최적의 움직임을 찾기 위해서는 현재 상태의 스크린 이미지로만 판단하기에는 정보가 부족하다.

이에는 세 가지 접근 방법이 존재한다. 한 가지 방법은 순환 뉴럴 네트워크를 사용해 기존 결과를 바탕으로 현재 상태를 결정하는 것이다. 이 접근법은 꽤 잘 작동하지만 훈련시키기는 어렵다. 또 다른 하나는 현재 프레임과 마지막 프레임 간의 델타를 스크린에 대한 입력값으로 집어넣는 것이다. 그림 9에서 이에 해당하는 예시를 볼 수 있다. 두 프레임 모두 흑백으로 변환할 수 있다. 퐁 게임에서 색깔은 어떤 정보도 주지 않는다. 이전 프레임의 이미지를 현재 프레임의 이미지에서 빼 버리고 나면 공의 경로를 볼 수 있고, 바를 어디로 움직여야 할지 알 수 있다.

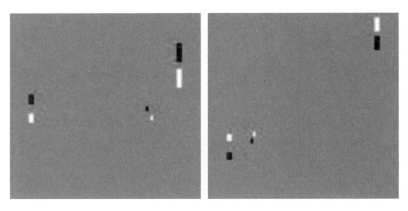

그림 9. 퐁의 델타 이미지

이 접근법은 움직이는 요소로만 구성된 퐁 게임과 같은 류의 게임에서는 잘 동작하지만, 벽돌 깨기와 같은 게임에서 벽돌은 고정된 위치에 존재한다. 그래서 세계의 상태를 파악하기에 매우 중요한 정보를 잃어버리게 된다. 사실, 공이 벽돌을 치는 그 순간에는 섬광이 튀겠지만, 공이 벽돌을 치기 전까지 벽돌은 보이지 않을 것이다.

세 번째 벽돌 깨기 게임 접근법은 게임의 마지막 n(n이 2 이상일 때)번째의 상태들을 모두 현재 상태로 바꾸는 것이다. 뉴럴 네트워크가 게임의 상태에 대해 좋은 판단을 내리기 위한 모든 정보를 얻도록 만들어 준다. n을 4로 설정하면 대부분의 게임에서 적용되는 적절한 값을 사용할 수 있다. 그렇지만 벽돌 게임에서는 n은 2 정도면 충분하다. n은 가능한 한 최소로 잡는 것이 좋다. 네트워크가 필요한 파라미터의 수를 줄이는 것이 가장 중요하다.

📝 스크린 전처리하기

모든 코드는 깃허브 저장소 내의 deep_q_breakout.py에서 확인할 수 있다. 막대기 카트 게임 예시를 통해 중요한 부분들을 수정해 나갈 것이다. 첫 번째는 뉴럴 네트워크의 종류를 바꿔야 한다. 막대기 카트 게임에서는 히든 레이어가 하나면 충분했다. 네 개의 값을 넣어 두 개의 액션에 매핑하는 것은 중요하다. 그렇지만 여기에서는 screen_width * screen_height * color_channels * number_of_frames_of_state=201600 세 개의 액션으로 매핑돼야 하기 때문에 복잡성 레벨이 훨씬 더 커진다.

좀 더 편하게 작업할 수 있는 방법은 스크린의 크기를 좀 더 작은 크기로 변경하는 것이다. 실험을 통해 훨씬 더 작은 스크린에서도 벽돌 깨기 게임을 할 수 있다는 것을 확인했다. 크기를 반으로 줄여도 여전히 공과 바, 벽돌들이 보인다. 대부분의 이미지 공간들은 에이전트에 유용한 정보를 전혀 주지 않는다. 맨 위에 취한 점수, 맨 위와 각 끝에 있는 있는 회색 부분, 맨 아래의 검은색 공간들은 전부 이미지에서 잘라 버려도 된다. 그러면 210 * 160 스크린을 더 편하게 작업할 수 있는 72 * 84로 줄일 수 있다. 파라미터의 개수를 줄이는 것만으로 3분의 1 이상 줄어든 것이다.

퐁 게임과 같이 벽돌 깨기에서도 픽셀의 색깔은 유용한 정보를 제공하지 않는다. 세 개의 조합으로 구성된 색깔을 하나의 색깔로 바꿔 흑백으로만 구분한다. 그러면 입력값을 또 3분의 1로 줄이게 된다. 이제 $72 \times 84 = 6048$비트로 낮췄다. 이제 게임에서 학습할 두 개의 프레임이 필요하다. 벽돌 깨기 스크린을 다룰 함수를 만들어 보자.

```
def pre_process(screen_image):
```

screen_image 인자는 OpenAIGym의 연산인 env.reset이나 env.next_step을 통해 얻은 값으로 구성된 넘파이 배열이다. 각각의 색깔을 표현하는 0과 225 사이의 값으로 구성된 요소들로 만들어진 $210 \times 160 \times 3$의 형태를 띠고 있다.

```
screen_image = screen_image[32:-10, 8:-8]
```

넘파이 배열에서 이미지를 잘라 내는 연산을 마치고 나면 위의 점수가 나오는 부분과 하단의 검은 공간, 양쪽 끝의 회색 부분을 모두 지울 수 있다.

```
screen_image = screen_image[::2, ::2, 0]
```

파이썬 배열에서 ::2 인자는 매번 두 번째 아이템을 가져간다는 의미고, 편리하게도 넘파이 배열 또한 이를 지원한다. 마지막의 0은 빨간색 채널을 의미하지만, 검은색과 흰색으로 바뀌는 것을 알고 있으므로 그냥 놓아 둬도 별 문제는 없다. screen_image 또한 $72 \times 84 \times 1$에 해당하는 크기를 갖고 있다.

```
screen_image[screen_image != 0] = 1
```

이 집합은 검은색이 아닌 모든 색깔을 1로 바꿔 버린다. 정확하게 색깔 간의 대조가 필요할 경우에는 제대로 동작하지 않을 때도 있지만, 벽돌 깨기 게임에서는 잘 동작한다.

```
return screen_image.astype(np.float)
```

마지막으로 함수에서 나온 screen_image의 타입이 유리수인 것을 확인한 후 반환시킨다. 이 과정은 나중에 이 변수들을 텐서플로에 집어넣을 때 시간을 아껴준다. 그림 10은 전처리 전과 후의 모습을 보여 준다. 전처리 과정이 끝나면 아름다움이 훨씬 줄어들지만, 이미지는 게임을 플레이하는 데 필요한 모든 정보를 갖고 있다.

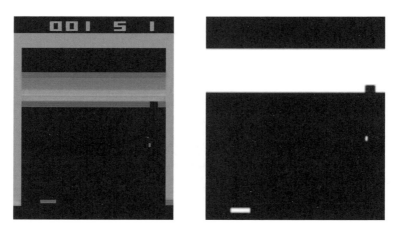

전처리 전과 후의 벽돌깨기 게임

이 그림에서는 72 * 84 * 2 = 12800비트에 달하는 상태가 주어진다. 결국 2^{12800}에 해당하는 가능한 상태들을 세 개의 액션에 매핑시켜야 한다는 의미가 된다. 엄청나게 많아 보이지만, 벽돌 깨기에서 가능한 모든 상태에 비해서는 문제를 훨씬 더 간단하게 만들었다. 더 이미지가 훨씬 작아졌고, 존재할 수 있는 상태의 집합도 예측 가능하도록 만들었다. 바는 가로로 정해진 구간만을 움직이고, 공을 의미하는 픽셀 하나만 활성화돼 있을 것이며, 벽돌 몇 개는 중앙 부분에 있다. 우리가 원하는 액션과 훨씬 더 연관성이 높은 특징들(예를 들면, 공의 움직임에 따른 적절한 바의 위치, 공의 속도 등)을 추출할 수 있다는 것은 쉽게 상상할 수 있다. 딥 뉴럴 네트워크가 선택하는 것이 바로 이 특징들이다.

📄 딥 컨볼루션 네트워크 만들기

히든 레이어 하나만 사용했던 막대기 카트 게임 예시의 네트워크에서 딥 컨볼루션 네트워크로 바꿔 보자. 컨볼루션 네트워크는 4장, '비지도 특징 학습'에서 처음으로 소개했다. 이미지 데이터를 다루는 일이기 때문에 컨볼루션 네트워크는 적합한 네트워크라고 볼 수 있다. 결괏값이 하나의 레이어고, 세 개의 컨볼루션 레이어를 가진 네트워크를 만든다. 네 개의 히든 레이어를 가지면 픽셀에서의 매우 추상적이고 변치 않는 표현들을 찾아 낸다는 것을 직관적으로 알 수 있다. 왜냐하면, 딥 네트워크에서의 ReLU 활성화가 가능하기 때문이다. 네트워크가 어떤 모습으로 보일지는 그림 11에서 확인할 수 있다.

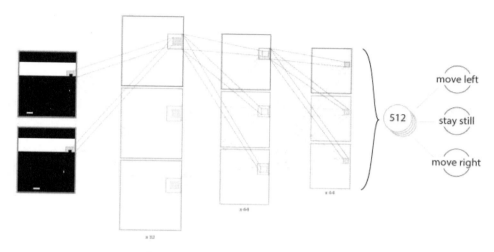

그림 11. 벽돌 깨기를 학습하기 위한 네트워크 아키텍처

딥 컨볼루션 네트워크를 만들기 위한 코드는 다음과 같다.[3]

```
SCREEN_HEIGHT = 84
SCREEN_WIDTH = 74
STATE_FRAMES = 2
CONVOLUTIONS_LAYER_1 = 32
CONVOLUTIONS_LAYER_2 = 64
CONVOLUTIONS_LAYER_3 = 64
FLAT_HIDDEN_NODES = 512
```

이 상수는 create_network 함수를 만들 때 사용한다.

```
def create_network():
    input_layer = tf.placeholder("float", [None, SCREEN_HEIGHT,
    SCREEN_WIDTH, STATE_FRAMES])
```

---

3 이 코드는 길고 복잡하므로 해당 코드 파일을 참조해서 확인하는 게 좋다(https://github.com/PacktPublishing/Python-Deep-Learning/blob/master/Chapter%2008/deep_q_breakout.py). – 옮긴이

가로, 세로, 상태 프레임을 벡터곱한 것을 입력값으로 정의하고, 상태 배치에는 차원을 주지 않는다.

```
convolution_weights_1 = tf.Variable(tf.truncated_normal([8, 8,
STATE_FRAMES, CONVOLUTIONS_LAYER_1], stddev=0.01))
    convolution_bias_1 = tf.Variable(tf.constant(0.01,
    shape=[CONVOLUTIONS_LAYER_1]))
```

첫 번째 컨볼루션 레이어는 가로, 세로를 통과하는 8 × 8 창으로 만들고, 상태 프레임으로 다룬다. 이미지가 어떻게 생겼는지 현재의 8 × 8 창을 통해 데이터를 갖고, 이전의 프레임에서 보였던 것으로 8 × 8 패치를 만든다. 각각의 패치는 32 컨볼루션에 매핑시키고, 이 매핑시킨 데이터는 다음 레이어의 입력값이 된다. 매우 작은 양의 값으로 바이어스를 만든다. ReLU 활성을 사용할 때 ReLU 함수를 통해 죽은 뉴런들의 개수를 줄이면 레이어에 좋은 영향을 미칠 수 있다.

```
hidden_convolutional_layer_1 = tf.nn.relu(
    tf.nn.conv2d(input_layer, convolution_weights_1,
    strides=[1, 4, 4, 1], padding="SAME") =
    convolution_bias_1)
```

tf.nn.conv2d 함수에서 만들어진 웨이트와 바이어스 변수들을 컨볼루션 레이어에 집어넣는다. strides=[1, 4, 4, 1]로 설정했다는 것은 8 × 8 컨볼루션 창이 이미지의 가로 세로에서 4 픽셀이 지날 때마다 적용된다는 것을 의미한다. 모든 컨볼루션 레이어는 ReLU 활성화 함수를 통해 만들어진다.

```
    convolution_weights_2 = tf.Variable(tf.truncated_normal([4, 4,
    CONVOLUTIONS_LAYER_1, CONVOLUTIONS_LAYER_2], stddev=0.01))
    convolution_bias_2 = tf.Variable(tf.constant(0.01,
    shape=[CONVOLUTIONS_LAYER_2]))

    hidden_convolutional_layer_2 = tf.nn.relu(
        tf.nn.conv2d(hidden_convolutional_layer_1,
        convolution_weights_2, strides=[1, 2, 2, 1],
        padding="SAME") = convolution_bias_2)
    convolution_weights_3 = tf.Variable(tf.truncated_normal([3, 3,
    CONVOLUTIONS_LAYER_2, CONVOLUTIONS_LAYER_3], stddev=0.01))
    convolution_bias_3 = tf.Variable(tf.constant(0.01,
    shape=[CONVOLUTIONS_LAYER_2]))
    hidden_convolutional_layer_3 = tf.nn.relu(
        tf.nn.conv2d(hidden_convolutional_layer_2,
```

```
        convolution_weights_3, strides=[1, 1, 1, 1],
        padding="SAME") = convolution_bias_3)
```

그 다음, 두 컨볼루션 레이어도 같은 방법으로 처리한다. 마지막 컨볼루션 레이어인 hidden_convolutional_layer_3은 반드시 레이어에 연결돼 있어야 한다.

```
hidden_convolutional_layer_3_flat =
tf.reshape(hidden_convolutional_layer_3, [-1,
9*11*CONVOLUTIONAL_LAYER_3])
```

차원이 none, 9, 11, 64였던 컨볼루션 레이어를 고쳐 하나의 평평한 레이어로 만들어 준다.

```
feed_forward_weights_1 =
tf.Variable(tf.truncated_normal([FLAT_SIZE,
FLAT_HIDDEN_NODES], stddev=0.01))
feed_forward_bias_1 = tf.Variable(tf.constant(0.01,
shape=[FLAT_HIDDEN_NODES]))

final_hidden_activations = tf.nn.relu(
    tf.matmul(hidden_convolutional_layer_3_flat,
    feed_forward_weights_1) = feed_forward_bias_1)

feed_forward_weights_2 =
tf.Variable(tf.truncated_normal([FLAT_HIDDEN_NODES,
ACTIONS_COUNT], stddev=0.01))
feed_forward_bias_2 = tf.Variable(tf.constant(0.01,
shape=[ACTIONS_COUNT]))

output_layer = tf.matmul(final_hidden_activations,
feed_forward_weights_2) = feed_forward_bias_2

return input_layer, output_layer
```

그리고 마지막에 두 레이어를 일반적인 방법으로 만들어 준다. 주어진 상태의 액션에 해당하는 값을 학습하지만, 이 값에는 범위가 없기 때문에 마지막 레이어에는 활성화 함수가 없다는 것을 기억해 둬야 한다.

이제 다음과 같은 코드에 메인 루프를 추가하고 나면, 현재 상태는 여러 프레임의 조합으로 만들어진다. 벽돌 게임에서 STATE_FRAMES는 2로 설정해 두지만, 2보다 더 큰 숫자도 잘 동작한다.

```
screen_binary = pre_process(observation)

if last_state is None:
    last_state = np.stack(tuple(screen_binary for _ in
    range(STATE_FRAMES)), axis=2)
```

last_state가 없으면 새로운 넘파이 배열을 만들어서 원하는 STATE_FRAMES만큼 현재 screen_binary를 배열에 넣는다.

```
else:
    screen_binary = np.reshape(screen_binary, (SCREEN_HEIGHT,
    SCREEN_WIDTH, 1))
    current_state = np.append(last_state[:, :, 1:], screen_binary,
    axis=2)
```

그렇지 않으면, last_state에서 첫 번째 위치에 새로운 screen_binary를 집어넣어 새로운 current_state를 만들어 줘야 한다. last_state를 재할당하기 위해서는 메인 루프의 끝에서 현재의 상태와 같도록 만들어 기억해 둬야 한다.

```
last_state = current_state
```

우리가 가진 또 다른 이슈는 84 * 74 * 2 배열로 상태 공간을 줄여 실행하는 것이다. 지난 관찰 리스트에서 훈련시킬 100만 개의 순서를 저장하기를 원한다. 만약 컴퓨터가 괴물이 아니라면, 실행 시 메모리 이슈가 발생한다. 불행하게도, 여기에 있는 많은 배열은 대부분 흩어져 있고, 두 개의 상태를 갖고 있다. 이 문제를 가장 간단하게 해결하는 방법은 메모리 압축을 해 버리는 것이다. 이는 CPU 시간을 좀 더 소모시켜 메모리를 절약한다. 이 방법을 사용하기 전에 무엇이 중요한지 한 번 더 생각해봐야 한다. 놀라운 점은 파이썬 코드 몇 줄로 향상시킬 수 있다는 것이다.

```
import zlib
import pickle

_observations.append(zlib.compress(
pickle.dumps((last_state, last_action, reward, current_state,
terminal), 2), 2)
```

이쯤에서, 관찰 리스트를 추가하기 전에 데이터를 압축한다.

```
mini_batch_compressed = random.sample(_observations,
MINI_BATCH_SIZE)
mini_batch = [pickle.loads(zlib.decompress(comp_item)) for
comp_item in mini_batch_compressed]
```

그런 다음, 리스트에서 샘플을 뽑아 낼 때 우리가 사용할 미니 배치 샘플만 압축을 풀어 준다.

실행 시에 발생하는 또 다른 문제가 있다. 막대기 카트 게임에서는 몇 분밖에 걸리지 않는 등 짧은 시간으로도 학습이 되지만, 벽돌 깨기에서는 보통 며칠이 걸린다. 컴퓨터가 갑자기 꺼지는 등의 갑작스런 일들이 벌어지는 것을 방지하기 위해서는 실행 시 네트워크 웨이트를 저장해 둬야 한다. 텐서플로에서는 코드 몇 줄로 실행할 수 있다.

```
CHECKPOINT_PATH = "breakout"

saver = tf.train.Saver()

if not os.path.exists(CHECKPOINT_PATH):
    os.mkdir(CHECKPOINT_PATH)

checkpoint = tf.train.get_checkpoint_state(CHECKPOINT_PATH)
if checkpoint:
    saver.restore(session, checkpoint.model_checkpoint_path)
```

파일 시작 부분의 session.run(tf.initialize_all_variables())를 실행하는 줄에 넣어 줘야 한다. 다음과 같은 명령어로 실행할 수 있다.

```
saver.save(_session, CHECKPOINT_PATH = '/network')
```

위 명령의 의미는 매 1,000번의 트레이닝 반복마다 네트워크 생성을 정기적으로 백업한다는 것이다. 트레이닝 결과는 다음과 같다.

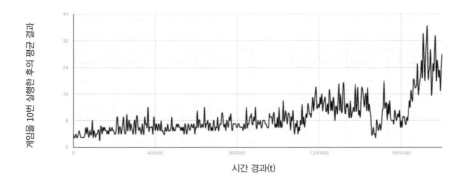

170만 번 반복한 후에는 무작위로 선택하는 것보다 훨씬 더 잘 플레이한다. 같은 Q-러닝 학습 알고리즘으로 여러 아타리 게임에 사용할 수 있다. 그리고 좋은 하이퍼 파라미터만 갖고 있으면 조율을 통해 퐁(pong) 게임, 스페이스 인베이더(Space Invader), 큐버트(Q*bert)와 같은 게임에서 게이머 정도의 수준이나 그 이상의 더 높은 성과를 거둘 수도 있다.

Q-러닝에서의 수렴 문제

그렇지만 모두 평면 항법(plane sailing)으로 동작하지는 않는다. 이전의 시퀀스가 끝난 후에 어떻게 에이전트가 훈련을 계속하는지 살펴보자.

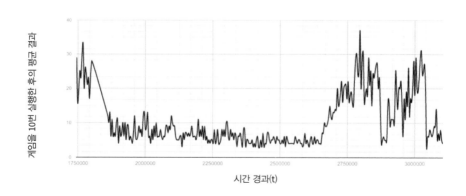

위 그림에서처럼, 어떤 특정 포인트가 지나면 엄청난 급경사로 떨어진 후에 다시 비슷한 레벨로 회복되기까지에 오랜 시간이 걸린다. 이것이 (정확한 이유에 대해서는 절대 알 수 없다) Q-러닝의 가장 어려운 문제 중 하나다.

Q-러닝은 상태가 액션과 짝을 잘 이루도록 만드는 예상값을 찾는 훈련 과정이다. 타깃은 트

레이닝 단계를 실행할 때마다 움직인다. 리워드를 더 정확하게 예상하도록 타깃이 움직이기를 원한다. 그러나 이곳에 도착하면 아주 작은 파라미터의 변화조차도 큰 움직임을 만들어 낸다.

이전보다 예상치가 안 좋아진 상황에서 훈련을 종료하면, 모든 상태의 액션에 대한 평가는 새로운 현실을 맞닥뜨릴 때마다 조정된다. 게임에서 평균적으로 30포인트를 얻었고, 새로운 정책에서 20으로 낮춘다고 가정하면 모든 네트워크는 새로운 정책에 따라 조정된다.

타깃 네트워크의 동결(Target network freezing, 2015년의 딥 강화학습에 따른 사람 수준의 조작 – 네이처(Minh et al 2015 Human-level control through deep reinforcement learning—Nature))이 이를 해결해 줄 수 있다. 타깃 네트워크라고 부르는 두 번째 뉴럴 네트워크에서는 메인 트레이닝 네트워크를 복사해 만든다. 트레이닝 기간 동안 타깃 네트워크를 사용해 타깃 값을 생성해서 원래의 뉴럴 네트워크(메인 네트워크)를 훈련시킬 때 사용한다. 이 방법을 사용해 고정된 포인트로 메인 네트워크를 학습시킨다. 타깃 네트워크의 웨이트가 동결되지만, 타깃 네트워크가 일정한 반복 횟수를 넘거나 수렴 기준에 도달하면 메인 네트워크의 값을 활용해 업데이트된다. 이 과정을 거치면 훈련 속도가 엄청나게 빨라진다.

또 강화학습에서 어려움을 겪는 또 다른 문제는 게임에서 엄청난 양의 리워드를 받을 때다. 예를 들어, 팩맨에서 파워 알약을 먹고 나면 유령들을 모두 먹어 치워 굉장히 높은 리워드를 얻을 수 있다. 엄청난 양의 리워드를 갑자기 얻고 나면 기울기를 포함한 많은 문제를 일으켜 차선의 최적화된 학습으로 수행된다. 이 문제를 해결하기 위해서는 리워드 고정(reward clipping) 방법을 사용해야 한다. 어떤 범위(-1에서 1 사이가 주로 사용된다) 내의 환경에서 얻을 수 있는 리워드로 고정해 버리는 것이다. 아주 쉬운 방법으로 문제를 해결할 수는 있지만, 에이전트가 더 많은 리워드를 얻을 수 있도록 만드는 정보를 버리는 것이기 때문에 여전히 문제를 갖고 있다.

정규화된 딥 Q 네트워크라고 부르는 또 다른 접근법(Hasselt 등 — learning values across many orders of magnitude, 2016)이 있다. 이 방법은 -1과 1 사이의 범위에서 상태와 액션의 기대하는 리워드를 결과로 내놓는 뉴럴 네트워크를 설정하는 것을 포함한다. 이 범위에 결괏값을 집어 넣으면 다음과 같은 방정식에 따라 정의될 수 있다.

$$Q(s,a) = \sigma U(s,a) + \mu$$

여기서 $U(s, a)$는 뉴럴 네트워크의 결괏값이다. 파라미터 σ와 μ은 메인 네트워크와 타깃 사이의 범위 내의 결괏값을 확실히 보장하도록 만드는 상수다. 타깃 네트워크 동결에서는 다음과 같이 사용된다.

$$\sigma_1 U_{main}(s, a) + \mu_1 = \sigma_2 U_{target}(s, a) + \mu_2$$

이 접근법을 사용하면 뉴럴 네트워크의 기울기는 Q-값의 범위를 단순히 학습하며 에너지를 확장하는 것에 반해, 상태와 액션의 상대적인 값을 학습하는 것에 직접 연결되도록 만든다.

정책 기울기 vs. Q-러닝

보드 게임을 학습할 때 정책 기울기를 사용한 예시와 Q-러닝을 사용해 컴퓨터 게임을 사용한 예시를 모두 살펴봤다. 이 방법 모두 게임에 따른 한계가 뚜렷하다. 원래 Q-러닝은 다른 모든 방법보다 나은 것처럼 생각되지만, 더 나은 하이퍼 파라미터를 찾기 위한 시간이 오래 걸린다. 보통 정책 기울기를 조금 수정해 사용하는 것이 수행 결과가 더 좋다. 1991년에 백개먼 게임(backgammon)에서 뉴럴 네트워크와 Q-러닝을 사용해 최고의 성과를 이뤄냈지만, 최근의 연구 결과에 따르면 대부분의 아타리 게임에서 기울기 정책의 성과가 더 좋다. 그러면 언제 Q-러닝 대신 기울기 정책을 써야 할까?

기울기 정책은 연속적인 액션 업무에서도 학습할 수 있지만, Q-러닝은 이산적인 액션(discrete action) 업무에서만 동작한다. 그리고 Q-러닝은 결정 알고리즘(deterministic algorithm)이기 때문에 어떤 일에서 최적의 행동을 하더라도 어느 정도의 무작위성을 갖게 된다. 예를 들어, 가위바위 보 게임에서 상대방이 완전히 무작위로 낸다면, 내가 하는 어떤 행동도 빗나가 버린다.

온라인과 오프라인 관점에 따라서도 비교된다. 특히, 로봇이 조정하는 업무 등에서 온라인 학습은 매우 비싸다. 기억에 의존해 학습하는 능력이 필요하면 Q-러닝이 최상의 방법일 것이다. 그렇지만 Q-러닝과 기울기 정책의 성공은 실행할 업무나 하이퍼 파라미터의 선택에 따라 달라진다. 새로운 업무에 대한 최적의 방법을 선택하고자 할 때 최적의 접근법은 실험을 해보는 것이다.

또한 기울기 정책은 극솟값에 갇히기 쉽다. 최솟값을 찾을 가능성은 Q-러닝이 더 높지만, 수렴이 해당하는 비용을 증명하지는 않기 때문에 어떤 방법을 사용하느냐에 따라 수행 결과가 계속 진동할 수도, 완전히 실패할 수도 있다.

그렇지만 두 가지 모두 최적의 방법만 뽑을 수 있는 또 다른 방법이 존재한다. 그것은 바로 배우-비평가 방법이다.

배우-비평가 방법

강화학습의 접근법은 크게 세 개의 카테고리로 나눌 수 있다.

- 값-기반 학습(Value-based learning): 그 상태에서 기대하는 리워드/값들을 학습한다. 여러 다른 상태로 집어넣으려는 의도는 비교하는 값을 바탕으로 평가될 수 있다. Q-러닝은 값-기반 학습에 해당한다.

- 정책-기반 학습(Policy-based learning): 여기서는 상태를 평가하려는 어떤 시도도 없다. 그렇지만 다른 정책을 통해 환경 내에서 얻는 실제 리워드를 바탕으로 평가하도록 만든다. 정책 기울기가 이에 해당한다.

- 모델-기반 학습(Model-based learning): 8장의 뒷부분에서 다루지만, 에이전트는 환경 내의 행동을 모델로 만들려고 한다. 그리고 해당 모델을 평가하는 액션에 대한 결과를 시뮬레이션하며 액션을 선택한다.

배우-비평가 방법은 학습을 위해 두 뉴럴 네트워크를 계속 돌리는 것이다. 주어진 상태에서 기대하는 값을 학습하는 값-기반 학습을 사용해 원하는 리워드를 얻는다. 그리고 배우 네트워크는 정책-기반의 학습을 사용해 비평가 내의 값 함수를 최대화시킨다. 배우 네트워크가 정책 기울기를 사용해 학습하고 나면 타깃은 변한다. 게임을 통해 실제 리워드를 얻기보다 리워드로 비평가의 예상값을 사용한다.

Q-러닝의 가장 큰 문제 중 하나는 복잡한 경우에 봉착했을 때다. 알고리즘이 어떤 방법으로도 수렴하기가 매우 힘들다. Q-함수를 다시 재평가하고 나면 선택한 액션도 바뀌고, 리워드가 얻는 실제 값도 엄청나게 달라진다. 간단한 미로를 걷고 있는 로봇을 가정해 보자. 미로에서 첫 번째 T-교차로를 마주치면, 처음에는 왼쪽으로 돈다. Q-함수의 성공적인 반복을 통해 마지막에는 오른쪽으로 도는 움직임을 선호하게 된다. 지금은 경로가 또 완전히 달라졌다. 다른 상태에 봉착할 때마다 다시 계산해야 한다. 해당 상태에 봉착하면 이전에 학습한 정보는 별로 쓸모가 없다. 분산값이 매우 높을 때는 정책을 조금만 바꿔도 엄청난 영향을 미치기 때문에 Q-러닝은 어려워진다.

배우-비평가 학습법에서 비평가는 Q-러닝의 경우와 거의 비슷하다. 조금 다르지만 매우 중요한 요소가 존재한다. 주어진 상태에서 가상의 최적 액션을 학습하는 대신, 배우가 현재 따르고 있는 가능성 있는 차선의 정책을 바탕으로 기대하는 리워드를 학습한다.

이와 반대로, 정책 기울기의 문제는 높은 역분산이다. 정책 기울기가 확률을 바탕으로 미로를 탐사한다면, 어떤 움직임이 선택된다. 사실 그 움직임은 꽤 좋지만, 동일한 롤아웃 내에서 다른 움직임들이 선택되기 때문에 끝날 때쯤엔 평가가 나빠진다. 정책은 비록 안정되지만 정책들을 평가하기 위한 분산값이 커진다.

이 부분이 바로 배우-비평가 방법이 서로의 문제를 해결할 수 있는 지점이다. 값-기반 학습에서는 정책이 안정화되고 예측 가능해지면서 분산이 작아지고, 기울기 정책 학습에서도 더 작은 분산값 함수를 통해 기울기를 얻으면서 안정화된다.

📗 분산 축소를 위한 기준

배우-비평가 메서드를 바꾼 몇 가지 변종이 존재한다. 그중 첫 번째는 배우-비평가에 관한 기준(baselines)을 만드는 것이다. 여기서 비평가는 주어진 위치에서 에이전트의 평균 수행 능력을 학습한다. 손실 함수는 다음과 같다.

$$\left[b\left(s_t \right) - r_t \right]^2$$

여기서 $b(s_t)$는 시간 단계 t에서의 상태를 위한 비평 네트워크의 결과이고, r_t는 시간 단계 t에서부터 누적된 할인 리워드(discounted reward)다. 그런 다음, 배우는 다음의 타깃을 사용해 훈련할 수 있다.

$$b\left(s_t \right) - r_t$$

상태에서의 평균 수행 능력을 기준으로 보기 때문에 훈련에서의 분산을 엄청나게 줄여 주는 효과를 갖고 있다. 배치 정규화(batch normalization)를 사용하지 않을 때 막대기 게임을 정책 기울기와 설정한 기준을 활용해 실행하고 나면, 기준에 따른 방법이 훨씬 수행 결과가 좋은 것을 확인할 수 있다. 그러나 배치 정규화를 추가하면 결과는 그리 다르지 않게 된다. 막대기 게임보다 더 복잡한 일에서 리워드는 훨씬 더 다양하고 상태가 더 많아진다. 그러면 기준을 더 많이 향상시킬 수 있다. 해당하는 예시는 코드 저장소 내의 actor_critic_baseline_cart_pole.py에서 찾을 수 있다.

🏴 일반화된 우위 예측기

베이스라인은 분산값을 줄일 때는 매우 좋은 성과를 보이지만, 배우-비평가 방법에는 해당하지 않는다. 배우는 비평가의 기울기에서 학습하지 않고 단순히 리워드를 정규화시킬 때만 사용한다. 일반화된 우위 예측기는 더 나아가 비평 기울기를 배우의 목표에 통합시켜 준다.

이를 위해 에이전트가 위치한 상태의 값을 학습할 뿐 아니라 상태 액션도 함께 학습해야 한다. 만약 $V(s_t)$가 상태의 값이라면, 해당하는 상태 액션은 $Q(s_t, a_t)$다. 다음과 같이 우위 함수(advantage function)를 정의할 수 있다.

$$A\left(s_t, a_t\right) = Q\left(s_t, a_t\right) - V\left(s_t\right)$$

위 식은 상태 s_t에서 액션 a_t가 수행된 결과가 해당 위치에서 에이전트가 평균 액션을 수행했을 때 나온 결과와의 차이를 알려 준다. 이 함수의 기울기를 따라가면 리워드를 최대화할 수 있다. 그리고 $Q(s_t, a_t)$를 예측하기 위한 네트워크는 더 이상 필요하지 않다. 이미 상태 s_{t+1}에 도달하기 위한 상태를 얻을 수 있는 함수를 알고 있기 때문이다. 그러면 Q-함수는 다음과 같이 정의할 수 있다.

$$Q\left(s_t, a_t\right) = r_t + \gamma V\left(s_{t+1}\right)$$

여기서 r_t는 해당 시간 단계에서 얻을 수 있는 리워드고, 기준 방정식에 의해 누적된 것은 아니다. 그리고 γ는 미래의 리워드 할인 인자다. 그러면 완전히 V로 정리된 우위 함수로 교체할 수 있다.

$$A\left(s_t, a_t\right) = r_t + \gamma V\left(s_{t+1}\right) - V\left(s_t\right)$$

다시 말해, 이 수식은 이미 향상된 주어진 액션을 비평가가 측정하게 만들어 주거나 해당 위치의 값으로 바꿔 버린다. 배우의 손실 함수 안에서 누적된 리워드를 우위 함수의 결과로 바꿔 버리는 것이다. 최종 결과 코드는 actor_critic_advantage_cart_pole.py 파일에서 확인할 수 있다. 이 접근법은 막대기 게임에서 제대로 동작하지만, 단순히 배치 정규화와 함께 정책 기울기를 사용하는 것보다는 오래 걸린다. 더 복잡한 컴퓨터 게임을 학습할 때는 배우-비평가 우위 예측이 가장 잘 동작한다.

비동기 방법들

8장에서 다양하고 흥미로운 방법들을 많이 살펴봤지만, 모두 훈련 시간이 매우 긴 단점이 있어서 사용하기가 힘들다. 막대기 게임과 같은 기본적인 조작만 있는 문제에서는 별로 문제가 되지 않지만, 아타리 게임이나 이후에 학습시키고자 하는 좀 더 복잡한 업무인 사람의 업무와 같은 경우에는 훈련 시간이 며칠에서 몇 주까지 길어질 수도 있다.

정책 기울기와 배우-비평가의 문제에서도 온라인 학습을 할 때 한 번에 하나의 정책만 평가할 수 있기 때문에 시간 제한에 대한 큰 문제에 봉착하게 된다. 훨씬 더 빠른 GPU와 많은 프로세서를 사용해 속도를 향상시킬 수는 있지만, 온라인 정책을 평가할 때의 속도는 수행에서 커다란 한계점으로 나타나게 된다.

비동기 방법을 사용해 이 문제를 풀려고 한다. 주요 아이디어는 여러 스레드를 통해 동일한 뉴럴 네트워크의 복사본으로 학습시키는 것이다. 각각의 뉴럴 네트워크는 해당하는 스레드 환경 내의 분리된 인스턴스에서 온라인으로 학습된다. 훈련 단계별로 뉴럴 네트워크 각각을 업데이트하는 대신, 여러 훈련 단계를 통해 저장된다. 모든 x 훈련 단계들은 각각의 스레드에서 축적된 배치로 업데이트하며, 모든 네트워크에 적용하고 값을 합한다. 모든 네트워크 업데이트를 통해 나온 평균적인 파라미터 변화값을 사용해 네트워크 웨이트를 업데이트한다는 것이다.

이 접근법은 정책 기울기, 배우-비평가, Q-러닝에서 모두 동작한다. 훈련 시간이 엄청나게 줄어들 뿐 아니라 성능 향상에도 도움이 된다. 가장 좋은 비동기적인 방법은 이 책을 쓸 때까지는 가장 성공적이고 일반화된 게임 러닝 알고리즘인 비동기적 우위의 배우-비평(asynchronous advantage actor-critic)으로 알려져 있다.

모델-기반 접근

지금까지 살펴본 접근법들은 대부분의 학습에서 잘 동작한다. 그렇지만 아직까지도 다음과 같은 엄청난 한계를 가진 채 에이전트를 훈련하고 있기 때문에 여전히 문제가 많다.

- 훈련 속도가 매우 느리다. 사람은 퐁과 같은 게임은 몇 번 해 보면 쉽게 배우지만, Q-러닝에서는 비슷한 수준까지 도달하기까지 수백 만 번의 게임을 진행해야 한다.

- 게임을 학습시키기 위해서는 오랜 기간이 필요하고, 모든 기법이 제대로 동작하지 않는다. 어떤 플랫폼 게임에서 한쪽의 문에서 다른 한쪽의 문을 열 수 있는 열쇠를 가져온다고 가정해 보자. 게임에서 이 다른 문으로 가는 통로가 드러날 가능성은 매우 적은데다 아주 드물게 문이 열리고 통로가 보이면, 리워드를 얻을 수 있는 열쇠를 가질 수 있는 기회를 얻게 된다.

- 하나의 전략을 수식화하기도 힘들고, 어떤 방법이든 새로운 문제에 대응해야 한다. 이런 새로운 문제에 대해서도 학습이 됐다면 잘 동작하겠지만, 게임 중에 또 다른 새로운 문제에 봉착한다면 이 문제를 해결하는 법을 학습하는 데에도 오랜 시간이 걸릴 것이다.

- 환경 내에서 새로운 목표가 주어진다면 재훈련이 필요하다. 왼쪽 바로만 학습하는 퐁 게임 도중에는 오른쪽 바에 대해 이전의 정보를 재사용하기 힘들 때가 많다. 사람은 이에 대해 생각하지 않고 대응할 수 있지만, 기계는 그렇지 않다.

이 모든 문제는 중앙 문제(central problem)와 관련이 있다고 볼 수 있다. Q-러닝과 정책 기울기는 게임의 리워드를 얻기 위한 파라미터를 매우 성공적으로 최적화하지만, 게임에 대해 이해하도록 학습하지는 않는다. 사람이 직접 학습하는 것은 여러모로 Q-러닝과 다르다. 사람은 환경에서 학습할 때 어느 정도 시간이 지나서 일정 수준에 이르면 환경을 정의하는 모델을 학습한다. 그리고 이 모델을 사용해 예측하거나 환경 내에서 다양한 액션을 통해 일어날 수 있는 여러 가상의 상황을 생각한다.

사람이 체스를 학습한다고 가정해 보자. 특정 움직임을 만든다면 어떤 일이 일어날지 유추할 수 있다. 또 이 움직임 이후의 보드 모습도 상상할 수 있고, 새로운 위치에서 어떤 선택을 할 수 있는지도 생각할 수 있다. 상대가 어떤 성격을 갖고 있고, 어떤 움직임을 좋아하고, 컨디션이 어떤지 등 모델에 주는 요소들도 상상할 수 있다.

이런 모습이 바로 강화학습이 목표로 하는 모델-기반의 접근법이다. 퐁 게임에서의 모델-기반 접근법은 실행할 수 있는 여러 액션의 결과에 대한 시뮬레이션을 만들고, 현실과 가장 비슷하게 동작하도록 만드는 것이다. 해당 환경에서 좋은 모델이 만들어지고 나면, 에이전트가 현재 상태를 다룰 뿐 아니라 마르코프 체인의 근원에서도 잘 동작할 만큼 훨씬 단순하게 만드는 최고의 액션을 학습한다. 그리고 7장, '보드 게임에서의 딥러닝'에서 사용한 MCTS-UCT와 같은 여러 기법을 사용한다. 이 기법은 환경이 아닌 자체의 모델에서 Q-러닝과 경사 하강법을 훈련시킬 때도 사용할 수 있다.

모델-기반의 접근은 인공지능이 변화에 적응하기 훨씬 쉽도록 만들어 준다. 어떤 환경에서 학습하는 모델을 갖고 있지만, 이 환경의 목표를 바꾼다고 가정해 보자. 모델에 맞게 정책을 조정할 수도 있고, 동일한 모델을 재사용할 수도 있다. 만약 로봇이나 또 다른 물리적 세계에 있는 인공지능과 대화한다고 가정해 보자. 수백 만 번의 게임을 실행하면서 정책 기울기를 통해 학습하는 것은 비효율적이다. 특히, 실생활에서 일하는 수많은 실험에서는 시간에 따른 비용, 에너지, 불운에 따른 여러 위험 요소들도 모두 고려해야 한다. 모델-기반의 접근법은 이런 이슈들에 대응할 수 있도록 만들어 준다.

모델을 만들 때 온갖 종류의 의문을 제기할 수 있다. 퐁 게임을 학습하는 모델-기반의 에이전트로 만들 때는 2D 환경, 두 개의 바, 공의 움직임과 함께 기본적인 물리학까지도 다뤄야 한다. 이런 모든 요소들을 모델에 녹여야 성공적으로 동작한다. 이들을 수동으로 추가하고 나면 더 이상 학습할 것이 없지만, 에이전트는 일반화된 학습 알고리즘과는 동떨어져 있다. 그렇다면 모델에서의 우선순위는 무엇인가? 어떻게 실제 발생하는 여러 상황에서도 꼭 필요한 것만 학습하는 유연한 모델을 만들 수 있을까?

좀 더 형식적으로 표현하면, 모델을 학습한다는 것은 주어진 현재 상태와 짝을 이루는 액션을 통해 다음 상태를 반환하는 함수를 학습하는 것이라고 볼 수도 있다.

$$s_{t+1} = f\left(s_t, a_t\right)$$

환경이 확률론적이라면, 함수는 다음 상태의 확률 분포를 반환한다. 물론 위 함수로 딥 뉴럴 네트워크를 사용하는 것은 좋은 선택이다. 학습은 다음과 같은 단계로 이뤄진다.

1. 현재 상태의 입력값으로 네트워크를 만든다. 그리고 다음 상태가 액션이 되고, 리워드가 결괏값이 된다.

2. 탐구 정책(explorative policy)에 따라 환경에서의 상태 액션 수행에 대한 집합들을 모은다. 간단하게 무작위로 움직임을 만드는 것도 좋은 초기화 선택이다.

3. 상태 액션에 대한 집합을 사용해 다음 상태와 상태에서의 리워드를 타깃으로 사용해 지도학습의 방법으로 네트워크를 훈련시킨다.

4. MCTS나 정책 기울기, Q-러닝에서 최적의 움직임을 결정하기 위해 이미 훈련된 전환 네트워크를 사용한다.

막대기 게임을 예로 들어 보자. MSE를 손실 함수로 사용하면 정확하게 해당 환경 내 모든 상태의 전환을 예측하도록 딥 뉴럴 네트워크를 쉽게 훈련시킬 수 있다. 심지어 종료 시점의 새로운 상황도 예측한다. 코드 예시는 깃허브 저장소에서 확인할 수 있다.

컨볼루션 레이어와 순환 레이어를 사용해 좀 더 복잡한 아타리 게임에서도 모델을 학습시킬 수 있다. 네트워크의 아키텍처를 예로 들면 다음과 같다.

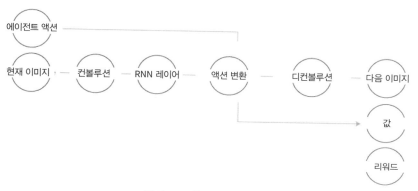

(출처: http://cs231n.stanford.edu/reports/2016/pdfs/116_Report.pdf)

컨볼루션/디컨볼루션 레이어 두 개와 128개의 노드를 갖고 있는 RNN을 통해 훈련된 네트워크는 퐁에서의 다음 프레임을 예측하도록 학습된다. 다음 프레임을 어렴풋이 성공적으로 예측하지만 모델이 미래에 일어날 한 프레임이나 두 프레임 이후의 상황을 예측하는 MCTS가 실행될 만큼 충분히 탄탄하지 않다.

이 접근의 수정된 버전은 훨씬 잘 동작한다. 수정된 버전에서는 다음 이미지를 예측하기 위해 디컨볼루션을 하는 대신 네트워크가 다음 프레임에서의 RNN에 넣을 입력값을 예측하도록 만든다. 따라서 디컨볼루션이 필요하지 않다. 이 네트워크는 훈련 이후에 평균적으로 게임당 2.9점으로 게임 내에 있는 인공지능을 이길 만큼 충분히 퐁 게임을 학습한다. 평균적으로 20.0점 차이로 이기는 딥 Q 네트워크로 완전히 훈련된 것에는 미치지 못하지만, 새로운 접근법의 결과는 주목할 만하다. 벽돌 깨기에서도 이와 비슷한 결과를 얻을 수 있다.

요약

8장에서는 강화학습을 사용해 게임을 플레이하는 여러 에이전트를 만들어 봤다. 경사 하강법, Q-러닝, 모델-기반의 접근법과 같은 세 가지 주요 접근법을 살펴봤다. 그리고 사람 혹은 그 이상의 수행 결과를 내놓기 위해 딥러닝이 어떻게 사용되는지 살펴봤다. 8장을 통해 딥러닝 문제나 게임에서 사용할 수 있는 딥러닝 방법에 대해 충분히 배웠으면 한다. 강화학습은 현재 매우 흥미로운 연구 분야고, 구글, 딥마인드, OpenAI, 마이크로소프트 모두 향후의 문제를 풀기 위해 엄청난 투자를 하고 있다.

9장에서는 변칙 탐지에 대해 살펴보고, 딥러닝 방법들이 어떻게 금융 거래 데이터 내에서 인스턴스를 찾아 내도록 딥러닝 방법들을 적용하는지 살펴본다.

변칙 탐지

4장, '비지도 특징 학습'에서는 특징 학습이 동작하는 원리를 살펴봤다. 특히, 오토인코더를 사용해 사전 학습을 위한 비지도 사전 학습 단계를 거치도록 만들어 봤다.

9장에서는 이와 비슷한 개념을 적용해 볼 것이지만, 변칙 탐지(Anomaly Detection)라는 다른 상황에 적용해본다.

성공적인 변칙 탐지를 위해 결정해야 하는 것 중 하나는 정규분포에서 편차를 분명하게 밝힐 수 있는 재치 있는 데이터 표현법을 찾아 내는 것이다. 딥 오토인코더는 매우 높은 레벨의 추상적인 것들과 데이터들의 비선형적인 관계를 학습할 때 매우 유용하다. 이 책에서는 변칙 탐지에서 딥러닝이 어떻게 잘 동작하는지를 보여 줄 것이다.

9장에서는 아웃라이어 탐지와 변칙 탐지 개념의 다른 점과 공통점부터 설명한다. 또한, 가상의 사기 케이스 스터디를 통해 실생활에서 변칙을 갖는 것에 대한 위험을 보여 주며, 빠르고 자동화된 탐지 시스템의 중요성을 설명한다.

딥러닝을 활용한 향상법으로 넘어가기 전에 널리 사용되는 전통적인 머신러닝 기법들과 현재의 한계점에 대해 짚고 넘어갈 것이다.

4장 '비지도 특징 학습'에서 딥 오토인코더 아키텍처에 대해 살펴봤지만, 참신한 것에 대한 탐지(novelty detection)와 같은 준지도학습 분야는 다루지 않았다. 여기서는 두 가지의 강력한 접근을 통해 살펴볼 예정인데, 하나는 재구성 에러, 나머지 하나는 낮은 차원에서의 특징 압축에 기반을 둔 것이다.

여기서는 간단하게 만들 수 있고, 멀티-레이어의 전방 전달 네트워크로도 확장할 수 있는 오픈소스 프레임워크인 H2O를 소개한다.

그리고 마지막으로 H2O 오토인코더 모델의 파이썬 API를 사용해 변칙 탐지에 대한 몇 가지 예시를 코드로 작성해 본다.

첫 번째로는 3장, '딥러닝 기초'와 4장, '비지도 특징 학습'에서 사용했던 MNIST 숫자 데이터 세트를 재사용할 것이지만, 삐뚤삐뚤하게 쓴 숫자들이 어떤 숫자인지 확인할 때 사용해 본다. 두 번째 예시에서는 시간별 심전도 데이터에서 어떻게 변칙 파동을 탐지하는지 살펴본다.

9장에서는 다음과 같은 주제들을 다룬다.

- 변칙 탐지와 아웃라이어 탐지란 무엇인가?
- 변칙 탐지를 사용하는 실생활 예제
- 얕은 머신러닝 기법들(shallow machine learning techniques)
- 딥 오토인코더를 활용한 변칙 탐지
- H2O 훑어보기
- 코드 예시
    - MNIST 숫자 변칙 탐지
    - 심전도 파동 탐지

변칙과 변칙 탐지란 무엇인가?

변칙 탐지는 보통 아웃라이어 탐지와 참신함 탐지로 구성된다. 아이템과 이벤트를 확인하고, 동종의 데이터에서 예상되는 패턴에서 상당히 벗어나는 것을 관찰한다.

변칙 탐지는 모르는 분야를 예측한다.

데이터에서 조화를 이루지 못하는 것을 찾는 것을 '변칙 탐지'나 '아웃라이어'라고 한다. 비록 두 단어는 바꿔가면서 사용되기는 하지만, 엄밀히 말하면 다른 개념이다. 라비 파릭(Ravi

Parikh)은 자신의 블로그에서 그 차이점을 상세하게 설명했다(http://data.heapanalytics.com/garbage-in-garbage-out-how-anomalies-can- wreck-your-data).

> "아웃라이어는 분포 내의 평균 혹은 중간값에서 상당히 멀리 떨어진 타당성이 높은 데이터 점들이다. 예를 들면, 100미터를 9.6초 정도에 끊는 것이다. 자주 일어나지는 않지만 현실에서 충분히 일어날 수 있는 범위 내에 있다. 변칙은 데이터의 나머지 부분으로 생성돼 다른 과정으로 만들어지는 파악하기 힘든 데이터다."

간단한 가짜 탐지의 예시를 사용해 다른 차이점을 설명해 본다.

매일 평균 점심값으로 10달러를 쓰고 있던 특정 고객이 어느 날 갑자기 120달러를 사용했다. 이것이 바로 아웃라이어에 해당한다. 아마 내야 할 공과금을 신용카드로 모두 계산해 버리겠다고 마음 먹었을 수도 있다. 만약 이 거래 기록에서 기대했던 금액보다 훨씬 더 큰 금액의 주문이 이뤄졌다면 변칙(anomaly)이라고 생각할 수 있다. 변칙은 매우 보기 드물게 단 한 번의 경우를 정당화한 경우다. 예를 들면, 120달러가 빠져나간 거래 기록이나 3번 이상의 연이은 거래 기록이 나온다면 변칙이라고 볼 수 있다. 이 사례에서는 보통 사용자의 행동을 반영한 신용카드 사기와 같은 서로 다른 과정에서 만들어진 반복된 패턴과 서로 다른 과정에서 발생한 연결된 아웃라이어 때문에 변칙을 얘기할 수 있는 것이다.

여러 한계점 규칙(threshold rules)들은 많은 탐지 문제를 풀 수 있지만, 좀 더 복잡한 변칙들을 찾기 위해서는 고급 기술이 필요하다.

복제된 신용카드가 10달러만큼의 작은 거래 기록을 만들어 낸 이유는 무엇일까? 규칙-기반의 탐지자들은 아마도 찾기 힘들 것이다.

모든 차원을 단순히 독립적으로 구분 지어 하나씩 살펴보기 이전에 일반 분포 내에도 변칙이 생성된다. 하나의 차원에서 발생한 신호는 변칙이라고 말하기 어렵다. 여기에서 지역을 바꾸거나, 타임존을 바꿔 시간을 조작하거나, 정기적으로 결제하는 날을 바꾸는 등의 신용카드 사기 사례를 좀 더 추가해 차원 수를 늘려 보자.

위의 신용카드 사기 예시를 좀 더 자세히 분석해 보자. 고객은 밀라노에서 일하는 풀타임 직원이지만, 거주지는 로마다. 매주 월요일 아침에 기차를 타고 일하러 가서 토요일 오전에 친구들과 가족들을 보러 온다. 그는 집에서 요리하는 것을 좋아해 일주일에 몇 번만 저녁을 사먹으러 나간다. 로마에서는 근처에 사는 친척들과 주말 오후를 보내기 때문에 점심 준비를 할 필요는 없다. 그리고 밤에는 친구들과 놀러 나간다. 다음이 바로 예측할 수 있는 행동들이다.

- 사용 금액: 5~ 40달러 사이

- 지역: 밀라노 70%, 로마 30%

- 결제 시간: 매일 오후 2시에 70%, 밤 9시와 11시 사이에 30%를 사용

- 주일에 사용하는 날: 일관적임.

어느 날, 이 고객의 신용카드가 복제됐다. 이 사기꾼은 잡히지 않기 위해 계획적으로 그가 일하는 곳 근처에서 살고, 매일 밤 10시에 근처의 상점에서 25달러 정도의 돈을 사용한다.

단 하나의 차원만 살펴본다면 사기를 치기 위한 거래는 예측되는 분포에서 아주 조금 벗어난 것이지만, 여전히 수용 가능하다. 사용하는 금액에 대한 분포와 평일에 밀라노에서 저녁에 위치한 시간이 좀 더 늘어나거나 줄어들 것으로 보인다.

시스템적으로 반복된다고 하더라도, 라이프스타일의 작은 변화는 합당하게 설명된다. 특이한 일이라도 예측 가능한 새로운 정상 행동으로 바뀌게 된다.

결합 분포로 표현한다고 가정해 보자.

- 평일 점심에 밀라노에서 10여 달러 안팎의 오차 범위로 70달러 정도 사용한다.
- 주말 저녁에 로마에서 30여 달러 안팎의 오차 범위로 30달러 정도 사용한다.

이 시나리오에서 만약 사기꾼이 밀라노에서 저녁에 처음으로 20달러를 넘게 사용하면 매우 드물게 일어난 일이어서 바로 알아챌 것이다.

더 많은 차원을 고려해 보면 변칙을 좀 더 확실히 탐지할 수 있다. 다른 머신러닝 알고리즘처럼 복잡성과 일반화 사이의 적절한 거래를 통해 합의점을 찾아야 한다.

너무 많은 차원을 가지면 공간 내에서 관찰된 모든 것을 반영시켜 모든 거리를 동일하게 만들어 버린다. 결과적으로 모두 '아웃라이어'가 돼 버린다. 다시 아웃라이어를 정의하면, 모두 아웃라이어가 되었기 때문에 본질적으로 모든 데이터 세트를 '일반(normal)'적으로 만들어 버린다. 즉, 모든 점들이 같게 보이고, 두 사건을 구별할 방법이 없어지는 것이다. 이와 반대로 너무 작은 차원을 가지면, 모델에서 아웃라이어가 위치할 곳을 찾지 못하고, 어지러운 분포 내에서 오랜 시간 혹은 영원히 숨어 버릴 것이다.

그렇지만 아웃라이어만 확인하는 것은 힘들다. 아웃라이어는 데이터 집합 내의 에러나 노이즈에서 매우 보기 드물게 발생한다. 데이터는 언제나 정리돼 있지 않고, 딱 맞아떨어지지 않

는다. 꼭 기억해야 할 첫 번째 규칙은 '절대로 당신의 데이터가 깨끗하거나 맞다고 생각하지 마라'다. 아웃라이어를 찾는 것은 매우 보편적인 일이다. 대표성을 찾는 것과 설명할 수 없는 반복되는 행동을 찾는 멋진 일일 뿐이다.

> 데이터 과학자들은 데이터 내의 완전히 특이한 것들을 찾아 내는 날이 최고의 날이라는 것을 알고 있다.
>
> 건초에서 바늘 찾기: 변칙 탐지 게르하르트 필처(Gerhard Pilcher) & 케니 다렐(Kenny Darrell) – Elder 연구소의 데이터 마이닝 분석가

주어진 아웃라이어 패턴이 지속되면, 이 신호는 모니터링하고 있는 시스템을 바꿔 버린다. 실제로 변칙 탐지는 데이터 생성 과정에서 벌어지는 일 중 시스템에서 벗어난 일을 찾는 것이다.

이 과정을 압축해서 표현하면 데이터 처리 단계로 표현할 수 있다. 변칙 탐지는 많은 머신러닝에서 접근하는 방법과는 다르게 모든 아웃라이어를 필터링할 수 없다. 그렇긴 하지만 그중에서 더 확실히 아웃라이어 같은 것들을 구별하도록 더 신경 써야 한다. 잘못 접근된 데이터를 필터링하려 하고, 노이즈를 제거하고, 남은 것들을 정규화한다. 끝으로 깨끗해진 데이터 세트 내에서 참신한 것들을 찾으려고 한다.

변칙 탐지에 대한 실생활 응용

어떤 시스템에서도 변칙은 발생할 수 있다. 기술적으로는 언제든 시스템의 기록 데이터에서 한 번도 발견하지 못한 문제가 발생할 수 있다. 어떤 맥락에서 암시된 뭔가를 탐지하는 이런 관찰들은 (좋은 쪽으로든, 나쁜 쪽으로든) 엄청난 영향을 미칠 수 있다.

법률 집행 분야에서는 범죄 행위를 조사할 때 변칙 탐지를 사용할 수 있다(자신은 정직한 보통 사람이고, 분포 내 어디에 위치하는지 찾는다고 가정해 보자.)

네트워크 시스템 내에서 변칙 탐지는 외부의 침입 행위나 유저의 의심스러운 행위를 찾을 때도 도움이 된다. 직원이 고의든, 실수든 회사의 인트라넷 바깥으로 엄청난 양의 데이터를 유출시킨다거나 해커가 보통 사용하지 않는 포트나 프로토콜을 사용해 외부에서 접근하는 경우를 예로 들 수 있다. 인터넷 보안의 특정 경우로만 살펴보면 변칙 탐지는 신뢰되지 않은 도메인에서 접속자가 단순히 영상을 보는 것만으로도 새로운 멀웨어가 퍼져나가는 것 등을 막을 때에도 사용할 수 있다. 사이버 보안이 당신의 가장 중요한 비즈니스가 아니더라도, 데이

터에 기반을 둔 솔루션으로 모니터링하다가 이상한 행동이 발생하면 경보가 울리는 등의 방법으로 네트워크를 보호할 수 있다.

많은 주요 소셜 네트워크에서의 인증 시스템 또한 예시로 들 수 있다. 헌신적인 보안 팀들은 행동 하나하나와 각 행동들의 순서 그리고 이 행동들이 다른 유저들의 행동에 대한 중간값에서 얼마나 멀리 떨어져 있는지 등의 방법 등을 활용해 솔루션을 만든다. 알고리즘은 매 시간마다 그 활동이 수상쩍은지를 기록하며, 시스템은 추가 인증 절차가 필요한지 선택한다. 이 방법을 통해 가짜 계정이 가입하는 사례를 엄청나게 줄여 더 나은 사생활 보호 서비스를 제공할 수 있다. 이와 비슷하게 이전에 살펴본 예시를 통해 금융 사기에도 동일한 방법을 적용할 수 있다.

사람의 행동이 만들어 낸 변칙은 가장 유명한 애플리케이션이지만, 가장 어려운 변칙이기도 하다. 체스 게임에서 한 플레이어는 데이터 과학자와 고급 탐지 시스템을 개발하는 엔지니어 등의 데이터 전문가들로 구성된 팀이라고 가정하자. 또 다른 한쪽에서는 게임을 인식하고, 상대의 움직임을 인식을 학습하는 해커가 있다고 가정해 보자. 그렇기 때문에 많은 분야의 지식이 필요하고, 동적이고 잘 반응할 수 있도록 시스템을 디자인해야 한다.

나쁜 목적을 품은 사람들만 변칙을 생성하진 않는다. 마케팅 분야에서는 동떨어진 뭔가를 의미할 수도 있다. 그렇지만 구매 수준이 엄청나게 높은 고객이라서 맞춤형으로 대응해야 할 때도 있다. 특정 선호가 높거나 구매 수준이 높은 이런 동떨어진 유저를 찾을 때도 사용할 수 있다. 만약 경기 침체기에 이익을 증진해 줄 잠재 고객을 찾을 때나 어떤 제품에 집중해 개선시켜야 할 것인지 등과 같은 경영 전략을 구상할 때도 많은 도움이 된다.

의학에서의 진단, 하드웨어 고장 탐지, 예측할 수 있는 유지보수 등도 실생활에서 사용할 수 있는 예시다. 모두 빠르게 대응해야 하는 애플리케이션들이다.

새로운 멀웨어와 비슷하게 경영 기회를 만들 때도 라이프 사이클은 몇 시간에서 몇 주 간격으로 매번 빨리 변한다. 만약 당신이 만든 시스템이 느리다면, 경쟁자를 절대 따라잡을 수 없을 것이다.

사람이 직접 탐지하는 시스템은 스케일에도 적합하지 않고, 일반화하는 과정 또한 매우 힘들다. 일반적인 행동에서 벗어난 행동이 명확하게 보이지 않을 뿐 아니라 분석가가 변칙 탐지에서 사용하는 주요 사항들과 비교한 기록들을 전부 기억하기 힘들다. 만약 변칙 패턴들이 내부에 숨어 있고, 추상적이며, 다른 데이터들과 비선형적인 관계로 이뤄져 있다면, 상황은 더욱 복잡해진다. 따라서 복잡한 상호 관계를 학습하고 실시간으로 제공될 뿐 아니라 이 분야에서 혁신의 지점들을 정확하게 모니터링하는 지능적이고 완전하게 자동화된 시스템이 필요하다.

얕은 머신러닝 기법들

변칙 탐지는 갑자기 새롭게 나온 것이 아니라 이전부터 여러 가지 기법으로 연구된 것이다. 모델링은 크게 데이터 모델링과 탐지 모델링으로 분류할 수 있다.

데이터 모델링

일반적으로 데이터 모델링은 탐지 모델의 필요한 모든 정보를 만족하는 데이터를 탐지하도록 만들고, 탐지된 것에 따라 데이터를 그룹 짓는다.

크게 세 가지의 주요 데이터 모델링 기법으로 확인할 수 있다.

데이터 한 개에 해당하는 변칙(Point anomaly): 하나의 아웃라이어 탐지와 비슷하다. 데이터의 각 행은 독립적인 관찰에 따른 결과다. 주어진 숫자로 표현된 변칙 점수를 통해 '일반적'이거나 '변칙', '더 낫다' 등으로 각각의 관찰을 분류한다.

맥락적 변칙(Contextual anomaly): 각각의 점들은 추가 맥락 정보로 표현돼 있다. 보통 변칙 그 자체를 시간적인 맥락을 지닌 시계열 데이터에서 찾을 수 있다. 1월의 아이스크림 판매량이 7월과 같지 않다고 가정해 보자. 맥락 내에서 추가 특징을 갖고 있는 것이다. 시간적 맥락은 달력상의 분류 체계인 시간, 분기, 몇월 며칠인지, 무슨 요일인지, 공휴일과 같은 특정 휴일인지 등으로 표현할 수 있다.

집단적 변칙(Collective anomaly): 잠재적인 변칙으로 표현되는 관찰 패턴이다. 공통점은 새로운 특징들로 잘 집계됐다는 것이다. 이전의 예시에서 살펴봤던 사기 탐지 예시도 이에 해당한다. 거래는 하나의 세션이나 간격을 메우고, 비용, 거래 빈도, 두 거래 사이의 시간, 소비 패턴 등으로 구성된 표준 편차에 따른 시계열에서 통계를 뽑아 낸다.

여러 경우로 표현된 데이터 점들을 정의하는 다양하고 복합적인 접근에 대해 설명할 때도 사용할 수 있다. 예를 들면, 먼저 각각의 이례적인 거래를 독립적으로 탐지한 후, 시간순으로 연결하고 내용을 시간적 맥락으로 만든다. 그런 다음, 시계열에서 구멍 나 있는 부분에 대한 탐지를 반복한다.

🏷️ 탐지 모델링

일반적인 탐지 모델의 입력값은 데이터 타입에 관계없이 여러 차원의 공간(특징 공간)에 있는 점들로 구성돼 있다. 따라서 특징 엔지니어링의 관점에서 살펴보면 어떤 변칙 표현도 특징에 대한 하나의 벡터로 표현할 수 있다.

변칙 탐지를 맥락 내에서 만들어진 하나의 특이한 경우라고 볼 수 있지만, 하나의 패턴을 설명할 수 있는 다른 정보일 수도 있는 것이다.

다른 머신러닝 방법들처럼 지도학습과 비지도학습의 다른 접근 방식을 이미 알고 있다. 또 우리는 준지도학습적인 스키마들을 다음과 같이 제시할 수 있다.

지도학습: 지도학습 관점에서의 변칙 탐지는 '변칙 분류'라고도 한다. 스팸 분류와 같은 것들이다. 변칙 분류에서는 관찰한 각각이 변칙인지(스팸), 아닌지(정상적인 메일) 분류하고 이진 분류기를 사용해 각 데이터 점들을 해당하는 집합에 집어넣는다. SVM, 랜덤 포레스트, 로지스틱 회귀 등과 9장에 초점을 맞춰 다루지 않은 뉴럴 네트워크 등 일반적인 머신러닝 기법들도 사용할 수 있다.

이 접근법의 가장 큰 문제 중 하나는 데이터가 뒤틀어진다는 것이다. 정의에 따르면, 변칙은 분포 내의 아주 적은 부분만을 의미한다. 트레이닝 중에 적절한 반대 사례가 부족하면 좋지 않은 결과가 나타난다. 또 어떤 변칙들은 전에는 한 번도 나오지 않은 것일 수도 있다. 이런 변칙들까지 모두 정확히 분류하는 일반화된 모델을 만들기는 매우 어렵다.

비지도학습: 완전히 순수한 비지도학습적인 접근은 어떤 토대도 없다(완전히 중요한 레퍼런스조차도 생략된 것이다). 데이터 안에 변칙이 존재할 수 있다는 사실은 우리 모두 알고 있다. 그렇지만 이전의 정보가 전혀 존재하지 않는 상황인 것이다. 이런 경우, 탐지는 비슷한 관찰 결과들을 그룹으로 만드는 것뿐만 아니라 각각의 데이터 포인트를 확인하는 분류 문제가 되도록 만든다. 그래서 모든 문제와 염려들을 분류 문제로 생각하게 되는 것이다. 데이터 모델링과 거리 간의 미터법은 '보통의 행동' 분류에 묶인 점 중 하나에서 가장 가까운 점과 가장 멀리 떨어진 점에 순위를 매기기 위해 신중하게 선택해야 한다.

일반적으로 k-평균과 밀도-기반 분류가 사용된다. 클러스터링의 단점은 노이즈에 매우 민감하고 잘 알려진 차원의 저주에 걸리기 쉽다는 것이다.

준지도학습(Semi-supervised): 참신한 것에 대한 탐지(novelty detection)로도 알려져 있는 준지도
학습은 독자들이 이전까지 보지 못한 관점일 수도 있다. 또 (데이터가 분류되지 않은) 비지도학
습이기도 하고, (모두 하나로 분류된) 하나의 집합으로 구성된 지도학습이기도 하다. 준지도학
습은 트레이닝 데이터 세트 안의 모든 데이터가 예측되는 행동 유무로 분류된다는 가정하에
시작된다. 그리고 예측 범위를 '예측 가능' 혹은 '변칙'의 두 개로만 분류하는 규칙보다 관찰된
점들이 트레이닝 유무, 즉 생성된 곳을 예측하도록 학습한다. 이런 가정은 실제 실행 시에 가
장 어려운 문제 중 하나인 변칙 탐지의 원인을 알아내는 가장 강력한 추정법이기도 하다. 가
장 유명한 기법은 한 개의 분류기로 구성된 SVM이나 다변수 가우시안 분포와 같은 통계 분
포 모델들이다.

변칙 탐지에서의 다변수 가우시안 분포에 대한 좀 더 상세한 정보는 이 튜토리얼(https://
bitbucket. org/dnene/dnene.bitbucket.org/src/default/docs/mlclass-notes/lecture16.html)에서 확인할 수
있다. 아래 그림은 아웃라이어의 고전적인 분류법을 두 개의 차원 공간으로 시각화한 주요 분
포를 표현한 것이다.

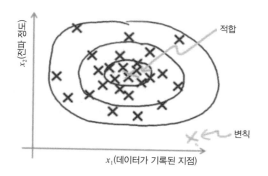

아웃라이어 한 개에 대한 두 개의 차원으로 표현된 정규분포
(https://bitbucket.org/dnene/dnene.bitbucket.org/src/default/docs/mlclass-notes/lecture16.html)

딥 오토인코더를 활용한 변칙 탐지

제안된 딥러닝을 사용한 접근법은 준지도학습이고, 다음의 세 단계를 통해 설명할 수 있다.

1. 정규분포를 표현하는 데이터의 집합을 확인한다. 여기서 '정규'란, 매우 일반적인 (변
   칙적이지 않은) 것으로 확신할 수 있는 데이터 분포다. 가우시안 정규분포와 헷갈리지

않아야 한다.

2. 확인 과정은 일반적으로 기존의 기록된 것을 통해 확인한다. 변칙이 아닌 것은 시스템에서 확실히 알고 있는 내용이다. 이것이 바로 순수한 비지도학습이 아닌 이유다. 이 과정은 변칙에 구애받지 않고 관찰한 것에 따르며, 외부 정보(가능하면 레이블조차도)를 사용해 높은 퀄리티의 일부분을 선택해야 한다.

3. 트레이닝 데이터 세트로부터 '정규'가 무엇인지 알아내야 한다. 트레이닝 모델은 수학적 정의에 따른 미터법의 수식으로 표현된다. 다시 말하면, 모든 점에는 정규분포로 표현된 다른 점과의 거리를 실수(real number)로 매핑하는 함수가 존재한다는 것이다.

변칙 점수에 해당하는 한계점을 바탕으로 탐지한다면 정확도(소수의 알람) 혹은 리콜(놓친 소수의 탐지) 사이에 적절한 균형을 가져다 주는 한계점을 선택하는 것이 필요하다.

강건성을 바탕으로 접근하는 것의 장점 중 하나는 노이즈를 견고하게 만들 수 있다는 것이다. 모집단의 주요 분포로 일반화하기 위해 하나의 관찰된 결과로 생각하는 것이 아니라 아웃라이어들의 작은 부분들을 일반 데이터에 받아들인다. 이런 속성은 이미 지난 것에 대해 어떤 것을 관찰하는지, 제한을 두는지 등의 학습에 대한 접근 방법을 통해 일반화시킬 때 엄청난 장점이 있다.

또 이런 접근법은 이미 분류된 데이터에서도 적절하게 확장 가능해지며, 모든 변칙 탐지 문제에 적절하게 사용될 수 있다. 모델이 만든 그룹 내에 포함되어 있지 않은 정보들은 특징 공간에서 배제하고 하나의 레이블로 동일하게 만들 수도 있다. 그렇지만 이 분류는 유효성을 판별하는 곳에서 여전히 근거로 사용될 수 있다. 동일하게 만드는 일이 끝나면, 변칙 탐지를 모두 이진 점수로 만들 수 있고, ROC 커브를 사용해 기준점과 연관된 측정을 만들 수 있다.

여기서는 오토인코더 아키텍처를 사용하여 트레이닝 데이터 분포를 학습하도록 만들어 본다. 4장, '비지도 특징 학습'에서 살펴봤듯이 네트워크는 임의적으로 디자인되지만, 입력 레이어와 결과 레이어 모두에 동일한 개수의 뉴런을 갖고 있는 대칭 히든 레이어로 구성돼 있다. 이 의미에서는 모든 위상(topology)은 대칭을 갖게 된다. 왼쪽의 인코딩 위상(encoding topology)의 디코딩 부분과 오른쪽의 디코딩 부분은 완전히 동일하고 같은 개수의 유닛과 활성화 함수를 공유한다.

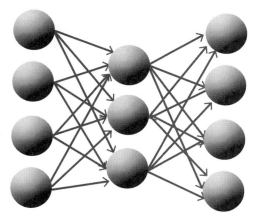

오토인코더는 H2O 트레이닝 북에서 간단히 표현된다.

손실 함수로 보통 입력과 해당하는 결과 레이어의 뉴런 사이의 MSE를 사용한다. 이 방법은 비선형과 원시 데이터의 압축 표현을 통해 확인 함수를 강제로 근사시키도록 만든다.

딥 오토인코더는 지도학습 모델을 위한 사전 트레이닝 단계와 차원을 감소시킬 때 많이 사용한다. 사실, 오토인코더의 중앙 레이어는 차원을 줄인 점을 의미한다.

인코딩에서 디코딩 단계까지 거치며 만들어진, 완전히 재구성된 네트워크로 분석을 시작할 수 있다. 동일한 오토인코더는 원시 데이터와 정확하게 같은 값으로 재구성되지만, 엄청나게 유용한 것은 아니다. 실제로 오토인코더는 트레이닝 에러를 최소화하는 중간 표현을 바탕으로 재구성된다. 트레이닝 세트에서 나온 압축 함수를 통해 학습하면 일반적인 점들은 정확하게 재구성할 가능성이 높지만, 아웃라이어는 높은 확률로 (원시 데이터 점과 재구성된 것의 평균 제곱 오차인) 재구성 에러 값이 클 확률이 높아진다.

재구성 에러를 변칙 점수로 사용할 수도 있다.

또한 네트워크의 중간 레이어를 충분히 작게 세팅하는 트릭을 사용할 수도 있다. 그러면 모든 점을 낮은 차원의 압축된 표현 방식으로 바꿀 수 있다. 만약 2차원이나 3차원으로 만들 수 있다면, 점을 시각적으로 표현할 수 있다. 그래서 차원을 낮추기 위해 사용하는 오토인코더를 일반적인 머신러닝에서의 탐지로 바꿔 사용할 수 있다.

H2O

예시를 자세히 살펴보기 전에 변칙 탐지를 하기 위한 딥러닝 프레임워크로 H2O를 왜 선택했는지 짚고 넘어가자.

H2O는 단순히 라이브러리나 패지키를 설치하기 위한 도구가 아니라 머신러닝 알고리즘과 고성능 병렬 컴퓨팅 추상화를 모두 제공하는 풍부한 분석 플랫폼이다.

H2O의 주요 기술은 자바 가상 머신(Java Virtual Machine) 위에서 동작되도록 만들어졌고, 데이터 수집 분배를 메모리 내부에서 처리하도록 최적화돼 있다.

플랫폼은 유용한 웹에 기반을 둔 UI를 제공하고 파이썬, R, 자바, 스컬러 JSON, REST API와 같은 많은 언어로 프로그래밍할 수 있도록 한다.

데이터는 HDFS, S3과 같은 대부분의 RDBMS와 NoSQL 데이터베이스 등 많은 데이터 자원을 불러올 수 있다.

데이터 로딩이 완료되면, 데이터는 보통 R, 스파크, 파이썬 판다스 데이터 프레임(Python pandas data frames)과 비슷한 H2O 프레임으로 표현된다.

백엔드는 다른 엔진들로 쉽게 바꿀 수 있다. 사용하고 있는 머신에서 로컬로 실행할 수도 있고, 스파크나 하둡 맵리듀스의 맨 위쪽에 놓여진 클러스터를 통해 배포할 수도 있다.

H2O는 메모리 작업을 자동으로 다룰 수 있으며, 데이터 연산과 모델 학습 전반을 위한 실행 계획에 맞춰 최적화할 수도 있다.

트레이닝된 모델에 맞춰 데이터에 매우 빠르게 점수를 매길 수 있다. 나노초 단위로 실행된다고 알려져 있다.

H20는 전통적인 데이터 분석, 머신러닝 알고리즘과 함께 딥러닝 모델에서도 매우 견고하게 실행할 수 있다.

H2OEstimator를 통해 만드는 모델에 해당하는 일반적인 API를 만든다. 특정 목적에만 적용되는 H2ODeepLearningEstimator 클래스는 전방 전달 멀티-레이어 인공 네트워크를 만들 때 사용된다.

변칙 탐지에서 H2O를 선택한 가장 큰 이유 중 하나는 내장 클래스인 H2OAutoEncoder Estimator를 제공하기 때문이다.

오토인코더 네트워크에서는 몇몇을 특정 짓기 위한 파라미터 몇 개만 필요하고, 나머지는 알아서 조율한다.

평가자(estimator)의 산출물은 문제가 잘 해결됐는지 평가하는 분류 모델이나 회귀, 클러스터링 혹은 오토인코더와 같은 형태로 나타난다.

H2O를 사용한 딥러닝은 완벽하진 않지만, 꽤 간단하고 직관적이다. 웨이트를 자동으로 조정해 초기화하고, 조정된 학습율, 다양한 정규화 기법, 성능 조정, 그리드 검색, 크로스-폴드 (cross-fold) 유효성 검사 등의 몇 가지를 다룬다. 더 향상된 특징들은 10장, '모든 게 준비된 침입 탐지 시스템 만들기'에서 좀 더 다룬다.

이 프레임워크 안에서 RNN과 고급 딥러닝 아키텍처를 사용해 향상시켜볼 것이다.

H2O의 가장 주요 이점은 확장성, 신뢰성, 사용성을 모두 만족시킬 수 있다는 데 있다. 제품에 초점을 맞추는 기업 환경에서도 적절히 사용할 수 있다. 또 딥러닝을 배우려고 하거나 연구를 할 때도 H2O의 단순함과 내장된 기능들을 매우 적절히 사용할 수 있다.

H2O로 시작하기

H2O는 pip를 활용해 로컬에 쉽게 설치할 수 있다. 아래 문서에서 좀 더 자세하게 알아볼 수 있다.

http://www.h2o.ai/download/h2o/python

로컬 인스턴스를 맨 처음 초기화하면 자동으로 실행된다. 주피터(Jupyter) 노트북을 켠 후, h2o 인스턴스를 생성해 보자.

```
import h2o
h2o.init()
```

초기화가 성공하면, 'H2O 인스턴스가 http:// localhost:54321에 연결돼 실행되는 것을 확인했습니다'와 같은 문장이 출력된다.

이제, 데이터를 불러와 딥러닝 네트워크를 시작할 준비가 됐다.

아래 예시들은 오토인코더를 사용해 변칙들을 확인하는 과정에서 응용된 방법에 대한 개념의 증명 과정이다. 특정한 일부분에 대한 조율과 디자인이 향상되도록 하는 것 등은 9장에서 다룰 범위를 벗어난다. 8장에서 다뤘던 개념에 대해서는 자세히 설명하지 않고 내용만 가져와 사용한다.

오토인코더를 다룬 4장, '비지도 특징 학습'을 천천히 읽어보길 추천한다.

여기서는 주피터 노트북을 사용해 진행한다.

또 다른 방법으로 주피터와 비슷한 노트북 스타일 UI를 갖고 있는 H2O를 위한 노트북 H2O 플로(https://www.h2o.ai/blog/introducing-flow/)를 사용할 수도 있지만, 이 책에서는 독자들의 착각을 방지하기 위해 사용하지 않는다.

우리는 H2O 프레임워크, 판다스 그리고 이와 관련된 그림을 그리는 라이브러리(matplotlib과 seaborn)의 기본적인 아이디어는 알고 있다고 생각하고 넘어갈 것이다.

여기서는 코드상에서 H2OFrame 인스턴스를 pandas.DataFrame로 변환해 표준 차트 라이브러리를 사용할 수 있도록 한다. 보통 H2OFrame은 작은 데이터에 적합하고, 데이터양이 큰 경우에는 pandas.DataFrame으로 변환하는 게 좀 더 유용하다.

▨ MNIST 숫자 데이터에서의 변칙 탐지

MNIST 변칙 탐지는 변칙 탐지 모델에서 가장 많이 사용하는 모범 예시다.

3장, '딥러닝 기초'에서 이 데이터 세트를 살펴봤을 때 이 데이터 내의 이미지가 의미하는 숫자를 예측하는 것이었다면, 이번에는 각각의 이미지가 명필인지 악필인지로 나누려고 한다. 목표는 숫자들 중 악필인 것을 구분하는 것이다.

실제로 이번 예시에서는 반환된 데이터 중 특정 레이블(숫자)로 분류됐는지 알려 주는 칼럼을 무시한다. 이미지가 어떤 숫자를 의미하는 것인지에 대해서는 관심이 없고, 이 숫자가 의미하는 것이 얼마나 깔끔하게 표현되는지에만 관심을 둘 것이다.

먼저 판다스, **matplotlib**와 같은 몇 가지 표준 라이브러리를 불러오는 것에서 시작하자.

```
%matplotlib inline
import pandas as pd
from matplotlib import cm
import matplotlib.pyplot as plt
import numpy as np
from pylab import rcParams
rcParams['figure.figsize'] = 20, 12
from six.moves import range
```

그 다음에는 H2O 저장소로부터 데이터를 불러오자(H2O에서 쉽게 로딩 및 파싱이 되도록 원시 데이터를 한 번 조정한 버전이다).

```
train_with_label = h2o.import_file("http://h2o-public-test-data.
s3.amazonaws.com/bigdata/laptop/mnist/train.csv.gz")
test_with_label = h2o.import_file("http://h2o-public-test-data.
s3.amazonaws.com/bigdata/laptop/mnist/test.csv.gz")
```

임포트된 트레이닝 데이터 세트와 테스트 데이터를 좀 더 살펴보자. 하나의 이미지는 가로, 세로가 28 × 28 크기이고, 한 개의 픽셀은 0~255 사이의 흑백값으로 표현되어 한 로우(row)에 784개의 칼럼으로 구성되어 표현된다. 그리고 마지막 칼럼은 (이미지의 숫자를 의미하는) 분류된 레이블로 표현돼 있다.

처음 784개는 예측자(predictor), 마지막 열의 레이블은 유효성 검사로만 사용한다.

```
predictors = list(range(0,784))
train = train_with_label[predictors]
test = test_with_label[predictors]
```

H20 튜토리얼에서 20개의 뉴런을 가진 히든 레이어 하나만 사용한 얕은 모델에서는 하이퍼 볼릭 탄젠트를 활성화 함수로 사용하고, 에포크 값을 100(데이터를 100번 이상 스캔한다)으로 사용하도록 권장하고 있다.

여기서의 목표는 네트워크가 어떻게 조정되는지 이해하는 것이 아니라 변칙 탐지 문제에 접근할 때 이면에 깔린 개념과 직관을 이해하는 것이다. 꼭 이해해야 하는 부분은 인코더의 용량은 히든 뉴런의 개수에 달려 있다는 것이다. 인코더의 용량이 너무 크면 항등 함수 모델과 비슷해지고, 어떤 흥미로운 구조도 학습할 수 없게 된다. 이번 경우에는 784개의 픽셀을 20개의 노드에 할당하는 적은 용량을 사용한다. 이 방법을 사용하면 데이터의 적절한 구조를 표현하는 몇 가지 특징들만을 사용해 우리의 모델을 가장 최적의 항등 함수에 근사시키도록 강제할 수 있다.

```
from h2o.estimators.deeplearning import H2OAutoEncoderEstimator
model = H2OAutoEncoderEstimator(activation="Tanh", hidden=[20],
ignore_const_cols=False, epochs=1)
model.train(x=predictors,training_frame=train)
```

오토인코더 모델에 대한 훈련이 끝나면, 테스트 세트 안의 숫자들을 예측할 수 있다. 줄어든 새로운 차원으로 데이터가 표현되어 재구성된 테스트 세트 안의 숫자를 예측할 수 있고, 또 재구성 에러에 따라 그 숫자들에 점수를 매길 수도 있다.

```
test_rec_error = model.anomaly(test)
```

재구성 에러를 만들어 보자.

```
test_rec_error.describe()
```

평균이 0.02 부근인 0.01에서 1.62 사이 범위의 비대칭 분포인 것을 확인할 수 있다.

테스트한 모든 점에 대한 재구성 에러를 스케터 플롯(scatter plot)에 그려 보자.

```
test_rec_error_df = test_rec_error.as_data_frame()
test_rec_error_df['id'] = test_rec_error_df.index
test_rec_error_df.plot(kind='scatter', x='id', y='Reconstruction.MSE')
```

이 테스트 데이터 세트에서는 대부분의 점들은 [0.0, 0.07] 사이에 분포하고 있지만, 확실히 하나만 툭 튀어 나와 있다. 바로 아웃라이어다.

분류할 레이블이 이미 정해져 있는 테스트 특징 데이터 세트에 재구성 에러와 아웃라이어를 적용해서 오토인코더 모델을 사용해서 재구성해 보자.

```
test_with_error = test_with_label.cbind(test_rec_error)
outlier = test_with_error[test_with_error['Reconstruction.MSE'] > 1.0]
[0, :]
outlier_recon = model.predict(outlier[predictors]).
cbind(outlier['Reconstruction.MSE'])
```

하나의 숫자 이미지로 그려 주는 헬퍼 함수를 정의해야 한다.

```
def plot_digit(digit, title):
    df = digit.as_data_frame()
    pixels = df[predictors].values.reshape((28, 28))
    error = df['Reconstruction.MSE'][0]
    fig = plt.figure()
    plt.title(title)
    plt.imshow(pixels, cmap='gray')
    error_caption = 'MSE: {}'.format(round(error,2))
```

```
        fig.text(.1,.1,error_caption)
        plt.show()
```

원래의 아웃라이어와 아웃라이어를 재구성한 숫자를 그려 보자.

```
plot_digit(outlier, 'outlier')
    plot_digit(outlier_recon, 'outlier_recon')
```

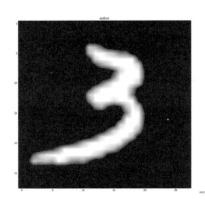 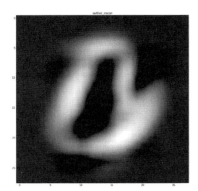

아웃라이어로 만든 그림은 숫자 3을 확실히 표현하고 있지만, 재구성된 버전은 노이즈가 이미 들어가 있다. 세부 사항 하나가 나머지 다른 세 개의 숫자를 의미하는 그림과 다르게 보이도록 만드는 방법도 살펴본다.

남아 있는 점에 대한 에러 분포를 좀 더 확대해 보자.

```
test_rec_error.as_data_frame().hist(bins=1000, range=[0.0, 0.07])
```

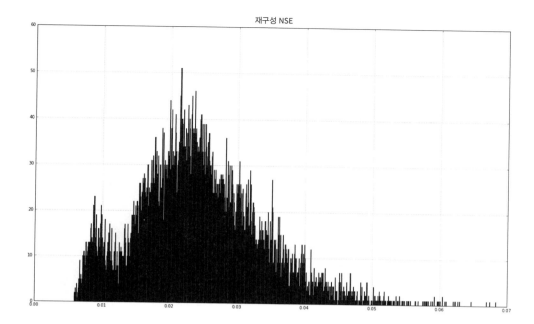

이 분포에서 0.02 부분에 있는 '중심에 있는 종'을 기준으로 '명필'에 해당하는 숫자(왼쪽)와 '악필'에 해당하는 숫자(오른쪽)로 나눌 수 있다. 가장 오른쪽 부분(0.05 이상)에 해당하는 '엄청 난 악필'로 쓰인 숫자거나 변칙이라고 볼 수 있다.

'명필'에 해당하는 부분에서 세 개의 숫자를 뽑아 아웃라이어와 비교해 보자.

```
digits_of_3 = test_with_error[(test_with_error['C785'] == 3) &
(test_with_error['Reconstruction.MSE'] < 0.02)]
```

여러 숫자를 시각화하기 위해서는 이미지의 그리드를 그리는 함수를 해당하는 만큼 확장해 야 한다.

```
def plot_multi_digits(digits, nx, ny, title):
    df = digits[0:(nx * ny),:].as_data_frame()
    images = [digit.reshape((28,28)) for digit in  df[predictors].values]

    errors = df['Reconstruction.MSE'].values
    fig = plt.figure()
    plt.title(title)
    plt.xticks(np.array([]))
    plt.yticks(np.array([]))
    for x in range(nx):
```

```
        for y in range(ny):
            index = nx*y+x
            ax = fig.add_subplot(ny, nx, index = 1)
            ax.imshow(images[index], cmap='gray')
            plt.xticks(np.array([]))
            plt.yticks(np.array([]))
            error_caption = '{} - MSE: {}'.format(index,
            round(errors[index],2))
            ax.text(.1,.1,error_caption)
    plt.show()
```

36개의 랜덤 숫자에 대한 원 이미지 값과 재구성된 값을 6 (nx) × 6 (ny) 그리드에 그려 보자.

```
plot_multi_digits(digits_of_3, 6, 6, "good digits of 3")
plot_multi_digits(model.predict(digits_of_3[predictors]).cbind(digits_
of_3['Reconstruction.MSE']), 6, 6, "good reconstructed digits
of 3")
```

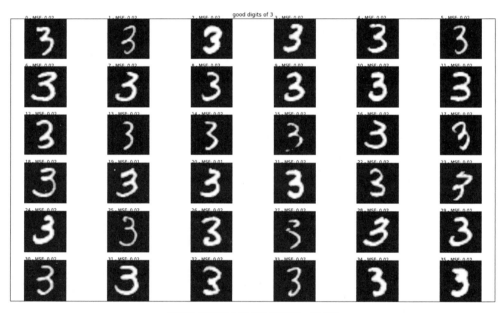

명필로 분류된 숫자 3에 해당하는 이미지

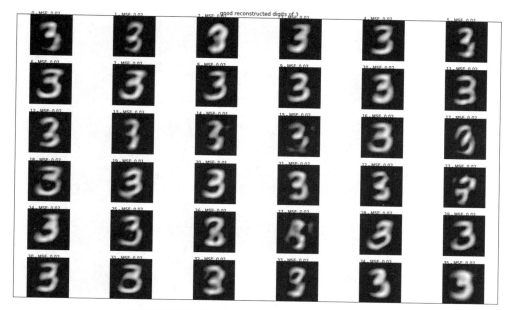

명필로 분류된 숫자 3에 해당하는 이미지들을 재구성한 버전

언뜻 보면 아웃라이어는 명필로 분류된 이미지들과 그리 다른 부분은 없어 보인다. 또 재구성된 이미지들의 대부분은 원 이미지의 표현으로 만들어진 것과 비슷하게 보인다.

하지만 하나씩 살펴보면, 숫자 3의 왼쪽 하단 끝부분의 깔끔하지 않은 모양은 명필로 분류된 이미지에서는 보이지 않는다.

0.02의 점수를 갖고 있는 인덱스 1인 숫자를 선택해 보자. 그리고 아웃라이어 그림의 왼쪽 하단 부분(마지막 16×10픽셀)을 복사한 후, 이 복사한 이미지에서 변칙 점수를 다시 계산해 보자.

```
good_digit_of_3 = digits_of_3[1, :]
bottom_left_area = [(y * 28 = x) for y in range(11,28) for x in range
(0, 11)]
good_digit_of_3[bottom_left_area] = outlier[bottom_left_area]
good_digit_of_3['Reconstruction.MSE'] = model.anomaly(good_digit_of_3)
plot_digit(good_digit_of_3, 'good digit of 3 with copied bottom left
from outlier')
```

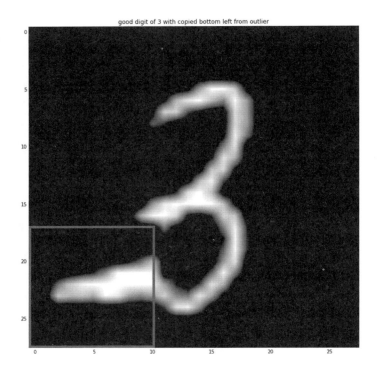

good digit of 3 with copied bottom left from outlier

MSE: 0.86

정말 기적처럼 MSE는 0.86까지 올라간다. 남은 기여 부분의 매우 높은 변칙 점수(~ 1.62)는 변칙에 해당하는 필기 스타일을 갖고 있는 것으로 볼 수 있다.

이 말은 모델이 노이즈에 엄청나게 민감하다는 의미다. 트레이닝 데이터를 충분히 많이 갖고 있지 않아 선택할 수 있는 속성이 간단하므로 이 숫자 이미지를 변칙이라고 분류해 버린 것이다. 참을 거짓이라고 부른 아웃라이어 탐지기의 '아웃라이어'로 분류해 버린 하나의 예시다.

이 문제는 노이즈를 감소시키는 오토인코더를 사용하면 대체로 해결된다. 이와 같은 방법으로 해결되지 않는 훨씬 견고하게 표현된 것을 찾기 위해서는 원시 데이터의 노이즈 버전을 입력값으로 넣고 재구성할 수 있도록 모델을 훈련시켜야 한다. 4장, '비지도 특징 학습'에서 이 원리를 좀 더 다뤘다.

우리의 경우 숫자들을 0에서 확률 p 사이의 무작위로 설정한 이항 샘플링(binomial sampling)으로 숫자 안의 픽셀을 바꿔 준다. 그러면 노이즈 버전과 기존 버전에서의 재구성된 이미지의 에러가 손실 함수가 된다. 그렇지만 실제 코드를 작성할 때 H2O에서는 이 특징들을 제공하지 않고, 손실 함수를 입맛에 바꿀 수 있도록 지원하지 않는다. 또, 이 부분만 개선하는 것도 너무 복잡하다.

우리가 갖고 있는 데이터 세트는 어떤 숫자로 분류된 것에 대한 정보를 갖고 있지만, 이 퀄리티를 평가한 정보는 갖고 있지 않다. 모델이 잘 동작하는지에 대한 확신을 갖기 위해 직접 확인할 필요가 있다.

아래 그림은 위에는 명필, 아래에는 악필에 해당하는 100개를 뽑아 10 × 10 그리드에 이들을 그림으로 표현한 것이다.

```
sorted_test_with_error_df = test_with_error.as_data_frame().sort_
values(by='Reconstruction.MSE')
test_good = sorted_test_with_error_df[:100]
plot_multi_digits(test_good, 10, 10, "good digits")
```

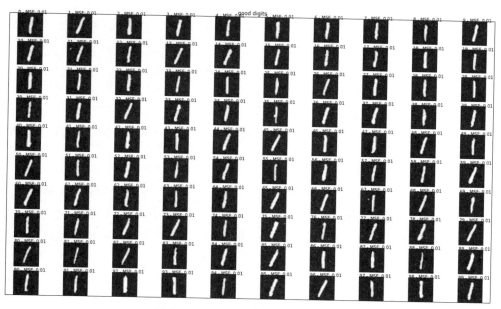

명필로 분류된 상위 이미지들의 재구성 에러

```
test_ugly = sorted_test_with_error_df.tail(100)
plot_multi_digits(test_ugly, 10, 10, "ugly digits")
```

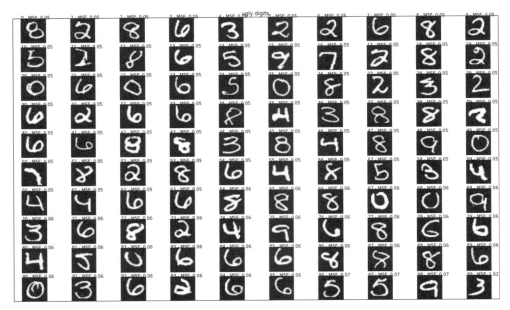

그림에서 보면, '명필'이라고 분류된 것이 모두 숫자 1에 해당하는 것이라는 것을 확인할 수 있다. 일직선 구조로 돼 있어서 매우 쉽게 쓸 수 있는 것이다. 그래서 숫자 1은 잘못 쓸 가능성이 상대적으로 낮다.

밑에 있는 그림은 확실히 악필로 보인다. 둥근 모양은 사람에 따라 모양이 달라서 어떤 숫자인지 구별하기 힘들다. 그래서 이런 대부분은 '변칙들'에 해당하는 것으로 표현할 수 있다. 변칙으로 분류된 숫자의 대부분은 많은 사람이 쓰는 필기 스타일과는 조금 달라 보일 가능성이 높다.

실행이 달라지면 결과도 다르게 나온다는 것에 주의하고 있어야 한다. 이는 10장에서 설명하게 될 HOGWILD! 알고리즘에서 생성된 경쟁 조건(race conditions)으로 만들어진 확장성에 따라 무작위로 선택되기 때문이다. 재현이 가능한 결과를 얻으려면 미리 특정한 seed와 reproducibility=True를 설정해 둬야 한다.

■ 심전도 맥박 탐지

두 번째 예시에서는 H2O에서 이미 준비된 상세한 심전파 시계열 데이터의 스냅샷을 찍어 사용한다.

이 데이터는 H2O 공식 저장소에서도 가져올 수 있다. 원시 데이터 세트는 http://www.physionet.org/에서 제공한다. 추가 내용은 http://www.cs.ucr.edu/~eamonn/discords/에서 확인할 수 있다.

주어진 데이터 세트는 20개의 ECG 심장 박동 시계열 데이터와 세 개의 변칙 데이터를 제공한다.

각각의 로는 210개의 칼럼으로 구성돼 있고, 시계열 안의 예시값들을 의미한다. 먼저, ECG 데이터를 불러와 트레이닝 세트와 테스트 세트로 나눠 보자.

```
ecg_data = h2o.import_file("http://h2o-public-test-data.s3.amazonaws.
   com/smalldata/anomaly/ecg_discord_test.csv")
   train_ecg = ecg_data[:20:, :]
   test_ecg = ecg_data[:23, :]
```

시계열 데이터를 쌓고 표현하는 함수를 정의해 보자.

```
def plot_stacked_time_series(df, title):
    stacked = df.stack()
    stacked = stacked.reset_index()
    total = [data[0].values for name, data in
    stacked.groupby('level_0')]
    pd.DataFrame({idx:pos for idx, pos in enumerate(total)},
    index=data['level_1']).plot(title=title)
    plt.legend(bbox_to_anchor=(1.05, 1))
```

그리고 데이터 세트를 그림으로 그려 보자.

```
plot_stacked_time_series(ecg_data.as_data_frame(), "ECG data set")
```

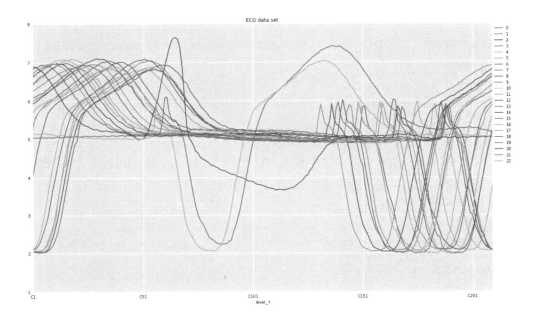

확실히 (21, 22, 23으로 표현되는) 마지막 세 개가 다른 것과 달라 보인다. 그리고 시작 부분의 20개 시계열이 일반적으로 보인다.

그래서 처음 20개의 예시로만 모델을 훈련시키려고 한다. 여기서는 중간에는 두 개의 뉴런만 있고, 50, 20, 20, 50개의 대칭으로 존재하는 다섯 개의 히든 레이어로 만들어진 더 깊은 레이어를 사용한다. 오토인코더의 형상은 언제나 대칭적이고 일반적으로는 레이어 크기가 줄어든다는 것을 명심해야 한다.

주요 아이디어는 원래의 데이터를 낮은 차원 공간으로 최소한의 정보 손실만 가지고 변환한다. 그리고 압축된 표현으로 원시 데이터를 재구성할 수 있도록 학습한다.

이번에는 재현할 수 있도록 시드 값을 수정하고 넘어가자.

```
from h2o.estimators.deeplearning import H2OAutoEncoderEstimator
seed = 1
model = H2OAutoEncoderEstimator(
    activation="Tanh",
    hidden=[50,20, 2, 20, 50],
    epochs=100,
    seed=seed,
    reproductible=True)
model.train(
```

```
        x=train_ecg.names,
        training_frame=train_ecg
    )
```

다음과 같이 재구성된 신호를 그림으로 표현할 수 있다.

```
plot_stacked_time_series(model.predict(ecg_data).as_data_frame(), "재구성 테스트 세트")
```

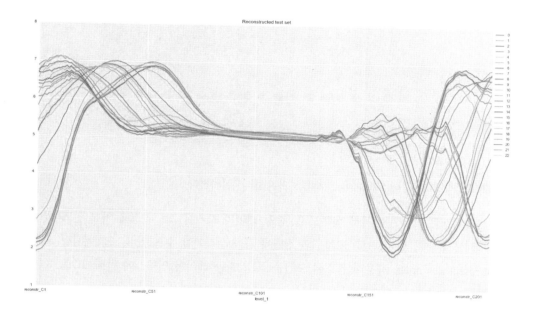

모든 재구성된 신호는 매우 비슷해 보인다. 아웃라이어 모두 높은 재구성 에러를 가지므로 (21, 22, 23에 해당하는) 아웃라이어는 이제 구별하기 힘들다.

재구성 에러를 계산하고, 그림으로 표현해 보자.

```
recon_error = model.anomaly(test_ecg)
plt.figure()
df = recon_error.as_data_frame(True)
df["sample_index"] = df.index
df.plot(kind="scatter", x="인덱스_예시", y="재구성.MSE",
title = "재구성 에러")
```

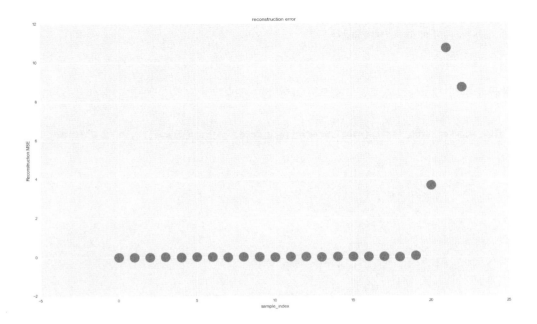

마지막 세 개의 점을 아웃라이어로 분류하기가 매우 쉬워졌다.

이제 다른 관점으로 이 문제를 살펴보자. 중앙 레이어의 크기를 2로 설정해 이제 인코더 결과를 압축하도록 사용할 수 있고, 2차원의 평면에 점을 시각화할 수도 있다. 트레이닝된 모델에서 deepfeatures api를 사용해 훈련된 모델을 특정 히든 레이어 인덱스에 따라 2D로 표현되는 새로운 데이터 프레임으로 만들 수 있다(0부터 시작해 중간 것의 인덱스는 2다).

```
from matplotlib import cm
def plot_bidimensional(model, test, recon_error, layer, title):
    bidimensional_data = model.deepfeatures(test,
    layer).cbind(recon_error).as_data_frame()
    cmap = cm.get_cmap('Spectral')
    fig, ax = plt.subplots()
    bidimensional_data.plot(kind='scatter',
                            x= 'DF.L{}.C1'.format(layer+1),
                            y= 'DF.L{}.C2'.format(layer+1),
                            s = 500,
                            c = 'Reconstruction.MSE',
                            title = title,
                            ax = ax,
                            colormap=cmap)
    layer_column = 'DF.L{}.C'.format(layer = 1)
    columns = [layer_column = '1', layer_column = '2']
    for k, v in bidimensional_data[columns].iterrows():
```

```
    ax.annotate(k, v, size=20, verticalalignment='bottom',
       horizontalalignment='left')
  fig.canvas.draw()
```

그런 다음, 모든 점들을 이전의 시드가 1에서 훈련된 모델에 넣어 시각화할 수 있다.

```
plot_bidimensional(model, test_ecg, recon_error, 2, "2D
representation of data points seed {}".format(seed))
```

같은 과정을 반복한 후, 시드를 2, 3, 4, 5, 6으로 설정해 모델을 다시 트레이닝하면 다음과
같은 결과를 얻을 것이다.

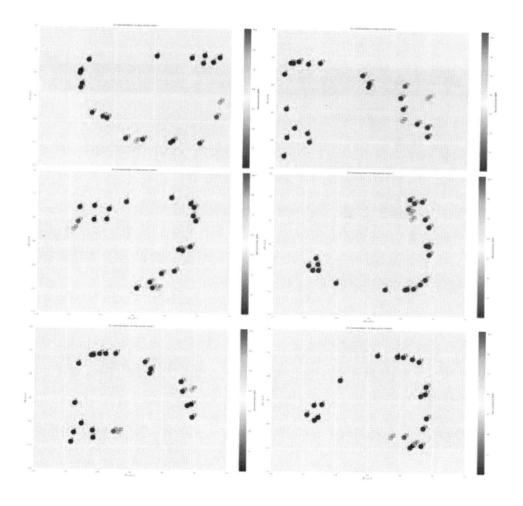

시드만 달라져도 완전히 다르게 2차원에 표현된다. 더 흥미로운 것은 (20, 21, 22에 해당하는) 아웃라이어 점들은 언제나 (색깔에 의해 표현되는) 동일한 재구성 에러를 가진다는 것이다. 모델에서 이 아웃라이어 점들은 모두 동일한 정보의 양을 포함할 뿐 아니라 원래의 시계열로도 디코딩할 수 있는 유효한 두 개 차원에서의 압축된 표현인 것이다.

서로 비슷한 점들을 묶기 위해 (밀도-기반 클러스터링과 같은) 비지도학습 접근에 따라 차원을 줄이도록 오토인코더를 사용할 수도 있다. 각각의 시드에 따라 클러스터링을 반복하고 나면 누가 봐도 동의할 수 있는 (각각의 점이 언제나 동일하게 묶인다) 일치된 클러스터링이 만들어진다. 이 접근법은 어디에 변칙이 있는지 확실하게 말해 주지는 않지만, 데이터를 이해하거나 더 작은 차원의 특정 장소를 찾는 데 도움을 줄 것이다. 다른 클러스터들로부터 더 분리되고 작아질수록 변칙 점수들은 더 커진다.

요약

변칙 탐지는 많은 애플리케이션에서 찾을 수 있는 공통적인 문제다.

9장을 시작할 때 몇 가지 가능한 사용 케이스를 보여 줬다. 그리고 맥락과 애플리케이션 요구사항에 따른 주요 타입들과 그 차이를 공유했다.

변칙 탐지 문제를 해결할 수 있는 얕은 머신러닝 알고리즘을 활용한 몇 가지 인기 있는 기법에 대해 다뤘다. 특징들이 어떻게 생성되는지에 따라 차이가 생길 수 있다. 특징 엔지니어링 등의 얕은 머신러닝 방법은 수동으로 직접 다룬다. 딥러닝을 사용하면 최신 비지도 학습을 통해 자동으로 똑똑하게 데이터에 담긴 의미를 학습한다.

H2O에 대한 전반적인 내용을 다뤘고, 오토인코더를 포함해 딥러닝의 기능들을 요약해 다뤘다.

변칙 탐지 문제를 해결하기 위해 오토인코더를 적용하는 법을 학습하고 개념에 대한 증거를 통해 향상시킨다.

숫자 인식에서는 모델 재구성 에러로 주어진 변칙 점수로 모든 이미지에 점수를 매겼다.

사인 확인과 같은 애플리케이션에도 적용할 수 있다. 사본에서의 필기체 인식이나 이미지를 통해 에러를 감지하는 것 등에도 적용할 수 있다.

숫자 인식 예시에서는 여러 데이터 점들에서 아웃라이어를 찾는 탐지 기법을 다루었다. 이 기법은 오직 한 개의 히든 레이어로 만들어진 얕은 아키텍처에서 사용된다.

ECG 예시에서는 모든 것을 재구성하는 대신 이미 압축된 특징 표현만을 바탕으로 추가 탐지만을 하는 깊은 아키텍처를 구성했다. 네트워크의 인코더로 오리지널 데이터의 비선형 관계를 압축해 데이터를 더 작은 차원의 공간에 집어넣는다. 가우시안 다변수 분포(Gaussian Multivariate Distribution)의 고전적인 변칙 탐지 알고리즘에 적용하기 위해 새롭게 표현된 것은 전처리 단계에서 사용된다. 2차원 공간으로 변환해서 데이터 포인트들을 시각화하고 타원 분포를 그리고 나면 변칙을 볼 수 있다.

그렇지만 딥러닝을 사용해 변칙 탐지를 하는 방법이 오토인코더에만 존재하지는 않는다. 데이터 내의 정보의 일부분을 활용해 지도학습적인 접근을 할 수도 있다. 데이터에서 일부를 추출했을 때 남아 있는 정보로 예측을 할 수 있다면 정규 데이터일 것이고, 아니라면 변칙일 것이다. 예를 들어, 시계열 데이터를 살펴보면 순환 뉴럴 네트워크를 사용할 수도 있고, 장단기 메모리 방법으로 바꿔 선형 모델로 시계열 내에서 다음에 발생할 정수형의 값을 알아낼 수도 있다. 예측된 값과 관측된 값을 비교한 에러를 변칙 점수로 사용할 수도 있다.

준지도학습적인 접근을 살펴보면, H2O를 잘 구현해 많은 애플리케이션에 적용할 수도 있다.

또 하나의 중요한 부분은 코드의 부분들이 데이터 분석, 정제, 시각화를 하도록 만들어야 한다는 것이다. H2O를 사용하면 몇 줄의 코드만으로 딥 뉴럴 네트워크가 향상되도록 할 수 있는 내장 클래스들이 있다. 다른 프레임워크와 비교하면 정말 좋은 장점이다. 그리고 H2O 평가자(estimators)들과 모델은 커스터마이징할 수 있는 파라미터의 넓은 범위와 여러 설정을 제공한다. 반면, 현재 지원하지 않는 범위까지 확장해 사용하기에는 한계가 있다. 전반적으로 더 많이 향상시키기 위해서는 더 넓은 범위를 지원하는 믿을 만한 기술이 필요하다.

9장에서 다룬 기법은 대부분 개념에 따른 증거를 통해서만 변칙 탐지에 딥러닝을 적용했다. 그렇지만 실제로 배포할 수 있는 데이터에 적용하려면, 주의해야 할 부분들과 함정들이 여럿 존재한다. 이에 관한 내용은 10장에서 다룬다.

## CHAPTER 10

모든 게 준비된
침입 탐지 시스템 만들기

9장에서는 변칙 탐지에 대해 자세히 얘기하고, 오토인코더를 사용해 향상시킬 수 있는 방법에 대해 얘기했다. 새로운 것을 탐지하기 위한 준지도학습법 또한 제안했다. 또 H2O를 소개하고, (MNIST 숫자 인식과 ECG 맥박 신호 등의) 몇 가지 예시에 대한 적용 사례를 소개하고, 프레임워크의 상위에 있는 것들을 향상시키고 로컬 모드에서 실행해 봤다. 이미 잘 준비되고 정제된 작은 양의 데이터를 통해 개념을 다시 한 번 확인했다.

그렇지만 실제 맞닥뜨리는 데이터나 기업에서 데이터를 다룰 때는 위 예시들과는 다르다. 10장에서는 H2O를 레버리지해 실제 제품으로서도 의미가 있는 확장 가능한 분산 시스템 (distributed system)을 만들려고 한다.

네트워크 환경 내의 공격이나 침입을 실시간으로 탐지할 수 있는 침입 탐지 시스템을 예로 들어 사용해 본다.

침입 탐지를 확인하기 위한 데이터 제품을 만들려고 할 때 맞닥뜨리는 몇 가지 유용하고 기술적인 이슈에 대해 언급한다.

10장에서는 다음과 같은 주제들을 다룬다.

- 데이터 제품이란 무엇인가?
- 딥 네트워크의 웨이트 초기화를 더 잘하는 방법

- 경사 하강 알고리즘을 호그와일드(HOGWILD!)를 사용해 멀티스레드로 병렬화하는 방법
- 아파치 스파크의 최상단에서 스파클링 워트를 사용해 맵리듀스를 사용해 분산 컴퓨팅을 하는 방법
- 확장성을 이끌어 내고 파라미터의 향상을 만드는 최상의 몇 가지 규칙들
- 적응형 학습(adaptive learning)을 위한 기술의 전체적인 방법
- 기반 지식의 존재 유무를 판단 방법
- 정확도를 높이고 잘못된 알람을 줄이기 위한 적절한 트레이드-오프(trade-off)를 선택하는 법
- 기술-기반과 비즈니스 관점을 고려한 프레임워크를 평가하는 몇 가지 예시들
- 모델의 하이퍼 파라미터를 조정하는 방법
- POJO를 사용해 훈련된 모델을 내보내는 방법과 변칙 탐지 api에 포함시켜 배포하는 방법

데이터 제품이란 무엇인가?

데이터 사이언스의 최종 목표는 데이터-기반의 솔루션을 제의하는 것이다. 질문에 대한 답변을 만들어 줄 뿐 아니라 비즈니스 요구사항을 만족시켜야 한다.

데이터-기반의 솔루션을 만드는 것만으로 충분하지 않다. 요즘의 앱이나 웹 사이트는 모두 데이터에 의해 좌우된다. 웹 플랫폼은 데이터를 사용하지만, 데이터 제품이라고 볼 수는 없다.

마이클 루키즈(Mike Loukides)는 다음과 같은 정의를 내렸다.

> 데이터 애플리케이션은 데이터 그 자체의 가치가 필요하고, 더 많은 데이터를 결과로 만들어 내야 한다. 데이터를 사용하는 것만으로는 데이터 애플리케이션이 될 수 없다. 데이터 사이언스는 데이터 제품을 만들어 내야 한다.
>
> (출처: 『데이터과학이란 무엇인가』(https://www.oreilly.com/ideas/what-is-data-science)

시스템의 가장 기본적인 요구사항은 데이터를 바탕으로 가치를 얻을 수 있어야 한다는 점이다. 데이터를 단순히 소비하는 것이 아니라 결괏값으로 지식(인사이트나 혹은 데이터 형태)을 만

들 수 있어야 한다. 데이터 제품은 오리지널 데이터에서 정보를 추출해 새로운 지식을 도출해 내고, 문제를 효율적으로 해결하도록 해 준다.

9장, '변칙 탐지'에서 살펴본 두 가지 예시에서는 데이터 제품이 무엇인지 보여 준다. 주피터 노트북을 연 후 데이터의 스냅샷을 불러와 분석하고 딥러닝으로 실험했다. 그리고 마지막으로 변칙 탐지를 위한 오토인코더에 적용하면서 증명할 수 있는 몇 가지 도표를 생성했다. 최고의 방법은 모든 분석 방법을 재생산하는 것이지만, 개념을 확인하는 방식이나 토이 모델로는 만들 수 있다. 그렇지만 이것이 실제 문제를 푸는 데 적절한 것인가? 비즈니스에서 최소 기능 제품(Minimum Viable Product, MVP)를 만들 수 있는가? 아마도 아닐 것이다.

머신러닝, 통계, 데이터 분석과 같은 방법은 새롭게 만들어진 것이 아니다. 수학적 통계부터 시작한다고 가정했을 때, 17세기까지 거슬러 올라가 머신러닝을 인공지능의 한 분야로 집어 넣는다면 1950년대의 앨런 튜링이 만든 튜링 테스트까지 사용한다. 아마 데이터 수집과 기술의 발전이 급격히 이뤄지며 데이터 혁명이 이뤄졌다고 주장할 수는 있겠지만, 필자는 데이터 혁명이 매우 유연하게 이뤄졌다고 생각한다. 정말 혁신적인 변화는 회사가 새로운 제품을 만들 수 있다는 것을 인식할 때부터 시작된다. 또 더 나은 서비스를 제공하기 위해 데이터를 바탕으로 계속 향상시켜 나간다. 데이터를 단순하게 살펴보는 것만으로는 혁신이 이뤄지지 않는다. 정보를 추출할 수 있어야 하고, 사람의 행동에 영향을 미칠 수 있는 데이터-기반 시스템으로 생성된 정보의 흐름과 합쳐져야 한다.

데이터 제품은 계속 확장 가능하며 편견이 섞이지 않는 인공지능을 만들어 내기 위한 과학과 기술의 합작품이다.

데이터 제품은 계속 성장하고 더 많은 데이터를 생성하기 때문에 더 많은 데이터를 소비하면서 기능이 더 좋아진다. 생성 효과는 이론적으로 정보에서 무제한의 흐름을 생성해 효과를 만들 수 있다. 이런 이유로 데이터 제품은 반드시 자가조정적이고(self-adapting) 수집된 새로운 관찰을 통해 새로운 지식을 늘려 나간다. 통계적 모델은 하나의 최종 데이터 제품의 구성 요소로 만들어진다. 예를 들면, 변칙 탐지 이후의 침입 탐지 시스템은 분류된 데이터를 통해 피드백을 받고 다음 단계에서 모델을 훈련시킬 때 재사용된다.

데이터 분석은 모든 조직에서 매우 중요하다. 각종 조직에서 데이터 과학자와 분석가들이 한 팀을 이뤄 작업하는 모습을 쉽게 찾을 수 있다. 직접 관리 및 조사하고, 중간 결과물을 시각화하는 것은 성공적인 솔루션을 만드는 데 꼭 필요하다. 우리는 정해진 상품을 직접 관리하는 것을 없애려고 하는 것이다. 즉, 개발 단계에서는 많은 실험적인 분석과 수동으로 체크 포인트들을 만들지만, 실제 제품을 만들어 전달할 때는 엔드-투-엔드 파이프라인(end-to-end pipeline)이나 독립된 여러 서비스를 묶어 입력값으로 데이터를 받고 데이터를 결과로 내보낸다. 이 모든 업무 흐름은 자동화되고 테스트돼야 하며, 확장 가능해야 한다. 궁극적으로는 기업 시스템과 합쳐져서 매번 탐지하며 실시간으로 동작하길 바란다.

현재 동작 중인 기계들의 상황과 뭔가 잘못 동작하면 벨이 울리는 것을 보여 주는 대시보드가 띄워져 있는 어떤 공장의 커다란 스크린을 예로 들 수 있다. 이 데이터 제품은 기계를 직접 고치지는 않지만, 직접 사람들이 들어가 작업할 수 있도록 도와주는 도구다.

사람이 직접 수행하는 업무는 보통 다음과 같은 상황에서 일어난다.

- 경험을 통해 발현되는 뛰어난 전문성
- 개발과 테스팅
- 제품의 최종 확인

이 책의 침입 방지 시스템은 보안 분석 팀에게 어떤 업무를 수행할 것인지를 추천해 준다. 또한 데이터를 바탕으로 우선순위를 매겨 더 나은 결정을 하는 데 도움을 준다.

트레이닝

네트워크를 훈련시킨다는 것은 위상학(topology)적으로 디자인이 끝났다는 것을 의미한다. 이 부분에 대해서는 입력 데이터의 타입과 네트워크의 사용 예시에 따른 디자인 가이드라인을 확인할 수 있는 4장, '비지도 특징 학습'의 '오토인코더' 섹션을 살펴보길 추천한다.

네트워크를 훈련시키기 전에 네트워크의 위상에 대해 정의돼 있어야 하고 각 트레이닝을 지날 때마다 모델을 조정해야 한다. 트레이닝 알고리즘을 확장 가능하고 학습을 촉진시킬 수 있는 몇 가지 기법을 살펴본다. 여기서는 엄청난 데이터 세이트가 오가는 제품에서도 적절히 사용되도록 만들 것이다.

웨이트 초기화

뉴럴 네트워크의 마지막 수렴은 초기화된 웨이트에 많은 영향을 받는다. 선택한 활성화 함수에 따라 첫 번째 반복에서도 가파른 기울기를 가질 수도 있고, 경사 하강 알고리즘은 최적의 공간으로 쉽게 뛰어넘을 수 있다.

(입력 레이어와 직접 연결된) 첫 번째 레이어의 히든 유닛 j를 구하기 위해 차원 d에서의 트레이닝 샘플 x의 첫 번째 반복 이후 값들을 더하면 다음과 같다.

$$h_j = \sum_{i=1}^{d} w_{o,i} x_i$$

여기서 $w_{0,i}$는 j번째 차원에서 초기화된 웨이트다.

선택한 웨이트는 독립적이어야 하고, $(i.i.d.)$와 동일하게 분산돼 있어야 한다. 또 입력값들과도 독립적이어야 한다. 유닛 j의 평균은 다음과 같다.

$$E\left(h_j\right) = \sum_{i=1}^{d} E\left[w_{o,i}\right] E\left[x_i\right] = d\mu_{wo}\mu_x$$

$\mu_x=0$과 표준편차가 $\sigma_x=1$이 되도록 입력값 x_i를 정규화하면, 평균은 $E(h_j)$고, 분산은 다음과 같다.

$$E\left(h_j^{\,2}\right) = \sum_{i=1}^{d} E\left[w_{o,i}^{\,2}\right] E\left[x_i^{\,2}\right] = d\sigma_{w_0}^2 \sigma_x^2 = d\sigma_{w_0}^2$$

히든 유닛 j의 결괏값은 아래의 활성화 함수를 통해 변환된다.

$$y_j = activation\left(h_j + b\right)$$

여기서 b는 바이어스고, 간단히 0으로 초기화하거나 0.01과 같이 0에 매우 근접한 값으로 초기화해 준다. 이번 경우에는 ReLU 활성화 함수를 사용한다.

시그모이드 함수의 경우에는 (양과 음 모두) 매우 큰 값을 갖고 있어서 곡선의 기울기가 크다. *[-4, +4]* 사이의 범위로 매우 큰 기울기의 범위를 조정해야 한다.

단일 분포 $U\left(-\dfrac{1}{\sqrt{d}}, \dfrac{1}{\sqrt{d}}\right)$ 초기 웨이트를 만들 수 있다면 유닛 j의 분산은 다음과 같다.

$$E\left(h_j^2\right) = d\,\frac{\left(\dfrac{1}{\sqrt{d}} - \left(-\dfrac{1}{\sqrt{d}}\right)\right)^2}{12} = d\,\frac{\left(\dfrac{2}{\sqrt{d}}\right)^2}{12} = d\,\frac{\dfrac{4}{d}}{12} = \frac{1}{3}$$

이 [-4, 4] 범위 밖에 떨어질 확률은 매우 낮다. d의 크기에 관계없이 초기의 포화 확률을 효율적으로 감소시켜야 한다.

초기 웨이트를 할당하는 데에는 여러 가지 방법이 있다. 동일 조정 초기화 방법(uniform adaptive initialization)이라 부르는 입력 레이어의 d 노드 수에 대한 함수로 초기 웨이트를 할당할 수 있다. H2O에서는 고정된 분포나 정규분포보다 더 나은 일관적인 조정 옵션으로 설정돼 있다.

히든 레이어 하나만을 갖고 있다면, 단순하게 첫 번째 레이어의 웨이트를 초기화하는 것으로 충분하다. 이 경우에는 한 개의 레이어만 가진 오토인코더를 쌓아 사전 훈련한 딥 오토인코더인 것이다. 즉, 얕은 오토인코더를 하나의 묶음으로 만들어 첫 번째 것으로 입력 레이어를 재구성하고, 두 번째 것으로 첫 번째 히든 레이어의 내재된 상태를 재구성하는 과정을 계속 반복한다.

i번째 레이어에 L_i라는 이름 붙여 사용해 보자. L_0은 입력 레이어고, 마지막 레이어는 최종 결과물이다. 그리고 사이에 있는 모든 것들은 히든 레이어가 된다.

예를 들면, 다섯 개의 레이어를 가진 네트워크 $L_0 \rightarrow L_1 \rightarrow L_2 \rightarrow L_3 \rightarrow L_4$는 $L_0 \rightarrow L_1 \rightarrow L_4$와 $L_1 \rightarrow L_2 \rightarrow L_3$라는 두 개의 네트워크로 나눌 수 있다.

훈련이 끝난 후, 첫 번째 오토인코더는 L_1의 웨이트를 초기화할 것이고, 입력 데이터를 L_1의 잠재된 상태로 보낼 것이다. 이 잠재된 상태는 두 번째 오토인코더에서 학습할 때와 L_2의 웨이트를 초기화할 때 사용된다.

디코딩 레이어는 동일한 초기 웨이트와 인코딩 상대의 바이어스를 공유한다. 따라서 네트워크의 왼쪽 절반만 사전 학습된 것이 필요하다.

이와 비슷하게, 일곱 개의 레이어를 가진 네트워크 $L_0 \rightarrow L_1 \rightarrow L_2 \rightarrow L_3 \rightarrow L_4 \rightarrow L_5 \rightarrow L_6$을 세 개의 네트워크를 가진 $L_0 \rightarrow L_1 \rightarrow L_6$, $L_1 \rightarrow L_2 \rightarrow L_5$, $L_2 \rightarrow L_3 \rightarrow L_4$로 쪼갤 수 있다.

보통, 딥 오토인코더가 N개의 레이어를 가진다면, 한 개의 레이어를 갖고 있는 오토인코더에 $\frac{(N-1)}{2}$개의 레이어가 쌓인 것으로 바꿔 생각할 수 있다.

$$L_{i-1} \rightarrow L_i \rightarrow L_{N-i} \quad \forall 1 \leq i \leq \frac{(N-1)}{2}$$

사전 학습이 끝나면, 네트워크 전체를 특정 웨이트로 훈련시킬 수 있다.

◢ HOGWILD!를 활용한 병렬 SGD

9장에서 살펴봤듯이 딥 뉴럴 네트워크는 손실 함수에서 생성돼 주어진 에러의 역전파를 통해 훈련된다. 역전파는 모델 파라미터의 기울기(레이어 각각의 웨이트 W와 바이어스 B)를 제공한다. 기울기를 계산하기 위해 에러를 최소화하기 위한 방향으로 향하도록 만들 수 있다. 기울기를 계산하기 위한 가장 인기 있는 방법 중 하나는 확률론적 경사 하강법(SGD)이다.

SGD는 다음과 같이 요약할 수 있다.

1. W, B를 초기화한다.

2. 수렴에 도달하지 않으면

   □ 트레이닝 샘플 i를 가져온다.

   □ $w_{jk} := w_{jk} - \alpha \dfrac{\partial L(W, B \mid j)}{\partial wjk}$ for any w_{jk} in W

   □ $b_{jk} := W_{jk} - \alpha \dfrac{\partial L(W, B \mid j)}{\partial w_{jk}}$ for any b_{jk} in B

여기서 W는 매트릭스이고, B는 바이어스 벡터다. ∇L는 역전파를 통해 계산된 기울기이고, α는 학습률(learning rate)이다.

SGD는 많은 머신러닝 모델 중에서 가장 인기 있는 트레이닝 알고리즘이지만, 효율적으로 병렬화하기는 힘들다. 여러 논문에서 제안된 병렬화에 대한 많은 버전이 존재하지만, 대부분 동기화가 진행되며 병목이 생기거나 프로세스 전반에 걸쳐 메모리 록(Rock)이 걸린다. 뉴럴 네트워크에서 일반적으로 갖고 있는 장점인 파라미터 업데이트 중의 희소성에 대한 이점을 누릴 새도 없게 된다.

대부분의 뉴럴 네트워크 문제에서 업데이트 단계는 매우 드물게 나타난다. 모든 트레이닝 입력값에서 몇몇 웨이트와 연관된 뉴런들만 잘못 반응하면서 웨이트가 업데이트된다. 보통 뉴럴 네트워크가 만들어지고 나면, 각 뉴런은 입력값에서 특유의 특징이 존재할 경우에만 반응한다. 사실 모든 입력값을 위해 활성화하는 것은 별로 유용하지 않다.

HOGWILD!는 성능을 높이기 위해 수행해야 할 다른 일을 모든 스레드에 덮어쓰도록 만드는 또 다른 알고리즘이다. HOGWILD!를 사용하면 멀티코어는 트레이닝 데이터의 분리된 부분 집합들의 비동기로 처리할 수 있고, 기울기 gradient ∇L을 업데이트할 때 독립적으로 기여하도록 만들 수 있다.

만약 데이터를 차원 d에서 더 작은 부분 집합 $\{1,...,d\}$의 E와 e로 인덱싱된 좌표로 만든 벡터 x의 부분인 x_e로 나누면, 전체 비용 함수 L을 다음과 같이 분리할 수 있다.

$$L\left(x\right) = \sum_{e \in E} L_e\left(x_e\right)$$

비용 함수는 흩어져 있고, 이에 따라 E와 d는 계속 커질 수 있지만 L_e는 언제나 입력 벡터 (x_e)보다 작은 컴포넌트로 계산된다.

만약 p개의 프로세서를 갖고 있다면, 모두 같은 메모리를 공유하고 모든 프로세서는 벡터 x에 접근할 수 있다. 그리고 또 다른 속성으로 구성 요소별 업데이트는 더 나눠진다.

$$x_v \leftarrow x_v + a; v \in \{1,...,d\}$$

이 말의 의미는 별도의 록킹(locking) 구조 없이 각 유닛의 상태를 업데이트할 수 있다는 것이다. 다시 말해, 각각의 프로세서가 이어지는 루프에 따라 비동기적으로 반복되면 여러 컴포넌트도 한 번에 업데이트할 수 있다는 것이다.

샘플 e는 E에서 균등하게 무작위로 뽑은 것이다.

현재 상태 x_e를 읽고, $G_e(x)$를 평가한다.

$$v \in e \text{ do } x_v \leftarrow x_v - \gamma b_v^T G_e\left(x\right).$$

여기서 G_e는 기울기 ∇L와 $|e|$를 곱한 것이다. b_v는 선택된 e의 인덱스를 따라 변하는 비트마스크(bitmask) 벡터로 1이다. 그리고 γ는 각각의 에포크의 끝에서 인자 β로 인해 감소된 단계의 크기(step size)다.

기울기 계산은 즉시 이루어지지 않고, 모든 프로세스는 x를 수정할 수 있다. 그리고 한참 이전 단계에서 기록해 두었던 값으로 계산한 기울기를 이용해 x를 업데이트할 수 있다. HOGWILD!의 참신한 점은 기울기를 증가시키며 알고리즘을 수렴시키는 비동기적인 조건을 제공한다는 것이다.

특히, 기울기가 계산되는 시점과 최댓값 τ가 같거나 작은 값으로 사용되는 시점 간의 지연을 증명할 수 있다. 만약 프로세서의 개수가 $d^{1/4}$보다 작으면, 연속된 버전 내의 기울기 계단과 비슷한 결과를 얻을 것이다. 즉, 프로세서의 개수가 선형적으로 증가한다는 것이다. 또 입력 데이터가 부족할수록 프로세서 간에 메모리 간섭이 생길 확률이 낮아진다.

최악의 경우, 기울기가 계산 집약적임에도 알고리즘은 꾸준히 속도를 향상시킨다.

원 논문에서 좀 더 자세한 내용을 찾아볼 수 있다.

📝 적응형 학습

이전 단락에서 웨이트 초기화의 중요성을 살펴보고 SGD 알고리즘을 훑어봤다. SGD의 기본 버전에서는 학습률 α을 고정해 사용한다. 빠르고 정확한 수렴을 하는 데는 웨이트의 초기화와 SGD 알고리즘 모두 중요하다.

학습 알고리즘을 동적으로 최적화하는 데는 몇 가지 더 나은 기법이 존재한다. 특히, 두 가지 기법으로 나눌 수 있다. 하나는 얼마나 편리한지에 상관없이 학습의 속도를 높이는 것이고, 또 다른 하나는 극솟값 근처에서 속도를 낮추는 것이다.

t번 반복했을 때, θ_t는 웨이트와 바이어스의 양이다. 일반적인 SGD 알고리즘은 다음과 같이 업데이트된다.

$$\theta_t = \theta_{t-1} + \Delta(t)$$

$$SGD : \Delta(t) = -\alpha \nabla L(\theta_{t-1})$$

■ 등급 냉각시키기

우리는 α를 선택해야 한다. 작은 학습률 값은 극솟값에 갇혀 버리는 위험을 함께 갖고 있으며, 수렴을 하는 데 있어서 수많은 반복이 필요하다. 또 높은 학습률은 불안정성을 일으킨다. 알고리즘이 너무 많은 운동 에너지를 갖고 있으면, θ를 최소화하려는 단계에서 무질서하게 튕겨져 나간다.

등급 냉각은 훈련 기간 동안 데이터를 소비하는 만큼 α_t을 천천히 줄여 주는 것이다. 매 k번째 샘플마다 $\alpha_t = 0.5\alpha_{t-1}$로 업데이트한다.

$$Rate\ annealing: \Delta(t) = -\alpha_t \Delta L(\theta_{t-1})$$

그런 다음, 학습율을 절반으로 나눠 트레이닝 샘플의 수와 반대로 쇠퇴율(decay rate)을 정한다.

■ 모멘텀

모멘텀은 직전 반복에 따른 결과를 현재 반복 내의 학습에 영향을 미치도록 만들어 준다. 새로운 속도 벡터 v는 다음과 같이 정의해 사용한다.

$$Momentum: \Delta(t) = v_t = \mu v_{t-1} - \alpha \nabla L(\theta_{t-1})$$

여기서 μ는 모멘텀 붕괴를 의미하는 계수다. 위치가 변화하는 것보다 속도가 변화하는 것을 기울기로 사용한다. 모멘텀은 기울기가 같은 방향을 가리키고 있을 때는 차원을 넘어 학습 속도를 높이는 데 집중하고, 기울기의 방향이 바뀌면 차원이 떨어진다. 즉, 극솟값의 영역에 갇히게 됐다는 뜻이다.

모멘텀을 추가하면 수렴에 도달하기까지 시간이 짧아지지만, 모멘텀이 너무 크면 발산해 버린다. 충분한 에포크를 위해 모멘텀과 함께 SGD를 실행하면 최종 속도는 다음과 같다.

$$v_\infty = \lim_{t \to \infty} v_t = \lim_{t \to \infty} \mu^t v_0 - \alpha \sum_{k=0}^{t-1} \mu^{t-k-1} \nabla L(\theta_k)$$

위 수식은 μ가 1보다 작은 경우에 대한 기하학적인 정렬이다. 그리고 한계점은 아래와 비례하게 수렴한다.

$$v_\infty \alpha \frac{1}{1-\mu}$$

이 수식에서 μ가 1에 가까워질수록 시스템은 훨씬 더 빨리 움직일 것이다.

그리고 학습을 시작할 즈음에는 (웨이트 초기화의 영향으로) 오히려 기울기는 매우 큰 값을 가질 것이다. 그러므로 아주 작은 모멘텀 값으로 시작해야 한다(예를 들면, 0.5 정도). 그리고 매우 큰 기울기가 사라지면, 마지막의 (0.9와 같은) 안정적인 값에 도달할 때까지 모멘텀을 계속 증가시킨 후 일관되게 유지된다.

■ 네스테로프 가속

일반적인 모멘텀은 현재 위치를 바탕으로 기울기를 계산해 축적된 기울기의 방향으로 단계를 증폭시킨다. 언덕 위에서 공을 밀면 언덕의 경사를 따라 계속 내려가는 것과 비슷하다. 그리고 어느 지점에서 공이 도착하는지 대략 찾아 낼 수 있다. 이 정보를 사용하면 기울기를 계산할 수 있다.

시간 t에서의 파라미터 θ에 대한 값은 다음과 같이 계산한다는 것을 기억해 두자.

$$\theta_t = \theta_{t-1} + \Delta(t) = \theta_{t-1} + \mu v_{t-1} - \alpha \nabla L(\theta_{t-1})$$

이계 도함수(second derivative)를 생략하면, θ_t의 기울기는 다음과 같이 근사시켜 표현할 수 있다.

$$\nabla L(\theta_t) = \nabla L(\theta_{t-1} + \mu v_{t-1} - \alpha \nabla L(\theta_{t-1})) = \nabla L(\theta_{t-1} + \mu v_{t-1}) - \alpha \nabla^2 L(\theta_{t-1})$$
$$\cong \nabla L(\theta_{t-1} + \mu v_{t-1})$$

업데이트 단계에서는 $t-1$이 아닌 t에서의 기울기를 사용해 업데이트 단계를 계산할 수 있다.

$$Momentum + Nesterov : \Delta(t) = \mu v_{t-1} - \alpha \nabla L(\theta_t) = \mu v_{t-1} - \alpha \nabla L(\theta_{t-1} + \mu v_{t-1})$$

네스테로프 변화는 이전까지 축적된 기울기의 방향으로 큰 단계를 구성하고, 점프 이후에 기울기를 계산한다. 이 교정을 통해 속도가 너무 빨라지는 것을 막고 안정성을 향상시킨다.

언덕 위에서 공 굴리는 얘기로 돌아가 살펴보면, 네스테로프 교정은 언덕의 기울기에 따라 속도를 조정하고, 가능할 때만 속도를 높인다.

■ 뉴턴의 방법

1차 메서드는 L을 최소화하기 위한 함수 평가와 기울기에만 사용되는 반면, 2차 메서드는 곡률에 사용된다. 뉴턴의 메서드(Newton's method)에 따르면, 손실 함수 $L(\theta)$의 두 번째 순서에 있는 편미분의 정방 행렬(square matrix)인 헤센 매트릭스(Hessian matrix)를 계산할 수 있다. 헤센의 역행렬은 α의 값을 정의할 수 있으며, 마지막 단계에서의 방정식은 다음과 같다.

$$Newton: \Delta(t) = -H^{-1}L(\theta_{t-1})\nabla L(\theta_{t-1}) = -\frac{\nabla L(\theta_{t-1})}{\left|diag\left(HL(\theta_{t-1})\right)\right| + \in}$$

여기서 대각선(diagonal)에 대한 절댓값은 L을 최소화하기 위한 음의 기울기를 가진 방향이 되도록 해 준다. 파라미터 ε는 곡률이 작아도 부드러운 지역이 만들어지도록 해 준다.

두 번째 순서의 미분값을 사용하면, 더 효율적인 방향으로 업데이트할 수 있다. 특히, 얇고 평평한 곡률과 훨씬 굽어 있는 곡률을 낮추기 위해서라도 더 많이 업데이트해야 한다.

이 메서드의 가장 중요한 특징은 작은 값으로 퍼져 있는 곡률에 대한 파라미터를 제외하면 하이퍼 파라미터가 존재하지 않는다는 것이다. 그래서 한 차원 아래에서 조정이 이뤄진다. 그러면 계산 수행 능력과 메모리 소비가 가장 주요한 이슈가 된다. 정방 행렬의 크기에 해당하는 H가 바로 뉴럴 네트워크의 크기가 된다.

쿼시-뉴턴 방법(quasi-Newton)에 대한 여러 가지 방법은 헤시안(Hessian)의 정반대를 근사시키도록 만들어졌다. 예를 들어, L-BFGS(브로이든-플래처-골드팝-샤노의 제한적인 메모리, Limited Memory Broyden-Fletcher- Goldfarb-Shanno)는 근삿값을 암시적으로 표현한 몇 개의 벡터를 저장하고, 기존의 모든 벡터에 대한 최근 업데이트의 기록을 저장한다. 헤시안이 이전의 기울기 평가에 따라 구성되는 것에 비해 L-BFGS는 최적화하는 동안 변하지 않는다. 또 나이브한 구현(Naïve implementation)은 하나의 단계 내에서 데이터 세트 전체에 대한 계산이 필요하기 때문에 미니 배치 훈련 과정에는 적합하지 않다.

■ 아다그래드

SGD의 또 다른 알고리즘인 아다그래드(adagrad)는 각각의 차원 베이시스에서 계산된 기울기를 통해 나온 각각의 파라미터에 대한 학습률(learning rate)을 조정한다.

i번째 파라미터 $\theta_{t,i}$와 시간 t에 따른 알파 값은 다음과 같다.

$$Adagrad : \alpha(t,i) = \frac{\alpha}{\sqrt{G_{t,ii} + \in}}$$

여기서 G_t는 크기 $d \times d$의 대각 행렬이고, 요소 i는 이전의 반복 $t-1$에 따른 $\theta_{k,i}$의 기울기 제곱 합이다.

$$G_{t,ii} = \left(\sum_{k=1}^{t-1} \nabla L \left(\theta_{k,i} \right)^2 \right)$$

각 차원은 기울기와 반비례해 학습률을 갖게 된다. 즉, 높은 기울기는 낮은 학습률을 갖게 된다.

파라미터 ε는 0으로 나누는 것을 피하기 위한 곡선의 파라미터다. 보통 1e-4와 1e-10 사이에 존재한다.

벡터로 만드는 업데이트 단계는 요소별 매트릭스-벡터곱(element-wise matrix-vector multiplication)인 $\odot$를 통해 주어진다.

$$Adagrad : \Delta \left(t \right) = -\frac{\alpha}{\sqrt{G_t + \in}} \odot \nabla L \left(\theta_{t-1} \right)$$

전역으로 적용되는 학습률 a는 몇 번의 반복을 통해 자동으로 조정되기 전까지 (0.01과 같은) 특정한 값으로 설정된 지명자(nominator)다.

그리고 가열 냉각을 통해 동일한 붕괴 효과를 갖지만, 두 번째 순서의 최적화 메서드와 비슷하게 시간이 지나더라도 각각의 차원을 거치면서 좋은 속성값이 만들어진다.

■ 아다델타

아다그래드는 초기 상태에 따라 민감하게 반응하는 문제를 갖고 있다. 초기 기울기가 매우 크면 웨이트 초기화를 통해 표현하는 것 또한 매우 커진다. 이에 따른 학습률 또한 훈련 시작 시점에 비해 매우 작아진다. 따라서 α 값을 높여 평형을 맞춰야 한다.

아다그래드의 또 다른 문제는 쌓인 기울기를 유지하면서 매 반복을 거칠 때마다 분모(denominator)가 커진다는 것이다. 그래서 학습률을 극소로 작게 만들어 알고리즘이 남아 있는 훈련 데이터로부터 더 이상 어떤 것도 학습할 수 없게 만들어야 한다.

아다델타(Adadelta)는 후자를 해결하기 위해 고안된 것이다. 이미 지나간 기울기의 쌓인 개수를 $t-1$이 아닌 w로 고정한다. 평균적인 시간 단계 t가 지날 때마다 사라지는 것을 증가시켜 재귀적으로 수행한다. 대각 행렬 G_t를 지난 기울기에서 사라진 것의 평균으로 바꿀 수 있다.

$$E\left[\nabla L\left(\theta\right)^2\right]_t = \rho E\left[\nabla L\left(\theta\right)^2\right]_{t-1} + \left(1-\rho\right)\nabla L\left(\theta_{t-1}\right)^2$$

여기서 ρ는 붕괴 상수(decay constant)로, 보통 0.9에서 0.999 사이에 존재한다.

실제로 필요한 것은 시간 단계 t에서 $\nabla L(\theta)$의 제곱 평균 제곱근(root mean square, RMS)에 해당하는 $E\left[\nabla L\left(\theta\right)^2\right]_t + \in$의 제곱근이다.

$$RMS\left[\nabla L\left(\theta\right)\right]_t \cong \sqrt{E\left[\nabla L\left(\theta\right)^2\right]_t + \in}$$

업데이트는 단계는 다음과 같다.

$$Adadelta^{(*)} : \Delta\left(t\right) = -\frac{\alpha}{RMS\left[\nabla L\left(\theta\right)\right]_t}\nabla L\left(\theta_{t-1}\right)$$

매 반복을 거칠 때마다 파라미터 벡터를 추가하는 업데이트 단계 Δ를 정의했다. 이 방정식이 정확하려면 각각의 단위가 정확하게 매칭되도록 해야 한다. 가상의 유닛을 갖고 있는 파라미터를 생각한다면, Δ은 해당하는 동일한 단위여야 한다. Δ의 유닛에서 고려되는 첫 번째 메서드는 파라미터의 기울기와 연관되고 비용 함수는 단위에 영향을 받지 않는다.

$$units\left(\Delta\right) \propto units\left(\nabla L\left(\theta\right)\right) \propto \frac{1}{units\left(\theta\right)}$$

이와 반대로, 헤시안 정보를 사용하는 뉴런의 방법과 같은 2차 메서드(second-order methods)나 메서드를 근사시킬 때 업데이트 단계 Δ 내에서 정확한 단위를 사용해야 한다.

$$units\left(\Delta\right) \propto units\left(H^{-1}L\left(\theta\right)\nabla L\left(\theta\right)\right) \propto \frac{\nabla L\left(\theta\right)}{\nabla^2 L\left(\theta\right)} \propto units\left(\theta\right)$$

$Adadelta^{(*)}$ 방정식을 위해 Δ(t)의 RMS와 비례하도록 만들어 줘야 한다.

Δ(t)를 모른다면, 업데이트 단계 Δ($t-1$)의 w와 같은 크기의 창(window)에서만 RMS를 계산할 수 있다.

$$RMS\left[\Delta\right]_{t-1} = \sqrt{E\left[\Delta^2\right]_{t-1} + \in}$$

동일한 상수 ε를 사용하고 Δ(0) = 0에서 첫 번째 반복을 시작할 때 이 상수를 사용한다. 그리고 분모에 쌓아올린 기울기 때문에 포화 상태에 이르러서 직접 상태의 업데이트가 매우 작더라도 다음 단계로 넘어갈 수 있도록 만들어야 한다.

곡률이 충분히 부드럽게 이어진다면, $\Delta(t) \cong \Delta(t-1)$를 통해 근사시킬 수 있다. 그러면 아다델타의 방정식을 다음과 같이 변경할 수 있다.

$$Adadelta : \Delta(t) = -\frac{RMS[\Delta]_{t-1}}{RMS[\nabla L(\theta)]_t} \nabla L(\theta_{t-1})$$

마지막의 아다델타 방정식은 이전에 다뤘던 다음과 같은 특징들을 다룬다.

- 대각 헤시안(diagonal Hessian) 근사는 ΔL와 Δ의 RMS 측정을 사용하고 반복이 지날 때마다 한 번의 기울기 계산이 이뤄진다.
- 일반적인 SGD 안에서 음의 기울기를 따른다.
- 분자는 분모에 비해 1이 뒤떨어진 것을 사용한다. 순간적으로 기울기가 커질 때를 대비해서 견고하게 만들어 준다. 분모를 증가시켜 분자가 반응하기 전에 학습률을 떨어뜨린다.
- 분자는 앞에서 다뤘던 모멘텀과 유사하게 가속 장치처럼 작동한다.
- 분모는 아다그래드에서 봤던 것처럼 차원마다 붕괴하는 것처럼 수행된다. 그렇지만 고정된 창은 어떤 단계의 모든 차원에서 전진할 수 있도록 만들어 준다.

결론적으로는 속도, 안정성, 극솟값에 갇힐 확률 등에 따라 학습을 최적화할 수 있도록 많은 기법이 존재한다. 모멘텀과 관련된 조정할 수 없는 학습률은 최적의 결과를 내놓을 수도 있지만, 조율해야 할 더 많은 파라미터가 필요하다. 아다델타는 복잡성과 수행 능력 사이에서 두 개의 파라미터(ρ와 ε)만으로 복잡성과 수행 능력 사이의 적절한 균형을 유지해 각자의 시나리오에 따라 조정한다.

맵/리듀스를 통한 분산 학습

동시에 여러 스레드를 사용해 학습을 병렬화시키면 매우 엄청난 향상을 이끌어 낼 수 있지만, 기계 한 개 내 코어 개수와 메모리에 따라 제약이 높다. 즉, 더 비싼 기계를 구입해야만 스케일을 더 키울 수 있다.

병렬적이고 분산된 계산을 합치면 확장성을 원하는 만큼 비례적으로 키워 나갈 수 있다. 노드의 개수를 추가해 계산 능력을 키우면 이론적으로 끊임없이 키워 나갈 수 있다.

변칙 탐지에서 H2O를 선택한 두 가지 이유는 다음과 같다. 쉽게 사용한 오토인코딩의 향상된 내장 버전을 제공하고 (도달하고자 하는) 기능과 (어떻게 도달할 것인지에 관한) 향상법 사이의 추상화된 레이어를 제공한다. 이 추상 레이어는 명백하고 확장 가능하도록 향상시키고, 계산을 분산시키면 값을 얻으며, 맵리듀스(map/reduce)를 통해 데이터를 처리할 수 있다.

만약 데이터가 각각의 노드에서 균등하게 작은 데이터 조각으로 나눠진다면, 다음과 같은 상위 레벨의 분산 알고리즘으로 표현할 수 있다.

1. 초기화(Initialize): 웨이트와 바이어스를 통해 제공된 초기 모델

2. 섞기(Shuffling): 어떤 상황에서든 데이터에 접근할 수 있어야 한다. 뒤의 '데이터 사본 문제'에서 좀 더 자세히 다룬다.

3. 맵(Map): 모든 노드에서는 HOGWILD!를 통한 비동기적인 비동기 스레드를 사용해 지역 데이터(local data)를 바탕으로 학습한다.

4. 리듀스(Reduce): 훈련된 각각의 모델에서 웨이트와 바이어스의 평균을 최종으로 내놓는다. 평균을 계산하는 것은 웨이트와 바이어스의 연관성이 높고 계산이 쉬워 단순한 연산이 만들어진다.

5. 유효성 검사(Validate)(선택): 현재의 평균적인 모델은 모니터링하고 있는 유효성이 검증된 집합, 모델 선택 그리고 초기의 멈추는 기준에 근거해 점수를 매길 수 있다.

6. 반복(iterate): 이 모든 일을 수렴 때까지 계속 반복한다.

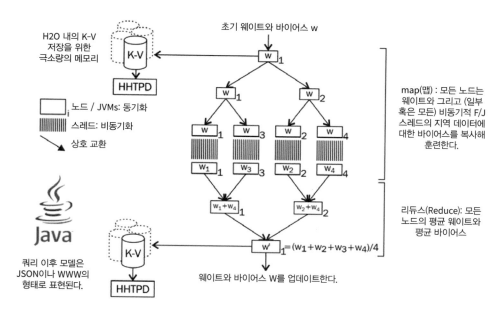

데이터("에포크")를 유지하며 반복해서 점수를 매긴다.
미니 배치(mini-batch): 1회 반복 시의 총 로우 수. 1에포크보다 작은 값이 될 수도 있다.

H2O 딥러닝 아키텍처

반복 1번에서의 시간 복잡도는 $O(n/p + \log(p))$다. n은 노드 한 개에서의 데이터 포인트 개수고, p는 프로세서(노드)의 개수다. 선형적인 조건에서는 맵(map) 계산이 이뤄지고, 대수적인 조건에서는 리듀스가 이뤄진다.

위의 방정식에서는 메모리 소비량과 데이터를 섞는 것에 대한 값어치는 고려하지 않았다. 데이터 크기보다 모델 파라미터가 충분히 작다면, 리듀스 단계 내에서 모델의 복잡성을 평균화할 수 있다. 특히, 네트워크 내의 뉴런 수와 히든 레이어에 따라 변하는 파라미터 수에 따라 모델의 크기가 변한다.

결국 확장성은 아래에 달려 있다.

- 계산에 대한 병렬화
- 메모리 버퍼
- 네트워크 트래픽과 I/O

결국 모델의 정확도와 훈련의 속도를 높이는 것 사이에서 적절하게 절충된 지점을 찾아야 한다.

train_samples_per_iteration은 특정 개수만을 훈련시키기 위한 맵리듀스 단계를 표현하기 위한 반복 조건이다. 훈련을 완료시키기 위해 데이터를 뛰어넘도록 파라미터의 특정 개수를 정의해야 한다.

train_samples_per_iteration 파라미터는 전체 데이터 세트에 영향을 받으므로 (교체 없이 확률론적인 샘플링을 통해) 개수를 줄이거나 늘려야 한다.

train_samples_per_iteration의 값은 메모리 소비와 훈련 속도, 즉 모델을 평균화하기 위한 시간에 영향을 받는다.

또 다른 중요한 파라미터는 불리언 변수인 replicate_training_data다. 가능하면 전체 데이터의 사본이 모든 노드에서 만들어지도록 해야 한다. 이 방법은 각각의 모델에 대한 훈련 속도를 더 빨리 만들어 준다.

또 짚고 넘어가야 할 파라미터는 shuffle_trainingd_data다. 이 파라미터는 노드에 따라 데이터가 섞일 수 있는지, 없는지를 결정한다.

만약 가능한 노드의 개수가 N이라면 n은 트레이닝 데이터 세트의 크기다. 또 train_samples_per_iteration의 특정 값과 replicate_training_data의 활성화를 통해 특징을 갖게 된 몇 개의 노드를 확인할 수 있다.

train_samples_per_iteration	replicate_training_data	설명
0	FALSE	한 번의 에포크만 발생. 지역 데이터를 바탕으로 만든 N개의 모델을 평균화한다.
-1	TRUE	각각의 노드는 모든 데이터 세트가 반복될 때마다 처리한다. N개의 노드로 병렬화돼 매 반복마다 N개의 에포크를 훈련시켜 결과로 내놓는다.
-1	FALSE	모든 모드는 각 노드별로 저장된 데이터를 통해서만 처리된다. 하나의 에포크는 하나의 반복에만 영향을 받고 가능한 만큼 에포크를 가질 수 있다.
-2	TRUE	계산 시간과 네트워크 오버헤드(network overhead)를 바탕으로 반복에 따라 샘플 개수가 자동으로 조정된다. 교체 없이 샘플링을 통해 모든 데이터를 복사한다.
-2	FALSE	계산 시간과 네트워크 오버헤드를 바탕으로 반복에 따라 샘플의 개수가 자동으로 조정된다. 지역 데이터만 접근 가능하다. 샘플이 계속 교체돼야 한다.
> 0	TRUE	전체 데이터 세트에서 반복별 샘플의 개수를 고정시킨다.
> 0	FALSE	지역 데이터(local data)에 접근할 수 있는 데이터 세트에서 반복별 샘플의 개수를 고정시킨다.

만약 $n=1M$(100만)이고, $N=4$라면 각 지역 노드에서 2만 5,000줄 정도를 저장한다. 만약 *samples_per_iteration*=200K(20만)로 설정한다면, 맵리듀스 반복 하나에서 20만 개의 데이터를 처리할 수 있다. 즉, 각각의 지역 노드에서 5만 개의 줄을 처리할 수 있다는 것이다. 에포크 하나를 끝내기 위해서는 20번의 지역 트레이닝 단계에 따라 5번의 맵리듀스 반복을 해야 한다.

이전에 살펴봤던 예시에서는 각각의 노드에서 지역 데이터가 필요 이상으로 많거나 적음에 따라 샘플링을 하든, 하지 않든 접근 가능한 데이터가 5만 개씩의 샘플을 갖고 있었다. 교체를 통한 샘플링은 데이터의 부분 집합이 정해져 있거나 반복되지 않으면 모델의 정확도가 더 떨어지도록 만든다. 만약 복사가 가능하면 모든 노드에서 대부분의 데이터를 가질 수 있도록 만들어지므로 메모리에 따라 조정할 수 있게 된다.

샘플링 없이(*train_samples_per_iteration* = -1) 각 노드의 지역 데이터의 개수를 정확하게 처리하고 싶을 때도 있다. 이런 경우에는 다수의 에포크가 필요 없게 되더라도 매 반복마다 동일한 데이터 세트를 계속 반복해야 한다.

또 samples_per_iteration 이 N * n보다 비슷하거나 커서 복사가 가능해지는 특별한 경우도 있다. 이런 경우, 모든 노드는 전체 데이터를 훈련하거나 반복 횟수를 더 많이 늘려야 한다. 이와 비슷하게 매 반복마다 대부분 같은 데이터를 재사용해야 한다.

이런 두 가지 특별한 경우에는 shuffle_training_data이 자동으로 켜진다. 즉, 매 훈련이 시작되기 전에 지역 데이터를 무작위로 섞게 된다.

결론적으로 사이즈의 크기에 따라 모든 노드에 데이터를 복사할 수 있는지, 없는지가 결정된다. H2O는 자동으로 조정할 수 있도록 스마트한 방법을 제공해 CPU의 사용량과 네트워크 오버헤드에 따라 매 반복의 크기를 자동으로 조정한다. 시스템 내의 적절한 조정이 있음에도 직접 조정하고 싶을 수도 있다.

딥러닝을 위한 분산 알고리즘은 최종 모델에 정확도와 훈련 속도를 모두 끌어올려 줘야 한다. 엄청난 양의 데이터 세트를 갖고 있지 않더라도 사용하고 있는 제품 시스템에 이 분산 알고리즘을 적용해 볼 만하다.

🚩 스파클링 워터

H2O는 그 자체 내의 클러스터 하나만으로도 실행되지만, 기업용 환경에서는 데이터를 분산시켜 여러 클러스터를 통해 처리해야 한다. 동일한 머신이라 하더라도 두 개의 클러스터를 관리하면 더 비싸지고, 충돌 가능성도 높아진다.

요즘에는 아파치 스파크(Apache Spark)가 사실상 엄청난 데이터 세트와 확장 가능한 데이터 제품을 만들때 사용하는 계산 프레임워크다. H2O는 모델에서 준비한 데이터와 알고리즘이 모든 특징과 네이트 프레임워크의 기능을 결합한 추상 레이어인 스파클링 워터(Sparkling Water)를 제공한다. 게다가 스파크만큼의 능력도 지니고 있다.

스파클링 워터는 ML과 MLib 프레임워크를 사용하지 않고 머신러닝을 수행할 수 있으며, 스파크 내의 딥러닝에 대한 몇 가지 대체재로도 사용할 수 있다.

스파크는 스컬러를 향상시켜 디자인했다. H2O와 스파크의 상호 운용성에 대해 이해하려면, 네이티브 스컬러 API를 먼저 이해해야 한다.

스파클링 워터 아키텍처 안에서 H2O의 컨텍스트는 스파크의 컨텍스트와 함께 드라이버 노드(driver node)에 존재한다. 그리고 스파크 2의 주요 시작 시점에서는 스파크 세션을 갖고 있다. 이와 비슷하게 H2O와 스파크의 실행자(executor)는 워커(worker) 노드에 동시에 존재한다. 이와 같이 자바 가상 머신(Java Virtual Machine, JVM)과 메모리를 공유한다. YARN을 통해 자원 할당과 초기 설정을 할 수 있고, 리소스 관리와 잡 스케줄링을 위해 하둡 컴포넌트를 사용한다.

또한 스파크와 MLib의 장점을 결합시켜 H2O의 기능만으로 엔드-투-엔드 파이프라인을 만들 수 있다.

예를 들어, 데이터를 변경하고 서로 다른 변환 함수를 찾을 때 스파크와 H2O를 사용할 수도 있다. 그리고 H2O를 통해 딥러닝 모델링을 할 수 있다. 궁극적으로는 훈련된 모델을 반환하고 더 나은 애플리케이션 내에 결합할 수 있다.

스파크는 저장(storing), 모델링(modeling), 데이터 조작(manipulating data)을 위한 세 개의 API를 제공한다. 탄력적인 분산 데이터(Resilient Distributed Data, RDD) 타입은 최근의 통일된 데이터 세트 API이자 데이터 프레임이다. 데이터 프레임(DataFrame)은 sql.Row 타입에 따른 객체의 RDD기 때문에 통합시켜 사용할 때도 비슷하다고 볼 수 있다.

스파클링 워터는 H2O 프레임과 RDD, DataFrame 사이를 서로 바꿔 사용할 수 있도록 해준다. H2OFrame을 RDD로 바꾸려면 래퍼(wrapper)가 생성된 후, 프로덕트의 특성에 따른 특정 클래스 타입의 요소에 맞춰 칼럼 이름을 매핑시킨다. 즉, 스컬러를 사용할 때 H2OFrame에서 변환하려는 데이터를 위한 컨테이너처럼 동작한다. 그래서 이 경우에는 클래스와 비슷하게 필드 하나당 21개까지밖에 저장하지 못하는 한계를 갖고 있다. 더 큰 테이블을 위해서는 중첩된 구조와 사전형으로 사용할 수 있다.

H2OFrame을 스파크 데이터 프레임으로 변환시킬 때는 어떤 파라미터 타입도 필요하지 않다. 스키마는 칼럼 이름과 H2OFrame의 타입에 따라 동적으로 움직인다.

또 실제로 존재하는 RDD 혹은 데이터 프레임을 H2OFrame으로 변환할 때 데이터는 복제되고 다시 로드돼야 한다. H2OFrame이 Key/Value 형태로 저장돼 있으면, 선택적으로 프레임이름을 특징화할 수 있다. RDD의 경우, 스컬러 컴파일러가 추론하기 전에는 어떤 명시적인타입도 특정 타입으로 명시되지 않는다.

각 칼럼의 원시적인 타입들은 아래 표에 따라 매칭된다.

Scala / Java type	SQL type	H2O type
NA	바이너리 타입	정수형
바이트(Byte)	Byte Type	정수형
문자형(Short)	Short Type	정수형
정수형(Integer)	Integer Type	정수형
정수형(Long)	Long Type	정수형
실수형(Float)	Float Type	정수형
실수형(Double)	Double Type	정수형
스트링(String)	String Type	스트링
불리언(Boolean)	Boolean Type	정수형
Java.sql.TimeStamp	TimestampType	시간(Time)

RDD와 H2OFrame 모두 실행자인 JVM의 동일한 메모리 공간을 공유한다. 변환과 복제 이후에는 지속되지 않도록 쉽게 만들어 준다.

지금까지 네이티브 스컬러가 어떻게 스파크의 동작과 합쳐지는지 알아봤다. 이제 우리는 파이썬 래퍼도 고려해 볼 수 있다.

드라이버 프로그램에서 파이썬의 SparkContext이 JVM 드라이버를 시작하고 자바를 따르는 SparkContext를 실행하기 위해 Py4J를 사용한다. 자바를 따르는 SprakContext는 H2OContext를 생성하고, 스파크 클러스터 내의 H2O 클라우드를 시작한다.

비록 PySpark와 PySparkling이 스파크의 최상단과 파이썬에서 H2O를 개발하는 데 있어 괜찮은 방법일 수 있지만, JVM 실행자 내의 래퍼가 파이썬 API를 품어 사용하도록 만든 것이다. 분산된 환경 내에서 복잡한 프로젝트를 유지보수하고 디버깅하는 것은 지루하고 힘들기 때문에 네이티브 API를 사용하는 것이 낫다. 그렇지만 대부분의 경우, 파이썬 API는 잘 동작하기 때문에 파이썬과 네이티브 언어들을 바꿔가며 사용할 필요는 없다.

테스팅

데이터 과학에서의 테스팅이 무엇인지 살펴보기 전에 몇 가지 개념들을 짚고 넘어가자.

첫 번째로 그리고 가장 일반적으로, 과학에서의 모델은 뭘까? 아래의 정의를 인용해 살펴보자.

> 과학에서의 모델은 아이디어의 표현이다. 바로 실험하기 힘든 어떤 현상 등을 설명하기 위한 어떤 것 혹은 과정, 시스템이다.

다음과 같은 설명도 있다.

> 과학적인 모델은 개념적이다. 실제 세계의 현상에 대한 수학적이고 물리적인 표현법이다. 모델은 일반적으로 최소한 부분적으로 설명이 가능한 어떤 것이나 과정으로 구성된다. 그러나 직접 관찰하기는 어렵다. 예를 들면, 막대기와 공을 사용해 분자를 설명한다. 행성의 움직임이나 이상 기체 방정식과 같은 원리에 대한 수학적인 모델이다. 자연에서는 무한히 변수를 찾아낼 수 있기 때문에 간단하고, 대부분의 추상적인 모델은 실제 세계의 현상을 설명하기에는 완벽하지 못하다.

하나의 가정 내에서 복잡한 시스템을 단순화하기 위한 모델이 필요하다. 이전에 딥 뉴럴 네트워크가 복잡한 비선형적인 관계를 표현할 수 있다는 것을 설명했다. 얕은 모델보다 훨씬 더 복잡한 뭔가의 실제 시스템에 근접한다고 하더라도 또 한 번 근접한 것일 뿐이다. 실제의 모든 시스템이 뉴럴 네트워크에서 동작하는지는 잘 모르겠다. 뉴럴 네트워크는 사람의 뇌에서 정보를 처리하는 방법에서 영감을 받았지만, 이 과정을 엄청나게 단순화했을 뿐이다.

모델은 어떤 파라미터(혹은 파라미터의 모델)에 따라 정의된다. 한쪽에서는 함수 매핑으로 모델을 정의하고, 입력 공간을 결과로 내놓는다. 다른 방면에서는 매핑 적용을 위한 함수에서 필요한 웨이트 매트릭스나 바이어스와 같은 여러 파라미터가 필요하다.

모델 피팅과 트레이닝은 데이터를 가장 잘 표현하기 위한 모델의 파라미터를 측정하는 과정에 따른 두 가지 조건으로 나눠 생각할 수 있다. 모델 피팅은 모델 파라미터와 데이터에 따른 손실 함수를 정의하는 학습 알고리즘에 따라 다르게 나타난다. 그리고 모델 파라미터를 위한 최적을 평가하는 함수를 최소화하려고 한다. 가장 일반적으로 사용되는 알고리즘은 모든 변수가 포함된 경사 하강법(Gradient Descent)이다. 바로 이전 단계의 '훈련' 섹션을 살펴보자. 오토인코더를 실행하기 위해 재구성 에러를 최소화하고 발생할 가능성이 있는 정규화된 불이익을 추가했다.

검증(Validation) 테스팅과 평가는 가끔 헷갈린다. 검증과 테스팅은 동일한 기법이나 방법론을 사용하지만, 사용 목적이 다르다.

모델의 검증은 검증에 대한 가정에 따라 달라진다. 데이터는 모델을 잘 설명하기 위한 수단이고, 가정은 다음과 같다. 만약 모델이 정확하고, 훈련(파라미터 평가)이 끝나면, 같은 방법으로 보이지 않는 데이터 또한 설명하고, 트레이닝 세트를 설명해야 한다. 모델이 충분히 일반화됐다고 생각하면 주어진 시나리오 내에서 사용해야 한다. 모델의 유효성 검사는 모델이 검증된 데이터를 얼마나 잘 조정하는지 정량화할 수 있는 방법(보통은 미터법)을 찾는 것이다. 이미 분류된 데이터에서는 검증된 데이터의 변칙 점수에서 계산한 수신자 조작 특성(Receiver Operating Characteristic, ROC)이나 정밀도와 재현(Precision-Recall, PR) 등을 통해 몇 가지 측정법을 유도할 수 있다. 분류되지 않은 데이터에서는 과잉-질량(Excess-Mass, EM)이나 질량-부피(Mass-Volume, MV) 등의 방법을 사용할 수 있다.

모델의 검증은 수행 능력을 평가할 수 있는 방법이기는 하지만, 모델 선택과 조정에 널리 사용된다.

모델 선택은 검증 과정에서 높은 점수를 받은 모델들의 여러 후보군 중에서 선택하는 과정이다. 후보군들은 동일한 모델, 서로 다른 모델, 서로 다른 특징의 선택, 서로 다른 정규화와 여러 변환 기법 등에 따른 여러 조합으로 구성돼 있다.

딥 뉴럴 네트워크에서 특징 선택은 보통 생략된다. 네트워크 내에서 직접 유추하며, 비슷한 특징들을 생성한다. 그리고 학습 중의 정규화 과정을 통해 특징들이 많이 생략된다.

가상 공간(모델 파라미터)은 활성화 함수, 크기와 깊이, (이미지의 흑백화 혹은 데이터 정제 등의) 전처리 과정, (차원을 줄이기 위해 오토인코더를 사용하고 클러스터링 알고리즘을 실행하는 등의) 후처리 과정에 따른 위상 기하학(topoloy)의 선택 가능한 범위에 따라 달라진다. 각각의 조각 내에서 독립적으로 조절되는 모든 파이프라인(주어진 조합 형태의 여러 컴포넌트)을 모델로 사용할 수 있다.

학습 알고리즘 또한(학습률이나 쇠퇴율과 같은) 몇 가지 파라미터를 소개한다. 특히, 모델을 최대한 일반화시키려고 하기 때문에 학습 함수 중의 여러 정규화 기법을 소개한다. 그리고 (스파스 계수(sparsity coefficient), 노이즈 계수, 정규화 웨이트 등의) 추가 파라미터도 소개한다.

알고리즘의 특정한 향상법 또한 (에포크, 매 반복에서의 샘플 개수 등의) 몇 가지 파라미터를 가진다.

또 모델의 수행 능력과 학습 알고리즘을 정량화하기 위한 동일한 검증 기법을 사용할 수 있다. 모델 파라미터와 하이퍼 파라미터를 합한 것을 포함해 엄청 큰 파라미터 벡터를 생각할 수 있다. 검증 정량화를 최소화하려면 모든 방법을 사용해야 한다.

검증에서의 모델과 조정이 끝나면, 다음과 같은 시스템을 얻을 수 있다.

- 몇몇 데이터를 선택한다.
- 훈련과 검증으로 나눈다. 바이어스와 언밸런싱을 아직 소개하지 않았다는 것을 기억하자.
- 서로 다른 모델의 집합이나 여러 조합, 학습 파라미터, 향상 파라미터에 따라 검색 공간을 만든다.
- 트레이닝 데이터, 주어진 손실 함수를 사용한 학습 알고리즘, 내재된 정규화, 특정 파라미터 등을 사용해 트레이닝 세트의 각각의 모델을 조정한다.
- 검증된 데이터를 조정된 모델에 적용해 검증법을 계산한다.
- 검색 공간 내의 하나의 점을 선택해 검증법을 최소화한다.

선택된 점은 최종 이론을 공식화한다. 선택된 점에 따른 파이프 라인의 결과인 모델에서 생성된 관찰된 결과를 이론이 말해 준다.

평가 과정을 통해 이 최종 이론을 받아들일 수 있고, 기술적인 관점과 비즈니스적인 관점에 따른 퀄리티를 정량화하고 검증하는 과정이다.

과학적인 맥락에서 역사를 살펴보면 하나의 이론이 다른 이론 위에서 성공적으로 동작한다. 올바른 이론을 선택하려면 편견 없는 합리성과 정확한 판단, 논리적인 해석이 필요하다.

일치 이론(Confirmation theory)은 연역적인 근거 대신 과학적인 근거로 안내하는 학습 방법이고, 몇 가지 이론을 정의하는 데 도움을 준다.

이 책에서는 이론에 대한 퀄리티를 정량화하고 충분하게 좋도록 검증하며 훨씬 단순한 이론(베이스라인)을 통해 장점을 분명하게 드러낸다. 베이스라인은 우리 시스템 내에서 나이브한 향상법이 될 수 있다. 또 변칙 탐지에 한계점의 통계 집단을 넘어서는 특징 값을 지닌 하나의 관찰에 변칙이 있다면, 단순한 규칙-기반의 한계 모델이 될 수도 있다. 시간이 지날수록 향상과 유지가 가능한 가장 간단한 이론은 베이스라인일 것이다. 완전한 수용 기준을 만족하기는 어려울 수도 있지만 또 다른 이론, 즉 더 향상된 모델이 왜 필요한지에 대해서는 알려 줄 수 있다.

콜리번(Colyvan)은 그의 저서 『수학의 필수불가결성(Indispensability of Mathematics)』에서 또 다른 네 가지의 주요한 기준을 변형해 다음과 같은 좋은 이론에 대한 기준을 제시했다.

1. **단순함 / 검약**: 경험적인 결과가 비슷하더라도 언제나 단순함은 복잡함보다 낫다. 복잡함은 어떤 한계를 뛰어넘으려고 할 때만 필요하다. 단순함은 수학적인 형태와 존재론적인 약속이라는 관점에서도 선호해야 한다.

2. **통일성 / 설명론에 대한 힘**: 이미 기존의 존재하는 것과 미래의 관찰을 끊임없이 설명하기 위한 능력이다. 또 통일성은 실험에 필요한 이론적인 디바이스의 개수를 최소화한다는 것을 의미하기도 하다. 좋은 이론은 주어진 예측이 왜 나오게 됐는지 직관적으로 설명할 수 있다.

3. **볼드성 / 생산성**: 볼드 이론은 아이디어가 참이라면 모델링한 시스템에 대해 더 많이 설명할 수 있어야 하고, 예측할 수 있어야 한다. 볼드성은 우리가 이미 알고 있는 매우 작은 부분까지 이론이 기여하는 것을 막는다. 따라서 새로운 것을 수식화하도록 만들어 주며, 증거에 대해 방증할 수 있도록 해 준다. 만약 이론을 옳은 방법으로 증명할 수 없다면, 증거가 반대로도 증명될 수 없다고 말할 수도 있다. 하나의 이론이 더 가능성이 높거나 미래에 확장해 재사용 가능하도록 만들 수 있다면, 이 이론을 사용하고 싶어할 것이고, 생산성도 더 높아질 것이다.

4. **수학적 아름다움**: 이론은 굉장히 미학적이고 임시로 몇 가지를 수정해 이론이 무너지

지 않도록 충분히 강건해야 한다. 이 아름다움은 어떤 것이 확실하고, 경제적이고, 간결한 방법이라는 것을 설명할 수 있는 퀄리티다. 이 아름다움은 철저한 검토와 유지가 가능하도록 만들어 준다.

뉴럴 네트워크에서는 이 기준을 다음과 같이 바꿔 표현할 수 있다.

1. 몇 개의 레이어만 존재하는 얕은 모델과 수용 능력이 작은 것을 선호한다. 4장의 '네트워크 디자인' 섹션에서 이미 다뤘지만, 간단한 것에서 시작해 우리가 원하는 만큼의 복잡성을 조금씩 늘려 나간다. 결국 복잡성은 수렴되고, 복잡성을 계속 늘리더라도 어떤 이점도 없게 된다.

2. 설명력과 통합력은 구별할 필요가 있다.

   □ 설명력(Explanatory power)은 모델 검증과 비슷하게 평가하는 것이지만, 서로 다른 데이터 세트를 활용한다. 위에서 언급했던 것처럼 데이터를 훈련, 검증, 테스팅 세 개의 그룹으로 나눈다. 훈련과 검증 데이터는 이론(모델과 하이퍼 파라미터)을 수식화하는 데 사용한다. 이 모델은 훈련과 검증 세트를 합친 새로운 트레이닝 세트를 갖고 다시 훈련한다. 그리고 마지막에 이르면 검증이 끝난다. 모델은 테스트 세트에 반해 평가된다. 이 단계에서 트레이닝 세트와 테스트 세트의 검증 방법을 고려하는 것이 중요하다. 트레이닝 세트에서 잘 수행될 것으로 기대되지만, 트레이닝 세트와 테스트 세트의 평균의 차이가 크면 모델은 잘 보이지 않는 영역 내에서 관찰된 부분에 대해서는 제대로 설명하기 힘든 부분이 존재한다는 것이다.

   □ 통합력(Unificatory power)은 모델의 희박성을 표현할 수 있다. 설명력으로 입력값에서 결괏값을 매핑시키는 것을 설명한다면, 통합은 매핑에 적용하기 위한 필요 요소들의 개수를 줄이는 역할을 한다. 정규화로 인한 불이익을 감안한다면, 특징들을 더 적게 만들어야 한다. 즉 관찰을 설명할 수 있고, 더 적은 정규자(이론적인 디바이스)를 사용해야 한다.

3. 볼드성과 열매 맺기는 다시 두 개로 분리할 수 있다.

   □ 볼드성(Boldness)은 테스트 주도 접근을 의미한다. 모델이 무엇이고, 왜 동작하는지 확실하게 하고 싶다면, 테스트 주도 접근에서는 시스템을 블랙박스라고 생각하고 서로 다른 조건에 따라 응답 조건을 확인한다. 변칙 탐지에서는 실패하는 시나리오를 체계적으로 생성해 변칙성에 대한 여러 단계를 나누고 시스템의 어떤 레벨에서 탐지하고 반응하는지 측정한다. 혹은 시간에 응답하는 탐지자들에 관해서

는 데이터 안에서의 이동 거리를 측정할 수 있다. 테스트가 통과하고 나면, 어떤 경우가 발생해도 성공할 수 있다는 자신감이 생긴다. 머신러닝에서의 가장 공통된 접근 중 하나일 것이다. 생각하는 모든 것을 실험해 본다. 버그를 찾아내려는 노력이 성공하지 못하도록 조심스럽게 평가하고 실험하며 승인해야 한다(결국, 테스트를 통과했다는 뜻이 된다).

□ **열매 맺기(Fruitfulness)**는 주어진 모델과 시스템의 재사용성에 대해 다룬다. 특정 상황에서만 적합하다면 어떨까? 오토인코더는 놓여 있는 데이터를 대표해 완전히 독립적으로 동작하기 때문에 아주 작은 영역의 지식만 사용한다. 그래서 주어진 오토인코더를 사용해 이론이 수행 조건 내에서 시스템을 설명할 수 있다면, 어떤 종류의 시스템을 탐지하는 데에도 재사용할 수 있다. 만약 (이미지 흑백 처리와 같은) 전처리 과정을 사용한다면, 이미지의 픽셀들을 입력 데이터로 받을 것이다. 그래서 이 이론이 우리의 경우에는 완전히 적합하더라도, 더 많은 사용을 위해서는 몇 가지 손을 봐야 한다. 그럼에도 이론의 중요한 부분을 고려하는 것 이상으로 특정 도메인의 전처리 과정은 두드러지게 최종 결과를 향상시킬 수 있다. 만약 수정할 게 별로 없다면, 어떤 상황에 재사용하는 것을 추천하지 않는다.

4. 딥 뉴럴 네트워크의 아름다움을 보는 관점 중 하나는 손으로 하나씩 넣는 게 아닌, 학습 특징들의 수용력을 암묵적으로 표현할 수 있다는 것이다. 이런 관점에서 동일한 모델이 학습에 연관된 특징에 따른 서로 다른 시나리오에 맞춰 조정하는 방법을 측정할 수도 있다. 예를 들면, 매우 일반적으로 생각되는 주어진 모든 데이터 세트에서도 테스트할 수 있고, 정규분포를 학습하기 위한 오토인코더를 언제든 만들 수 있다. 동일한 데이터 세트에 특징들을 추가하거나 삭제하기도 하고 외부 기준에 따라 분리해서 서로 다른 분포로 데이터 세트를 생성할 수도 있다. 특정한 입력 기능과 웨이트의 함수에 따른 모델을 설명하는 것 대신, 뉴런의 관점에서 학습 능력의 독립체를 설명할 수도 있다. 굉장히 우아함이 드러나는 예시다.

비즈니스 관점에서 반드시 생각해봐야 할 기준은 다음과 같다.

다음과 같은 질문에 대해 답변할 수 있어야 한다.

- 풀려고 하는 문제가 무엇인가?
- 비즈니스적으로 어떤 이득이 있는가?

- 원론적이고 기술적인 관점에서 이번 모델을 기존의 시스템에 결합시켜 사용할 수 있을 것인가?
- 마지막으로 전달하는 것은 어떤 것이고, 이를 어떻게 사용하고 실행할 수 있는가?

우리의 예시인 침입 시스템에 사용하기 위해 위 질문에 어떻게 답변할 수 있을지 알아보자.

실시간으로 네트워크 트래픽을 모니터링하고 있다고 가정해 보자. 그리고 각각의 네트워크 연결을 '일반'과 '수상쩍음'으로 나눠 보자. 침입자들에 반해 더 나은 보호 시스템을 갖도록 만들어 준다. 연결에서 신고가 들어오면 일단 멈추고, 큐 안에 넣어 수동으로 살펴본다. 보안 전문가 팀이 해당하는 연결을 살펴보고, 알림이 잘못 울린 것인지 유의미한 공격인지 판단해 연결 하단에 기존에 세팅해 놓은 레이블로 분류한다. 그러므로 변칙 점수에 따라 나열된 실시간 연결 리스트를 제공해야 한다. 이 리스트에는 보안 팀의 역량을 벗어나는 다른 요소들이 포함될 필요는 없다. 그래서 공격을 판단할 때 드는 비용과 공격으로 인한 손해, 탐지를 위한 비용에 대해 적절하게 균형을 맞춘다. 정확하게 구성된 최소한의 요건과 최악의 시나리오에 대한 확률을 계속 생각하고 있어야 한다.

이런 평가 원칙을 정의할 때는 정량적인 것보다 정성적으로 정의해야 한다. 숫자로 측정할 수 없는 것을 비교하거나 기록하는 것은 어려운 일이다.

데이터 전문가인 브라이언 허드슨(Bryan Hudson)은 다음과 같이 말한 적이 있다.

> 만약 정의할 수 없으면, 측정이 불가능하다. 측정할 수 없으면, 기록할 수 없다. 정의하고, 측정하고, 기록해야 한다.

그렇지만 조심해야 한다. 모든 관점과 시나리오를 설명하는 새로운 평가 방법을 만드는 것은 아직 한참 멀었다.

많은 데이터 과학자가 유틸리티 함수를 사용해 모델을 평가하기 위해 정량화를 시도하는 동안 검증이나 실제 배포 시스템에는 관심이 많지 않았다. 프로페셔널한 데이터 과학 성명에 따르면 다음과 같다.

> 프로덕트는 퀄리티를 평가하기 위한 방법으로 가득 찬 수영장이다. 하나의 숫자로는 실제 세계의 복잡성을 포착해 낼 수 없다.

핵심 성과 지표(Key Performance Indicator, KPIs)를 정한다고 하더라도 베이스라인과 비교하면 실제 의미는 상대적이다. 기존의 것보다 훨씬 더 간단하더라도 솔루션이 필요한 이유에 대해 깊이 고민해야 한다.

KPI와 테스트 케이스를 정의하는 데 필요한 평가 전략을 통해 대부분의 과학적인 관점과 비즈니스 니즈를 커버한다. 몇몇 데이터는 숫자로 쌓이고, 또 몇몇은 차트에서 확인할 수 있다. 모든 것을 한 번에 확인할 수 있는 대시보드에서 이 모든 것을 요약해 효율적으로 표현할 수 있다.

이어지는 '모델 검증' 섹션에서는 분류된 데이터와 분류되지 않은 데이터에서 사용하기 위해 모델 검증에서 사용하는 몇 가지 기법을 살펴본다.

그리고 병렬로 구성된 검색 공간 기법을 사용해 파라미터 공간을 조정하는 방법을 살펴본다.

그리고 마지막에는 A/B 테스팅 기법을 사용해 네트워크 침입에 관한 최종 평가에 대한 예시를 살펴본다.

🏷️ 모델 검증

모델 검증의 목표는 독립적인 데이터 세트에서 받아들여지는 설명으로 훈련된 모델에서 평가/예측을 수량화한 결과에 관계없이 평가해야 한다. 트레이닝 세트를 측정하려는 주요 이유는 편향될 수도 있고, 모델이 발견한 특정 관찰 결과를 최적화해야 하기 때문이다. 검증을 위한 다른 데이터 세트를 갖고 있지 않다면, 하나의 데이터를 나눠 트레이닝 데이터로 사용하고 기준으로 사용한다. 일반적으로 사용하는 또 다른 방법은 교차 검증 기법(cross-fold validation)이다. 이를 중층으로 쌓아올린 후, 기록된 데이터 세트를 여러 부분으로 나눈다. 좀 더 간단하게는 홀드 원 아웃(hold-one-out) 방법을 고려해 볼 수 있다. 교차 검증 기법과 동일한 기준을 적용해 보는 것이다.

트레이닝 세트와 검증 세트는 완전히 무작위로 나눌 수 없다. 검증 데이터 세트는 모델이 점수를 매길 때 사용할 수 있는 미래의 가상 시나리오를 표현해야 한다. 트레이닝 세트의 특성과 매우 비슷한 정보가 검증 데이터에 영향을 미치지 않도록 만드는 것은 매우 중요하다.

고려해야 할 기준들이 꽤 많다. 가장 쉬운 것은 시간이다. 만약 데이터가 시간순으로 돼 있다면, 언제나 트레이닝 세트를 선택한 이후에 검증 세트를 선택하고 싶을 것이다.

하루에 한 번 배포할 계획을 갖고 있다면, 이 다음 24시간에 대한 관찰만 이뤄지기 때문에 검증 데이터 세트는 정확히 24시간 동안에만 해당한다. 24시간 이후의 어떤 관찰도 마지막으로 훈련된 모델에서 점수가 매겨지지 않지만, 지난 24시간에 대한 관찰만 훈련된 모델에 추가할 수 있다.

물론 정확하게 이전의 24시간만 관찰한다는 것은 어려운 일이다. 몇 가지 유효성을 확인하고 나면, 시간에 따른 몇 가지 흩어진 점들을 선택할 수 있다. 분리된 각각의 점을 위해 해당하는 점에 대한 모델이 완료되고, 아래의 검증 창에 따라 데이터를 검증하게 된다.

분리된 점들을 선택하는 것은 자원의 양에 따라 달라진다. 이상적으로 보면, 모델이 훈련하는 동안의 정확한 빈도만 매핑하고 싶지만, 하루의 한 점이 1년 전에 만들어진 것인지 아무도 모른다.

훈련과 검증 데이터를 분리하기 위해 운영 중에 주의해야 할 몇 가지를 소개하면 다음과 같다.

- 타임스탬프를 갖고 있는지에 관계없이, 시간에 따라 연대순으로 시간이 기록된다. 즉, 데이터가 생성되고 나서 트레이닝을 위한 특징 공간으로 들어가기까지 6시간이 걸린다고 가정해 보자. 특징 공간으로 들어가는 시간 이전과 이후로 필터링하면 데이터 포인트들을 나눌 수 있다.

- 훈련 과정을 거치는 시간은 얼마나 될까? 우리가 가진 모델을 재교육하는 시간이 1시간이라고 가정해 보자. 이전 모델의 유효 기간이 끝나기 전에 1시간의 훈련 시간이 필요하다. 이전 모델에서 다루게 될 훈련 시간에 따라 점수가 매겨진다. 즉, 트레이닝을 위한 마지막 데이터를 수집하는 몇 시간 동안의 관찰에 대해서는 그 어떠한 예측도 불가능하다는 것이다. 바로 트레이닝 세트와 검증 데이터 세트의 간극이 여기서 드러난다.

- 그렇다면 모델은 제로 데이(day-0) 멀웨어(콜드 스타트 문제)에 어떻게 반응할까? 검증하는 동안, 모델이 가장 최적화된 경우를 상상하기보다 최악의 사나리오를 계획하고 대비한다. 만약 디바이스 ID나 네트워크 카드의 맥 주소와 같은, 분리할 수 있는 속성을 발견한다면 유저를 나눠 서로 다른 검증을 확인하는 버킷에 집어넣는다. 그리고 나뉘어진 하나의 유저를 선택한 후 다른 유저들을 대상으로 끊임없이 훈련된 모델을 교차 검증한다. 이를 통해 기록에서 살펴보지 못했던 유저들을 위한 예측도 검증할 수 있다. 동일한 기기에서 확인하고, 기존 연결에서 발생하지 않은 변칙이라는 신호가 포함돼 있는 트레이닝 세트의 경우, 일반화할 수 있는지를 확인할 때 도움이 된다. 이 경

우에는 모델이 변칙을 쉽게 찾는 데 도움을 주지만, 실제로 사용하는 경우에는 정확하게 들어맞지 않는다.

- 데이터를 나눌 때 적용할 속성(기본 키)를 선택하는 것은 간단하지는 않다. 정확하게 디바이스 ID에 따라 분리시킨다면, 동일한 유저에 대해 대처할 때나 여러 디바이스를 사용하는 동일한 머신에서는 분리하는 것을 어떻게 찾을 수 있을까? 분리시키는 열쇠의 선택은 독립적인 문제로 귀결된다. 이 문제를 해결할 올바른 방법은 먼저 데이터를 동일한 독립체끼리 클러스터링하는 것이다. 그리고 이렇게 분리된 데이터는 동일한 독립체로 데이터를 나눌 때 절대 서로 떨어지지 않는다. 독립체는 유저의 특정한 사용 맥락에 따라 정의된다.

- 교차 검증을 할 때는 시간 제한을 확실하게 사용해야 한다. 즉, 각각의 검증 폴드가 서로 다른 트레이닝 폴드와 교차하도록 시간 점 포인트들을 찾아야 한다. 트레이닝 세트를 독립체의 성격과 시간에 따라 필터링한다. 그리고 검증 창과 그 간격에 따라 검증 폴드 안의 데이터를 필터링한다.

- 크로스 폴드의 검증은 클래스 불균형을 야기한다. 정의에 따르면, 변칙은 매우 드물기 때문에 데이터는 상당히 왜곡돼 있다. 만약 독립체를 무작위로 뽑는다면, 변칙이 없는 아주 작거나 많은 폴드로 구성돼야 한다. 따라서 각 폴드에 균등하게 변칙의 분포를 저장할 수 있도록 만족할 만한 교차 검증을 적용해야 한다. 하지만 아직 분류되지 않은 데이터에서는 꽤 곤란한 일이 생긴다. 모든 특징 공간과 분리된 공간에서 통계 몇 가지를 실행할 수 있기 때문에 폴드에 따라 서로 다른 점에 대한 분포를 최소화할 수 있는 방법이 필요하다.

분리 원칙을 정의할 때 고려해야 할 눈에 잘 띄는 공통적인 위험 요소들을 정리했다. 그렇다면, 이제 계산해 보자. 실제 운영 사용 케이스에서 검증법을 잘 선택하는 것은 매우 중요하다.

이어지는 '분류된 데이터' 섹션에서는 분류된 데이터와 분류되지 않은 데이터를 정의하기 위한 몇 가지 방법을 살펴본다.

■ 분류된 데이터

분류된 데이터에 대한 변칙 탐지는 표준 이진 분류기로 사용할 수 있다.

$s : R^d \rightarrow R^+$는 변칙에 대해 점수를 매기는 함수고, 점수가 높으면 변칙일 확률이 높다고 가정해 보자. 오토인코더에서는 재구성 에러에서 MSE를 계산하고, 범위 [0,1] 사이에 재설정한

다. 우리의 주요 관심사는 절댓값이 아닌 상대적인 순서다.

그리고 나면, ROC이나 PR 곡선을 사용해 검증할 수 있다.

검증을 위해 점수를 매기는 함수 s에 따라 한계점 a를 설정해야 한다. 그리고 변칙으로 분류되는 점수는 $s(x) \geq a$의 모든 점을 고려해야 한다.

a의 모든 값에 대해 혼동 매트릭스를 다음과 같이 계산할 수 있다.

관찰 개수 n	변칙에 대한 $s(x) \geq a$ 에 대한 예측	변칙이 아닌 것에 대한 $(s < a)$ 대한 예측
변칙 존재	파지티브가 참(True Positive, TP)	네거티브가 거짓(False Negative, FN)
변칙이 아닌 것이 존재	파지티브가 거짓(False Positive, False Postive)	네거티브가 참(True Negative, TN)

a의 값에 따른 혼동 매트릭스를 적용하면, **파지티브가 참일 확률**(True Positive Rate, TPR)과 **파지티브가 거짓일 확률** (False Positive Rate, FPR)은 다음과 같다.

$$TPR = 재현율 = \frac{TP}{TP + FN}$$

$$FPR = 오탐율 = \frac{FP}{FP + TN}$$

a의 각 값을 2차원 공간에 그린 후, $TPR = f(FPR)$을 반영해 ROC 곡선을 만들 수도 있다.

도표를 해석하기 위한 방법은 다음과 같다. 중단된 각각의 점들은 y 좌표 위에서 검증 데이터(재현) 안의 변칙에 대한 전체 집합을 묶어 변칙의 조각들을 알려 준다. x 좌표는 알람이 잘못 울린 것에 대한 비율이다. 또한 일반 관찰들의 전체 집합에서 변칙으로 분류된 관찰 조각들이다.

한계점을 0에 가깝게 만들어 놓으면 모든 것을 변칙으로 분류하지만 일반적인 관찰들 또한 알람이 잘못 울리게 된다. 1에 가깝게 되면, 어떤 변칙도 찾아내기 힘들어진다.

주어진 α의 값이 TPR=0.9와 FPR=0.5에 따라 변한다고 가정해 보자. 변칙의 90%는 탐지할 수 있지만, 일반적인 관찰 결과의 절반 정도도 변칙으로 포함된다.

최적의 한계점은 제로 포지티브 거짓(0 false positive)과 제로 네거티브 부정(0 false negatives) 사이의 (0, 1) 사이에 존재한다. 이런 일은 절대 일어나지 않지만, 재현율과 잘못 울리는 비율 사이의 적절한 상충된 지점을 찾아야 한다.

ROC 곡선에 따른 한 가지 문제는 매우 편향된 데이터 세트에서도 제대로 동작하지 않는다는 것이다. 변칙은 오직 데이터의 1%만 대표하므로 x 좌표는 매우 작을 가능성이 높고, x 좌표에 엄청난 영향을 미치지 않고 재현율을 올리기 위해 한계점을 조금씩 풀어 주고 싶은 충동을 느낀다.

재현율(Precision-Recall, PR)의 그림은 좌표 축위에서 나타내고, FPR로 바꿔 정확도를 정의하면 다음과 같다.

$$정확도 = \frac{TP}{TP+FP}$$

정확도는 탐지한 여러 리스트에 따른 변칙의 조각들까지 표현된 의미 있는 정량법이다.

지금의 아이디어는 각 좌표를 최대로 늘리는 것이다. y 좌표에서는 비율의 기대되는 결과를 관찰할 수도 있으며, x 좌표에서는 얼마나 많은 변칙을 놓쳤는지 알 수 있다. 이 범위 모두 변칙 가능성에 따라 바뀔 수 있다.

이차원 도표를 갖는 것은 여러 시나리오 안에서 탐지자가 어떻게 동작하는지 이해할 수 있도록 해 준다. 그렇지만 모델 선택에 적용하려면 유틸리티 함수 하나를 최소화해야 한다.

여러 가지 방법을 합해 사용할 수도 있다. 가장 일반적으로 곡선 하단의 영역(area under the curve, AUC)을 사용한다. 모든 한계점에 따른 탐지자의 평균 수행 능력에 따른 지표다. ROC 커브에서는 AUC를 확률로 해석했지만, 균등하게 무작위로 뽑은 일반적인 관찰을 그리는 것보다 균등하게 그려지고, 무작위로 뽑은 변칙 관찰에 대한 확률이 더 높다. 변칙 탐지에서 일반적으로 발생하지는 않는다.

정확도와 재현율에 대한 절댓값은 동일한 범위 내에 정의해서 F-스코어로 알려진 조화 평균을 사용해 구할 수 있다.

$$F_{\beta} = \left(1+\beta^2\right)\frac{정확도 \cdot 재현율}{\left(\beta^2 정확도\right)+재현율}$$

여기서 β는 정확도보다 중요한 재현율을 확장한 웨이트에 대한 계수다.

식 $(1 + \beta^2)$은 점수에 대한 범위를 0과 1 사이로 만들기 위해 추가한다.

F1-점수를 얻기 위해 대칭적으로 만들어 준다.

$$F_1 = \frac{2 \cdot 정확도 \cdot 재현율}{정확도 + 재현율}$$

보안 분석가들은 정확도와 재현율에 대한 값을 위해 최소 요구사항을 바탕으로 선호하는 것을 설정한다. 이런 경우의 선호하는 것에 중점을 둔 점수는 다음과 같이 정의할 수 있다.

$$PC\left(r_{\min}, p_{\min}\right) = \begin{cases} F_1 + 1, r \geq r_{\min} \, and \, p \geq p_{\min} \\ F_1, otherwise \end{cases}$$

PC- 점수는 수용 가능한 한계점의 범위를 선택하고, F1-점수를 바탕으로 중위값으로 점수들을 최적화할 수 있다. 첫 번째 경우의 단위 조건을 추가하면 언제나 두 번째보다 더 나은 수행 결과를 보인다.

■ 분류되지 않은 데이터

불행하게도, 대부분의 시간 데이터는 분류되지 않았고, 각 관찰을 분류할 때는 사람의 노력이 무척 많이 든다.

레이블을 요구하지 않는 것에 대해 ROC와 PR에 대한 대안으로 질량-부피(Mass-Volume, MV) 곡선과 초과-질량(Excess-Mass, EM) 곡선을 살펴본다.

이번에는 변칙 점수 함수를 반대로 해서 $s : R^d \rightarrow R^+$를 사용해 보자. 점수가 더 작아지면 변칙이 될 확률이 더 높아진다.

$$s = \frac{1}{RMSE + \in}$$

여기서 ε는 재구성 에러를 0 안팎으로 유지시켜 안정성을 유지하는 사소한 표현 방법이다.

점수를 매기는 함수는 관찰을 나열시킨다.

i.i.d의 집합으로 $f : R^d \rightarrow [0,1]$를 정규분포의 확률 밀도 함수로 가정해 보자. 관찰 결과 $X_1,...,X_n$과 F는 누적 밀도 함수다.

함수 f는 정규분포에 속하지 않는 관찰 0에 최대한 근접한 점수를 반환한다. 점수를 매기는 함수 s에 가까워지도록 측정하는 방법을 찾아 f가 된다. 이상적인 점수를 매기는 함수는 f와 동시에 일어난다. 수행에 필요한 기준 $C(s)$를 호출한다.

주어진 점수를 매기는 함수 S의 집합은 르베그 측도(Lebesgue measure)에 따라 적분 가능하다. s의 MV 곡선은 매핑된 도표가 된다.

$$\alpha \in (0,1) \rightarrow MV_s(\alpha) = \inf_{t \geq 0} Leb\left(\left\{x \in X, \mathbb{P}(s(x) \geq t) \geq \alpha\right\}\right)$$

$$Leb(s \geq t, \alpha) = Leb\left(\left\{x \in X, \mathbb{P}(s(x) \geq t) \geq \alpha\right\}\right)$$

X에 대한 르베그 척도는 여러 모임을 여러 모임으로 나눈 후 버킷(열린 구간의 시퀀스)에 넣어 확인할 수 있다. 이는 모든 버킷의 n-부피를 합한 것이다. n-부피는 각각의 차원에서 정의한 최댓값과 최솟값의 차이를 곱한 후 길이를 곱한 것이다. 만약 X가 d 차원에 있는 점들의 모임이라면, 좌표축에 투사된 것은 길이를 알려 주고, d 차원의 점들과 곱하면 d 차원의 부피를 알려 준다.

MV는 한계점 t에서 정의된 x의 부분 집합의 하한선에 따라 n-부피에 따른 α를 측정한다. 그래서 $s(x)$의 c.d.f.는 α보다 크거나 같다.

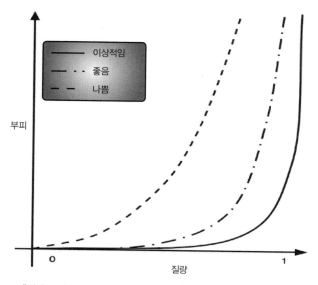

"질량 부피 곡선과 변칙에 대한 랭킹 매기기"의 부피-질량 그래프

최적의 MV 곡선은 f를 계산한 것이다. 고밀도 레벨의 집합(예를 들면, [0.9, 1])으로 표현되는 활용 범위 I^{MV}와 MV_f의 차이의 L1 norm을 최소화하도록 점수를 매기는 함수 f를 찾으려고 한다.

$MV_f \leq MV(s) \forall \alpha \in [0,1]$은 이미 증명된 것이다. MV_s가 언제나 MV_f보다 작다면, 인자들의 최솟값 $\arg\min_s \|MV_s - MV_t\|_{L1(I^{MV})}$은 아래의 $\arg\min_s \|MV_s\|_{L1(I^{MV})}$을 따른다. MV에 대한 수행 기준은 $C^{MV}(s) = \|MV_s\|_{L1(I^{MV})}$이 된다. C^{MV} 값이 더 작아질수록 점수를 매기는 함수의 수행 결과는 더욱 좋아진다.

MV-곡선의 또 다른 문제는 곡선 아래의 영역(area under the curve, AUC)에서 분포된 자원이 무제한 일 경우 (가능한 값의 범위에 대한 제약 조건이 없다면) $a=1$로 수렴한다는 것이다.

이에 대한 대안적인 방법은 $I^{MV} = [0.9, 0.999]$로 범위를 조정하도록 만드는 것이다. 더 나은 변수로는 매핑된 도표로 정의된 초과-질량 (EM) 곡선이 있다.

$$\alpha \in (0,1) \rightarrow EM_s(\alpha) = \sup_{t \geq 0} \mathbb{P}(s(x) \geq t) - t \, Leb(s \geq t, \alpha)$$

성능 기준은 $C^{EM}(s) = \|EM_s\|_{L1(I^{EM})}$과 $I^{MV} = [0, EM_s^{-1}(0.9)]$, $EM_s^{-1}(\mu) = \inf_{t>0}(EM_s(t) \leq \mu)$이다. 그러면 EM은 언제나 제한을 두게 된다.

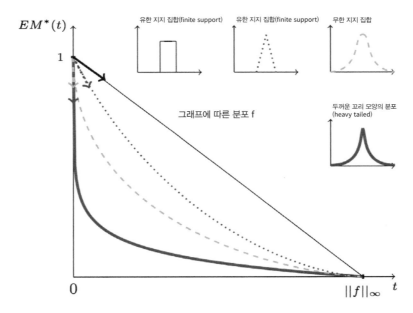

"초과-질량 곡선과 변칙에 대한 랭킹 매기기" 의 초과-질량 그래프

EM의 문제 중 하나는 엄청난 레벨 세트의 범위에 대한 동일한 크기 정도(order of magnitude)가 전체 부피의 반대라는 것이다. 이는 차원이 엄청 큰 데이터 세트에서 발생하는 문제다. EM과 MV를 위해 일반 데이터의 f 분포는 알려져 있지 않지만, 평가될 수 있어야 한다. 현실적으로 르베크 척도는 작은 차원에만 적용될 수 있는 몬테카를로 근사를 바탕으로 평가될 수 있다.

엄청 큰 차원의 데이터 범위에 적용하려면, 무작위로 선택된 특징들의 개수 d'에 따라 끊임없이 샘플을 더 줄여서(sub-smaple) 트레이닝과 검증을 계속할 수 있다. 특징들의 각 부분 집합을 위해 샘플에서 빼낸 후에만 바꿔야 한다.

최종 수행 기준은 서로 다른 특징이 만든 여러 기준을 평균해서 얻을 수 있다. d' 특징 이상의 조합을 검증할 수 없을 때 결점이 존재한다. 즉, 이 특징 샘플링은 큰 차원에서의 EM이나 MV가 가능하도록 만들어지고, 서로 다른 차원의 공간에서 만들어진 모델과 비교할 수 있도록 만들어 준다. 입력 데이터의 서로 다른 관점을 통해 모델을 선택할 수 있다면 더 좋을 것이다.

■ 검증에 대한 요약

분류된 데이터와 분류되지 않은 데이터에 어떻게 곡선 다이어그램을 그리고 집계한 방식의 계산을 할 수 있는지 살펴봤다.

변칙 탐지를 위한 더 중요한 업무를 수행하기 위해 집계된 방식을 만들어 점수를 매기는 함수의 한계값에 대한 하위 범위를 어떻게 설정하는지도 살펴봤다. PR-곡선에서는 정확성(Precision)과 재현(Recall)에 대한 최소한의 요구 범위를 설정해야 한다. 또 직접적인 연관성이나 의미가 없더라도 EM이나 MV에 대한 계산을 하기 위해 엄청 큰 레벨의 집합에 따라 해당하는 범위를 임의로 설정해 둬야 한다.

네트워크 침입이라는 예시에서 변칙 포인트들에 점수를 매기고, 사람이 직접 조사하는 영역을 벗어나는 것들을 큐에 저장한다. 이 시나리오의 경우에는 보안 팀의 역량도 고려해야 한다. 하루 50개의 연결에 대해서만 대응할 수 있다면, 측정을 통한 계산 결과는 큐의 최상위 50개만 보여야 한다. 만약 모델이 상위 1,000개의 요소를 통해 100%의 재현에 도달하려면, 이 1,000개의 요소는 실제 시나리오에서는 재현되지 않아야 한다.

이 상황은 문제를 더욱 단순화한 것이다. 왜냐하면 한계점을 자동으로 선택하는 순간, 실제도 참이고 긍정이거나, 실제는 부정이고 참일 경우에는 독립적으로 변칙에 대한 예측 점수를 내놓기 때문이다. 이 점수가 바로 모델이 변칙이라고 분류한 상위 N개의 관찰이다.

데이터를 쌓아올려 검증하는 크로스폴드 검증 문제에서는 한계점-기반의 검증 방법과 같을 경우 문제가 발생할 수 있다. 주로 마이크로(micro)와 매크로(macro) 두 가지 방식으로 집계한다.

매크로 집계는 가장 일반적인 것이다. 한계점을 계산하고 각각의 검증 폴드를 측정하고 평균시킨다. 마이크로 집계는 각 검증 폴드의 결과를 저장하고, 이들을 연결해 하나의 한계점을 만들고 마지막에 측정한다.

매크로 집계 방법은 안정적이다. 또 다른 샘플을 사용해 시스템을 교란시켜도 얼마나 성능 차이가 발생했는지를 알 수 있다. 또 다른 방법으로는 마이크로 집계 방식은 변칙 탐지 등의 매우 특이한 경우 등 더 많은 바이어스를 모델을 평가할 때 넣을 수 있다. 따라서 마이크로 집계 방식이 더 일반적으로 사용된다.

하이퍼 파라미터 조정하기

'네트워크 디자인' 섹션에서 다루었던 딥 뉴럴 네트워크 디자인에 따르면, 여러 파라미터를 조정하면서 네트워크 디자인을 마칠 수 있다. 기본값이나 추천된 여러 값들은 비싼 조정 과정을 거치지 않아도 된다. 데이터나 특정 애플리케이션 영역, 다른 컴포넌트의 집합에 완전히 의존하는 것들도 있다. 검증에 따른 모델 선택을 실행하기 위한 최고의 값을 찾기 위한 유일한 방법은 검증 데이터 폴드에서 찾은 계산 방법으로 검증하는 것이다.

우리가 조정해야 할 파라미터는 다음 표와 같다. 특정 라이브러리 혹은 프레임워크는 추가 파라미터를 갖고 있을 수도 있고, 이에 맞춰 수정하는 방법을 설정할 수도 있다. 아래의 표는 H2O에서의 여러 옵션을 조정하는 데 사용한다. 공통적인 파라미터를 정리했지만, 제품 수준의 딥 오토인코더 네트워크를 만드는 데 필요한 모든 파라미터를 정리할 순 없었다.

파라미터	설명	추천값
activation	미분가능한 활성 함수	• 데이터의 모습에 따라 다르지만, 가장 인기 있는 함수는 Sigmoid, Tanh, Rectifier, Maxout다. 각 함수는 드롭아웃(drop-out)의 버전에 따라 매핑된다. 4장의 '네트워크 디자인' 섹션을 좀 더 살펴보자.
hidden	레이어의 수와 크기	• 오토인코더의 레이어의 개수는 언제나 홀수여야 한다. 오코인코더에서는 인코딩과 디코딩 레이어는 항상 대칭적이다. • 네트워크 디자인과 정규화 기법에 따라 레이어의 크기는 달라진다. • 정규화 과정이 없는 인코딩 레이어에서는 연속적이고, 이전의 레이어보다 항상 크기가 작다. • 정규화 과정이 있는 경우에는 입력 크기보다 더 큰 크기를 가질 수 있다.

epochs	트레이닝 세트를 통한 반복 수	• 일반적으로 10에서 몇 백 개의 사이로 만든다. 알고리즘에 따라 수렴을 하기 위한 추가적인 에포크가 필요할 수도 있다. • 반복을 초기에 멈출 때는 너무 많은 에포크의 개수를 가질 필요가 없다. • 그리드 검색에 사용하기 위한 모델 검색에서는 (100개 이하의) 적은 개수로 충분히 유지하는 것이 좋다. • 맵/리듀스 반복을 위한 트레이닝 샘플 개수 분포 학습의 경우에만 해당 파라미터가 적용된다.
train_samples_per_iteration		• 향상 기법에 따라 달라질 수도 있다. • H2O는 자동-조정 옵션을 제공한다. • '맵리듀스'의 분포 학습 부분을 참고하자.
adaptive_rate	적응 학습률을 만든다.	• 각 라이브러리는 여러 가지 방법을 갖고 있다. H2O는 기본으로 ADADELTA로 세팅돼 있다. • ADADELTA의 경우에는 두 파라미터 rho(0.9에서 0.999 사이)와 epsilon(1e-10에서 1e-4)이 반드시 필요하다. • '적응형 학습' 섹션을 참고하자.
rate.rate_dacay	등급(rate)값과 (적응형 함수가 아니라면) 붕괴 상수를 학습한다.	• 등급이 높아질수록 모델의 안정성이 떨어지고, 등급이 낮아지면 수렴 속도가 떨어진다. 합리적인 값은 0.005정도다. • 붕괴 상수는 레이어를 지날 때마다 붕괴되는 학습률을 매긴 것이다.
momentum_start, momentum_ramp, momentum_stable	(적응형 학습이 아닌 경우) 모멘텀 기법의 파라미터	• 모멘텀 시작값과 안정값 사이의 갭이 존재한다면, momentum_ramp은 트레이닝 샘플의 수를 측정한다. 보통은 1e6과 같이 값을 크게 잡는다.
Input_dropout_ratio, hideen_dropout_ratio	트레이닝 중의 생략을 위한 각 레이어에 대한 입력 노드의 부분	• 기본값은 입력(모든 특징)값인 0이고, 히든 레이어에서는 0.5 정도다.
l1, l2	L1과 L2 정규화 파라미터	• L1의 값이 높으면 많은 양의 웨이트가 0이 되도록 한다. L2의 값이 높으면 대부분의 웨이트를 유지시킨다.
initial_weight_distribution	초기 웨이트의 분포	• 보통 단일 분포, 정규분포, 단일 적응 분포를 따른다. 맨 마지막의 단일 적응 분포를 자주 사용한다.
max_w2	다음에 올 노드를 위한 웨이트 제곱의 합의 최댓값	• 보통은 Uniform(단일), Normal(일반), UniformAdaptive(단일 적응)을 사용한다. 후자를 가장 선호한다.
loss	loss 함수는 역전파 기간 동안 사용한다.	• 문제와 데이터의 모습에 따라 달라진다. • 보통은 CrossEntropy(크로스 엔트로피), Quadratic(이차), Absolute(절댓값), Huber(후버)를 사용한다.
rho_sparsity, beta_sparsity	희박한 오토인코더의 파라미터	• Rho는평균 활성 빈도고, beta는 희귀성 대가에 따른 웨이트다.

이런 파라미터들은 검색 공간 최적화 기법들을 통해 조정될 수 있다. H2O가 지원하는 가장 기본적이고 인기 있는 기법은 그리드 검색(Grid search)과 랜덤 검색(random search)이다.

그리드 검색은 완전한 방식의 접근이다. 모든 차원은 가능한 값의 제한된 숫자를 명시하고 검색 공간을 데카르트 곱(Cartesian product)으로 생성한다. 각각 이 점들은 병렬적인 방법으로 평가되고, 가장 낮은 점수를 가진 점수가 선택된다. 점수를 매기는 함수는 검증 측정법에 따라 정의된다.

또 계산 비용은 차원의 힘(차원의 저주)과 같다. 또 다른 관점으로는 처치 곤란한 평행(embarrassingly parallel)이 존재한다는 것이다. 완벽하게 평행을 이뤄 완전히 다른 것들과 독립적으로 실행된다는 것이다.

그래서 이를 해결하기 위해 빽빽한 검색 공간에서 무작위로 데이터 포인트를 선택해 계산을 많이 줄여도 비슷한 결과가 더 나올 수 있게 할 수도 있다. 필요 없는 검색 공간에 대한 시도 개수는 검색 공간의 개수에 대한 지수 함수다. 즉, 특정 데이터 세트와 연관성이 없도록 만들어 준다. 조정 기간 동안 모든 파라미터가 같은 중요성을 갖고 있지는 않다. 랜덤 검색에서는 이런 중요성이 낮은 차원에 영향을 받지 않는다.

랜덤 검색에서 모든 파라미터는 데이터의 분포를 만들어 내고, 파라미터 값에 따라 데이터가 이산인지 연속인지가 결정된다. 데이터 포인트에서 샘플화하는 것은 이런 분포와는 무관하게 실행된다.

랜덤 검색의 주요 장점은 다음과 같다.

- 전체에서 사용하는 범위를 고정할 수 있다(최대한 가능한 시간 동안 다룰 점들의 최대 개수)
- 수렴 기준을 설정할 수 있다.
- 검증 결과에 영향을 미치지 않고 효율성에 영향을 미치지 않는 파라미터를 추가할 수 있다.
- 조정 중간에도 그리드에 맞춰 수정하고 시도 개수를 증가시키면서 파라미터를 동적으로 추가할 수 있다.

검색 공간에서 공통의 애플리케이션은 초기 정지와 연관돼 있다. 특히, 높은 차원 공간에서의 서로 다른 모델일수록 전역에서의 최적값에 도달하기까지 시도하는 개수는 더욱 많아진다. 초기 정지는 학습 곡선(트레이닝) 중에 멈추거나 검증 곡선(조정)이 평평해지는 경우다.

계산 비용으로 인한 제약을 두기 위해 다음과 같은 기준을 만들어야 할 수도 있다. 가장 상위의 모델 다섯 개의 평균이 0.0001보다 작아지면 RSME가 향상되는 것을 멈춘다. 따라서 전체 계산 시간이 1시간을 넘지 않도록 한다.

측정-기반에서의 초기 정지는 최상의 트레이드 오프가 주어지는 최대 시간과 결합된다.

여러 단계에서의 조정도 일반적으로 이뤄진다. 예를 들어, 하위 공간을 확인하기 위한 검색 공간을 실행하기 위한 최적의 배치 설정이 존재하면, 그 선택된 공간 내에서만 조정이 가능해진다.

연속하는 적응형의 검색/최적화 알고리즘을 수정하여 더 나은 향상 기법을 사용할 수도 있다. 한 번의 시도에 따른 결과는 그 다음 시도에 영향을 미치고 하이퍼 파라미터는 공동으로 최적화될 수도 있다. 하이퍼 파라미터의 변수 중요성을 미리 결정하도록 만드는 연구도 진행 중이다. 또 자동으로 만들어진 기법에서 수렴이 어려운 시스템에서는 특정 영역에 대한 지식을 활용해 직접 조정하는 것이 더 가치가 있을 때도 있다.

📑 엔드-투-엔드 평가

비즈니스 관점에서 살펴보면 마지막의 엔드-투-엔드 실행은 정말 중요하다. 어떤 이해 당사자들도 트레이닝 에러, 파라미터 조정, 모델 선택 등에 흥미를 갖고 투자하지 않을 것이다. KPI에 연관된 데이터가 최종 모델의 가장 높은 우선순위로 계산된다. 평가는 가장 궁극적인 결정으로 볼 수도 있다.

우리가 생각하는 것처럼 제품을 평가하는 것은 한 가지의 측정법으로는 평가할 수 없다. 일반적으로 효율적이고 좋은 실행과 보고를 하기 위해 실시간으로 측정할 수 있는 내부의 대시보드를 만들기도 한다. 이 내부 대시보드에서는 제품 내의 여러 결과를 보여 주는 지표를 집계해 분석하기 쉬운 시각화된 도표로 보여 준다. 슬쩍 살펴봐도 전체 그림을 이해할 수 있어야 하며, 비즈니스에서 일을 만들 수 있는 값들로 바꿔 설명할 수 있어야 한다.

일반적으로 평가할 경우에는 모델 검증과 같은 방법론도 포함돼 있다. '모델 검증' 섹션에서 살펴봤던 분류된 데이터와 분류되지 않은 데이터에서 검증에 관련한 몇 가지 기법을 살펴봤다. 비즈니스 관점으로 보기 위한 좋은 시작점들이다.

이에 더해, 다음과 같은 몇 가지 테스트 시나리오를 만들어 볼 수도 있다. 그 예시는 다음과 같다.

- 아는 것과 모르는 것에 대한 대한 탐지 수행 능력: 알고 있는 것과 모르는 것에 대한 탐지 수행 능력을 측정한다. 여러 훈련 데이터를 생성하고 분류해 그중의 어떤 곳에서는 공격을 아예 하지 않고, 또 다른 곳에서는 아주 작은 비율로 공격한다. 트레이닝 세트에 변칙을 너무 많이 넣어 주면, 변칙의 정의에 어긋나므로 주의해야 한다. 트레이닝 세트 내의 변칙률을 측정하는 함수의 상위 N개의 요소에 대한 정확성을 평가한다. 이를 통해 해당 지표가 지난 변칙들과 여러 새롭고 참신한 가정들을 반영해 일반화한 것인지 알 수 있다. 어떤 것을 만드는 것과는 무관하게 더 많은 참신한 변칙과 더 많이 알고 있는 것에 집중해야 한다.

- 수행 타당성(Relevance performance): 한계점에 충분히 도달하도록 점수를 매기고 최상위 우선순위의 큐를 선택하는 것은 중요하지만, 간혹 문제를 일으키기도 한다. 가장 변칙이라고 보이는 것은 언제나 큐의 최상단에 점수가 매겨져 있다는 것이다. 서로 다른 레이블의 우선순위를 정의하고 스피어맨(Spearman)과 같은 랭킹 계수를 계산하거나 추천 시스템에서 사용되는 몇 가지 평가 기법을 사용한다. 후자에 관한 예로는 k에서의 평균 정밀도(MAP@k)가 있다. 이 MAP@k는 반환되는 문서의 연관성에 따라 쿼리 엔진에 대해 점수를 매기고 정보를 검색할 때 사용한다.

- 모델 안정성(Model stability): 검증 과정 중에 최적의 모델을 선택한다. 만약 트레이닝 데이터에서 다른 방법으로 샘플링하거나 (변칙에서의 서로 다른 타입을 포함해) 약간 다른 검증 데이터 세트를 사용한다. 최고의 모델과 동일하게 만들거나 최소한 최상위에서 선택한 모델을 사용해야 한다. 히스토그램 도표를 만들어 주어지는 모델에서의 선택 빈도를 보여 줄 수도 있다. 확실한 승자도 없거나 많은 빈도로 나타나는 구성 집합이 존재하긴 하지만, 모델 선택 과정은 꽤 불안정하다. 매일 서로 다른 모델을 선택해야 하고, 새로운 공격에 반응할 수 있도록 도와주는 장점은 있지만, 비용은 완전히 불안정해진다.

- 공격 결과(Attack outcome): 점수가 높아서 모델이 공격을 탐지하면, 분석 단계에서 공격을 확인한다. 모델이 시스템과 상충된 판단을 통해 탐지했는지, 일반적인 것으로 분류해 반환하는 것인지 확인한다. 이를 테스트할 수 있는 한 가지 방법은 변칙 점수의 분포가 측정되고 나면 위험 알림이 울리고 바로 측정됐는지 확인하면 된다. 오래된 것과 새로운 분포를 계속 비교해 이 간격을 측정한다. 뛰어난 변칙 탐지 기법은 시스템의 상태에 대해서도 알려 준다. 평가 대시보드에서 마지막 혹은 최근에 탐지된 변칙들을 위해 정보를 시각화해 보여 줄 수 있다.

- **실패한 경우에 대한 시뮬레이션(Failure case simulation)**: 보안 분석가들은 몇 가지 시나리오를 정의하고 여러 데이터를 합성해 새로 만들 수도 있다. 비즈니스 목적 중 하나가 '미래의 어떤 타입에 대한 공격자로부터 보호할 수 있도록 만들자'일 수도 있다. 특정 수행 지표는 인공 데이터 세트를 통해 만들어 낼 수도 있다. 예를 들면, 동일한 호스트와 포트에 이 네트워크 연결의 수가 계속 증가하는 것은 서비스 공격에 대한 신호(Denial of Service, Dos)로 유추할 수도 있다.

- **탐지하기 위한 시간(Time to detect)**: 탐지자들은 모든 점에 대해 독립적으로 점수를 매긴다. 맥락과 시간-기반의 변칙들을 위해 동일한 독립체라도 많은 점을 만들 수도 있다. 예를 들어 새로운 네트워크 연결을 열었다면, 열려 있는 동안 탐지자가 점수를 매기는 일을 시작해야 하고, 매 초마다 서로 다른 시간 간격에 따라 수집되는 특징으로 새로운 점이 생성된다. 이와 비슷하게 점수를 매기기 위해 여러 개로 정렬된 연결을 수집해 하나의 점에 넣고 싶을 수도 있다. 이를 위해 반응까지 걸리는 시간을 측정해야 한다. 만약 첫 번째 연결이 변칙을 고려하지 않았다면, 열 개씩의 연이은 시도 이후에 탐지자가 반응하도록 만들 수도 있다. 이미 알고 있는 변칙을 선택할 수 있으면, 정렬되고 있는 데이터 점들을 끊어 버리고 그중 얼마나 많은 맥락적인 변칙이 생성됐는지 리포트로 보여 줄 수도 있다.

- **피해 비용(Damage cost)**: 공격 피해에 따른 영향을 어떤 방식으로든 정량화해 탐지 방법에 따라 절약할 수 있다면 최종 평가에 포함시킬 수도 있다. 지난 몇 달 혹은 몇 년간 절약된 비용을 추정해 기준을 만들 수도 있다. 절약한 비용이 더 많으면 좋다. 지금 만들어진 해결책을 갖고 배포하면, 실제 절약된 금액은 마지막 시점의 해결책을 갖고 포함된 시점부터 현재 시점까지 실제로 아낀 비용을 측정할 수 있다.

위의 이 모든 정보를 요약해 하나의 대시보드에 다음과 같이 각 상태를 표현할 수도 있다.

우리가 만든 시스템의 변칙 탐지 능력은 지금까지의 보였던 변칙을 76(+- 5%)의 확률로 탐지하고, 평균적으로 탐지 후 반응까지 걸리는 시간은 10초 정도다. 새로운 탐지에 대한 정확도는 68%(+- 15%)고, 탐지 후 반응까지 걸리는 시간은 14초 정도다. 보안 팀은 평균적으로 10개의 변칙을 확인한다. 1,000개 정도를 감지할 수 있는 것을 고려하면, 큐의 상위 요소 120개와 여섯 개의 변칙에 따라 가장 연관성 높은 80%까지 정확도를 높일 수 있다 이를 위해 2/10 정도만 시스템에서 절충돼 나오고, 리스트에 포함된다. 이를 두 개의 등급으로 나눌 수 있다. 첫 번째 등급은 상위 120개의 요소에 대해 즉각적으로 반응하고, 두 번째 등급에서는 나머지에 반응한다. 현재의 실패 시뮬레이션 시나리오에 따르면, 모든 변칙 중 90%는 잡아내 시스템을 보호하고 있는 중이다. 이에 따른 작년 이후의 전체 절약 비용은 1.2백만 달러에 이른다.

■ A/B 테스팅

지금까지 과거에 기록된 데이터(회고 분석)와 인공데이터의 시뮬레이션만을 고려한 평가를 살펴봤다. 이제 미래에 일어날 수 있는 특정 실패의 경우를 가정해 만들어 보자. 이미 지나간 기록 데이터를 통한 시스템은 해당 조건에서만 동작하도록 만들고, 현재 데이터 분포는 미래 데이터에서 발생할 흐름으로만 평가한다. 모든 KPI나 수행 결과 측정법은 베이스라인과 비교해서 평가된다. 프로덕트 오너는 해당 프로젝트에 투자한 것을 정당화한다. 만약 비용을 가장 쓰지 않는 방법으로 동일한 문제를 풀려면 어떻게 해야 할까?

이런 이유로 만들어진 유일한 머신러닝 시스템이 바로 A/B 테스팅이다. A/B 테스팅은 통제된 환경 내에서 두 개의 변수(통제 변수와 실제 변이)를 활용하는 통계적인 가정-기반의 테스팅이다. A/B 테스팅의 목표는 이 두 그룹 간의 차이에 따른 수행 결과를 확인하는 것이다. 이 기법은 웹 사이트에서 유저 경험-기반의 디자인을 하거나 마케팅 캠페인에서 광고를 할 때 널리 사용된다. 변칙 탐지의 경우에서는 기준선(가장 간단한 규칙-기반의 탐지자)를 통제 변수로 사용하고, 현재 선택된 모델을 변이 후보로 사용할 수도 있다.

그 다음 단계는 투자의 성과를 측정할 수 있는 의미 있는 평가법을 찾는 것이다.

> "중요하고 측정 가능한 것을 만드는 것보다 중요하고 측정 가능한 것을 만드는 방법을 찾아야 합니다."
>
> – 로버트 맥나마라, 전 미국 국방부 장관

투자의 성과는 업리프트로 표현해 다음과 같이 정의할 수 있다.

$$업리프트 = KPI\,(변이) - KPI\,(통제)$$

두 KPI의 차이에 따라 성과의 효율성을 정량화할 수 있다.

합리적인 비교를 위해 그룹 간의 데이터는 동일한 분포를 공유해야 한다. 각(데이터 샘플의) 주어진 선택에 따른 모든 바이어스를 없애 버리려고 한다. 변칙 탐지의 경우에는 이론상으로는 두 모델을 동일한 데이터 흐름에 적용해야 한다. 하지만 이렇게 되기는 쉽지 않다. 하나의 모델에 적용하면 주어진 과정의 행동에 영향을 미치기 때문이다. 전형적인 예시를 들면, 모델에서 첫 번째로 탐지한 침입자를 열린 연결에 떨어뜨려놓고 시스템이 어떻게 대응하는지 확인하면 된다. 똑똑한 침입자는 발견됐다는 것을 바로 인식하고, 더 이상 연결 시도를 하지 않을 것이다. 이 경우, 두 번째 모델에서는 첫 번째 모델에서 더 이상의 연결을 시도하지 않으므로 주어진 예측 패턴을 관찰하기 힘들다.

데이터를 두 개의 부분 집합으로 나누는 것 이상으로 두 가지의 모델로 나누면, 하나의 모델이 다른 모델에게 영향을 미치지 못하게 되는 것이 확실해진다. 만약 변칙이 필요하면, 분석을 통해 발견되고, 다시는 복사될 수 없을 것이다.

여기서 데이터 검증에서 살펴봤던 데이터 유출과 하위 샘플링 독립체처럼 동일한 기준에 따라 반드시 데이터를 분리해야 한다. 최종 테스트에서는 두 개의 그룹에 실제로는 동일하게 분포시켜 A/A 테스팅을 통해 확정할 수 있다.

이름에서 알 수 있듯이, A/A 테스팅은 두 그룹 모두 통제 버전을 재사용해 구성한다. 성능은 업리프트가 0과 가까워지는 것과 매우 비슷하다. 성능 차이의 지표로 활용할 수 있다. A/A 업리프트가 0이 아니면, 통제 실험이 훨씬 더 안정화될 수 있도록 새로 디자인해야 한다.

A/B 테스트는 두 모델 간의 성능 차이를 측정할 수 있는 좋은 방법이지만, 최종 성능에 영향을 미치는 변수는 모델뿐만 아니다. 비즈니스에서 핵심이라 할 수 있는 손실 비용 모델을 반영하려면, 리스트를 정확하게 우선순위화해서 생성하고 연구해야 한다. 뿐만 아니라 분석가들은 반드시 확인 및 대응에 능숙해야 한다.

우리는 두 가지의 변수에 대한 모델 정확성과 효율적인 보안 팀을 갖고 있다.

이를 통제된 실험으로 나눠 독립적인 네 개의 그룹 A/B/C/D 테스트를 다음과 같이 생성한다.

	기본 모델	향상된 모델
보안 팀의 업무가 필요 없음.	Group A	Group B
보안 팀의 확인이 필요함.	Group C	Group D

여러 업리프트를 측정해 모델의 정확도와 보안 팀의 효율성을 정량화할 수 있다.

- uplift(A, B): 향상된 모델 하나에 대한 효율성
- uplift(D, C): 보안 팀의 확인이 필요한 경우의 향상된 모델의 효율성
- uplift(D, A): 보안팀의 확인과 향상된 모델을 함께 적용했을 때 생긴 효율성

- uplift(C, A): 낮은 정확도를 가진 큐에서 보안 팀의 확인에 대한 효율성
- uplift(D, B): 높은 정확도를 가진 큐에서 보안 팀의 확인에 대한 효율성

의미 있는 실험에 대한 예시일 뿐 아니라 비즈니스에서 실제로 신경 쓰는 숫자들을 정량화시켜 평가하는 방법이기도 하다.

또한 A/B 테스팅에서 발전된 여러 기법이 존재한다. 여러 팔을 가진 도둑 알고리즘(multi-armed bandit algorithm)은 성능을 조정하고 낮은 성능을 가진 그룹에 따라 손실을 최소화할 수 있도록 동적으로 여러 테스팅 그룹의 크기를 조정할 수 있도록 만들어 준다.

🚩 테스팅 요약

분류된 데이터에서 뉴럴 네트워크를 사용한 변칙 탐지 시스템은 다음과 같이 정의할 수 있다.

- 뉴럴 네트워크 위상학(히든 레이어의 개수와 크기), 활성화 함수, 전처리 과정화, 후처리 과정 변환을 통해 모델을 정의할 수 있다.
- 모델 파라미터는 히든 유닛의 웨이트와 히든 레이어의 바이어스다.
- 모델에서 조정된 모델은 파라미터의 예측된 값과 함께 정의하고, 입력 레이어에서 결과 레이어까지의 샘플을 매핑한다.
- SGD와 같은 학습 알고리즘(또한 트레이닝 알고리즘) 혹은 알고리즘의 변형(HOGWILD!, 적응형 학습)+손실 함수+정규화에 따라 만들 수 있다.
- 트레이닝 세트, 검증 세트, 테스트 세트 세 개의 데이터로 나누고, 가능하면 동일한 분포를 저장할 데이터의 독립적인 부분 집합을 준비해 둔다.
- 트레이닝 세트에 맞게 조정된 모델을 사용한 트레이닝 세트로 계산한 ROC 점수에서 최대 F-측정 점수로 모델을 검증할 수 있다.
- 여러 설정(하나의 히든 레이어 vs. 세 개의 히든 레이어, 50개의 뉴런 vs. 1000개의 뉴런, Tanh vs. 시그모이드, Z-스케일링 vs. 최대/최소 정규화 등)을 통해 모델을 선택한다.
- 알고리즘과 학습 파라미터(에포크, 배치 크기, 학습율, 붕괴 상수, 모멘텀), 분포 향상 파라미터(한 번 반복당 샘플 수), 정규화 파라미터(L1과 L2의 람다, 노이즈 상수, 희박성 제한), 초기화 파라미터(웨이트와 분포)와 같은 향상 파라미터와 함께 모델 선택의 확장을 통한 하이퍼 파라미터를 조정할 수 있다.
- 모델 평가나 테스팅은 마지막 비즈니스 측정법과 검증과 트레이닝을 모두 합친 조정된

모델을 활용해 테스트 세트에서 계산된 수용 가능한 기준을 만든다. 예를 들면, 상위 N개의 샘플, 탐지까지 걸리는 시간 등을 위한 정확도와 재현율을 얘기할 수 있다.

- 모델의 평가 수행에 대한 A/B 테스트를 업리프트로 진행하면, 서로 다른 부분에 대한 계산이 반영된다.

제품으로서의 준비가 완료된 딥러닝 침입 방지 시스템을 테스트하는 단계를 가장 중요하고 꼭 필요한 단계로 구분 지어 놓아야 한다. 이런 기법, 정량법, 파라미터의 조정 방법들은 사용할 때마다 다르다. 그렇지만 모든 데이터 제품에 적용할 만한 가이드라인으로 생각해 볼 만한 방법론을 제시했다.

가이드라인에 대한 좋은 자료이자 비즈니스에서도 분명하게 의미 있으며, 확실한 데이터 사이언스 시스템을 위한 실행법에 관해서는 프로페셔널한 데이터 사이언스 마니페스토(www.datasciencemanifesto.org)를 읽어 보는 것이 좋다. 이론을 정립하기 위한 생각의 씨앗으로도 읽길 추천한다.

배포

이 단계에서는 변칙 탐지자를 만들기 위해서든, 딥러닝을 사용한 데이터 제품을 만들기 위해서든 모든 분석과 개발이 대부분 끝나야 한다.

이제 중요한 배포 단계만 남아 있다.

일반적으로 배포 과정은 사용 환경이나 기업의 인프라에 따라 매우 다르다. 이번에는 일반적인 데이터 사이언스 제품 시스템에 사용할 수 있는 공통적인 방법을 다룬다.

POJO 모델 내보내기

'테스팅' 섹션에서는 머신러닝 파이프 라인 내의 여러 독립체를 요약해 살펴봤다. 특히 모델, 조정된 모델, 학습 알고리즘의 차이와 정의에 대해 살펴봤다. 트레이닝과 검증 단계가 끝나고 최종 모델을 선택하고 나면, 이 모델은 조정이 끝나고 실사용 준비가 완료된 모델이 된다. (A/B 테스팅을 제외한). 테스팅 기간 동안 훈련된 모델에서의 머신에서 일반적으로 사용할 수 있는 기록 데이터를 통해 점수를 매긴다.

기업 인프라에서 보통 모델을 만든 데이터 사이언스 클러스터와 조정된 모델을 사용하고 배포할 제품 환경을 갖고 있다.

조정된 모델을 내보내기 위한 가장 일반적인 방법은 평범하고 **오래된 자바 객체**(Plain Old Java Object, POJO)로 내보내는 것이다. POJO의 주요 이점은 자바 앱과 매우 쉽게 통합할 수 있고, 특정 데이터 세트를 실행하기 위한 스케줄러를 만들 수도 있으며, 점수를 매길 수 있도록 실시간으로 배포할 수도 있다.

H2O는 조정된 모델을 프로그램의 명령에 따라서든, 웹 UI를 활용해서든 압축할 수 있도록 지원한다. 웹 UI를 통해 압축하는 것은 이 책에서 다루지 않을 것이다.

만약 조정된 모델이 model이라면, 특정 경로의 POJO jar에 다음과 같은 명령어를 통해 저장할 수 있다.

```
model.download_pojo(path)
```

POJO는 기본 클래스가 hex.genmodel.easy.EasyPredictModelWrapper인 독립적인 자바 클래스를 포함한다. 트레이닝 데이터나 어떤 H2O 프레임워크에도 영향을 받지 않을 뿐 아니라 POJO 인터페이스에 의해 정의된 h2o-genmodel.jar와 관련해서도 영향을 받지 않는다. JVM에서 실행되는 모든 곳에서 읽고 사용할 수 있다.

POJO 객체는 H2O(model.id)에서 사용된 모델 id에 따른 모델 이름과 변칙 탐자의 모델 분류에 대해 영향을 받아 hex.ModelCategory.AutoEncoder와 같이 만들어질 것이다.

아쉽게도, 10장을 쓰는 현재까지도 오토인코더를 위해 API로 쉽게 향상시키는 작업이 진행 중이다.

h2o 스트림 메일링 리스트의 로베르토 로슬러(Roberto Rösler)는 AutoEncoderModel Prediction 클래스를 만들어 이 문제를 해결했다.

```
public class AutoEncoderModelPrediction extends AbstractPrediction {
    public double[] predictions;
    public double[] feature;
    public double[] reconstrunctionError;
  public double averageReconstructionError;
  }
```

EasyPredictModelWrapper 안의 predictAutoEncoder 메서드는 다음과 같이 수정됐다.

```
public AutoEncoderModelPrediction predictAutoEncoder(RowData data)
    throws PredictException { double[] preds =
    preamble(ModelCategory.AutoEncoder, data);
// save predictions(예측을 저장한다.)
    AutoEncoderModelPrediction p = new AutoEncoderModelPrediction();
    p.predictions = preds;
    // save raw data(원시 데이터를 저장한다.)
    double[] rawData = new double[m.nfeatures()];
    setToNaN(rawData);
    fillRawData(data, rawData);
    p.feature = rawData;
    //calculate and reconstruction error(재구성 에러를 계산한다.)
    double[] reconstrunctionError = new double [rawData.length];
    for (int i = 0; i < reconstrunctionError.length; i++) {
    reconstrunctionError[i] = Math.pow(rawData[i] - preds[i],2); }
    p.reconstrunctionError = reconstrunctionError;
    //calculate mean squared error(평균 제곱오차를 계산한다.)
    double sum = 0; for (int i = 0; i < reconstructionError.length;
    i++) {
    sum = sum = reconstrunctionError[i];
    } p.averageReconstructionError =
    sum/reconstrunctionError.length;
    return p;
    }
```

이에 맞게 수정된 API에서는 각각의 예측이 끝난 모든 줄에서 재구성 에러를 검색하기 위해 메서드에 적용한다.

POJO 모델이 동작하도록 만들기 위해서는 트레이닝 기간 사용했던 동일한 데이터 포맷을 구체적으로 명시해 둬야 한다. 데이터는 반드시 java.util.Hashmap⟨String, Object⟩의 단순한 인스턴스인 hex.genmodel.easy.RowData에 업로드해야 한다.

RowData 객체를 생성하려면 다음과 같은 내용을 명심해야 한다.

- H2OFrame에서 사용했던 동일한 칼럼 이름과 타입이 적용된다. 분류된 칼럼에서는 반드시 String 객체를 사용해야 한다. 숫자를 위한 칼럼에서는 Double형이나 String 형 모두 사용할 수 있다. 다른 칼럼 형태는 지원하지 않는다.
- 분류된 특징의 경우에서는 최소한 모델 안에서 명시적으로 설정한 convertUnknown CategoricalLevelsToNa를 true로 설정해 둬야 한다. 그리고 트레이닝에서 사용한 것과 동일한 세트를 사용해야 한다.
- 추가한 칼럼은 명시적으로 표현되지만, 곧 무시된다.
- 놓쳐 버린 칼럼들은 NA로 표기된다.
- 동일한 전처리 변환은 데이터에 적용된다.

마지막이 바로 가장 다루기 힘든 요구사항이다. 머신러닝 파이프라인은 여러 변환 과정을 통해 만들어지는데, 정확히 배포 과정 동안만 복제된다. 그래서 POJO 클래스는 H2O 뉴럴 네트워크외의 파이프라인에 남아 있는 모든 단계를 다루기에는 충분하지 않다.

아래는 익스포트된 POJO 클래스를 갖고 몇 가지 데이터를 읽고 점수를 매기는 자바 메인 메서드에 대한 예시다.

```java
import java.io.*;
import hex.genmode l.easy.RowData;
import hex.genmodel.easy.EasyPredictModelWrapper;
import hex.genmodel.easy.prediction.*;

public class main {
  public static String modelClassName = "autoencoder_pojo_test";

  public static void main(String[] args) throws Exception {
    hex.genmodel.GenModel rawModel;
    rawModel = (hex.genmodel.GenModel)
    Class.forName(modelClassName).newInstance();
    EasyPredictModelWrapper model = new
    EasyPredictModelWrapper(rawModel);

    RowData row = new RowData();
    row.put("Feature1", "value1");
    row.put("Feature2", "value2");
    row.put("Feature3", "value3");

    AutoEncoderModelPrediction p = model.predictAutoEncoder(row);
```

```
    System.out.println("Reconstruction error is: " +
    p.averageReconstructionError);
  }
}
```

지금까지 자바클래스인 POJO 모델로 만드는 방법을 살펴보고, 가짜 데이터 포인트들에 대해 점수를 매기는 예시를 살펴봤다. 이 코드를 다시 수정해 기존의 기업에서 사용하는 JVM-기반의 시스템과 합칠 수도 있다. 만약 스파크(Spark)와 통합하고 싶다면, 예시로 만든 클래스를 향상시킨 로직을 감싼 후에 스파크 데이터 컬렉션의 매핑 메서드에서 호출하면 된다. POJO jar을 예측을 만들고 싶은 곳의 JVM에서 불러오면 끝이다. 그 대신 JVM-기반의 기업 환경을 사용하고 있다면, hex.genmodel.PredictCsv와 같은 설정의 시작 지점이 존재한다. csv 입력 파일을 명시하도록 하고, 결과가 어디에 저장되는지 알려 준다. 오토인코더가 아직까지 쉽게 API를 만드는 것을 지원하지 않기 때문에 PredictCsv 메인 클래스를 이전에 살펴봤던 것과 같이 경우에 따라 조금 수정해 사용한다. 다음과 같은 또 다른 아키텍처가 있을 수도 있다. 모델을 만들 때는 파이썬을 사용하고, 제품을 배포할 때는 JVM-기반의 애플리케이션을 사용하고 싶을 수도 있다.

▮ 변칙 점수 APIs

명령어를 사용해 POJO 클래스로 모델을 내보낼 기존의 JVM을 포함하면서 외부 라이브러리에서 불러와 사용하고 싶을 때도 있다.

마이크로 서비스 아키텍처에서 JVM-기반의 시스템이 아닌 여러 상황에 따라 통합시켜 수행하려면 자신이 포함된 API를 사용하는 것이 더 낫다.

H2O는 원시 데이터를 명시해 호출하거나 HTTP 객체에 포함된 JSON 객체를 통해 점수가 매겨질 수 있도록 학습된 모델을 REST API 안에서 감싸 호출할 수 있도록 한다. REST API 뒤에서 백엔드를 향상시켜 주면 파이썬 H2O API를 활용해 후처리 과정 단계를 포함해 어떤 것도 만들 수 있도록 해 준다.

REST API는 다음과 같은 곳에서 접근할 수 있다.

- 크롬의 포스트맨과 같이 어떤 브라우저에서도 간단히 추가해 호출할 수 있다.
- 클라이언트 사이드에서 가장 인기 있는 url 변환기인 Curl에서도 호출할 수 있다.
- 어떤 언어를 선택해도 상관없다. REST API는 완전히 언어에서 자유롭다.

REST API는 POJO 클래스가 있더라도 H2O의 실행 클러스터에 따른 H2O를 통해 제공된다. API 버전(최근의 버전은 3)에 따라 다음과 같은 주소에서 REST API에 접근할 수 있다.

```
http://hostname:54321
```

그리고 리소스 경로에 따라 리소스를 반환한다. 예를 들어, http://hostname:54321/3/Frames는 모든 프레임의 리스트를 반환한다.

REST API는 다음과 같은 다섯 가지 동작 혹은 메서드를 제공한다.

```
GET, POST, PUT, PATCH, DELETE
```

GET는 어떤 부수적인 효과 없이 리소스를 읽을 때 사용한다. POST는 리소스를 새로 생성한다. PUT은 리소스를 업데이트하고 기존의 모든 리소스를 바꿔 버린다. PATCH 는 기존 리소스의 일부분만을 수정하고, DELETE는 리소스를 삭제한다. H2O REST API는 PATCH 메서드를 지원하지 않고, HEAD라 부르는 새로운 메서드를 추가 제공한다. GET 요청과 비슷하지만 HTTP의 상태만 반환한다. 해당 리소스를 모두 불러올 필요 없이 확인하는 용도로 사용할 수 있다.

H2O의 엔드포인트는 H2O 클러스터 내의 노드 상태와 연관된 정보의 정보의 조각들인 프레임, 모델, 클라우드다.

각각의 엔드포인트에서는 그 자체의 페이로드와 스키마를 명시해야 한다. 아래의 문서에서 더 자세히 확인할 수 있다.

```
http://docs.h2o.ai/h2o/latest-stable/h2o-docs/rest-api- reference.html
```

H2O는 모든 REST를 요청한 파이썬 모듈에서의 연결 핸들러를 지원한다.

```
with H2OConnection.open(url='http://hostname:54321') as hc:
 hc.info().pprint(
```

hc 객체는 REST 요청을 보낼 수 있는, request라 부르는 객체를 갖고 있다.

```
hc.request(endpoint='GET /3/Frames')
```

POST를 요청하기 위한 데이터 페이로드는 인자 데이터(x-www 포맷) 혹은 json(json 포맷)이나 키-값(key-value)을 맞춘 사전형을 명시해 추가할 수 있다. 로컬 파일 경로를 매핑하고 특정 filename 인자를 명시해 파일을 업로드한다.

이 모든 단계에서, 파이썬 모듈을 사용해도 되고, 어떤 REST 클라이언트를 사용해도 상관 없다. 그렇지만 데이터를 업로드하고 모델로부터 점수를 다시 받기 위해서는 다음과 같은 절차를 따라야 한다.

1. 데이터를 업로드할 곳이 적힌 원격 경로를 포함시켜 ImporFilesV3 스키마를 사용한 /3/ImportFiles를 사용해 점수를 매길 데이터를 불러올 수 있다. 이에 따른 도착 경로의 이름은 파일 경로여야 한다.

```
POST /3/ImportFiles HTTP/1.1
Content-Type: application/json
{ "path" : "http://s3.amazonaws.com/my-data.csv" }
```

2. 파싱을 위한 파라미터를 추정한다. 마지막 파싱을 위해 데이터에서 추정한 여러 파라미터의 묶음을 반환한다(이를 생략하고, 직접 명시할 수도 있다).

```
POST /3/ParseSetup HTTP/1.1
Content-Type: application/json
{ "source_frames" : "http://s3.amazonaws.com/my-data.csv" }
```

3. 파싱 파라미터에 따라 파싱한다.

```
POST /3/Parse HTTP/1.1
Content-Type: application/json
{ "destination_frame" : "my-data.hex" , source_frames : [ "http://
s3.amazonaws.com/my-data.csv" ] , parse_type : "CSV" , "number_
of_columns" : "3" , "columns_types" : [ "Numeric", "Numeric",
"Numeric" ] , "delete_on_done" : "true" }
```

4. 응답에서 잡 이름을 불러오고, 불러오기가 완료되면 갖고 온다.

```
GET /3/Jobs/$job_name HTTP/1.1
```

5. 응답 상태가 DONE이라면, 다음과 같이 모델에 대한 점수를 매길 수 있다.

```
POST /3/Predictions/models/$model_name/frames/$frame_name HTTP/1.
Content-Type: application/json
{ "predictions_frame" : "$prediction_name" , "reconstruction_
error" : "true" , "reconstruction_error_per_feature" : "false",
"deep_features_hidden_layer" : 2 }
```

6. 결과에 대한 파싱이 끝나면, 입력값과 예측 프레임 모두 삭제할 수 있다.

```
DELETE /3/Frames/$frame_name

DELETE /3/Frames/$prediction_name
```

예측 API의 입력값과 결괏값을 분석해 보자. reconstruction_error, reconstruction_error_per_feature, and deep_features_hidden_layer는 오토인코더 모델을 위한 특정 파라미터고, 결괏값을 포함해 정의를 내린다. model_metrics 배열 내의 결괏값은 오토인코더를 위해 다음과 같은 것을 포함시킬 것이다.

- MSE: 예측에 대한 평균 제곱 오차
- RMSE: 예측에 대한 제곱근 평균 제곱 오차
- scoring_time: 점수를 매기기 위한 에포크 하나당 시간(단위: mS)
- predictions: 모든 예측 로(low)에 대한 프레임

🚩 배포 요약

지금까지 훈련된 모델을 배포하고 내보내기 위한 두 가지 옵션을 살펴봤다. POJO를 통해 내보내고 JVM-기반의 애플리케이션에 합치거나 이미 H2O 인스턴스에 올라가 있는 방법인 REST API를 활용해 모델을 호출하는 방법에 대해 다뤘다.

일반적으로 H2O 클러스터의 실행 수행 능력에 달려 있는 API를 활용한 방법보다는 POJO를 사용하는 것이 낫다. 그래야만 모델을 빌드하기 위해 H2O를 사용할 수 있고, 어떤 시스템에서도 배포해 사용할 수 있다.

REST API는 더 높은 신뢰도를 갖고 싶다거나 H2O 클러스터의 실행 시간에 관계없이 어떤 클라이언트 사이드에서도 예측을 생성하고 싶을 때 사용할 수 있다. 이 과정을 위해서는 POJO를 배포하는 것에 비해 여러 단계가 더 필요하다.

또 JAVA의 Jersey나 Scala의 Play, akka-http와 같은 프레임워크를 사용해 JVM REST API를 감싸는 방법도 추천할 만한 구조다.

자체 API를 구축한다는 것은 원하는 입력 데이터만 받아 H2O의 여러 단계를 거치는 것이 아니라 요청 한 번으로 결괏값을 반환하는 프로그래밍 체계를 정의할 수 있게 된다는 것을 의미한다. 즉, 이후에도 데이터를 프레임 안으로 불러와 삭제할 필요가 없다는 뜻이다.

POJO-기반의 REST API로 만들어 사용하면 쉽게 불러올 수도 있고, 어디에서든 배포할 수도 있다. 도커(Docker)를 사용해 가상 컨테이너로 감싸 이용하길 추천한다. 도커는 완전한 파일 시스템 내에서 소프트웨어의 조각들을 감쌀 수 있도록 만들어 주는 오픈소스 프레임워크로, 코드 내, 실행 중, 시스템 파일 내, 라이브러리 등 설치된 어떤 곳에서도 실행할 수 있다. 도커를 사용하면 어떤 환경에서도 같은 서비스를 실행할 수 있는 가벼운 컨테이너를 갖게 된다.

도커화된 API는 쉽게 어디에든 장착할 수 있고, 모든 프로덕션 서버에서도 배포가 가능하도록 만들어 준다.

요약

10장에 걸친 긴 여정 동안 침입 방지 데이터 제품에 뉴럴 네트워크를 적용해 최적화, 수정 방법, 테스팅 전략, 엔지니어링 수행 등을 다뤘다.

특히, 시스템으로의 데이터 제품을 정의하고 원시 데이터에서 값을 압축해 결괏값으로 수행 가능한 지식을 얻을 수 있었다.

딥 뉴럴 네트워크를 트레이닝할 때 더 빠르고, 확장 가능하며, 더 탄탄하게 만들기 위한 몇 가지 최적화 방법에 대해서도 다뤘다. 웨이트 초기화에 따른 몇 가지 포화 문제도 다뤘다. SGD의 병렬 멀티 스레딩 버전과 맵리듀스의 분포 향상을 이용한 확장에 대해서도 다뤘다. 또 H2O 프레임워크가 어떻게 아파치의 스파크에서 스파클링 워터(Sparkling Water)를 통해 백엔드 계산이 이뤄지는지 살펴봤다.

그리고 테스팅의 중요성을 다시 한 번 언급했고, 모델 검증과 총체적인 엔드-투-엔드 평가의 차이에 대해 다뤘다. 모델 검증은 주어진 모델에서 용인되거나 거절할 때 최적의 수행 결과를 선택하기 위해 사용된다. 이와 비슷하게, 모델 검증 방법들은 하이퍼 파라미터 조정에 사용될 수 있다. 엔드-투-엔드 평가는 실제 비즈니스 문제를 풀기 위한 해법을 이해하기 위한 요소들을 수량화했다.

마지막으로 POJO 객체로 내보내거나 REST API를 통해 서비스로 바꿔 제품 내에 테스트가 완료된 모델을 배포하기 위한 방법을 다뤘다.

탄탄한 머신러닝 시스템과 더 깊은 아키텍처를 만들기 위해 배웠던 몇 가지 내용을 요약했다. 독자들이 각각의 상황에 따라 맞춰진 솔루션이나 더 많은 것을 개발하기 위해 학습했던 기본 지식들을 사용했으면 좋겠다.